吉林人民出版社

简体字本二十六史

新元史

卷三〇——卷五七

（二）

〔民国〕 柯劭忞 撰

余大钧 标点

新元史卷三〇

表第四

三公表

元之制，太师、太傅、太保为三师，太尉、司徒、司空为三公。然大司徒、司徒不常置，终元之世，授太尉者一二人，而已非释老，无授大司空、司空者。至太师、太傅、太保，太祖之时已备其官，成宗以后遂为论道经邦之职。故天顺中修《经世大典》，以太师、太傅、太保为三公，不复稽祖制云。作《三公表》。

太祖皇帝	太师	太傅	太保
丙寅 元年			

丁卯 一年			
戊辰 二年			
己巳 三年			
庚午 四年			
辛未 六年			
壬申 七年			
癸酉 八年			
甲戌 九年			
乙亥 十年		讹答	
丙子 十一年	耶律阿海		石抹明安
丁丑 十二年	木华黎		

戊寅 十三年		木华黎
己卯 十四年		木华黎
庚辰 十五年		木华黎
辛巳 十六年		木华黎
壬午 十七年		木华黎
癸未 十八年		木华黎
甲申 十九年		
乙酉 二十年		
丙戌 二十一年		
丁亥 二十二年		
戊子 二十三年		

太宗皇帝

耶律秃花

己丑元年	
庚寅元年	
辛卯二年	
壬辰三年	
癸巳四年	
甲午五年	
乙未六年	
丙申七年	
丁酉八年	
戊戌九年	
己亥十年	
庚子十一年	
辛丑十二年	

壬寅 十三年		
癸卯		
甲辰		
乙巳		

定宗皇帝

丙午 元年		
丁未 二年		
戊申 三年		
己酉		
庚戌		

憲宗皇帝

		明安答儿
辛亥	元年	
壬子	二年	
癸丑	三年	
甲寅	四年	
乙卯	五年	
丙辰	六年	
丁巳	七年	
戊午	八年	
己未	九年	

世祖皇帝

庚申	中统元年

	刘秉忠	辛酉 二年
	刘秉忠	壬戌 三年
	刘秉忠	癸亥 四年
	刘秉忠	甲子 至元元年
	刘秉忠	乙丑 二年
	刘秉忠	丙寅 三年
	刘秉忠	丁卯 四年
	刘秉忠	戊辰 五年
	刘秉忠	己巳 六年
	刘秉忠	庚午 七年
	刘秉忠	辛未 八年
	刘秉忠	壬申 九年
	刘秉忠	癸酉 十年
	刘秉忠	甲戌 十一年
	刘秉忠	乙亥 十二年
	刘秉忠	丙子 十三年
	刘秉忠	丁丑 十四年
	刘秉忠	戊寅 十五年
	刘秉忠	己卯 十六年

月赤蔡儿

月儿鲁
月儿鲁
月儿鲁
月儿鲁
月儿鲁
伯颜

月儿鲁

干支	年
庚辰	十七年
辛巳	十八年
壬午	十九年
癸未	二十年
甲申	二十一年
乙酉	二十二年
丙戌	二十三年
丁亥	二十四年
戊子	二十五年
己丑	二十六年
庚寅	二十七年
辛卯	二十八年
壬辰	二十九年
癸巳	三十年
甲午	三十一年

成宗皇帝

干支	年号			
乙未	元贞元年		伯颜	月赤察儿
丙申	二年		伯颜	月赤察儿
丁酉	大德元年			月赤察儿
戊戌	二年			月赤察儿
己亥	三年		完泽	月赤察儿
庚子	四年	月赤察儿		
辛丑	五年	月赤察儿		
壬寅	六年	月赤察儿		
癸卯	七年	月赤察儿		
甲辰	八年	月赤察儿		
乙巳	九年	月赤察儿		
丙午	十年	月赤察儿		
丁未	十一年	月赤察儿	哈剌哈孙	塔剌海

武宗皇帝

干支	年号			
戊申	至大元年	月赤察儿	乞台普济	三宝奴
己酉	二年	脱儿赤颜 月赤察儿		
庚戌	三年	脱儿赤颜 阿剌不花 脱虎脱	忽鲁忽答	
辛亥	四年	脱儿赤颜 月赤察儿	乞台普济	曲出

仁宗皇帝

干支	年号			
壬子	皇庆元年	阿撒罕	帖可	曲出
癸丑	二年	阿撒罕	伯忽	曲出

年			
甲寅 延祐元年	阿撒罕	伯忽	曲出
乙卯 二年	阿撒罕	伯忽	曲出
丙辰 三年	铁木迭儿	伯忽	曲出
丁巳 四年	铁木迭儿	伯忽	曲出
戊午 五年	伯忽	伯忽	曲出
己未 六年	铁木迭儿	朵儞	曲出
庚申 七年		朵儞	曲出

英宗皇帝

年			
辛酉 至治元年	铁木迭儿	朵儞	曲出
壬戌 二年	铁木迭儿	朵儞	曲出
癸亥 三年	按塔出	朵儞	曲出

泰定帝

甲子 泰定元年	按塔出	朵儯	伯颜察儿
乙丑 二年	按塔出	朵儯	秃忽鲁
丙寅 三年		朵儯	秃忽鲁
丁卯 四年	朵儯	秃忽鲁	伯答沙

文宗皇帝

戊辰 天历元年	燕铁木儿	伯答沙	
己巳 二年	别不花	伯答沙	伯颜
庚午 至顺元年	燕铁木儿	伯答沙	伯颜
辛未 二年	燕铁木儿	伯答沙	伯颜
壬申 三年	燕铁木儿	伯答沙	伯颜

惠宗皇帝

年	燕铁木儿	撒敦	燕不邻
癸酉　元统元年	燕铁木儿	撒敦	
甲戌　二年	伯忽	撒敦	燕不邻
乙亥　至元元年	伯忽	撒敦	定住
丙子　二年	伯颜	完者帖木儿	定住
丁丑　三年	伯颜		马札儿台
戊寅　四年	伯颜		马札儿台
己卯　五年	伯颜		马札儿台
庚辰　六年	伯颜	塔失海牙	探马赤
己辛　至正元年	马札儿台		
壬午　二年	马札儿台		
癸未　三年	马札儿台		
甲申　四年	马札儿台		
乙酉　五年	马札儿台		伯撒里

年			
六年　丙戌	伯撒里		马札儿台
七年　丁亥	别儿怯不花		马札儿台
八年　戊子		脱脱	脱脱
九年　己丑		脱脱	脱脱
十年　庚寅	阿鲁图	脱脱	脱脱
十一年　辛卯	伯撒里	脱脱	汪家奴
十二年　壬辰	定住	汪家奴	汪家奴
十三年　癸巳	伯撒里	众家奴	汪家奴
十四年　甲午	定住	众家奴	汪家奴
十五年　乙未	定住	众家奴	
十六年　丙申	搠思监		
十七年　丁酉	定住		
十八年　戊戌	搠思监		
十九年　己亥	搠思监		
二十年　庚子	太平	太平	
二十一年　辛丑	搠思监	老章	汪家奴

年			
壬寅二十二年	搠思监	老章	汪家奴
癸卯二十三年	孛罗帖木儿	老章	汪家奴
甲辰二十四年	秃坚帖木儿		
乙巳二十五年		扩廓帖木儿	伯撒里
丙午二十六年	也速	扩廓帖木儿	伯撒里
丁未二十七年	也速		
戊申二十八年	也速	扩廓帖木儿	
己酉二十九年		扩廓帖木儿	

新元史卷三一

表第五

宰相年表

太宗立中书省，以耶律楚材为令，粘合重山，镇海为左、右丞相。楚材卒，不复置令。宪宗又罢左右丞相，不置。至世祖，始置中书行省于燕京，置左右丞相、平章政事，左右丞，参知政事。旋改中书右省，平章政事二员，左、右丞各一员，参知政事二员，为八府。成宗定左右丞相以下，平章政事二员，左、右丞各一员，参知政事二员，为八府。自后，虽有增益，然祖宗之制不敢逾也。至正以来，武夫悍卒踵登宰执，多至三、四十人，省臣之选始滥矣。夫中书，政本也，就其人之贤、不肖，以考其政治之治乱得失，犹立表测景，未有不相应者也。作《宰相年表》

	右丞相	左丞相	平章政事	右丞	左丞	参知政事
庚申 中统元年	祃祃		王文统			张易

忻州人，
与刘秉
忠同学，
七月癸
酉除。

商挺
杨果

阔阔
其父为
潜邸旧
臣。七月
壬午，以
翰林学
士除。

张文谦
五月庚
辰除。
张启元
十月庚
子除，行
省平阳、
太原
路。
粘合南合
八月，除
中兴等
路行中
书省事。

七月癸
酉除。
赵璧
七月癸
酉除。

王文统
赵璧
塔察儿
五月庚
辰除。
廉希宪
五月庚
辰除。

忽鲁不花
父不怜
吉歹官
人，从阿
里海涯
习文，五月
庚辰除。
耶律铸
五月庚
辰除。
赛典赤
以大司
农、左三

七月癸
酉除，以
六部除。
西域人，
性严重。

祃祃
三月，罢京
为燕京
路宣慰
使。
不花
宪宗时
尝怙长，
领断事
官。父也
孙秃花。
五月庚
辰除。
史天泽

七月癸
酉，立行
中书省
于燕京。
二年
二月丁
酉，诏行
中书省
丞相祃
祃及平
章政事
王文统
等赴阙。

辛酉

壬戌	三年 九月庚申，诏以忽都虎宅为中书省署。	五月庚辰除。不花 史天泽	部尚书除。忽鲁不花 耶律铸	塔察儿 王文统 二月，谋反伏诛。赛典赤 廉希宪 三月己未，与祃祃、商挺，行省事于陕西。赵璧 二月丙午，行中书省事于山东。	粘合南合 张启元	阔阔 张文谦	商挺 行省陕西。杨果

		不花	忽鲁不花	塔察儿	粘合南合	杩杩	商挺
癸亥	四年	不花 六月罢。 线真代。 史天泽	忽鲁不花 六月罢。 塔察儿代。 耶律铸	塔察儿 六月升左丞相。 赵璧 赛典赤 廉希宪	粘合南合 张启元	杩杩 张文谦 姚枢	商挺 杨果
甲子	至元元年	线真 罢为宣徽使。 史天泽	塔察儿 耶律铸 八月行省。	赛典赤 廉希宪 粘合南合马 阿合 八月除。	粘合南合 阿里别 粘合南合 四月己亥,升平章。	张文谦	商挺 杨果 张惠
乙丑	二年 是年置丞相五员。	安童 八月除。 耶律铸	伯颜 八月除。 耶律铸	赵璧 闰五月,行省南京。 廉希宪 行省东平。	张启元 启元为平章政事,荐马绍,其升平章年月铁。	姚枢 行省事于西京等路。	王晋 二月,由山东廉访使除。

干支	年							
丙寅	三年　是年置丞相五员。	安童　史天泽 二月改枢密副使。	忽都察儿 十一月除。伯颜　耶律铸	赛合丁 二月，由宣慰使除。阿合马	廉希宪 二月除。宋子贞 二月除，十一月致仕。阿合马	阿里别 八月罢。张易	张文谦 八月罢。	王晋　商挺 八月皆罢。张惠
丁卯	四年	安童	史天泽 六月复入。耶律铸	忽都察儿 六月由丞相左相降。粘合南合 三月庚申，复平	廉希宪 由平章降。	伯颜 由左丞相降。	张文谦 由左丞降。	阿里别 二月复入，六月降。

干支	年	安童（中书省）	平章	章政事。	伯颜	廉希宪	阿里
戊辰	五年	安童	史天泽 九月，复为枢密副使。 耶律铸	忽都察儿 阿合马 粘合南合卒。	伯颜 张文谦	廉希宪 阿里别 二月除。 六月降。	阿里别 十月，出行河南省事。 阿里 十月，以御史中丞除。
己巳	六年	安童	耶律铸	忽都察儿 史天泽 阿合马	伯颜	廉希宪	阿里 张文谦
庚午	七年 是年置尚书省，惟置平章政事以下员，	安童 中书省	忽都察儿 耶律铸 正月罢。	阿合马 张易 正月除。 正月除尚书省。	伯颜 迁同知枢密院事。	廉希宪 正月罢。 许衡 正月，由祭酒除。 赵璧 东京等	阿里 张文谦 张惠 六月除，司农卿。 李尧咨 正月除，

干支	年	中书省				路行尚书省事	宪宗旧臣
辛未	八年 是年置尚书省，十二月罢。	安童 中书省。	忽都察儿	阿合马，张易 尚书省。	赵璧	许衡 三月以老疾辞。	阿里 张惠 李荛咨 麦术督丁 阿里海涯 以同佥行中书事除。 麦术督丁 正月除。
壬申	九年	安童	忽都察儿	阿合马 正月由尚书省改中书，张易。	赵璧	张惠 正月除。	李荛咨 由尚书省改。 麦术督丁 由尚书省改。
癸酉	十年	安童	忽都察儿	哈伯	赵璧	张惠	李荛咨

干支	年						
甲戌	十一年	安童	忽都察儿	九月除。阿合马 张易 赵璧	张惠 三月，由左丞除。	自正月至三月。	麦术督丁
乙亥	十二年	安童	忽都察儿	哈伯 阿合马 赵璧 张易	张惠		李尧咨 麦术督丁
丙子	十三年		忽都察儿	哈伯 阿合马 张易 改枢密副使。赵璧	张惠		李尧咨 麦术督丁
				哈伯 阿合马 赵璧	张惠 昔班 正月，由真定总管除。		郝祯

干支	年						
丁丑	十四年		忽都察儿	哈伯 阿合马	张惠	吕文焕 七月丁巳除。	郝祯 别都鲁丁 十一月，由吏部尚书除。
戊寅	十五年		忽都察儿	哈伯 阿里 阿合马	张惠	吕文焕	耿仁 以参议除。
己卯	十六年			阿合马 哈伯	张惠		郝祯 耿仁
庚辰	十七年			阿合马 哈伯	张惠		郝祯 耿仁
辛巳	十八年			阿合马	张惠	耿仁 郝祯	阿里
壬午	十九年	瓮吉剌觯 正月至三月，降为大都留守，同	耶律铸	阿合马 三月，为王著所杀。	扎珊 张惠 四月壬申罢。麦术督丁	耿仁 九月辛酉伏诛。郝祯 三月，为	阿里 五月罢。张雄飞 五月，由行台中

干支	年				五月除。	王著所杀。	丞除。
癸未	二十年	佥枢密院事。和礼霍孙四月至十二月。	耶律铸 十月罢。	扎珊 十一月，为枢密副使。	麦术督丁		张雄飞 温迪罕 耶律老哥 大师耶律阿海子。五月除。王椅 六月除。
甲申	二十一年	和礼霍孙 十一月罢，卒。			麦术督丁 十一月罢。		张雄飞 十一月罢。温迪罕 十一月

		安童 三月，敕 与麦术 丁治 中书省 事。	俺吉剌带 二月戊 辰除。	阿必失哈 正月除。 忽都鲁 三月除。	卢世荣 四月以 罪诛。	史枢 十一月 除。	撒的迷失 廉不鲁迷 失海牙 郭佑 帖木耳 十月由 参议除， 位郭佑 上。 秃鲁欢 十一月 乙未除。	罢。
乙酉	二十二年	安童 十一 月 除。						
丙戌	二十三年	安童	俺吉剌带 七月罢。	薛阇干 六月除。	麦术督丁	也速辭儿 本名帖 木儿，避	杨居宽 郭佑 由中丞	

丁亥	二十四年 是年置尚书省，设官如七年置。	安童 中书省。 桑哥 十一月，由平章升。	也速觯儿 十一月升。	薛阇干·十月，行省辽阳。 麦术督丁 二月，由丞升。 桑哥 也速觯儿 阿鲁浑萨理 由右丞升。	范文虎 阿鲁浑萨理 叶李 由左丞升。	马绍 由参知政事升。叶李 闰二月除。	成宗御名改。七月，由参改升。 杨居宽 为桑哥所陷，下狱死。不颜里海牙 正月丁亥除。马绍 闰二月除。忻都 闰二月除。	除。廉不鲁失海牙

戊子	二十五年 是年置尚书省，始增丞相一员。	安童 中书省。 桑哥 尚书省。	也速䚟儿	麦术督丁 阿鲁浑萨理	崔彧 叶李	马绍	忻都 麦谷	何荣祖 张住哥 又名守智。
己丑	二十六年 是年罢尚书省。	安童 中书省。 桑哥 尚书省。	麦术督丁 帖木儿 阿鲁浑萨理	伯答儿 二月除。	崔彧 叶李	忻都 四月，由参政升。	张天佑 四月，以参议除。 张住哥 忻都 何荣祖 四月，以中书参政改。 夹谷

年							
庚寅 二十七年 是年置尚书省，至五月置。	安童 中书省。 桑哥 尚书省。		伯答儿 麦术督丁 帖木儿 阿鲁浑萨理	崔彧 叶李 忻都	马绍	张天佑 张住哥 何荣祖 以病告，特授大学士。夹谷 十一月。燕真忽都鲁代。	
辛卯 二十八年 是年置尚书省，正月至五月置。	中书省：完泽 二月，以詹事为中书省右丞相，五月改中书。	咱喜鲁丁 九月除。	不忽木 二月，以翰林承旨为尚书平章，五月改。 叶李	何荣祖 二月，以集贤大学士为尚书省右丞，五月改。	马绍 别都鲁丁 以桑哥专恣，不肯仕，命仍为左丞。 马绍	贺胜 二月，以集贤学士为尚书省参政，五月改。杜思敬	

二十九年 壬辰	尚书省：桑哥 正月罢，后伏诛。 完泽	也速䚟儿 阿鲁浑萨理 雪雪的斤 十月除。 别都鲁丁 十二月除。	忻都	何荣祖 商议省事。 不忽木 咱鲁丁 署商议	帖可 三月，以大司农除。 刺真 三月，以翰林承旨除。 麦术督丁 三月免。	五月，由尚书省改。 马绍	高翥 五月，由尚书省改。 燕真忽都鲁 杜思敬 梁暗都剌 三月除。

癸巳	三十年	完泽					

赛典赤伯颜 十一月,由河南行省平章可帖木术督丁商议省事。剌真 不忽木咱喜鲁丁 赛典赤帖可剌真

何荣祖 商议省事。阿里忽鲁火孙以右丞署太常事,俄出为陕西右丞。

省事。不忽木咱喜鲁丁

张九思 十一月除。马绍 正月至十一月。

杜思敬 梁暗都剌

甲午	三十一年	完泽					

何荣祖 五月,罢为昭文

梁暗都剌 帖木儿

杜思敬 右丞。何玮

干支	年号					
乙未	元贞元年	完泽	麦术督丁 五月,辛巳,加平章军国重事。 不忽木	阿里 张九思 十一月,创增,由陕西行省平章迁。 馆大学士,商议省事。	杜思敬 致仕。 六月复除。	九月,以湖南宣慰使除。
丙申	二年	完泽	赛典赤伯颜 赛典赤帖可 麦术督丁 五月,辛巳,加平章军国重事。 不忽木	张九思 阿里 何荣祖	梁暗都剌 杨炎龙 由云南左丞除。	阿老瓦丁 正月,以江浙行省平章除。 何玮 吕天麟 由工部

尚书除。何玮	梁暗都剌 杨炎龙	三月至十二月。三月王申，罢为昭文馆大学士，平章军国事。	帖可剌真 不忽木 段那海 三月至十二月。本名贞，字正卿，泽州人，由大都留守司大都督达鲁花赤迁。		
吕天麟 张斯立 正月至十二月。章邱人，官江浙	梁暗都剌 正月至三月。八都马辛四月至闰十二	阿里 正月至三月。三月遣以钞八万定籴	赛典赤伯颜 段那海帖可		
				完泽	
				大德元年	丁酉

		剌真 也先帖木 儿 四月十 至十月， 由陕西 行省平 章迁。	粮于和 林。 张九思 梁暗都剌 四月至 十二月。 王庆端 二月除。	月。 杨炎龙 杨炎龙	行台郎 中，时与 帖可合 构杀刘 宣，时论 少之。
戊戌	二年	完泽	赛典赤伯 颜 段那海 帖可 剌真 也先帖木 儿 正月。 张九思	梁暗都剌 正月至 二月。 张九思 正月至 二月。 杨炎龙 由左丞 升。	杨炎龙 七月，与 洪君祥 使高丽 八都马辛 五月除。
					何玮 正月至 五月。 吕天麟 张斯立

	己亥 三年	庚子 四年
	迷儿火者 三月至十二月。吕天麟 正月一月。张斯立	迷儿火者 张斯立 哈剌蛮子
	月古不花 五月至十二月。	月古不花 吕天麟
	杨炎龙 八都马辛 由左丞升。	八都马辛 杨炎龙 贺仁杰 闰八月，
	二月除。梁暗都剌 四月至十二月。王庆端十一月除。 赛典赤伯颜 颜 帖可剌真 正月至七月。段那海 梁暗都剌	赛典赤伯颜 颜 段那海 梁俺都剌
	哈剌哈孙 正月除。	哈剌哈孙
	完泽	完泽

干支	年							
辛丑	五年	完泽	哈剌哈孙	阿鲁浑萨理 梁俺都剌 段那海 赛典赤伯颜	升平章政事。 阿鲁浑萨理 八月至十二月。不兰奚由四月断事官除。贺仁杰	八都马辛 杨炎龙	吕天麟 月古不花	迷儿火者 张斯立 哈剌蛮子
壬寅	六年	完泽	哈剌哈孙	阿鲁浑萨理 赛典赤伯颜		八都马辛 杨炎龙 正月至八月。	月古不花 吕天麟 正月至八月。	迷儿火者 正月至七月。哈剌蛮子

	七年	完泽 正月至四月。	阿忽台 八月至十二月。	正月至七月。段那海 梁暗都剌	八都马辛 正月一月。	月古不花 正月一月。	哈剌蛮子 正月一月。	正月至七月。张斯立
癸卯		哈剌哈孙 七月至十二月。	哈剌哈孙 七月升。	赛典赤伯颜 正月至二月。 阿老瓦丁 三月至十二月。 段那海 正月一月。 阿鲁浑萨理 三月罢。 梁暗都剌 正月一	洪双叔 四月至十二月。	尚文 三月至十二月。	朵鮹 三月至七月。 迷儿火者 正月一月。 张斯立 正月一月。 董士珍 三月，以	

甲辰	八年	哈剌哈孙	阿忽台		洪双叔	尚文	江浙参政除。
				月。 木八剌沙三月至十二月。	正月一月。		朵餬 迷儿火者至十月至十二月。
				阿老瓦丁正月至九月。	塔思不花二月至十二月。	火失海牙十一月一月。	董士珍正月一月。
				赛典赤瓦伯颜十月至十二月。	八都马辛十一月至十二月。		赵仁荣正月，以江南行台除。
				帖可 阿里十月至十二月。			张佑怀州人，

乙巳	九年	哈剌哈孙	阿忽台	赛典赤伯颜	长寿	尚文	脱欢
				阿里 阿里 正月至 七月。 八都马辛 八月至 十二月。 段那海 九月至 十二月。	正月至 八月。 八都马辛 正月至 七月。 哈剌蛮子 七月升。	正月至 七月。 迷儿火者 八月升。	正月至 六月。 迷儿火者 正月至 八月。 张珪 正月至

赠上护军，追封清河郡公。九月以户部尚书除。

丙午	十年	哈剌哈孙	阿忽台	帖可 三月至十二月。 阿散 三月至十二月。 赛典赤伯颜 正月至闰正月。 段那海 正月至闰正月。 八都马辛彻里	哈剌蛮子	章闾 四月至十二月。 迷儿火者 正月至十二月。 迷儿火者 正月至闰正月。 杜思敬 三月至十二月 古不花 三月除。	十月。 哈剌蛮子 也先伯 三月至十二月。

十一年 丁未	哈剌哈孙 正月至八月。 塔剌海 七月升	阿忽台 二月诛。 塔剌海 五月至七月。 塔思不花 七月除。	二月至十月。 帖可 正月至二月。 阿散 正月至八月。 教化 八月至十二月。	哈剌蛮子 正月至二月。 孛罗帖木儿 九月至十二月。	杜思敬 正月至三月。 章闾 正月至三月。延祐元年，以妻病谒告归，夺民地，劾罢。	也先伯 正月至八月。 刘源 正月至三月。 撒剌儿 六月至九月。
			八都马辛 正月至二月。 床兀儿 五月至十二月。	孛罗答失 七月，由同知宣徽院事为左丞，九月升	阿都赤 正月至七月。 阿里伯 五月至十二月。	于璋 十一月至十二月。 钦察 五月以

遥授中书左丞，除七月为四川左丞

斡罗思　七月至十二月。
刘正　五月至九月。
孛罗答失　七月至九月。

郝天挺　七月，以江浙左丞为右丞

右丞。
王寿　八月至一月。
刘正　九月至十二月。
抄儿赤　六月至十二月。
塔海　六月至十二月。

塔失海牙　九月至二月。
脱脱　八月至九月。
法忽鲁丁　八月至九月。

别不花　八月至九月，出为江浙行省左丞相。
阿沙不花

干支	年号						
戊申	至大元年	答剌海 正月至三月。塔思不花 十一月至十二月。乞台普济 闰十一月至十月。	脱脱 闰十一月至十二月。乞台普济 十二月至十一月。塔思不花 七月由御史大	五月至十二月。乞台普济 六月至十二月。明里不花 六月至十二月。塔失海牙 床兀儿 正月至三月。乞台普济 正月至二月。	孛罗帖木儿 刘正 十二月月。孛罗答失 正月至十一月。	丞。尚文 八月至十二月。忽都不丁 尚文 八月至十二月。	乌伯都剌 正月至十一月。郝彬 十月至十一月。于潭 正月至九月。

伯都	忽都不丁	扎忽儿解	教化	
闰十一月至二月。	八月至十一月。	闰十一月至十二月。明年出为四川行省平章，七月至十一月。	正月至一月。	夫为左相，十一月升右丞相。
许防	郝天挺		阿沙不花	
闰十一月至二月。	刘楫		右丞相，行平章政事，七月至十一月。	
	正月至十二月。			
	何玮		阿散	
	十月至十二月。		四月至六月。	
	乌伯都剌		脱脱木儿	
	闰十一月至二月。		四月至十二月。	
	也罕的斤		赤因帖木儿	
	正月，升平章政		闰十一月	

二月。

己酉	二年	脱脱			事。	
		塔思不花乞台普济中书省。正月至七月。				

伯都　正月至十月。高防帖里脱欢六月以参议中书省事除。

郝天挺　正月至十一月。乌伯都剌　正月至十二月。脱虎脱　九月至十二月。

札忽儿懒　出为四川平章政事。刘正伯都由参议改升。

月至十二月。蔡乃闰十一月至十二月。也罕的斤

哈失海牙　三月至十月。阿散十月,以辽阳行省平章除。亦作合散。赤因帖木儿九月至

是年置尚书省。	乞台普济 八月至十二月。尚书省。	脱虎脱	十二月。 蔡乃 八月至十二月。 三宝奴 八月至九月。 伯颜 伽乃氏帖哥孙,十一月至十二月。 乐实 高丽人,惠宗时追谥武。	保八 八月至十二月。	刘楫 八月,由中书改尚书。 忙哥帖木儿 八月至十二月。 刘楫	伯都 大保曲出子,迁右丞。 王罴 八月至十二月。 郝彬 八月至十二月。

	塔思不花 中书省。脱虎脱 尚书省。正月罢，坐变更旧章伏诛。	脱脱 三宝奴 正月伏诛。	敏。八月至十二月。赤因帖木儿 蔡乃 乐实 伏诛。伯颜	伯都 正月一月。忽都不丁 七月至十一月。保八 伏诛。	忽不都丁 正月至六月。斡只 八月至十一月。忙哥帖木儿 伏流海外。	帖里脱欢 正月至十二月。贾钧 正月至十二月。回回 八月至十二月。王累 伏诛。郝彬 八月以江西参知入。
庚戌 三年						
辛亥 四年	帖木迭儿 正月，以云南行	蔡乃 赤因帖木儿		忽都不丁 正月至三月。	斡只 正月一月。	帖里脱欢 正月至八月。

壬子	皇庆元年	帖木迭儿		阿散 五月至 十二月。		李孟 二月至 十二月。	乌伯都剌 四月至 八月。	李士英 以御史 中丞除。 三月至 十二月。	贾钧 正月至 八月。
		省左丞 相除。	阿散 五月升 左丞相 章闾		完泽 二月至 八月。陕 西行省 平章叶 散萧子。 阿仙 十二月 一月。				察罕 三月，以 昭文馆 大学士 除。
							乌伯都剌	李士英 正月至 二月。 八剌脱因	察罕 正月至 九月。 阿卜海牙

十月至十二月。贾钧 七月以病请告。许师敬 九月至十二月。右丞许衡子	三月至十二月。	乌伯都剌 正月至五月。	五月由江浙平章迁。李孟十二月致仕。		
许师敬 阿卜海牙 正月至五月。 秃鲁花帖木儿 六月至七月。 薛居敬	八剌脱因 正月至五月。 阿卜海牙 正月至十二月。	八剌脱因 六月至十二月。	章闾 张珪 正月至五月。 乌伯都剌 六月至十二月。	阿散	帖木迭儿 正月一月。 秃忽鲁 正月至十二月。
				二年	
					癸丑

干支	年						
甲寅	延祐元年	帖木迭儿 四月，录军国事。又九月，为右相。秃忽鲁 正月至二月。阿散 二月升，九月改左。	阿散	章闾 正月至十二月。乌伯都剌 正月至八月。	八剌脱因 正月至十一月。萧拜住 十二月。刘正 十二月一月。	阿卜海牙	由御史除。九月至十二月。赵世延 二月，以侍御史除。高防 正月，由江浙丞除。二月，罢为集贤学士。
乙卯	二年	帖木迭儿	阿散	乌伯都剌 李孟	拜住	阿里海牙	曹鼎 赵世延

正月至
九月。

郭贯
以淮西
廉访除。
十一月
一月。

郭贯
正月至
五月。

不花
兀速儿吉
氏
六月至
十二月。　曹鼎

阿里海牙
正月至
五月。

郭贯
六月至
八月。

王毅
十月至
十二月。

拜住
正月至
五月。

阿卜海牙
六月至
八月。

刘正
正月由
右丞除。

章闾
三月，出
为江浙
平章。

乌伯都剌

李孟
伯帖木儿
六月至
十二月。

拜住
六月至
十二月。

阿散

帖木迭儿

三年

丙辰

丁巳	四年	帖木迭儿 正月至 六月。 伯答沙 九月至 十二月。 阿散 六月升， 九月改 左。	阿散	伯帖木儿 正月至 七月。 赤因帖木 儿 六月至 十二月。 拜住 正月至 五月。	阿里海牙 正月至 五月。 乞塔 六月至 十二月。	王毅 正月至 五月。 高昉 六月至 十二月。	正月至 七月。 乞塔 九月至 十二月。 乞塔 正月至 五月。 焕住 六月至 十二月。 高昉 正月至 五月。 张思明

戊午	五年	伯答沙	阿散	阿里海牙	乞塔 正月至 四月。	高昉 正月至 九月。	焕住 正月至 九月。
				乌伯都剌 赤因帖木 儿 正月至 九月。	亦列赤 六月至	焕住 十月至	王毅 七月,以
				王毅 八月至 二月。			
				李孟 正月至 六月。			
				阿里海牙 六月至 十二月。			王桂 六月,以 工部尚 书除。
							六月,以 中书参 议除。

己未	六年	伯答沙	阿散	乌伯都剌	高防	焕住	敬儼 正月至 八月。
				阿里海牙			狗儿 九月，由 金太常 礼仪院 事除。
				王毅			燕只哥 十月至 十二月。
				乌伯都剌	高防 十月至 十二月。		敬儼 五月至 十二月。
				亦列赤 十月至 十二月。	九月。	十二月。	江浙左 丞除。

庚申	七年	伯答沙 正月一月。 帖木迭儿 三月至	阿散 正月至四月。墨北 岭为平章。	乌伯都剌 正月一月。 亦列赤 正月一月	王毅 十二月薨。 亦列赤 正月至十一月。	高昉 正月至二月。 木八剌 三月至	焕住 正月一月。 张思明 三月至	钦察 正月至五月。 张思明	燕只哥 正月至九月。 张思明 闰八月至十二月。 钦察 十二至十二月。

只儿哈郎
六月至
十二月。

速速
六月至
十二月。

十二月。

十二月。

月。

阿里海牙
正月至
二月。

秃满迭儿
正月至
二月。

赫驴
三月至
四月。

赵世荣
以陕西
平章除。
正月至
七月。

十二月。

辛酉	至治元年	帖木迭儿	拜住	廉米只儿 海牙	只儿哈郎	张思明	速速 薛处敬
			拜住 正月一月。 答失海牙 六月至十二月。 乃剌忽 六月至七月。 帖木儿脱 六月至十二月。				

正月至十二月。罢为江南行省左丞。							
速速 薛处敬 正月至二月。出	张思明 七月免。	只儿哈郎	帖木儿脱 正月至八月。罢为上都留守。 塔失海牙 正月至八月。 只儿哈郎 七月至十二月。 廉米只儿 海牙 正月至十二月。	拜住 正月至十月。	帖木迭儿 正月至八月。 拜住	二年	壬戌

为河南
左丞。

王居仁
闰五月
至十二
月。

罢为集
贤大学
士。

钦察
五月至
十二月。

只儿哈郎
正月至
五月。迁
御史大
夫。

买驴
四月至
十二月。
罢为大
司农。

十一月
至十二
月。

年	拜住	倒刺沙	钦察	只儿哈郎	速速	马刺
三年 癸亥	正月至八月。英宗遇弑,死之。 也先铁木儿 九月,由知枢密院事除。十月,伏诛。 旭迈杰 十月除。	九月,以内史除。	赤因帖木儿 十月一月。 张庵 以集贤大学士除。	正月至十月。 乃马鳘 十月至十二月。	正月至八月。 善僧 九月至十二月。	以宗仁卫指挥择除。 王居仁
泰定元年 甲子	旭迈杰 正月至十二月。	倒刺沙 二月至十二月。	倒刺沙 正月至二月。	乃蛮鳘 正月一月。	善僧 正月一月。	马刺 正月至四月。

王居仁 阳谷人，赠中书平章政事，封蓟国公。

杨庭玉 三月至十二月。

朶宋 五月至十二月。

泼皮 六月至十二月

善僧 二月至十二月。

乌伯都剌 回回人。十月以江浙平章除。

钦察 正月至二月。

张瘖

乃蛮䚟 二月至十二月。

秃满迭儿 五月至

干支	年						
乙丑	二年	旭迈杰 八月卒。塔失帖木儿 十二月一十二月。	倒剌沙 十月癸未为御史大夫，丙寅复入	十二月。禿满迭儿 乌伯都剌 乃蛮台 张㻞 正月至二月 善僧	善僧 正月至二月 泼皮 三月至十二月	泼皮 正月至二月 许师敬 四月至十二月	朵朵 杨庭玉 正月至四月。坐销市受赇抵罪。 冯不花 五月至十一月。以名亭中政使除。
丙寅	三年	塔失帖木儿	倒剌沙	禿满迭儿 乃蛮台	泼皮 正月至五月。	许师敬 正月至十月。	朵朵 正月至十月。

史惟良　十一月至十二月。

冯不花　左塔不台　六月除。

朵朵　十一月至十二月。

许师敬　十月至十二月。

正月至二月。　乌伯都剌

蔡乃　三月至十二月。

善僧　正月至十月。

伯颜察儿　云南行省平章赛典赤子。十二月一日十一月。

	塔失帖木儿	倒剌沙	秃满迭儿	许师敬	朵朵	冯不花
四年 丁卯	塔失帖木儿	倒剌沙 天历元年十一月弃市。	察乃 乌伯都剌 伯颜察儿	正月至十月。 赵世延 十月至十二月。		史惟良 正月至九月。 王士熙 十月至十二月。
致和元年	塔失帖木儿 正月至八月。	倒剌沙	乌伯都剌 八月下狱弃市。 伯颜察儿 八月下狱。后至元四年，追封奉元王，谥	曹立 八月至九月。至顺二年，御史言："曹立今虽闲废，沈与富民交纳，宜道还	朵朵 八月下狱。	王士熙 八月下狱。

戊辰	天历元年	燕铁木儿	别不花	忠宣。塔失帖木儿	大同本籍"从之。赵世延	史惟良	张友谅
		九月除。	八月,以湖广左丞相除。十一月薨。	五月,由北岭北平章除。	八月,迁御史大夫。	二月除,九月辞。	十月至十二月。章邱人,斯立兄子,官至翰林学士承旨。
				塔失海牙 九月至十月。	回回 九月至十一月。	彻里帖木儿	月鲁帖木儿
				速速 九月至十月。坐受赇,徒襄阳,以母老留京师。	月鲁不花 十一月至十二	十一月	十月至

			阔阔台 九月至 十二月。	明里董阿 九月至 十二月。	钦察台 十月至 十二月。
十一月。	至十二 月。	月。由御 史中丞 除，监察 御史撒 里花 等称其 素直 气，操履 端正，以 中丞兼 大祯院 使。	撒迪 十一月 除。	彻里帖木 儿 正月至 除。	敬俨 十月至 十二月。
赵世安 八月，以 太子詹	月鲁帖木 儿 正月至	彻里帖木 儿 正月至	阔阔台 正月至 五月。	别不花 八月，御 史劾与	燕铁木儿 正月为 御史大
					二年
					己巳

事除。	八月。	八月。	阿里董阿
左吉 正月至五月。	赵世安 十月至十二月。	阔儿吉思 四月至八月。	阿里海牙 正月由陕西行台御史大夫除。正月至四月。
王结 正月至八月。	跃里帖木儿 十二月。后出为云南行省右丞。	朵儿只 八月至十一月。	敬俨 正月。
阿荣 八月至十二月。			王毅 正月至八月。
			哈八儿秃

速速等日潜者,推测圣算。诏与妻子安置集庆。

帖木儿不花 正月至八月,加录国重事。

夫,二月复入。

五月至 八月。	彻里帖木 儿 　五月至 　八月。	阿儿思兰 海牙 　九月至 　十二月。	杂儿只 　十二月。	赵世延 　十一月。

庚午	至顺元年	燕铁木儿	伯颜	钦察台	撒迪	赵世安	和尚
			二月丁未,改知枢密院事,省左丞相不置。	阿儿思兰海牙 二月,出为南台御史大夫。 赵世延 正月至闰七月。 阿里海牙 二月,以宗籍院使除。		二月,迁御史中丞。 张友谅 以参政升。 史惟良 二月迁,九月辞职归养。	正月至闰七月。 张友谅 五月至九月。 脱赤纳

辛未	二年	燕铁木儿	朵儿只 正月至二月。御史言：朵儿只铨选之际，紊乱纪纲，贪污著闻，恬不知耻。罢之。 亦列赤思 五月，以宗癞院使除。	钦察台 阿里海牙	撒迪	张友谅	脱亦纳 正月。

姚庸

燕帖木儿

耿焕
十一月，以户部尚书除。

朵儿只班
二月，由陕西行台中丞除。

赵世安
六月，由中丞除。

撒迪

阔里吉思
十月，以宣政院

亦列赤思
九月乙未，赐金虎符。

伯撒里
二月，以燕王官相除。

秃儿哈帖木儿

钦察台

伯撒里

秃儿哈帖木儿

燕铁木儿

三年

壬申

癸酉	燕铁木儿 五月卒。	撒敦 六月除。	木儿 十月,除知枢密院事。		除。	阔儿吉思	史惟良 郓城人,官至集贤大学士。	忽都海牙
元统元年	伯颜 六月除。		撒迪 十月,由右丞升。 阿里海牙 亦列赤	軟察歹 阿里海牙 撒迪 阿昔儿		学罗	王结	高履亨

干支	年							
甲戌	二年	伯颜	撒敦 五月罢，仍商量中书事。唐其势 五月辛卯，代撒敦。撒敦 六月乙亥，唐其势辞。复拜。	阔儿吉思　脱别夕 正月，以御史大夫除。　阿里海牙 正月，除河南丞相。　撒迪　阿息儿　阔儿吉思	字罗	王结	忽都海牙　许有王 十月，由侍御史除。
乙亥	至元元年	伯颜 七月壬寅，命迪	撒敦 卒。	脱别夕　定住	字罗 七月升平章。	王结　耿焕	普化 四月，由南台中

		丞除。
	纳麟	七月,由南台中丞除。
		许有壬

官江浙江西行省知参政事,迁左丞。十一月。		

巩卜班 十月。		

九月初七日,由枢密知院除,为头平章。		
阿昔儿		
闾儿吉思 七月,迁知院。		
撤迪 七月初一日,由中丞除平章第二。十月,为御史		

唐其势五月除,六月伏诛。		

相。		

丙子 二年	伯颜		塔失海牙 定住	巩卜班	王懋德 四月除。	纳麟
		大夫。 彻里帖木儿 十二月罢。 孛罗 七月,代阔里吉思。 阿吉剌 十一月,由知院除。				

丁丑	三年	伯颜		阿吉剌 定住 二月丙申卒。 塔失海牙 孛罗	塔失海牙 帖木儿不花 四月，以知枢密院除。 孛罗	纳麟 王懋德 巩卜班 许有壬	旧纪作德懋，误。高唐人，累迁燕南廉访使，大名机，奏赈，全活三十余万。	许有壬

戊寅	四年	伯颜		巩卜班	王懋德	纳麟
			阿吉剌探马赤四月除。 哈八儿秃 孛罗冬十月，命领太常礼仪院使。 阿吉剌四月，为奎章阁大学士。五月，复入。			傅岩起

	己卯 五年					庚辰 六年	
纳麟			只儿瓦歹 四月除。	巩卜班 三月，出为甘肃平章。		纳麟 四月，除枢密同知。 阿鲁	
傅岩起						傅岩起	
			哈八儿秃 孛罗 阿吉剌 三月，出为辽阳平章。 只儿瓦歹 后罢为承旨。			铁木儿塔识 四月除。 孛罗 沙剌班 汪家奴 晋宁王	
					铁木儿不花 十月		
	伯颜					伯颜 二月己亥，黜为河南右丞相。	

辛巳	至正元年						
	脱脱 脱脱 乌札儿台至三月至十月。	铁木儿不花	别儿怯不花 由御史大夫迁。十二月,出为江浙行省 只儿瓦歹后罢为承旨。 阔里吉思子。四月,由枢密同知为平章。十月,除知枢密院。	铁木儿塔识 四月,升平章。 阿鲁	许有壬	阿鲁 四月,升右丞。 定住 许有壬	傅岩起 二月,升左丞。 许有壬 赐上尊、束帛。

四月，升左丞。		定住
吴忽都不花		许有壬
左丞相。		太平　六月。
脱欢		也先帖木儿
札只拉氏，由河南行省平章迁，寻为江南行台御史大夫。		铁木儿塔识
也先帖木儿		也先帖木儿
铁木儿塔识		
也先帖木儿	脱脱	
	脱脱	二年
壬午		

吴忽都不花				定住	吴忽都不花	伯颜	韩元善 十月,由枢密签
				许有壬 正月辞。			
				太平			
	铁木儿塔识	也灭怯歹 三月,由知院除第四平章。		也先帖木儿	铁木儿塔识	也灭怯歹	
				别儿怯不花 十二月。			
				脱脱			
				三年			
			癸未				

						院除。
甲申	四年	脱脱 五月，辞位。	别儿怯不花	铁木儿塔识 三月。	太平 二月，升平章。	吴忽都不花 姚庸	伯颜 二月，升右丞。
		阿鲁图 五月。		太平 三月，由河南平章除。	伯颜 二月至八月，升平章。	吴忽都不花 三月，由集贤大学士除。九月，为承旨。	搠思监 二月。
				伯颜	达识帖睦迩 九月。	董守简 九月，由中丞除。	韩元善 二月。
				纳哈赤			赵德寿 正月，由兵部尚书除。
乙酉	五年	阿鲁图	别儿怯不花	铁木儿塔识 七月，为御史大	达识帖睦迩 九月，累为承旨。	董守简 后迁中丞。	搠思监 九月，升右丞。

六年	阿鲁图	别儿怯不花	铁木儿塔识	朵儿只班 七月，由	吕思诚	朵儿只班 答儿麻
丙戌			纳麟 伯颜	搠思监		朵儿只班 前资政院使。韩元善 十月，除大司农卿。吕思诚 十月。
			巩卜班 七月。 纳麟			
			太平 十月，为御史大夫。			
			纳哈赤 后罢为承旨。			
			夫。			

丁亥	七年	别儿怯不花 正月王子。四月	铁木儿塔识 录军国重事,九	位次右丞相。 巩卜班 纳麟 明年,出为江南行台御史大夫。 教化 帖木哥 铁木儿塔识 四月,升左丞相。	参知政事升。后除辽阳平章。 颁南班 后迁中丞。	吕思诚	七月。 颁南班 吕思诚 四月,升左丞。 魏中立 盖苗 寻出为甘肃行省右丞。 颁南班 二月,升右丞。

			道童 三月。
			福寿 六月。
			魏中立
			孔思立 七月。

庚寅，再命。五月罢。	月卒。	定住 四月，由承旨除。	
朵儿只 十二月。	朵儿只 九月，由大夫拜。	脱欢 七月。	
	太平 十二月。	忽都不花 十月。	

太平 六月至十二月。升左丞相。	
教化	
定住	
帖木哥	
朵朵 后拜陕西左丞相。	
韩加讷	

干支	年						
戊子	八年	朵儿只 七月，罢为国王。	太平	十一月，除大夫。教化 定住 后以疾薜。太不花 忽都不花	忽都不花	吕思诚	福寿 孔思立
己丑	九年	脱脱 闰七月，复相。	太平 七月，罢为承旨。	柏颜 八月，以集贤大学士除。太不花 钦察台 四月，以	秃满迭儿 闰七月，除四川右丞。嵍思监 闰七月，以也可札鲁忽	吕思诚 后迁中丞。韩元善 四月。	撒马笃 王枢虎儿 吐华 闰七月。秦从德 洛阳人，秦长卿

干支	年							
庚寅	十年	脱脱	忽都不花 定住 柏颜 太不花 定住 朔思监 正月。普化	知枢密院事。赤除。王枢虎儿吐华 正月。	韩元善	脱列 韩镛	从孙，出为江浙行省参知政事。
辛卯	十一年	脱脱	太不花 定住 普化	王枢虎儿吐华	韩元善	脱列 韩镛	

脱脱二月总兵，八月出师，十一月还朝。	定住 搠思监四月，以御史大夫除。 普化	搠思监十一月，拜御史大夫。 普化 朵儿只班		出为甘肃知参事。 松寿分省济宁。 乌古孙良桢十二月。 帖里帖穆尔二月分省济宁，十一月出为江浙添设右丞。
	王板虎儿吐华二月分省彰德。后迁四川行省平章。			韩元善二月分省彰德，八月卒。 贾鲁二月添设。

十二年 壬辰

乌古孙良桢	悟良哈台　三月添设。	杜秉彝　十月添设。		蛮子　正月，由侍御史除。	杜秉彝　正月，代乌古孙良桢。
			乌古孙良桢　正月。		
哈麻　八月添设。				哈麻　正月，代玉枢虎儿吐华为正。	秃秃
	忽都海牙　四月，以翰林学士除。	月鲁不花　正月由宣政院使除。		定住	畖思监　后拜御史大夫，又为寻平章。
脱脱					
十三年					
癸巳					

甲午	十四年	脱脱	定住		悟良哈台	乌古孙良桢	蛮子
		脱脱 九月总兵出征。 十二月,诏削官爵,淮南王置。	定住	普化 忽都海牙 正月由添设除。 哈麻 答失八都鲁	悟良哈台 正月代哈麻,四月为正。	乌古孙良桢 桢	蛮子
				定住 十二月,升左丞相。 搠思监 普化 月赤察儿	悟良哈台 桑哥失理 十二月,由中政院使除,添设。	吕思诚 十二月,由湖广左丞召为添设。	臧卜 八月甲子,由将作院使迁中政院使,作中政使。参知政事。

年	汪家奴	定住	搠思监	悟良哈台	许有壬	臧卜	杜秉彝
十五年 乙未	二月。 定住十一月。以大薛。保第就治病。	四月拜右丞相。 哈麻四月癸酉拜。	正月出为陕西平章，九月复入，进为首平章。 九月辛酉，由知院除。 哈麻 琐南班十二月，由永昌宣慰使除。	正月，除河南平章。 蛮子九月，除中政院	中顺大夫。九月，为集贤大学士。 李稷 吕思诚四月罢。	滕县人，登泰定丁卯进	

哈麻	使。	乌古孙良桢	土第。
四月，升左丞相。	拜住	四月，分省彰德。	成遵
达识帖睦儿	九月，代蛮子。十二月，分省济南。	杜秉彝	月伦夫不花
二月除。八月，除江浙左丞相。	干栾		十二月，分省彰德。
纽的该	由枢密同知代拜住。		陈敬伯
九月癸未，由知岭北行枢密院事除。	臧卜		十二月，分省彰德。
桑哥失里	四月，分省彰德。		

别怯木儿 完者不花					
吕思诚 十月,除大司农卿。					
千奴					
搠思监 二月,除大夫。	黑厮 正月,由宣徽使除。	拜住 十月,由右丞升。十二月,分省济南。	四月,由太子詹事除。		
		哈麻 二月黜墨,寻杖杀。			
十六年					
丙申					

答兰	乌古孙良桢		帖里帖木尔	搠思监四月。			
李稷			桑里失里				
成遵			悟良哈台				
实理门 普颜不花							
完者帖木儿 十一月，除宣同知。	乌古孙良桢	别怯木儿 完者帖木儿 七月，由中丞除。	帖里帖木儿 三月，除大夫。	太平五月。	搠思监五月。	十七年	丁酉
	成遵 九月，除中丞。		悟良哈台 三月除。				
俺普 七月，由河南廉访除。	李献 十一月，由中丞除。	野仙普化 九月。 失列门	斡栾 三月除。				

卜颜帖木儿 十一月。			
哈剌那海 十一月。			
崔敬 十一月。			
陈敬伯 十一月。			
李稷 七月戊子，除中丞。			
张晋	张冲 九月除。	即实理门，分省济宁。	臧卜 十一月，分省太原。后除西章，守宁夏。
		八都麻失里 十一月，以参知政事升。	老的沙 九月除。
		乌古孙良桢	完不花
			答兰 与参政崔敬普俺敬分省陵州，十一月云。

戊戌	十八年	搠思监	太平	斡栾	八都麻失里	李献	分省济宁
戊戌	十八年	十月,收印绶。	纽的该	完不花 七月除。	六月,升平章。	正月,除翰林学士。	燕只不花 五月,劼罢。
		定住		老的沙 八月,为御史大夫。	完者帖木儿	成遵 生你不花	秃鲁 三月,由治书除。
		太不花 二月除,总兵山东,五月罢。		完不花	塔失帖木儿		忙哥帖木儿
				脱脱帖木儿 七月,与完不花同除。			孛罗帖木儿
							安童 二月除。

			普颜不花 九月，以参政经略江南。
			马某火者 十一月，除崇福司使。
			琐住
		成遵 十二月，受诬以赃，杖死。	崔敬
			孛罗帖木儿
			伯颜
			忙哥帖木儿
	塔失帖木儿		
	不花		
	干栾	燕古思	
	完不花	也先不花	
	帖里帖木儿	庄嘉	
		八都麻失里	
太平			
十九年			
己亥			

也先不花	陈敬伯	不花	太平	撒思监	二十年	庚子
儿 脱火赤　分省太原。 王时 江浙行省参政王克敬子，二月由详定使除。 赵中　十二月，杖杀。		九月癸巳，除陕西左丞相。	朵儿只班　正月除。 庄嘉 也先不花 八都麻失里 佛家奴　九月，出征辽阳。 老的沙			

三月，由辽阳行省左丞相拜。	二月罢。	二月，由大夫入中书，后复为大夫。	分省大原。	由参政升。	七十
	太保				王时 分省大原。
		斡栾			危素
		完不花			丁好礼
		完者帖木儿			
		达识帖木儿			
		绊住马 五月除。			

哈剌章	也先不花	也先不花	失列门			二十一年	辛丑
七十	陈敬伯	陈敬伯 由左丞升。	失列门				
达礼麻失里			佛家奴				
			达识帖木儿				
不颜			定住 出为陕西平章。				
危素			答兰 分省大原。				
			忙哥帖木				

			儿 九月除。	也先不花 正月除。	玉也速迭 儿	达礼麻失 里
		察罕帖木 儿 十月除。			伯颜帖木 儿
		干栾	陈敬伯	七十	哈剌那海
		扩廓帖木 儿		刺马乞剌 分省大 原。	脱脱木儿 分省大 原。
		失列门			
		爱不花			危素
		佛家奴 十三月 为大夫。			
壬寅	二十二年	瑚思监 三月。			

				伯颜帖木儿
				札剌儿台
				危素
				马良
				七月。
			七十	
			袁焕	
			也先不花 除辽阳左丞相。	
			陈敬伯	
塔夫帖木儿				
绊住马				
孛罗帖木儿 三月除。				
爱不花 分省大原。				
完不花				
普化				
绊住马				
咬住				
撤思监				
二十三年				
癸卯				

甲辰二十四年	搠思监 四月贬岭北。 孛罗帖木 儿 八月。	也速 四月除。 孛罗帖木 儿 七月。	琐住 秃坚帖木 儿 五月除。 七月除 大夫。	孛罗帖木 儿	鄂摩氏， 字正德， 至顺中 由河南 行省参 知政事 改西台 侍御史。 完不花	不花帖木 儿 脱脱木儿 陈敬伯	帖木儿	八都哥 危素 五月除 承旨。 王时

	乙巳 二十五年	学罗帖木儿 七月伏诛。伯撒里 九月二十七日除。康里氏，封永平王。	扩廓帖木儿 九月除。	山僧 老的沙 七月除。		
				山僧 老的沙 三月除右大夫。	不花帖木儿 十月升平章。	帖木儿 袁焕 八月除河南右丞。
				扩廓帖木儿	孛罗	李士瞻 李国凤 济南人。
				秃坚帖木儿 三月除。	曲木	明安帖木儿 定住 八都儿
					答儿麻失里	王时 哈剌章 张晋
						达识帖木儿 十二月除。

黎安道
六月除。

帖林沙
十二月
除。

脱脱木儿
十一月
除。

陈敬伯

失列门

沙蓝答里
十月升
为头平
章。
上都马
八月,以
诛孛罗
功除。后
叛降于
明。

帖古思不
花
八月,以
诛孛罗
功除。

别帖木儿，除
三月，除
左大夫。

秃鲁　西
除　陕　行
　　西　省
　　省　左
　　行　丞相。

脱脱

匡福

庆童

塔失帖木
儿
　分省上

都。

洪宝宝
八月,以
诛孛罗
功除。

捏烈秃
八月,以
诛孛罗
功除。

不花帖木
儿
十月,以
右丞升。

忽怜台
以辽行

丙午	二十六年	伯撒里		省右丞升。	月鲁帖木儿	袁焕	帖林沙
			扩廓帖木儿 总兵河南。	金那海 八月，以诛孛罗功除。	帖林沙	李国凤 八月升。	亦老温
			沙蓝答里 正月。	失列门 九月除，大夫，已亥，迁御史大夫。	七十		陈祖仁 以翰林学士除。
				不花帖木儿	札剌尔台		董幼安
				月鲁帖木儿	陈敬伯		李国凤

丁未	二十七年	完者帖木儿 五月至八月。除知院，以老病辞，不许。 也速 八月拜右相，总兵分省山东。	帖里帖木儿 八月，以太尉除，为添设。 九月，提调端本堂及领经筵事。 扩廓帖木儿 总兵。十	蛮子 三月，除知枢密院事。 札剌尔台 札剌儿儿 七十 二月除。 俺普 五月，由大宗正札鲁火赤除。 臧家奴	帖林沙 陈敬伯 八月升平章。 定住	定住 八月升右丞。 董幼安 张守礼 刘益 孙景益 分省河东。	王朵罗歹 哈海 完者帖木儿 八月，为大抚军院使。 朵儿只 孙景益 阿剌不花

九月分省。

尹炳文

盖元鲁

董守训 十月,由岭北参议升。

胡泼

普颜不花 防御河北,兵败,死之。

狭思丁

月鲁帖木儿 十一月,除知大抚军院事。

月,罢为河南王。

阿蓝答里 九月,分省大同,加少保,统山西诸军。十一月卒。

伯颜帖木儿 十一月,除知大抚军院事。

哈剌章 十一月,为头平章,分省大同。

铁古思帖木儿 分省保定。

庄家 十二月除。

怯都忽剌 九月除，供给山东。

蛮子 八月添设，分省保定。

完者帖木儿 八月，除知大抚军院事。

不颜帖木儿

哈剌那海 分省河东。

陈敬伯

八月除。

李克彝
李思齐
部将，是
年降于
明。

火里赤
十月除。
板筑儿

丁好礼
十月添
设。

帖林沙
十一月，
除知抚

军院事。

忽林台与陈秉
直等守
御山东。

陈秉直
十二月
除,守御
山东,明
兵取济
宁,秉直
遁,与杨
诚并封
国公。

杨诚
十二月

戊申	二十八年	也速	失列门	哈剌章	定住	董幼安	张守礼
			夫保 河南人，十一月分省济宁，明年二月为扩廓所杀。	除，守御山东。 貊高 十一月除，明年二月为扩廓所杀。			

哈海	张景益	火里忽答	臧家奴	五月辛卯，除岭北左丞相，扈从北行，卒。
张裕	分省太原。	张康伯 京师陷，死之。	月鲁帖木儿	庆童 七月，自陕西左丞相召还，京师陷，死之。
郭庸 京师陷，死之。		也速不花	伯颜帖木儿 正月，拜御史大夫。	扩廓帖木儿 七月除。
			完者帖木儿	也速不花
			燕赤不花	
			魏赛因不花	

李思齐

俺普　兼知枢
　　　密院，封
　　　秦国公。

以知枢　事
　密院，未几
　卒。

琐住　扩廓帖
　　　木儿部
　　　将，留守
　　　益都。

朴赛因不

	己酉					
	二十九年	也速 扩廓帖木儿 正月除。		脱火赤 为明兵所获。		魏伯颜 正月除。 兀鲁不花 三月除。
			花 以宣政院使除，京师陷，死之。 迭儿必失 京师陷，死之。 鼎住	李百家奴 正月除，六月卒。 撒里蛮 鼎住 留守上都。		

新元史卷三二
表第六

行省宰相年表上

蒙古初入中原，任军民之事者，或称行省。世祖立中书省，车驾巡幸，省臣留守者，亦谓之行省。有兵事，则行省与行枢密院迭为废置，无定制也。至元十二年，始分立行中书省。有尚书省，又为行尚书省。尚书省废，仍为中书。凡行省十。至正以后，增淮南、福建、山东，为十三行省。至正二十四年，立胶东行省，而省臣也儿吉尼、郭云等仍称湖广行省平章政事。仅置参知政事，与山东分省同。旧史又云：立广西行省，附广西于湖广，为《行省宰相年表》。殆朝命不通，故省臣不之知欤？今附胶东于山东，

至元十二年	岭北	河南江北	江浙 初为江淮	江西	湖广 初为荆湖	陕西	甘肃	云南	四川	辽阳 初为北京

丞相	平章政事	左右丞	参知政事	十三年丞
廉希宪，召还，改行省荆湖。				
赛典赤瞻思丁。				
伯颜。史天泽。阿术。二月辛卯除。廉希宪。阿里海牙。右丞。吕文焕。崔斌。高达。十二月，谕参政高达守新附城邑。伯颜。右丞相，	合答。	刘整。阿塔海。右丞。塔出。董文炳。阿剌罕。镇江宁。		

相	平章政事	左丞	右丞
	赛典赤瞻思丁。	秃满台。左丞。	
	阿里伯。十月戊子，以平章政事行省事于淮东。刘整。是年卒。	入为知枢院事。阿木。入觐。阿里海牙。七月甲寅授。廉希宪别乞里迷失。右丞。董文炳贾居贞行省移潭州，改宣慰使。铁都帖木儿木儿并左丞。	

	参知政事	十四年丞相	平章政事
	夏贵。董文炳。留守临安。阿剌罕。授江东宣慰使。后拜左。	阿里塔海。阿里伯。三月癸丑，行中书省于江淮。	
	塔出。范文虎。吕师夔。陈岩。并参知政事。	阿里海牙。廉希宪。	
			赛典赤瞻思丁。
		张蔚。六月壬辰，行中书省于北京。	合答。三月癸丑，为平章政事，行中书省于北京。

左右丞			参知政事		
吕文焕。忽都帖木儿。脱博鲁花。麦术丁。崔斌。十月壬午，以参改升左丞。	塔出。右丞，行中书省事。左丞。	阿剌罕。左丞，行江东道宣慰使。忽剌出。福建行省左丞，迁江淮行省右丞。	奥鲁赤。以参政行湖北道宣慰使，进平章。张鼎。	彻里木儿。张荣实。也的迷失。昔里门。程鹏飞。蒲寿庚。并参知	夏贵。范文虎。陈岩。

十五年	丞相	平章政事	左丞	右丞
政事行江西省事。焦德裕。福建参知政事。李恒。叶谧弥实。		阿塔海。阿里伯。 阿里海涯。廉希宪。召还。	夏贵。范文虎。陈岩。 忙古带。左丞,咳都。 崔斌。左丞,七月丙戌。	赛典赤瞻思丁。 汪良臣。左丞,行四川中

	参知政事
书省事。	
改江淮行省。 右丞。蒲寿庚。二月壬午,并为左丞。	张鼎。六月甲申,行省
左丞。张守智。	张守智。七月丙戌,罢。
正月乙酉,并行省事于福州。	贾居贞。七月丙申,行省
崔斌。忽剌出。	唐兀带。史弼。二月壬午,并为参知政
吕师夔。塔出。以右丞行省事于赣州。董文炳。左丞。	昂吉儿。事于赣州。改参知政

	丞相	平章政事	左丞	右丞
十六年	事,六月甲戌墨。戌,升左丞。密立忽辛。	李桓。迁都元帅。畯都。行省福州。焦德裕。	阿塔海。忽辛。由湖广行省迁。阿里伯。	阿里海牙。
			崔斌。忽剌出。左丞。塔出。吕师夔。帖木儿。左丞。十月卒。范文虎。夏贵。畯都。	忽辛。由河南行省迁。
		赛典赤。赠思丁。是年卒。		汪良臣。七月乙卯,墨四川行省。

				刘思敬由同签行院升。
	脱脱木儿。			
阿里海涯。	不花。			
		右丞,行省泉州。		
		焦德裕。怀都。五月壬辰,升左丞。别都鲁,行省福建,至处州卒。丁,六月甲辰,为河南宣慰使。	忽辛。	
	阿塔海。阿里伯。十二月庚午,坐法死。			
十七年 丞相 平章政事			参知政事	

杨文安。襄加歹也军的斤。征斡	不花。右丞。汪惟正。李德辉。左丞。		纳速剌丁。左丞，寻升右丞。不花。右丞。汪惟正。李德辉。左丞。	
李德辉。七月己酉。以安	李德辉。不花。右丞。汪惟正。左丞。	李恒。右丞。		
刘思敬。焦德裕。	帖木儿。不花。塔出。右丞。范文虎。右丞。是年五月召人，与右丞相阿剌罕征日本。崔斌。右丞。十二月庚午坐法死。忽剌出。吕师夔。左丞。唆都。左丞。	忽辛。昂吉儿。右丞。燕帖木儿。右丞。		

参知政事		左右丞		

事	十八年 丞相	平章政事	左右
端叛王。爱鲁。由宣慰使迁左丞。 西王相除。	阿里海牙。二月乙亥，移治鄂州。	麦术丁。五月癸未，入为中书右丞。 博罗欢，以中书右丞。	汪惟正。 纳速剌丁丁。
	阿塔海。四月庚辰，征日本，以中书左丞相行省事。六月庚寅，代阿剌罕。		汪惟正。 李恒。 帖木儿不花。
	阿剌罕。左丞相行省事。 阿塔海，以中书左丞相行省事。	忽辛。	忽剌出。 昂吉儿升平。

右丞行省甘肃。			杨文安。	
			也军的斤。信直日。爱鲁。	
忽都帖木儿。右丞,行中书省事,唆都。右丞。吕师夔。左丞。	郑温。	亦黑迷失。也的迷失。行省失。刘思敬。帖木不花。焦德裕。		阿里海牙。
		阿塔海。		
章。				
丞		参知政事		十九年 丞相

平章政事	左右丞	参知政
忽辛。十月乙卯，伏诛。游显。九月戊申，行行省扬州。	忽剌出。	郑温。伯颜。
帖木儿。不花。唆都。忽都帖木儿。杨文安。左丞。吕师夔。左丞。	李恒。来阿八赤。征占城右丞。	刘思敬。焦德裕。
不花。	汪惟正。	亦黑迷失。
脱脱木儿。	博罗欢。麦术丁。五月壬申，入为中书右丞。	也罕的斤。信苴日。
	爱鲁。左丞。纳速剌丁。拜答儿。右丞。大卜。右丞。	杨文安。入觐，迁江西左。
	汪惟正。	

事	二十年 丞相	平章政事
卒于军。丞。爱鲁。召诣阙，进左丞。		脱脱不花。
	阿里海涯。	
	阿塔海。二月辛酉，依旧为征东行省丞相。相威。阔阔你敦。三月丁巳，治江淮行省。张惠。行省扬州。怨	

平章政事	左右丞	参知
曲立吉思。		王椅。六月丙
也罕的斤。		亦黑迷失。
爱鲁。纳速剌丁。大卜。		
博罗欢。入为御史大夫。		
汪惟正。		
汪惟正。也速答儿。右丞。		
李恒　来阿八赤	忽都帖木儿。右丞。也先帖木儿。以御史中丞除左丞,行省漳州。帖木儿不花。唆都。杨文安。迁荆湖宣慰使。吕师夔。	刘思敬。卒。
	忽都帖木儿。左丞。忽剌出。	亦黑迷失。
辛。		郑温。

左右丞　　　　　　　　　　　参知

政事	焦德裕。	樊楫。三月乙丑罢。	戌，入为参政。阿合八失。	完颜石柱。是年卒。月连举赤海牙。寻以疾卒。
二十一年 丞相	相威。四月卒于蠡州。忙兀带。九月甲申，由中书右丞行省事除。张惠。			汪惟正。
平章政事		阿里海涯。	脱脱木儿。	
左右	忽拉出。左丞，分不花。帖木儿。	李恒。来阿八	纳速剌丁，由右丞升。爱鲁。太卜。	汪惟正。

二十二年丞相	参知政事	丞
脱脱木儿。	也罕的斤。	赤。
阿里海牙。	也的迷失。亦黑迷失。召还，复命使海外。	省泉州。蒲寿庚。左丞。是年，并江淮、福建行省为一。
忙兀带。十月戊午，由中平章政事拜左丞。	焦德裕。管如德。泉州行省。郑温。	峻都。战死。吕师夔。

	平章政事	左右丞	参知
	相。忙兀带。张惠。复以平章行省杭州,卒。	伯颜。左丞。忽剌出严忠济。左丞。帖木儿不花。吕师夔。以乞假还江州,卒。	郑温。召还。杨居宽。焦德裕。
	要束木。	要束木。右丞。李桓是年卒。峻都。右丞。来阿八赤。右丞。唐兀带。左丞。	亦黑迷失。
		汪惟正。秋七月壬午入觐,还卒。	
	纳速剌丁。	拜答儿。右丞。爱鲁。左丞。	也罕的斤。
			曲立吉思。思。

官职	人员（自右至左）
二十三年 丞相	阔阔你敦。二月乙巳，罢辽东宣慰司为东京行省。　阿里海牙。五月，自杀于上都。　忙兀带。重文用。　贾文备。潘杰。　冯珪。重文用。
平章政事	纳速剌丁。四月庚子，上便宜事。也先不花。　奥鲁赤。二月辛丑除，改江西。丁巳，入觐，诏乘传赴阙。要束木。　奥鲁赤。　忽剌出。六月卒。
左	秃满答儿。左丞。　爱鲁。左丞。　崔彧。由同签
右	塔出。右丞。　刘国杰。由江淮　帖木儿不花。　吕文焕。右丞。
政事	

昝万寿。右丞。		院事出为右丞。	金书行院迁左丞。管如德。左丞。来阿八赤。亦。改交阯行省。	右丞。请老，许之。完者。左丞。迁右丞。忽剌出右丞。三月升平章。郑温左丞。教化右丞。	也罕的斤。刘垓。改行省金事。亦失。贾文备。刘垓。焦德裕。董文用。高兴。	杨仁风。亦而撒·合。土鲁华。刘垓。

丞

参知政事

二十四年丞

平章政事	薛闍干。闍里帖木儿。并平章政事。	纳速剌丁。也先不花。叶仙鼐改江西。	要束木。	沙不丁。奥鲁赤。忽都帖木儿。叶仙鼐。	帖木儿。不花。管如德。	刘国杰。进资德大夫来阿八赤。唐兀带。
左右丞	洪茶邱。右丞。亦而撒合。左丞。	爱鲁。由左丞升右丞，又改尚书右丞，卒。阿八。左丞。秃满答儿。行省左丞，进右丞，卒。左丞。	崔彧。	完者都。左丞。郑温。左丞。亦黑迷失。左丞。		
参知政事	杨仁风。阿老瓦丁。	也罕的斤。		焦德裕。董文用。高兴。	亦黑迷失。改授江淮行省右丞。	

二十五年丞相	昂吉儿。	忙兀带。自平章复为左丞相。	贾文备。是年致仕。樊楫。乌马儿。				
平章政事	沙不丁。	忽都帖木儿。叶仙鼐。	要束木。秃满。五月癸丑,诏湖广管内并听秃满、要束木节制。	特穆格。雅岱。	纳速剌丁。也先不花。	帖木儿不花。兼总军务。	薛阇干。
左右丞	完者都。右丞。	帖木儿不花。	刘国杰。唐兀带。	崔彧。左丞。	爱鲁。征交趾。		

官职				
二十六年丞相	也罕的斤。九月斤。戊子为宣徽使。铁木哥。乞牙带。	玉昔鲁。四月甲戌以御史大夫为太傅，佥江西行尚书省事。	忙兀带。是年卒召还。	
平章	纳速剌丁。帖木儿不花。薛阇干。	要束木。奥都赤。叶仙鼐。	不鲁迷失海牙。	昂吉儿。坐庞海。
参知政事	秃烈羊呵。	朱国宝。参知政事，行尚书省事。	董文用。为御史中丞。	管如德。徐琰。李世安。焦德裕。是年卒。高兴。
丞	卒。	左丞。	郑温。亦黑迷失。	拜四川平章。

政事	盗免官。	沙不丁。卜邻吉歹。乌马儿。蔑列。		也先不花。		也罕的斤。
左右丞		完者都。右丞。郑温。亦黑迷失。左丞。	管如德。左丞。	刘国杰。唐兀带。	崔彧。	
参知政事		忻都。四月甲戌诏赴阙。高兴。	管如德。正月癸卯升左丞。李世安。魏天佑。福建行省。	张守智。		

二十七年					
丞相	忙兀带。是年卒。				
平章政事	薛闍干。闍里帖木儿。	帖木儿不花。	纳速剌丁。也先不花。	奥鲁赤。叶仙鼐。乌马儿。	要束木。史格。
	沙不丁。卜邻吉歹。乌马儿。				
左右丞	洪茶邱。左丞。	崔彧。	李忽兰吉。右丞。	刘国杰。迁右丞。奏哥奏升管如德。	杨文璨。右丞。完者都。转江西枢密副使。郑温。亦黑迷失。
参知政事	也罕的斤。明年改四用行枢密院。	李世安。高兴。王巨济。	杨文璨。五月乙丑升左丞,适岁		

二十八年

	丞相	平章政事	左	副使
	伯颜。博罗欢。坚童。驿召赴阙，以疾卒。	沙不丁。乌马儿。以罪诛。卜邻吉带。铁木儿。	郑温。	
	叶仙弼。	不至官，以外剌带代之。外剌带，燕公楠。		
	要束木。五月甲辰以罪诛。史格。七月卒。合剌合孙。九月入朝。	纳速剌丁。	廉希恕。李忽兰吉。	崔彧。
	纳速剌丁。迁陕西省。也先不花。襄阳。迁晋王内史。	帖木儿。丁，迁陕西不花。		
	薛阇干。塔出。阇里带。十二月卒。			洪重喜。

官	记事
右丞	右丞。改军民总管。
	右丞。三月壬戌入为中书右丞。
	右丞。五吉。戊月戊戌由参知政事除。刘国杰迁行院副使。秃忽鲁。右丞。
	亦黑迷失。
参知政事	郑制宜。
	燕公楠。高兴。
丞相	兀难。六月乙酉迁梁王傅。怯剌。
	合剌合孙。
	阇里吉思。
平章	薛阇干。阿散。
	帖木儿不花。
	也先不花。
	阿散。
	纳剌速丁。
	史弼。高兴。
	卜邻吉歹。
	伯颜。博罗欢。

二十九年

五月丙子，大宁路惠州民饥死者五百人，诏贵省臣阿散。	洪重喜。右丞。六月迁。		
		刘垓。未几谢病归。	
襄阳。			
是年卒。	李忽兰吉。		
	秃忽鲁。	张文虎。	
亦黑迷失。行省福建。伯颜。叶仙鼎。史耀。	高兴。升福建行省平章。郑温。右丞。	燕公楠。张瑄。高兴。迁福建平章。	张宏略。

| | 政事 | 左右丞 | 参知政事 |

三十年								
丞相								
平章政事	伯颜。十二月己卯入为中书平章。博罗欢。	叶仙鼐。伯颜。史耀。高兴。	刚里吉思。刘国杰。湖广、安南行平章事。	合剌合孙。	阿散。	也先不花。	帖木儿不花。	薛闍干。
左右丞	二月己丑，由宣慰使迁左丞。杨琏真加子，五月丙黄墨。郑温。	暗普。	秃忽鲁。李忽兰吉。	李忽兰吉。	秃忽鲁。李忽兰吉。			洪重喜。

				薛阇干。		洪重喜。
				也速觯儿。		
				也先不花。		
	张文虎。		合剌合孙。	叶仙鼐。改陕西平章，谢病归。不忽木。七月癸酉入中书。		
				阔里吉思。刘国杰。除仁虞院副使。		忽鲁火孙。右丞。由
						秃忽鲁。
张宏略。	是年卒。燕公楠。入为大司农。张琏。	拜降。博罗欢。	也速觯儿。卜邻吉歹。阿老瓦丁。完者都。	叶仙鼐。伯颜。奥鲁赤。高兴。	燕公楠。改拜江浙行省	燕公楠。右丞。
参知政事	三十一年丞相	平章政事			左右丞	

参知政事	元贞元年 丞相	平章政事					
右丞。	也速䚟儿。	奥鲁赤	阔里吉思	合剌合孙。	中书右 丞改。李忽兰 吉。	也先不 花	薛阇干。
张宏略。	拜降。 是年卒。 博罗欢。	高兴	刘国杰。 加荣禄 大夫。	阿散。 又作哈 珊。	张文虎。 征还。	也速䚟儿。	
张珪。	阿老瓦。 丁。	福建行省 丁。正月入 庚午入 为参知 政事。 完者都。		也先不 花	也先不 花	也速䚟儿。	

					元贞二年
洪重喜。阿撒。左丞。	杨炎龙。正月癸亥入为中书左丞。	李忽怨兰吉。忽鲁火孙。	燕公楠。右丞。迁右丞。江浙改。由江浙。秃忽鲁。改江浙。史耀。右丞。董士选。右丞。	明里不花。铁木耳。撒里蛮。正月王申为副都元帅。史耀。右丞。马绍。右丞。秃忽鲁。	张玄略。
			合剌合孙。		张珪。李世安。

左右丞　　参知政事　　丞相

官职									
平章政事	博罗欢。	也速觯儿。完者都。铁木耳。	奥鲁赤。高兴。	阔里吉思。刘国杰。程鹏飞。	也先铁木儿。脱列伯。	阿散。	也先不花。	也剌觯儿。	薛闍干。
左右丞（左丞／右丞）	夹谷坚实。右丞。	马绍。左丞。右丞。	史弼。史耀。右丞。董士选。左丞。	燕公楠。	忽鲁火孙。李忽兰吉。改右丞,卒。		怯烈。	立智理威。	洪重喜。
参知政事	朱清。张宏略。二月卒。李世安。由江浙改。	李世安。	张瑄。七月壬午,增江西,河南参政一员,以清,瑄为之。						
大德元年丞相				合剌合孙。					

平章政事	博罗欢。移江西行省。	也速解儿。八月卒。	奥鲁赤。史弼。由右丞升。高兴。从兴言，徙治泉州，为福建平海行省。	阔里吉思。刘国杰。程鹏飞。	也先铁木儿。三月庚午，人为中书平章。脱列伯。也速带。	阿散。	也先不花。	也速解儿。	薛闍南干。
左右丞		秃忽鲁。右丞。召由枢密院为枢密副使。马绍。史弼。由同知枢密院事除右丞。燕公楠。右丞。八都马辛。为中		燕公楠。右丞。			忽辛。右丞。刘正。右丞。刘深。右丞。宝瓜人。		洪重喜。

官职	内容
参知政事	朱清。李世安。
大德二年 丞相	合剌合孙。十二月辛未,升丞相。
平章政事	合剌合孙。也速䚟儿。是年卒。完者都。是年卒。脱脱。高兴。｜伯颜。奥鲁赤。是年卒。高兴。博罗欢。｜合剌合孙。阔里吉思。改福建平章。刘国杰。也先不花。程鹏飞。燕公楠。｜脱列伯。阿散。｜也先不花。迁湖广平章。｜怯烈。也先不花。花。｜立智理威。｜薛阇干。
左	史弼。马绍。｜书左丞。张瑄。｜忽辛。｜洪重喜。

右丞	参知政事	大德三年丞相	平章政事
右丞。刘正。 左丞。刘深。 立智理威。 张立道。是年卒。怵烈。 八都马辛。左丞。入为中书右丞	朱清。李世安。 张瑄。	合剌合孙。正月癸巳，入为中书右丞相。 博罗欢。改江浙行省。	薛闍干。 也速䚟儿。二月丁巳罢四 薛超兀儿。 阿散。 赵瑀。字元辅。庆阳人，以平章 也先不花。二月丁巳福建平海。 刘国杰。 伯颜。 博罗欢。脱脱。高兴。

	川行省。	议陕西行省事。				
（丞相・平）	洪重喜。					
左右丞	恠烈。左丞，由参政升。怨辛。右丞。刘正。刘琛。刘得禄。左丞。	阔里吉思。迁征东行省。	东行省。高兴。迁江西。史弼。	燕公楠。	马绍	马绍。右丞，由江浙改。
参知政事	立智理威。高阿康，以云南土官除。恠烈。改湖南宣慰。	张瑄	张文虎。由漕运使迁。	朱清。是年擢大司农。李世安。		
大德四年丞相平	也速䚟　阿散	薛兀超	也先不	史弼。	博罗欢。	

			洪重喜。
儿。	儿。忙兀都鲁迷失。怯烈。是年卒。右丞。刘正。刘深。孛兰奚。班。左丞。刘得禄。高阿康。		
花。刘国杰。程鹏飞。燕公楠。右丞。李世安。左丞。	史弼。		
是年卒。脱脱。高兴。	马绍。是年卒。朱清。	张文虎。张珪。后迁左丞。	朱清。

平章政事

左右丞

参知政事

丞相

大德五年

平章政事	脱脱。高兴。阿里。二哥。八月,遣赴云南,杂问薛超兀儿等军事。朱清。	史弼。	也先不花。刘国杰。阔里吉思。程鹏飞。	也速答儿。三月奉旨给军。	床兀儿。薛超兀儿。忙兀都鲁迷失。是年卒。	阿散。也速觯儿。病免。	沙兰。三月乙巳,将万人驻夏山。
左右丞			燕公楠。右丞。召还。刘深。右丞。合剌带。右丞。散竹觯。左丞。	脱欢。右丞。	忽辛。刘正。哈剌觯。刘得禄。坐赃免。		洪重喜。
参知政事	董士珍。张文虎。领财赋都总管。		也速忽。都鲁。郑祐。	汪阿塔赤。杨。以参政给军需。	高阿康。坐赃免。		

大德六年	丞相	平章政事	左丞 右丞	参知政事
		脱脱。高兴。阿里。正月丁未，命专领其省财赋。		吴元珪。董士珍。张文虎。忽都不丁。七月丁。
		史弼		
		也先不花。刘国杰。程鹏飞。	李世安。刘深。免官，明年伏诛。	汪维勤。
		也速觮儿。阿老瓦丁。阔里吉思。以目疾召还。	脱欢。	
		合散。		
		床兀儿。	忽辛。刘正。哈剌觮。以罪免。	
		也速觮儿。		
			洪重喜。	
				朱清。

大德七年	丞相	平章政事	右丞	左丞
	脱脱。床兀儿。脱脱。也速觯儿。闰五月来朝。入为中书右丞。	合散。闰五月辛巳，坐侵盗官钱，命按之。也先不花。	忽辛。右丞。	洪重喜。
	程鹏飞。六月己〔〕。闰四月五，立四川行中书省。	也速觯儿。刘国杰。二月乙未卒。阿老瓦丁。卜邻吉歹。二月辛未入为中书平章。	刘正。	
	脱脱。阿里。高兴。彻里。	史弼。召还。李世安。脱欢。高嵩、安祐与阿里及金省张祐等诡名买盐转	月忽乃。左丞。	乃蛮台。右丞。

官名				
				薛闍南干。别速合。彻里帖木儿。
		立智理威。在任。		脱脱。程鹏飞。巳,以平宋隆济赐银钞金帛。
			哈散。二月卒,在职九年。	床兀儿。五月巳,以平宋隆济赐银钞金帛。
				哈散。二月卒,在职九年。
	也先不花。汪河南行省。			
	英,遣台省按问。董士选。左丞。董士珍。入为中书参政。吴元珪。张文虎。坐法死。	也先不花。汪河南行省。		
参知政事				
也先不花。				
大德八年 丞相	脱脱。阿里。九月癸丑入为中书平章。			
平章政事	也先不花。			

								洪重喜。
							忽辛。左丞，又改江西。立智理威。左丞。刘垓。	忽辛。改四川左丞。
						也速解儿。		梁曾。赐三珠虎符，寻召还。
				脱欢。十月辛卯，入为中书参政。				
			李世安。	也先不花。由河南平章拜右丞相。				
		刘正。右丞。十月改江浙。	刘正。右丞。董士选。后迁河南。					
	高兴。入为枢密副使。彻里。		吴元珪。					
	乃蛮台。							
左右	參知政事	大德九年丞相	平	也先不花	脱脱。	也速解儿。	脱脱。	薛闍干。
			贺仁杰。					

		平章政事，商议陕西行省事。	洪重喜。程鹏飞。儿。	
			立智理威。怨辛。右丞。刘正。左丞。耶律忙古带。左丞。	刘垓。梁曾。
平章政事	乃蛮台。	李世安。高兴。彻里。花。阿散。五月癸亥，领勾陂屯田事。刘正。		
左右丞				
参知政事		吴元珪。姚燧。		
大德十年丞		也先不花。		

相	阿散。三月甲午人为中书平章。阿老瓦丁。	脱脱。阔里吉思。三月甲午人为中书平章。高兴。卜邻吉歹。教化。							
平章政事		乃蛮台。		忽剌术。贯只哥。	贺仁杰。	哈珊。	也速䚟儿。与汪惟能讨蛮贼。	程鹏飞。	薛闰干。
左右丞			忽辛。左丞。刘正。右丞。洪君祥。右丞。改辽阳。	立智理威。左丞。李世安。			汪惟能。右丞。	杜思敬。左丞。入为中书左丞。立智理威。改湖广。	洪重喜。罢。洪君祥。右丞。
参知政			吴元珪。		田滋。	陈英。由浙西道廉访		刘垓。	

事									
大德十一年　丞相　相	月赤察儿。七月癸酉以太师为右丞相。合剌合孙。由中书右丞相拜左丞相。				使陈除。				
平章政事	高兴。卜邻吉歹。董士选。	脱脱。是年卒。明里不花。五月壬辰入为。铁木迭儿。	脱脱。六月辛亥迁江浙。	忽剌出。贯只哥。	贺仁杰。	哈珊。	也速觯儿。	程鹏飞。	薛阇干。合散。五月由中书平章迁

左	乃蛮台	刘正	忽辛	李世安		钦察	洪君祥
	中书平章。塔失海牙。七月丙子入为知枢密院。教化。六月丁丑入为中书平章。别不花。九月己丑由中书平章除。	六月丁丑由中书平章除。脱虎脱。					

左丞。五月除。人为同知院。洪重喜。右丞。七月拜。				
	刘垓。			也速觯儿。
	陈英。			
左丞。				左丞。
召入中书。郝天挺。左丞。七月入为中书左丞。立智理威。	梁曾。			也先不花。
梁曾。寻迁湖广。	吴元珪入为金院。	梁曾。	忽剌出。	铁木迭儿。四月戊戌加右丞相斡赤。
月赤察儿。右丞相合剌合孙。左丞相。	卜邻吉歹。高兴以左丞相商议行省事。			也先不花。

右丞

参知政事

至大元年　丞相

职名										
平章政事	是年卒。	何玮。由中书左丞升。襄家台。	别不花。九月丁丑由中书平章除。	忽辛。由江浙左丞迁左丞,升中书平章。铁木迭儿。升左丞相。拜左丞相。	贾只哥。秃颜花。以拥斤花。	贺仁杰。也罕的斤。正月丁卯以护仁宗功除,后平章政陕西省事,年月阙。	哈珊。		程鹏飞。	合散。
左右丞		也速。右丞。十月,入为知枢密院事。		立智理威。李世安。左丞。召入商议枢密院事。			脱脱木儿儿。右丞。三月戊寅,入为中书平章。		钦察。	洪重喜。
参知政事		刘敏中。	梁曾。	陈英。		王忱。			刘垓。	

至大二年 丞相	月赤察儿。	卜邻吉歹。高兴。	忽剌出。	别不花。斡赤。	也先不花。是年卒。	沙的。八月，由行台御史大夫拜左丞相。		铁木迭儿。	合散。十月丁丑，由行省平章拜左丞相。
平章政事		塔失海涯。何玮。董士选。	字兰奚。	乌伯都剌。张驴。		贺仁杰。	哈珊。	程鹏飞。斡罗思召还。札儿忽解。汪惟勤。	合散。十月丁丑迁。
左右丞	乃蛮台。襄家歹。十二月己卯，月赤察儿言：左丞歹襄家歹		高膺。由参政升左丞。		散木带左丞。十一月丁亥，入为中书平章。立智理			算只儿威。右丞。	洪重喜。以罪谪漳州。

参知政事	凌侮诏，锁赴和林。	高防。由中书参政除。	威。	郝彬。以行中书省参政改尚书省。梁曾。	伯帖木儿。谢让。由刑部尚书迁。	脱因纳。	王忱。	刘垓。
至大三年丞相	月赤察儿。	卜邻吉歹。高兴。	答失蛮。忽刺出。八月丁未，人为御史大夫。	别不花。左丞相。十一月戊子来朝。斡赤。			铁木迭儿。	也速䚟儿。 合散。以左丞相行中书省平章政事，商议辽阳行省事。
平章	塔失海涯。	学兰奚。乌马儿。		贺仁杰。只儿合	哈珊。	汪惟勤。	程鹏飞。	

政事	左右丞	参知政事
何玮。十一月戊申卒。	乃蛮台。	敬俨。以疾告。梁曾。
遣人从使臣马昵匿马丁取绍兴狱中，释之。诏台臣往鞫。	沙不丁。左丞。高昉。	谢让。拜西台侍御史。伯帖木儿。入为太子家令。
郎。三月乙酉，由知枢密院事除。	史弼。右丞。	脱因纳。王沉。
	立智理威。右丞。卒于官。	刘垓。移镇广东。
	算只儿威。	
	钦察。	

至大四年							
丞相	月赤察儿	卜邻吉歹。高兴。	康里脱脱。二月拜。	别不花。酹赤。	哈珊。		铁木迭儿。正月丁酉，入为右丞相。
平章政事	乃蛮台。字里马。	塔失海涯。	字兰奚乌马儿。中书奏，用丙寅，以御史言黜免。张驴。四月丁未，以大子少保除。	别不花。酹赤。是年，命二月和林、浙外，各省权置平章二员。	贺仁杰。是月卒。只儿哈郎。字罗帖木儿。中书奏，用二月丙寅，以御史言黜免。	阔里吉思。中书奏，用二月丙寅，以御史言黜免。	程鹏飞。正月壬子，召入。己未，入为中书平章。合散。十一月入中书。为中书平章。
左右	王约。右丞。	高昉。哈答孙。		史弼。	兀伯都剌。		阿忽台。右丞。

官							
丞 以丞经理屯田称海。	速。			以中书右丞，兼浙东道宣慰使，征四明贼。			
参知政事		塔失选木儿。中书奏用。二月丙寅，以御史言黜免。	万僧。	梁曾。以疾告。			
皇庆元年 丞相 二月甲戌，改岭北行省。	卜邻吉歹。高兴。康里脱脱。	塔失海牙。	亦怜真。	馀赤。		以左丞入为中书右丞。	
平章	字兰奚。张驴。	董士选。哈珊。			王忱。脱因纳。入为大仆卿。	算只儿威。	王伯胜。买驴。

政事	左右丞	参知政
乃蛮台。	王约。右丞。召左丞。以右丞为集贤大学士。郝天挺立。左丞。入为御史中丞。	
三月戊申，入为御史大夫。襄家歹。	吴元珪。右丞。高昉。曹立。右丞。	
五月丙申，入为中书平章。	郝天挺。右丞。寻迁河南。右丞。史弼。	
	萧拜住。右丞。	
	阿忽台。右丞。算只儿威。十月甲子，有罪，国师请释之，帝曰：官事僧不当与。	王忧。
		钦察。

皇庆二年							
丞相	卜邻吉歹。	康里脱脱。别不花。	斡赤。高兴，是年卒。	亦怜真。			
平章政事	郝天挺。由御史中丞迁。		李世安。	董士选。			王伯胜。买驴。二月乙卯，为入中书平章。
左右丞	乃蛮台。董士珍。左丞。召为御史中丞。吴元珪。右丞。高昉。左丞。		史弼。	萧拜住。			钦察。
参知政事	敬俨。由浙东廉访使除。			谢让。寻拜西台侍御史。		王忱。	

延祐元年

官职					
丞相	赵世延。召拜侍御史。	卜邻吉带。六月戊子封河南王。			王伯胜。
平章政事	康里脱脱。别不花。	斡赤。	水怜真。	李世安。董士选。	钦察。
左右丞	高昉。正月庚子入为中书参政。吴元珪。	乃蛮台。	史弼。	萧拜住。吴元珪。右丞。由浙江行省迁。	拜都。由行台御史大夫迁。葛剌。左丞。
参	敬俨。			王忱。	

知政事	延祐二年 丞相	平章政事
召拜昭文馆大学士。	王伯胜。改大都留守。	塔察儿。拜都。
冬，移疾归。	阿思罕左丞相。十一月奉周王入河中，为塔察儿所杀。	李世安。
	斡赤。	张驴。三月丁丑，由中书平章除。童童。九月，坐荒汰免官。
	康里脱脱。	

官职									
左右丞	葛剌。左丞。	钦察。右丞。陛辞留于京师，复	赵世延。右丞。陛辞，复留于京师。	吴元珪。	萧拜住。				乃蛮台。
参知政事						元明善。	史弼。		
延祐三年丞相					阿思罕。秃忽鲁十二月庚午，以知枢密院事迁。		翰赤。五月癸亥，授大司徒。	康里脱脱。黑驴。左丞相。	
平章政事					塔察儿。拜都。		李世安。以母老乞养归。	张驴。	

左右丞。	乃蛮台。			史弼。			脱因纳。右丞。		钦察。	葛剌。左丞。入为大司农。
参知政事				秃忽鲁。		萧拜住。入为中书平章政事。				
延祐四年丞相		也先铁木儿。	黑驴。二月壬午，入为中书平章。康里脱脱。脱。							
平章政事		拜都。移江浙。	拜都。入为太子宾客。		买住。	赵世荣。	完者。正月丙辰，以知枢密院		赵世延。	

					事迁。
					钦察。
				脱因纳。右丞。	完者。
			秃忽鲁。		
	木八剌。右丞。二月丙寅，入为中书右丞。史弼	朵儿只的斤。	买住。正月丁亥，加鲁。		
	王毅。右丞。入为中书平章。	康里脱脱自江浙改江西。			
乃蛮台。	也先铁木儿。	康里脱脱。			赵世延。由昭文馆学士，
左右丞	参知政事	延祐五年丞相平章政			

事	左右丞	参知政事	延祐六年丞相	平章政事
大都留守除。	钦察。			赵世延。
	朵儿只。右丞。	汪惟正。十二月戊寅，赐虎符。		
				完者。
	脱因纳。右丞。			
			秃忽鲁。	赵世荣。钦察。
国公。	史弼。入为中书平章政事。	康里脱脱。	朵儿只的斤。	
		黑驴。	伯颜。	
	陈英。左丞。是年墨英所括民田。	也先铁木儿。		
乃蛮台。				

	脱因纳。	朵儿只。		钦察。	
乃蛮台。		汪惟正。			是年，辽阳行省丞相降本省平章，史失其名。
左右丞			秃忽鲁。		买驴。七月甲申，由知枢密院事除。哈丹。
参知政事					
忻都。以官钱嫡军免，诏复其职。	也先铁木儿。	黑驴。二月壬午，入为中书平章。	朵儿只的斤。	赵世延。二月丙子，速赴都。赵世延。	买驴。七月甲申，由知枢密院事除。哈丹。
延祐七年丞相	也先铁木儿。	康里脱脱。六月丁巳，入为中书平章。	朵儿只的斤。	钦察。二月丙子，速赴都。赵世延。	
阿散。五月己丑，由左丞相除。戊戌伏诛。	伯颜。迁陕西行台御史大夫，由行省丞相降。六月儿。	撒伯都。十二月癸酉致仕。也儿吉尼。七月戊午，由行省丞相降。六月儿。	赵世荣。二月丙寅，入为中书平章。董士选。	钦察。七月乙未，入为知枢密院事。兀伯都。	买驴。七月甲申，由知枢密院事除。哈丹。
平章政事	伯颜察儿。四月丙辰，由行省丞相降。七月己巳，由省丞相降。		秃忽鲁。	赵世荣。二月丙寅，入为中书平章。董士选。	赵世延。二月丙子，速赴都。赵世延。

七月甲申，由知枢密院事除。						
					钦察。正月，召为中书参政。	
剌。二月戊寅，由中书平章除。					脱因纳。右丞。	
阿礼海涯。二月戊寅，由中书平章除。	知枢密院事除。				陈端。	
	木八剌。二月丙寅，以右丞入为中书右丞。十二月己巳，复出为右丞。	十二月癸酉免。买闾。五月丙午免。脱欢。		丙辰，召至京师。		
		回回。				

	左右丞	参知政事
	乃蛮台。换住。二月丙寅，由中书左丞出为右丞。朵罗台。右丞。	

至治元年 丞相	秃忽鲁。			乃蛮台。	
平章政事	完者。	秃忽鲁。	贯只哥。也儿吉尼。	站马赤。	
左右丞	兀伯都剌。	董士选。是年卒。			
参知政事	忽辛。答失铁木儿。朵儿只。	脱因纳。右丞。	陈端。由中书参政选。	你咱马丁。十月丙寅免。回回。考绩为各省最，丁父忧去官。	
至治二年 丞	买驴。		秃忽鲁。		

官职							
相 平章政事	买闾。二月乙卯，入为中书平章。	忽辛。答失铁木儿，朵儿只，五月己酉，坐赃免。	乃蛮台。	忽剌歹。	贾只哥。也儿吉尼。	阿里海牙。	乃蛮台。改甘肃平章政事。
左右丞							薛处敬。二月癸卯，由中书参政出为左丞。
参知政事			脱因纳。入为通政使。	陈端。入为集贤学士。		王君仁。二月癸卯，入为中书参政。	
至治		秃忽忽鲁。		忽剌歹。			

三年		
丞相	十月甲子，入为御史大夫。	
平章政事	相嘉失礼。兀伯都剌。十月丙戌，入为中书平章。脱欢。也儿吉尼。贵只哥。阿里海涯。高昉。乃蛮台。怨辛。四月壬寅，坐赃免。	
左右	廉惇。左丞。	
参知政事	忽剌万。	
泰定元年		

丞相平章政事					左右丞	参知政事
相嘉失礼。	脱欢。	也儿吉尼。正月乙未,召赴阙。贯只哥。	高防。佩金虎符,节制诸军。	乃蛮台。	朵班。左丞。	泼皮。四月甲子,由左丞入为中书左丞。
					廉惇	帖失。假岭北参知政事,使西域。
	也儿吉尼。九月己酉,以知枢密院事除。					
	囊家歹。三月庚子,兼宣政院使。					

	也儿吉尼。	忽剌歹。			
陈端。左丞。					
	襄家歹。	乃蛮台。			
		廉恒。左丞。九月戊申，以左丞宣抚四川。		贯只哥。伯颜。	脱欢。正月甲辰，升左丞相。
		乞住。左丞。			高防
		张升。迁辽东廉访使。			阿里海牙。相嘉失礼。
	也儿吉尼。	马合谋。九月戊申，遣宣抚两浙。			姚炜。左丞。
		忽剌歹。			脱欢。
泰定二年 丞相 平章政事 左右丞 参知政事 泰定

三年							
丞相			尼。				
平章政事	囊家歹。秃哈帖木儿。六月癸酉,丁忧,请终丧,许之。	乃蛮台。	阿里海牙。由河南行省迁。	帖木儿补化。	贾只哥。高防。	阿里海牙。伯颜。	撒特迷失。正月癸亥,由知院除。
左右丞				史㮚。左丞。	赵简。四月庚寅,以右丞入为集贤大学士。		韩若愚。左丞。
参知政事	王结。召拜刑部尚书。		刘事义。由陕西行台侍				

事	泰定四年丞相	平章政事	左右丞	参知政事
		襄家歹。宽彻。		
御史除，八月卒。	也儿吉尼。	马忽思。三月戊子除。		
		乃蛮台。		
	忽剌歹。	阿里海牙。探马赤。		
		把失忽都。帖木儿朴化。		
	脱欢。	高昉。	史壇。六月，以母卒去官。	张毅。张友谅。
	伯颜。童童。世官河南，大为奸利。曲烈。		韩若愚。	

致和元年八月壬申改元天历	
丞相	脱欢。是年卒。 伯颜。八月丁未,升左丞相。戊子,入为南台大夫。九月甲戌,以御史大夫迁。
平章政事	塔失帖木儿。五月戊子,入为平章。拨皮。 伯颜。曲烈。八月癸戌,入为平章。 曹立。八月壬戌,入中书省。阿礼海涯。八月癸卯,被杀。 明理董阿。九月,大禧院。八月庚戌除。十一月,中书平章迁西台。癸未,中书平章除。 八失忽都。秃坚帖木儿。九月乙亥,入为大禧院使。 乞住。铁木儿补化。八月壬辰,入为知院。 探马赤。 乃蛮台。朵儿只。 马忽思。
事	也儿吉尼。九月戊子,召不至。 秃满迭儿。 襄家歹。十一月丙子,自称镇西王。宽彻。十一月丙戌,襄台杀之。

		脱脱。左丞。忻都。右丞。			王克敬。
		马合谋。左丞。八月甲辰,执送京师。别薛。左丞。速速。右丞。八月入为中书右丞。		郑昂霄。	王结改同储庆司事。
大夫。	别帖木儿。八月癸卯,被杀。姚炜。	易释董阿。九月乙丑,入为太禧院使。十月己酉,以左丞入为储庆使。韩若愚。脱帖木儿。右丞。	张思明。左丞。	张友谅。九月戊午,入为中书参政。张孛台脱孛台。八月乙巳被杀。	脱孛台。八月乙巳被杀。
左右丞	燕不怜。六月乙酉,入为知枢密院事。				参知政事

天历二年								
丞相	波皮。	朵儿只 亦都护。					也儿吉尼 三月戊辰，弃官遁。	襄家台。四月己亥降。九月戊戌诛。塔出。汪寿昌。
平章政事	塔即昔。四月甲辰，为御史大夫。那海。四月癸卯除。	乞住。也速迭儿。彻里迭木儿。由中书右丞除。	朵儿只。忽剌台。四月癸卯除。木儿。五月甲戌，入为詹事。	贾只哥。是年卒。八失忽都。以贪婪勃罢。	高昉。刘脱欢。	探马赤。乃蛮台。吕天祺。	怯来。只儿哈郎。四月癸卯，除平章。朵儿只。八月壬辰，入为中书右丞。乃蛮台。	马忽思。
左右丞	马谋。四月甲辰，为御史大夫。	韩若愚。右丞。迁江淮	张思明。左丞。召入中	跃里帖木儿。左丞。				

			伯帖木儿。左丞相。正月丁巳，由知枢密院事除。
			哈剌帖木儿。八月云。
			搭出。汪寿昌。
			帖木儿不花。四月壬寅，诸蛮叛，为所……
			乃蛮台。七月戊戌，封宣宁王。
			探马赤。六月丙申，兼行枢密同知。
		郑昂霄。字罗。	脱欢。
			岳柱。
			童童。朵儿只。
史劾罢。左丞。 廉访使。张升。左丞。			彻里帖木儿。六月丙申，为御史大夫，兼知枢密行枢密……
			哈八儿秃。八月己丑，为御史大夫，兼知枢密……
参知政事	**至顺元年丞相**		**平章政事**

	左右丞		参知政事	
				伯帖木儿。
	跃里帖木儿。右丞。帖木儿不花。左丞。忽都沙。	字罗。六月庚子，赐金虎符。		
害。乞住。	怯烈。左丞。			
吕天祺。教化。				
			纳麟。入为户部尚书。	
			别儿怯不花。	
院事。乞住。三月，迁云南行省。也速迭儿。				
			至顺二年	

丞相	左丞相。是年卒。							
平章政事	塔出。汪寿昌。钦察台。七月壬午,以御史言,锢广东。	探马赤。总制境内军事。乞住。	月鲁帖木儿。十二月丁卯,御史言:非蒙古族姓,且暗于军机,勿合总兵,从之。	吕天祺。姚炜。	玥璐不花。	岳柱。	朵儿只。四月乙未,改江西,以疾辞。童童,易释童阿。	也速迭儿。
左右丞		帖木儿不花。左丞。跃里帖木儿。			移剌四奴。左丞。			那海。右丞。
参知	马镨。九月乙	汪长安。			李允中。九月月丁		杜贞。	

政事	至顺三年丞相	平章政事			左右
亥，御史勃墨。		汪寿昌。四月戊午，辞职，不允。探马赤。			帖木儿不花。
亥，坐李邦宁侄墨。	朵儿只。	玥璐不花。三月乙巳，迁西台御史大夫。脱亦纳。五月庚戌，赐赐虎符。岳柱。脱欢。	易释董阿。彻里帖木儿。	岳柱。	

丞	参知政事	元统元年 丞相	平章政事	左右丞	参
左丞。行省言：去年九月，与战，余从败，乞援之。	咬住。改西台侍御史。 杜贞出佥漕事。	帖里帖木儿。 岳柱。是年卒。	脱欢。	燕不怜。 刘脱欢。 探马赤。 脱亦纳。	王都中。字本鲁

知政事	中道以疾薨，诏王克敬即家拜江浙参政。觐。	阿里海涯。正月庚寅，拜左丞相。三月丁未，由河南行省迁。是年八月，中书平章阿里海涯罢，由江浙入为平章，失其日月。	塔失帖木儿。				
元统二年丞相							

平章政事	彻里帖木儿。召拜中丞。牙不花。	马合睦。	刘脱欢。 燕不怜。
		探马赤。脱欢。	
左右丞		完泽。右丞。	
参知政事	字术鲁翀。以迁葬归。王兑敬。五月致仕。王都中。		
	塔失帖木儿。由江西	塔失迭木儿。	
至元元年丞			

相	行省迁。				
平章政事	玥璐不花	马合睦。	探马赤。	赵训。	刘脱欢。
左右丞		纳麟。右丞。			
参知政事	张宏。谢病去。	耿焕。入为中书右丞。王都中。	朵儿赤颜。		
至元二年丞相		塔失帖木儿。迁南台御史大夫。铁木儿补化。			

	平章政事			左右丞	参知政事	至元三年丞
		玥璐不花十一月丁巳奉命为僧于西番。脱欢。	六月戊子拜。	纳麟。	王都中。	铁木儿补化。撤思监。
		乌合谋。伯撒里。	那海。十一月壬子除。脱欢。改江浙。			
		刘脱欢。				

				刘脱欢。
			举理。四月壬戌，命捕反贼韩法师。	朵儿只。三月辛酉，拜左酉
相				
平章政事	月鲁帖木儿。	十月乙亥，命提调海运。右昔。坐贪墨流海南。马合谋。	伯撒里。秃儿迭失。那海海牙。左丞。	
左右丞	庆童。左丞。	纳麟。	燕帖木儿。沙的。左丞。	
参知政事		王都中。拥思监。十月乙亥提调海运。塔失帖木儿。		
至元四年丞				

官职						
相	也先帖木儿。	月鲁帖木儿。	脱欢。别不花。六月,招讨南胜县反贼。	伯撒里。	燕赤。		丞相。
平章政事							
左右丞			纳麟。				
参知政事			王都中。朔思监。				
至元五年丞相		塔失帖木儿。木儿。	伯撒里。		朵儿只。		
平章	月禄帖木儿。	别不花。			巩卜班。三月由。	阿吉剌。三月由。

中书平章除。					
中书右丞除。					
				伯撒里	
十一月戊辰,为盗范孟端所杀。	纳麟。		王都中。卿思监。		
	劫烈。左丞。与月鲁帖木儿同被杀。			乃蛮台。左丞相。二月己丑,由中书丞相贬。辛未,	朵儿只。伯颜。
政事	左右丞		参知政事	至元六年丞相	

平章政事	诏徙于南恩州。	也先帖木儿。二月己亥，入为御史大夫。	纳麟。别不花。		巩卜班。 脱脱木儿。
左右丞			搠思监。右丞。		
参知政事			王都中。搠思监。擢湖北道肃政廉访使，改江浙行省右丞。		
至正	乃蛮台。朵儿只。伯撒里。塔失帖。				

元年	丞相	平章政事	左右丞	参知政事
		塔失帖木儿。为乌古孙良桢劾罢。		
		脱脱木儿。十二月壬戌,车里反,讨平之。		
		巩卜班。十一月,瑶寇边。诏讨之。		董守廉
	木儿。别儿怯不花。	别不花。只儿瓦台。纳麟。	佛住。左丞。捌思监。改山东肃政廉访使。道童。	王都中。是年卒。

至正二年丞相	乃蛮台。本年辞职。	朵儿只。本年辞职。	别儿怯不花。十二月,拜左丞相。	伯撒里。		卜颜。
平章政事		只儿瓦台。五月丁亥,由江浙行省迁。	只儿瓦台。纳麟。	庆童。	朵朵。十月已亥,辞职,不允。	
左右丞					巩卜班。九月已亥,诏领江浙河南诸军讨道州贼。	
参知政事				道童。	苏天爵。迁陕西行台侍御史。	不老。十二月丙辰,赐三珠虎

至正四年	参知政事	左右丞	平章政事	丞相	至正三年
	卜颜。			符，讨死可伐。	
朵儿只。由河南		燕帖木儿。右丞。	朵朵。巩卜班。十月乙未，入为宣徽使。	朵儿只。别儿怯不花。	
伯撒里。	道童。		庆童。纳麟。纳麟。由江浙行省迁。	伯撒里。	

官				
丞相	行省迁。别儿怯不花。			
平章政事	纳麟。三月癸丑，入为中书平章。庆童。	朵子只。嵘嵘。	蛮子海牙。道童。	星吉。十二月召还。　朵朵。
左右丞	廉惠山海牙。右丞。		廉惠山海牙。右丞。以武昌失守免。	
参知政事	道童。泰从德。九月辛亥，由治书侍御			

至正五年			
丞相	史除，提调海运。	蛮子海牙。伯撒里。朵儿只。	
平章政事	嵘嵘。召还为翰林承旨。	完者不花。	朵朵。
左右丞	王守诚。左丞。	忽都不花。左丞。巡两浙、江东。	王绅。左丞。巡甘肃永昌。
参知政事	王守诚。巡四川。进左丞。	道童。奏从德。巡江南、湖广。	盖苗。

至正六年丞相	朵儿只只。	朵儿只。	伯撒里。				伯撒里。七月丙戌，以右丞相拜左丞相。朵儿只只班。
平章政事	买奴。以翰林学士承旨致仕。	古纳剌。改南台御史中丞。	庆童。完者不花。	狗儿。	朵朵。	亦怜真班。由除使除，已除。	亦秃浑。六月丁巳除。未儿召还。
左右丞	答里麻。右丞。	怨都不花。右丞。左丞。	秃鲁。右丞。命怨都不花讨罗天麟。			盖苗。左丞。	
参知	道童。秦从德。			李好文。	盖苗。入为治		

政事 事	至正七年丞相	平章政事	左右丞
书侍御史。	伯撒里。朵儿只召为御史大夫。	买奴。 达识帖睦迩。由大司农升。亦怜真班。 庆童。 狗儿。 朵朵。入为中书平章，后出为右丞相。 亦都浑。 太不花。	答里麻。迁陕西行台中丞。 沙班。右丞。九月丁卯，讨贼战殁。章伯颜。左丞。 盖苗。是年卒。

参知政事	道童，三月，入为中书参政。秦从德。苏天爵。	李好文。		朵郎吉儿。
至正八年丞相	伯撒里。			
平章政事	亦怜真班。达识帖睦迩。入为大司农。庆童。	狗儿。亦怜真班。由浙江行省迁。		朵儿只班。太不花。召为中书平章政事。
左右丞	道童。右丞。后升本省。	章伯颜。引兵捕土寇莫		

				别不花。朵尔直班。入为中政使。
				秃满迭儿。
	万五等。李好文。		亦怜真班。七月乙未，入为知院。	
		伯撒里。	达识帖睦迩。三月己巳，由大司农除。	
参知政事	平章。秦从德。朵儿只班。为方国珍所执。苏天爵。		月鲁不花。八月甲辰，入为宣政使。	
至正九年丞相			韩家纳。闰月辛酉除。入为通童。	
平章政事				
左右				

左	平章政事	至正十年丞相	参知政事	丞
孛罗帖	道童。		秦从德。人为中书参政。苏天爵。以疾归。	右丞。闰七月除，中添为哈麻所杀。
	秃坚不花。 星吉。和尚。代星吉。	伯撒里。达识帖睦迩。	李好文。改廉访使。吕国诚。	

右丞	参知政事	至正十一年丞相	平章政事	左右丞
木儿。左丞。樊执敬。	吕思诚。归旸。正月迁。	阿鲁图。为太傅，守和林。亦怜真班。伯撒里。	贾鲁。卜颜帖木儿。定定。教化。秃坚鲁不花。十一月除道童。星吉。失列门。	孛罗帖木儿。左丞。方国珍为亦怜真右丞。太不花。右丞。月鲁帖木儿。咬住。庆童。

参知政事 所执。樊执敬。		铁杰。吕思诚。		韩镛。	答失八都鲁。归旸。
至正十二年丞相 亦怜真班。	伯撒里。亦怜真班。三月戊戌,由江浙行省迁。				
平章政事 秃鲁。六月辛亥,命给江宁军需。达识帖睦迩。	庆童。卜颜帖木儿。定。三旦八。教化。月鲁帖	星吉。十一月乙亥除道童。	星吉。和尚。正月己未,贼陷武昌,弃城走。失列门。　月鲁帖木儿。	帖木哥。三月丁卯,由南台御史大夫迁。领南班。七月庚	庆童。　月鲁帖木儿。咬住。八失忽都。三月诏便宜行事。

长吉。
右丞。

寅，赐金带一。

也先帖木儿。闰三月，诏便宜行事，俄命还京师。朵尔直班。由西台御史大夫四月左迁。

阿儿灰。左丞。升散阶正二品。

太不花。右丞。火你赤。右丞。兀忽忽失。右丞。

太不花。加太尉。木儿。是年卒。

德住。左丞。二月命守东明。纳禄。左丞。

左纳失里。右丞。守芜湖。佛家闾。左丞。除。

左
右
丞

			参知政事
以失误事需左迁。扎撒温孙。右丞。	左丞。老老。左丞。帖理帖木儿。右丞。	亦怜真。右丞。章伯颜。左丞。	
王也速迭儿。以失误军需左迁。李歆。命供给军需。	泰不花。三月辛巳，除命下，已殉难。章嘉。樊执敬。为贼杀。惟贤。	朵鞊。	伯撒里。亦怜真。

野峻台。答失八都鲁。桑哥失里。归旸。除刑部尚书。

韩镛。

杨延礼。不花。六月乙丑，遥授左丞。卜颜不花。升散阶正一品。铁杰。吕思诚。

至正十三年 阿剌吉昔。五月癸

丞相	酉除。							
平章政事	太不花。	庆童。卜颜帖木儿。三旦八。咬咬。九月乙亥，削王爵。	道童。班。	朵儿只班。也先帖木儿。	卜答失里。正月壬申，命为总兵官，孛罗。	锁南班。四月庚子，除永昌宣慰使，仍给平章俸。	咬住。八月癸卯，左迁淮西元帅。	玉枢虎儿吐华。六月丙申，命便宜行事。
左右丞	许有壬。左丞。	买住丁。十月癸酉，由参政升，帖里帖木儿。左丞。	火你赤。亦怜真。	伯颜不花。左丞。				答失八都鲁。右丞。正月乙酉迁。完者不花。右丞。八月癸卯，

参知政事	与玉枢虎儿吐华同守中兴路。桑秃失里。左丞。		铁杰。吕思诚。	阿鲁灰。国宝。镇徽州。买住丁。提调海运。
	野峻台。哈临秃。	韩镛。		
至正十四年 丞相				伯撒里。亦怜真班。八月卒。
平章政事	朵里不花。由右丞升。		秃秃。蒯思监。答儿麻。	道童。正月癸亥，加大夫，改淮
	答失八都鲁。二月由都鲁。		狗儿。二月已	卜颜帖木儿。木儿。庆童。
				太不花。由平章政事拜左丞相。
				太不花。

事		左右丞			参
右丞升。		许有壬。左丞。	佛家闾。右丞。镇江水军万户府。帖里帖木儿。以罪免。阿里温沙。三月由参政升右丞。	阿里温	
			三旦八。定定。咬咬。		
答失八都鲁。右丞。	朵里不花。	司徒。也先帖木儿。	阿儿灰。右丞五月由参政升。	阿儿灰。	
鬼的。右丞。		监藏。正月丙戌，遥授宣政使。	南行省。伯颜不花。右丞。吕思诚。二月除。左丞。七月庚申，入为中书左丞。	吕思诚。	
韩镛。					

知政事 / 至正十五年丞相 / 平章政事						
	大不花。五月壬辰,削官走爵。	伯撒里	召为中书添设左丞。			咬咬。二月,由河南行省平章行拜左丞相。
		达识帖木迩。七月,走萧山。太平。未行,改淮南。	太不花。十一月甲午,拜左丞相。			朵里不花。奇伯颜不花。正月丙子,由左丞升。
						王枢虎儿吐华。
				迭里迷失。八月甲戌除。		
	咬咬。答失八都鲁。五月癸酉,由四川行省改。	庆童卜颜帖木儿。	道童。加大司徒。火你赤。三旦八。三旦八,定。	阿鲁灰。咬咬。六月,以总兵官领水军乞剌班。正月,以	秃秃。六月己卯,以达剌罕,加号撚思监。	
						沙。恩宁。三月由浙东宣慰使除。

哎哎。	寄伯颜。不花。左丞。	完者都。右丞。沙剌班。左丞。哈林秃。右丞。					
慢功削官爵。桑哥亦秃浑。秃秃。	卜兰奚。右丞。		哈林秃。	述律朵。儿只。阿鲁温沙。			
悟良合台。正月，由中书右丞除。	许有壬。正月戊午由左丞入为大学士。不花。右丞。	纳麟哈剌。脱因。败殁。吉尼哥儿。洪丑驴。塔失帖木儿。崔敬。	哈林秃。	达识帖答失八	伯撒里。大不花。	述律朵。儿只。阿鲁温沙。朵朵。	哎哎。
左右丞	**参知政事**	**至正十**					

	六年 丞相					
丞相	都鲁。十二月,拜左丞相。	木迭。	左丞相。四月丁卯,由御史台大夫拜。		奇伯颜不花。四月丙寅加大司徒,朵里不花。 襄草万哈林秃。	正月乙巳,入为太子詹事。四月丁卯,复出。四月丞相太平。左丞相。 左丞相。
平章政事	伯家奴。答兰。李好文,以光禄大夫终身。	庆童 卜颜帖木儿。十一月卒。左答纳失里,七月,张士诚陷杭州,战殁。	卜兰奚。四月庚申,由河南左丞升。阿鲁灰,正月为苗军所杀。	火你赤。		

左右丞	卜兰奚。	定定。三月丙申,明兵陷镇江,战殁。三日八。 答纳失里。左丞。战死。			识里木。左丞。	完者都。右丞。字罗帖木儿。左丞。
参知政事		洪丑驴。述律杰。九月,贼陷潼关,战殁。	杨完者。贡师泰。昔尼哥儿。	全普庵撒里。朵歹。	也先帖木儿。	赵资。
至正十七年丞	达识帖睦迩。	伯撒里。	太不花。	朵朵。	咬咬。四月辛酉拜。	答失八都鲁。三月加 太平。五月,入中书为中书

相				朵里不花。	太尉，十二月卒。
平章政事	答兰。十一月戊午，入为中书平章。	夏章。九道童。四月为贼所害。火你赤。三月封营国公。召拜翰林承旨，改淮南，未任江浙，仍任江浙。普化帖木儿。丑的。由右丞升。	卜兰奚。	伯嘉讷。由行台中丞除。	襄革歹
左右丞		杨完者。左丞。由参政升。	荣禄。右丞。	蔡乃帖木儿。二月除左丞。	李思齐。二月除。左丞。完者都。

参知政事	丞相	平章			
哈林秃。明玉珍入蜀,完者都遁,哈林秃被获。孛罗帖木儿。	赵资。高宝。二月甲戌除。			襄果歹。	朵里不花。
萧家奴。以遇贼逃窜,诏正其罪。		阿吉剌。五月甲辰拜。		蔡罕帖木儿。	
丑的右丞。	方国珍。八月乙丑除。周伯奇。贡师泰。全普庵撒里。	伯撒里。达识帖睦迩。太不花。入为中书右丞相。		火你赤。朵里不花。	
	孛罗帖木儿。蛮子。四月庚	庆童。三旦八。			

至正十八年

政事	买奴。二月为青巾贼所执。完者都。	六月戊辰,由右丞除,便宜行事。	花,阿鲁温沙。	八月丁卯,遁走福建。丑的。为台臣劾,安置陕西。勃罗,	正月拜,周全。七月丁酉叛,后为贼所杀。刘哈喇不花。	寅,由翰林承旨除。
左右丞	蔡孛帖木儿。五月除右丞。			方国珍。五月除左丞,加大尉。崔敬。	董搏霄。右丞。死之。蔡孛帖木儿。右丞。左丞。杨完者者,为张士诚所杀。	
参知	韩叔亨。为青巾	周全。二月丙		全普庵撒里。贡师泰,入为户	关关。匡福。	

	政事		至正十九年 丞相		平
	硪所执。赵资。		部尚书。十二月辰除。石抹宜孙。乙丑,陈黄昭。友谅陷赣州,死不花。逃走。杨泰元。之。吴当。	达识帖睦迩。	蔡罕帖
	搠思监。七月壬辰拜,便宜行事。	阿吾剌。	完者帖木儿。五月壬申拜,宜行事。帖里帖木儿。九月癸巳,由中书拜平章。蔡罕帖	伯撒里。	方国珍。朵里不
		襄果歹			

丞相	平章政事	左右丞	参知政事
撤思监。三月王子,入为中书右丞相。	花。十月王申迁。庆童。张士信。	二月,明王珍寇嘉定,与右丞完者都、参政赵资同死之。完者都。	赵资。
阿吉剌。闰月己未,加太尉。	木儿。八月戊寅迁。	关关。	和尚。三月辛巳除。
帖里帖木儿。	察罕帖木儿。	石抹宜孙。	
伯撒里。达识帖睦迩。八月加大尉。	方国珍。迁平章政事。		

至正二十年

			平章政事	左右丞	参知政事	至正十一年丞相	平
			察罕帖木兒。		关夫。		
			方國珍。張士信。丑的。	汪同。右丞。張士誠殺之。	右抹宜孫。六月死之。	老章。九月戊午,加大傅,封和寧王。	察罕帖木兒。
			朵里不花。沙刺班。	忽都不花。右丞。十月除。	達識帖睦迩。		丑的。
張居敬。秋七月辛酉,命義州討之賊。					伯撒里。		朵里不花。
也先不花。							
張良弼。十月甲辰除。					帖里帖木兒。		定住。

				也速。八月戊辰，拜左丞相
木儿。十月癸酉，入为平章。	方国珍。花。		九月，由中书平章除。	
		张良弼。		
	何真。江西福建参改，治广州。		张良弼。四月除。	
关关。升左丞。	关关。左丞。			
达识帖睦迩。	伯撒里。	完者帖木儿。正月丁卯，由大尉拜左丞相。		
老章。				
丑的。方国珍。花。	朵列不花。花。	张士信。		

| 章政事 | 左右丞 | 参知政事 | 至正二十二年丞相 | 平章 |

	政事 左右丞	参知政事		至正二十三年 丞相
				彻力帖 木儿。
				也速。 也先不 花。
	汪惟正。 左丞。 塔不歹。 右丞。 二月为 盗所杀。		车力帖 木儿。 朱希哲。	
张士信。分省广 东。	何真。 左丞。 由行省 参政升。	韩准。 由本道 廉访使 拜。 邵宗愚。 江西福 建参政。	刘羿。	伯撒里。 达识帖 睦迩。

官职										
平章政事	朴赛因不花。也速答儿。	丑的。张士信。	朵里不花。	也儿吉尼。广西行省平章政事。	答失帖木儿。右丞。			段功。	普颜迭达失。	高家奴。
左右丞		答兰帖木儿。右丞。	何真。							
参知政事		韩准。改侍御史。郜宗愚。		刘哈喇不花。		陈祖仁。				
至正二十四年 丞相		达识帖睦迩。仰药自杀。	伯撒里。							
平章政事	朴赛因不花。也速答儿。	张士信。八月乙卯，张士诚自以诚自以		也儿吉尼。	李思齐。	朵儿只班。		段功。	蔡罕布哈。	也速。四月甲申，入为左丞相。高家奴。

	左右丞	参知政事	至正二十五年丞相	平
	土信代达识帖睦迩为左丞相。丑的。		山僧。左丞相。	朴赛因
				张翥。
	答兰帖木儿。			方国珍。
	何真。			
		刘𬭚。死于贼,邵宗愚。	伯撒里。召拜中书右丞相。	也儿吉昔
		陈祖仁。八月,除山北道肃政廉访使。	庆童。左丞相。 秃鲁。左丞相。 李思齐。左丞相。	李思齐。 朵儿只
				高家奴。

章政事	左右丞	参知政事	至正二十六年丞相	平章政事
				高家奴。
忽怜台。			也先不花。	
班。	周文贵。右丞。	尼。	臧卜。	李思齐。孔兴。
	何真。	邵宗愚。		也儿吉尼。尼。郭云。广西行
	袁焕。右丞。八月除。		方国珍。十月丙戌，由平章拜左相。	长寿。十一月辛卯，为
				张鹭。
不花。				朴赛因不花。

					也先不花。纳哈出。
					庆童。秃鲁。七月拜
省。		何真。	邵宗愚。		
	明兵所杀。方国瑛。方国珉。方明善。十月丙戌，均除平章政事。	袁焕入为中书左丞。			方国珍。
					失列门。五月辛卯，由知
左丞	右丞	参知政事			至正二十七年丞

相	平章政事	左右丞	参知政事
高家奴。			
失剌。			
左丞相，少保，兼知行枢密院。李思齐。	也儿吉尼。阿思兰。郭云。	何真。	
	李克彝。阿鲁温。	铁里迷失。右丞。为邵宗愚所害。	邵宗愚四月，为明兵所杀。
枢密院事拜左丞相。			

至正二十八年 丞相			平章政事				左右丞
也先不花。入为中书左丞相。纳哈出。降于明。 高家奴。刘益。降于明。	脱欢不花。	秃鲁。	李克彝。二月，明兵入汴梁，克彝遁。阿鲁温。叛降于明。	何真。叛降于明。	卢。左丞。分省广	李思齐。二月，降于明。哈麻图。歪头。明兵至，俱遁。张思道。孔兴。 阿思兰。七月戊子，降于明。也儿吉尼。死之。	驴儿达德。右丞。

参知政事	蔡子英。为明人获。		东,后降明。	王兑莱。明年人觐应昌。		后从梁王自杀。		赛因不花。

新元史卷二三

表第七

行省宰相表下

至正十三年	淮南行省	福建行省	山东行省
丞相			
平章	晃火儿不花。		
政事	失列门。		
	闰三月戊戌，以翰林学士承旨晃火儿不花、湖广行省平章失列门并为淮南		

至正	参知政事	左丞右丞	行省平章政事
	赵琏。移镇泰州,三月为张士诚所杀。	蛮子。右丞。由淮东元帅除。偰哲笃。左丞。秦从德。左丞。	秃思迷失。十月甲寅,由知枢密院使除。达识帖木儿。六月,命便宜行事。福寿。六月,诏驻兴化。行省平章政事。

十三年	
丞相	
平章政事	失列门。达识帖木儿。
左右丞	
参知政事	
至正十四年 丞相	达识帖木儿。 六月，督诸军讨士诚，失利。
平章	荀儿。

				保保。一名老保。普颜不花。
章政事	二月己未，由湖广行省迁。咬住。失列门。			
左右丞	阿鲁恢。右丞。乌古孙良桢。由中书左丞出为右丞。			
参知政事				
至正十五年丞相	太平。达识帖木儿。			
平章政事	失列门。福寿。咬住。			

事	左右丞	参知政事	至十六年丞相	平章
五月，命抚谕高邮。 蛮子海牙。 六月，命攻和州等处。 庆童。 十月乙卯，由翰林学士承旨迁。	乌古孙良桢。 除中书左丞，分省彰德。	余阙。 拜江淮行省参知政事。	达识帖木儿。 正月壬午，改福建宣慰使司都元帅府为福建行省。	失列门。 福寿。 左答纳里失。 阿鲁温沙。

政事	二月，与达鲁花赤达尼达思，参政百家奴死之。	五月，以江浙行省平章左答纳里失，南台中丞阿鲁温，并为行省平章政事。				
左右丞						
参知政事	余阙。百家奴。二月，死之。					
至正十七年丞相	太平。五月，入为中书左丞相。					
平章政事	张士德。八月除。失列门。七月，入为中书平章。	阿鲁温温沙。			哈剌章。九月，由大司农迁。		
左	余阙。					

			卜颜帖木儿。	
			张普。	
			阿鲁温沙。 普化帖木儿。 十一月乙未迁。 庆童。 迁江南行台大夫。	
右丞 右丞。八月乙丑，由参政升。 扬完者。 右丞。	参知政事 余阙。 杨完者，迁右丞。	至正十八年丞相	平章政事 张士德。 开府、平章、加太尉。	左右 余阙。 五月丙午，陈友谅陷安庆。

			平章政事		
			阿鲁温沙。		
			普化帖木儿。		
			秋赐御衣、上尊，加银青光禄大夫，位第一，便宜从事。		

丞	参知政事	至正十九年 丞相	平章政事	左右丞	参知政
死之。			张士诚。		

至正二十年 丞相	平章政事	左右丞	参知政事	至正二十一年
	阿鲁温沙。 普化帖木儿。 改江南行台御史大夫。 完者帖木儿。 由同知淮南行院除。		袁天禄。 二月,以福宁州叛降于朱元璋。	
	张士诚。 也速。 由中书平章迁。			是年,江西、福建合为一省。 按是时江西诸路,皆为陈友

	至正二十二年	参知政事	左右丞	平章政事	丞相
				张士诚	
琼所据。二十一年以后，惟据广东之何真、邵宗愚，若陈有定、江西福建行省。若陈有定、燕只不花等，仍称福建行省。有定，至二十六年始改江西福建行省。				完者帖木儿。 普化帖木儿。	

丞相	张士诚。		
平章政事	保保。	燕只不花。九月败赛补丁。普化帖木儿。	
左右丞		孙观。左丞。分省泉州。罗良。左丞。守漳州，为陈友定所败，战死。	
参知政事		陈友定。由延平总管升。五月，复汀州路。	
至正二十三年丞相			

	平章政事	左右丞	参知政事	至正二十四年丞相	平章政事
	张士诚。				
	燕只不花。陈友定。由参政升。	章完者。右丞。			燕只不花。陈友定。分省延平。
	保保。普颜不花。		袁宏。三月，立胶东行中书省，总制东方，袁宏为参知政事。		保保。普颜不花。

左右丞	参知政事	至正二十五年　丞相	平章政事	左右丞	参
			保保 普颜不花。		
			燕只不花。 陈友定。		范昌大。
		方国珍。 八月，拜右丞相，分省庆元。			

知政事	丞相	平章政事	左丞 右丞	参知政事	至正二
	至正二十六年 方国珍。八月丙戌，迁江浙行省。	陈友定。八月戊寅，改福建江西行省平章政事。 保保。普颜不花。			也速。

十七年 丞相	以右丞相分省山东。		
平章政事	普颜不花。 明兵陷益都，死之。 王信。 保保。 十一月辛丑，明兵陷益都，降。	陈友定。 曲出。 五月丙子，以空名宣敕付二人，验有功者给之。	王信。 迁山东东平章政事。 王宣。 十月乙巳，除封沂国公。 二十九年，降明。
左右丞			
参知政事		文殊海牙。	
至正二 十八年 丞相			

平章政事		左右丞	參知政事	丞相
普颜不花。 申荣。 二月癸丑，明兵克东昌，自经死。 冯德。 十二月，明兵至东平，弃城遁。 王炳元。死之。 王信。 二十九年，奔于山西。	陈友定。 二月，明兵陷延平，死之。 曲出。 守福州，明兵至，遁。		陈子琦。 二月，为明人所执。 文殊海牙。 降于汤和。 尹克仁。 赴水死。	

平章政事	左右丞	參知政事

新元史卷三四
志第一

历　一

治历本末

　　自《三统术》以后七十余家，至郭守敬之《授时》，测验愈精，析理愈微，立数愈简信，可谓度越前古者矣。然日月星辰之高远，而以一人之智力穷之，欲其事事吻合，永无差忒，此必不可得之数也。明之《大统》，实本《授时》，至成化以后，交食已往往不验。

　　皇朝宣城梅文鼎、婺源江永，皆深通数理。其纠《授时》疏舛凡数事：一曰增损岁余、岁差。一岁小余，古强今弱，一由日轮径差，一由最卑动移。《授时》考古，则增岁余而损岁差；推来，则增岁差而损岁余。乃未得其根，而以法迁就之。似密实疏，不足为法。一曰岁实消长。天行盈缩，进退以渐，无骤增、骤减之理。《授时》百年消长一分，是百年之内皆无所差，逾一年则骤增减一分，又积百年则平差一分，逾一年又骤增减一分，无此推算之法。一曰二十四气用恒气。当时高冲与冬至同度，最高与夏至同度，冬至为盈初，夏至为缩初，以为盈缩之常限如此。故以两冬至相距之日，均为二十四气，谓合于天之平分数也。设如五十余年之后，高卑两点各东移一度，则平冬至与定冬至不相值，及其极也，平冬至与定冬至相差两日，犹能以两定冬至相距之日，均为二十四气乎？且其求冬至也，自丙子年立冬后，依每日测景取对冬至前后日差同者为准，得丁丑年冬至在戊戌日夜半后八刻，又定戊寅冬至在癸卯日夜半后三十三刻，己卯冬至在戊申日夜半后五十七刻，庚辰冬至在癸丑日夜半后八十一刻，辛巳冬至在己未日夜半后六刻。其求岁余也，自宋大明以来得冬至时刻真数者有六，用以相距，各得其时，合用岁余，考验四年相符不差，仍自大明壬寅年距今八百一十九年，每岁合得三百六十五日二十四刻二十五分，减大明术一十二秒，其二十五分为今律岁余合用之数。以此二事考之，则《授时》当年所定之岁实，已有微差。稽之于史，又多牴牾。夫一岁小余二十四刻二十五分，积之四岁正得九十七刻。丁丑冬至在戊戌日夜半后八刻，则辛巳冬至宜在己未夜半后五刻，不应有六刻也。如以辛巳之六刻为是，则丁丑之冬至宜在九刻，不应为八刻半也。此四年既皆实测所得，则已多半刻矣。而云相符不差，何也？又考大明五年十一月三日乙酉夜半后三十二刻七十分辰初三刻冬至。大明壬寅下距至元辛巳八百一十九年，以《授时》岁实积之，凡二十九万九千一百三十三日六十刻七十五分，以乙酉辰初三刻距己未丑初二刻，凡二十九万九千一百三十三日九十二刻，较多三十三刻。而云自大明壬寅距今每岁合得此数，何也？又云减大明术一十一秒。考大明纪法与周天一岁小余二十四刻二十八分一十四秒。《授时》减去三分一十四秒，非一十一秒也。又古时太阳本轮、均轮半径之差，大于今日，则加减均数亦大。而冬至岁实宜更增矣。至元辛巳间高冲约与冬至同度，则岁实尤大，其小余刻下之分约有三十。而《授时》定为二十五分，宜其自丁丑至于辛巳四年之间，即有半刻之差，而守敬未之觉也。

凡此数事，皆足订《授时》之误。今撮大要著于篇，以备治历者之参考焉。

至《授时》用平方、立方以求盈缩迟疾差，犹开方之旧术，用天元一御弧矢起数于围三径一，亦失之疏。若以弦矢求弧背，前后失均，象限以内差而多，象限以外差而少，此又不能为前人讳者也。

《历经》、《历议》，皆守敬所撰。世祖诏李谦为《历议》，润色其书而已，谦不能作也。札马鲁丁之《万年历》，实即明人所用之回回历，

《明史》详矣，不具论。

　　蒙古初无历法。太祖十五年，驻跸撒马尔干城，回鹘人奏五月望月蚀。中书令耶律楚材以《大明历》推之，太阴当亏二分，食甚在子正，乃未尽初更而月已蚀。是年二月、五月朔，微月见于西南。楚材以旧历不验，遂别造《庚午元历》。据《大明历》减周天七十三秒，岁差亦减七十三秒。以中元庚午岁，国兵南伐，天下略定，推上元庚午岁天正十一月壬戌朔子正冬至，为太祖受命之符。又以西域、中原地逾万里，依唐僧一行里差之说，以增损之。东西测候，不复差忒。乃表上于行在曰："汉、唐以来，经元创法不啻百家，其气候之早晏，朔望之疾徐，二曜之盈衰，五星之起伏，疏密无定，先后不同。盖都邑之各殊，或历年之渐远，不得不差也。唐历八徙，宋历九更，金《大明历》百年才经一改。此去中原万里，以昔程今，昔密今疏，东微西著。今二月、五月朔，微月见于西南，较之于历，悉为先天。"自汉、唐以来历算之书备矣，俱无此说。是年正月、四月虽皆为小尽，然亦未有朔日见月者也。是时，太祖方用兵西域，其书不果颁用。

　　楚材尝言，西域历五星密于中国，又作《麻答历》，今不传。楚材父履，金末作《乙未元历》，楚才盖本其父之书，更名为《庚午元历》云。

　　至世祖至元四年，西域人札马鲁丁用回回法撰《万年历》，帝稍采用之。其法为默特纳国王马哈麻所造历，元起西域阿剌必年，即随开皇己未，不置闰月，以三百六十五日为一岁。岁十二宫，宫有闰日，凡百二十八年宫闰三十一日，以三百五十四日为一周，周十二月，月有闰日，凡三十年月闰十一日。历千九百四十一年，宫月日辰再会。此其立法之大概也。

　　十三年，世祖平宋，诏前中书左丞许衡、太子赞善王恂、工部郎中郭守敬，立局改治新历。先是，太保刘秉忠以《大明历》辽、金承用岁久，浸以后天，议修正之。已而秉忠卒，事遂寝。至是，世祖思用其言，遂命恂与守敬率南北日官陈鼎臣、邓元麟、毛鹏翼、刘巨源、王素、岳铉、高敬等,分掌测验、推步,以衡能推明历理,俾参预之。

守敬首言:"历之本在于测验,而测验之器莫先仪表。今司天浑仪,宋皇佑中汴京所造,不与此处天度相符,比量南北二极,约差四度。表石年深,亦复敧侧不可用。"乃尽考其失,而移置之。既又别图爽垲,以木为重棚,创作简仪、高表,用相比覆。又以为天枢附极而动,昔人尝展管望之,未得其的,作候极仪。极辰既位,天体斯正,作浑天象。象虽形似,莫适所用,作玲珑仪。以表之测天之正圆,莫若以圆求圆,作仰仪。古有经纬,结而不动,守敬则易之,作立运仪。日有中道,月有九行,守敬则一之,作证理仪。表高景虚,罔象非真,作景符。月虽有明,察景则难,作窥几。历法之验,在于交会,作日月食仪。天有赤道,轮以当之,两极低昂,标以指之,作星晷定时仪。以上凡十三等。又作正方案、九表、悬正仪、座正仪,凡四等,为四方行测者所用。又作仰规、覆矩图、异方、浑盖图、日出入永短图,凡五等,与上诸仪互相参考。

十六年,改局为太史院,以赞善王恂为太史令,守敬为同知太史院事,给印章,立官府。是年,奏进仪表式样,守敬对御指陈理致,一一周悉。自朝至于日晏,上不为倦。

守敬奏:唐一行开元间令天下测景,书中见者凡十三处;今疆宇比唐尤大,若不远方测验,日月交食分数时刻不同,昼夜长短不同,日月星辰去天高下不同;可先南北立表,取直测景。上可其奏。遂设监候官一十四员,分道相继而出。

先测得:南海:北极出地一十五度,夏至景在表南长一尺一寸六分,昼五十四刻,夜四十六刻。衡岳:北极出地二十五度,夏至日在表端无景,昼五十六刻,夜四十四刻。岳台:北极出地三十五度,夏至景长一尺四寸八分,昼六十刻,夜四十刻。和林:北极出地四十五度,夏至景长三尺二寸四分,昼六十四刻,夜三十六刻。铁勒:北极出地五十五度,夏至景长五尺一分,昼七十刻,夜三十刻。北海:北极出地六十五度,夏至景长六尺七寸八分,昼八十二刻,夜一十八刻。继又测得:上都:北极出地四十三度少。大都:北极出地四十二度强,夏至晷景长一丈二尺三寸六分,昼六十二刻,夜三十二刻。益都:北极出地三十七度少。登州:北极出地三十八度少。高丽:北极出地三十八度少。西京:北极出地四十度少。太原:北极出地三十八度少。安西府:北极出地三十四度半强。兴元:北极出地三十三度半强。成都:北极出地三十一度半强。西凉州:北极出地四十度强。东平:北极出地三十五度太强。大名:北极出地三十六度。南京:北极出地三十四度太强。阳城:北极出地三十四度太。扬州:北极出地三十三度。鄂州:北极出地三十一度半。吉州:北极出地二十六度半。雷州:北极出地二十度太。琼州:北极出地十九度太。

十七年,新历告成。守敬上奏曰:

臣等窃闻帝王之事,莫重于历。自黄帝迎日推策,帝尧以闰月定四时成岁,舜在璇玑玉衡以齐七政。爰及三代,历无定法,周秦之间,闰余乖次。西汉造《三统历》,百三十年而后是非始定。东汉造《四分历》,七十余年而仪式备。又百二十一年,刘洪造《乾象历》,始悟月行有迟速。又百八十年,姜岌造《三纪甲子历》,始悟以月食冲检日宿度所在。又五十七年,何承天造《元嘉历》,始悟以朔望及弦定大小余。又六十五年,祖冲之造《大明历》,始悟太阳有岁差之数,极星去不动处一度余。又五十二年,张子信始悟日月交道有表里,五星有迟疾留逆。又三十三年,刘焯造《皇极历》,始悟日行有盈缩。又三十五年,傅仁均造《戊寅元历》,颇采旧仪,始用定朔。又四十六年,李淳风造《麟德历》,以古历章蔀元首分度不齐,始为总法,用进朔以避晦晨月见。又六十三年,僧一行造《大衍历》,始以朔有四大三小,定九服交食之异。又九十四年,徐昂造《宣明历》,始悟日食有气刻时三差。又二百三十六年,姚舜辅造《纪元历》,始悟食甚泛余差数。以上计千一百八十二年,历经七十,改其创法者十有三家。

自是又百七十四年,钦惟圣朝统一六合,肇造区夏,专命臣等改治新历。臣等用创造简仪、高表,凭其测到实数所考正者凡七事：一曰冬至。自丙子年立冬后，依每日测到晷景，逐日取对，冬至前后日差同者为准，得丁丑年冬至在戊戌日夜半后八刻半。又定丁丑夏至，得在庚子日夜半后七十刻。又定戊寅冬至，在癸卯日夜半后三十三刻；己卯冬至，在戊申日夜半后五十七刻半；庚辰冬至，在癸丑日夜半后八十一刻半。各减大明历十八刻，远近相符，前后应准。二曰岁余。自刘宋《大明历》以来，凡测景验气得冬至时刻真数者有六，用以相距，各得其时合用岁余。今考验四年，相符不差。仍自宋大明壬寅年距至今日八百一十年，每岁合得三百六十五日二十四刻二十五分。其二十五分为今历岁余合用之数。三曰日躔。用至元丁丑四月癸酉望月食既推求日躔，得冬至日躔赤道箕宿十度，黄道箕九度有畸。仍凭每日测到太阳躔度，或凭星测月，或凭月测日，或径凭星度测日，立术推算。起自丁丑正月，至己卯十二月，凡三年，共得一百三十四事，皆躔于箕，与月食相符。四曰月离。自丁丑以来至今，凭每日测得逐时太阴行度推算变，从黄道求入转极迟极疾并平行处，前后凡十三转，计五十一事，内除去不真的外，有三十事。得大明历入转后天，又因考验交食加大明历三十刻，与天道合。五曰入交。自丁丑五月以来，凭每日测到太阴去极度数，比拟黄道去极度，得月道交于黄道，共得八事。仍依日食法度推求，皆有食分得入时刻，与大明所差不多。六曰二十八宿距度。自汉太初历以来，距度不同，互有损益。大明历则于度下余分附以太半少，皆私意牵就，未尝实测其数。今新仪皆细刻周天度分，每度为三十六分，以距线代管窥宿度余分，并依实测，不以私意牵就。七曰日出入昼夜刻。《大明历》日出入昼夜刻，皆据汴京为准，其刻数与大都不同。今更以本方北极出地高下、黄道出入内外度，立术推求每日日出入昼夜刻，得夏至极长，日出寅正二刻，日入戌初二刻，昼六十二刻，夜三十八刻，冬至极短，日出辰初二刻，日入申正二刻，昼三十八刻，夜六十二刻；永为定式。

所创法凡五事：一曰太阳盈缩。用四正定气立为升降限，立招差求得每日行分初末极差积度，比古为密。二曰月行迟疾。古历皆用二十八限，今以万分日之八百二十分为一限，凡析为三百三十六限，依垛叠招差，求得转分进退，其迟疾度数逐时不同，盖前所未有。三曰黄赤道差。旧法以一百一度相减相乘。今依算术勾股弧矢方圆斜直所容，求到度率积差差率，与天道实为吻合。四曰黄赤道内外度。据累年实测内外极度二十三度九十分，以圆容方直矢接勾股为法求每日去极，与所测相符。五曰白道交周。旧法黄道变推白道，以斜求斜。今用立浑比量，得月与赤道正交，距春秋二正黄赤道正交一十四度六十六分，拟以为法，推逐月每交二十八宿度分，于理为尽。诏赐名曰授时历。十八年，颁新历于天下。

十九年，守敬以推步之式与立成之数皆无定稿，乃著《推步》七卷、《立成》二卷、《历议拟稿》三卷、《转神选择》二卷、《上中下三历注式》十二卷，表上之。二十年，又诏太子谕德李谦就守敬之《历议稿》重加修订，以阐新历顺天求合之理。

大德三年八月朔，时加巳依新历日食二分有奇，至其时不应，台官皆惧。保章正齐履谦曰："日当食不食，古有之。况时近午，阳盛阴微，宜当食不食。"遂考唐开元以来当食不食者凡十事以闻。六年六月朔，时加戌依新历日食五十七秒，众以涉交既浅，且近浊，欲匿不报。履谦曰："吾所掌者常数也。其食与否，则系于天。"独以状闻。及其时，果食。盖高远难穷之事，必积时累验，乃见端倪。《授时历》推日食之法，较前之十三家最密矣，然尚不能无数刻之差。故元之一代，日食四十有五，推食而不食者一，食而失推者一，夜食而误昼者一。履谦谓：食与否系于天，是犹泥前人当食不食，不当食而食之谬说，诬莫甚矣。

泰定间，履谦为太史院使，以《授时历》行五十年未尝推考，乃日测晷景并晨昏五星宿度，自至治三年冬至、泰定二年夏至天道加时真数，各减见行历书二刻，撰《二至晷景考》二卷。《授时》虽有经串，而经以著定法，串以纪成数；求共法之所以然，数之所从出，则略而不详；作《经串演说》八卷，以发明其蕴焉。

时鄱阳人赵友钦推演《授时》之理，著《革象新书》五卷，号为新历之学。

其《历法改革篇》曰："历法由古及今，六十余术矣。汉太初粗为可取，然犹疏略未密。唐一行作大衍术，当时以为密矣，以今观之，犹自甚疏。盖岁浅则差少未觉，久而积差渐多，不容不改，要当随时测验，以求真数。"

其《日道岁差篇》曰："统天术谓周天赤道三百六十五度二十五分七十五秒，周岁三百六十五日二十四分二十五秒，百年差一度半，然又谓周岁渐渐不同，上古岁策多，后世岁策少，如此则上古岁差少，后世岁差多。当今术法仿之，立减加岁策之法，上考往古，百年加一秒，下验将来，百年减一秒。"

其《黄道损益篇》曰："二至之日，黄道平其度，敛狭每度约得十之九二分，斜行赤道之交。今之授时术步得冬至日躔箕宿。以此知寅申度数最少，已亥度数最多，其余则多寡稍近。"

其《积年日法篇》曰："前代造术者，逆求往古曰上元，求其积年总会，是以必立日法。然有所谓截元术，但将推步定数为顺算逆考，不求其齐。当今授时术采旧术截元之术，凡积年日法皆所不取。"

其《日月盈缩篇》曰："月行十三度余十九之七，然或先期，或后期，有差至四五度者，后汉刘洪始考究之，知月有盈缩。隋之刘焯始觉太阳亦有盈缩，最多之时在于春秋二分，均差两度有余。李淳风有推步月孛法，谓六十二日行七度，六十二年七周天。所谓孛者，乃彗星之一种光芒，偏掃者则谓之彗，光芒四出如浑圆者乃谓之孛。然孛以月为名者，孛之所在，太阴所行最迟，太阴在孛星对冲处则所行最疾。孛星不常见，止以太阴所行最迟处测之。"

其《月有九道篇》曰："月行出入黄道之内外，远于黄道处六度二分。月道与黄道相交处在二交之始，名曰罗睺，交之中，名曰计都。自交初至于交中，月在黄道外，名曰阳限。自交中至于交出，月在黄道内，名曰阴限。所谓九行者，当以画图比之。四图各画黄道，似一圆环，俱于环南定为夏至，环北定为冬至，环西定为春分，环东定为秋分。将一图画为青道，与黄道交于南北，南交为罗，北交为计。其青道一边入在黄道西之东，是内青道；一边出在黄道东之东，是外青道。又将一图画白道，亦与黄道交于南北，南交为计，北交为罗。其白道一边入在黄道东之西，是内白道；一边出在黄道西之西，是外白道。又将一图画朱道，与黄道交于东西，东交为计，西交为罗。其朱道一边入黄道之南，是内朱道；一边出在黄道南之南，是外朱道。又将一图画黑道，亦与黄道交于东西，东交为罗，西交为计。其黑道一边入在黄道南之北，是内黑道；一边出在黄道北之北，是外黑道。此虽画四图，然四图之八道止是一道也。本八道而曰九行者，以北道之行，交于黄道，故道以九言也。八道常变易，不可置于浑仪上，亦不得画于星图。所可具者黄、赤二道耳。欲别于黄，故涂以赤。赤道近八道皆相交远近。朱道止十八度远，黑道至三十度远，青白二道约二十四度远。”

其《地域远近篇》曰：“古者立八尺之表，以验四时日景。地中夏至，景在表北一尺六寸，冬至，景在表北一丈三尺。南至交广，北至铁勒等处验之，俱各不同。表高八尺，似失之短。至元以来，表长四丈，诚万古之定法也。所谓土圭者，自古有之。然地上天多早晚，太阳与人相近，则景移必疾；日午与人相远，则景移必迟。世间土圭均画而已，岂免午侵已未，而早晚时刻俱差。地中差已如是，若以八方偏地验之，土圭之不可准尤为显。然偏东者，早景疾，而晚景迟，午景先至；偏西者，早景迟，而晚景疾，午景后期；偏北者，少其画，而景迟；偏南者，多其画，而景疾。若南越短，景南指，而子午反复，则又讹逆甚矣。”

其《日月薄食篇》曰：“日之圆，体大，月之圆，体小。日道之周围亦大，月道之周围亦小。日道距天较近，月道距天较远。日月之体与所行之道，虽有少广之差，然月与人相近，日与人相远。故月体因近视而可比日道之广。日食、月食当以天度经纬而推。同经不同纬，止曰合朔。同经同纬合朔，而有食矣。人望日体，见为月之黑体所障，故云日食。然日体未尝有损，所谓食者，强名而已。日月对躔，而望若不当二交前后，则不食。望在二交前后，则必食。或既或不既，当以距交远近而推。日月之圆径相倍。日径一度，月径止得日径之半，然在于近视，亦准一度。是犹省秤比于复秤，斤两虽同，其实则有轻重之异。日之圆径倍于月，则暗虚之圆径亦倍于月。月既准一度，则暗虚广二度矣。月食分数止以距交近远而论，别无四时加减。八方所见食分并同。日食则不然，旧历云：假令中国食既戴，日之下所亏才半，化外反观，则交而不食。何以言之？日月如大小二球，共悬一索。日上、月下，相去稍远，人在其下正望之，黑球遮尽赤球，比若食既。若傍视，则分远近之差，即食数有多寡也。”

其《五纬距合篇》曰：“古者止知五纬距度，未知有变数之加减。北齐张子信仰观岁久，始知五纬又有盈缩之变，当加减常数以求其逐日之躔。所以然者，盖五纬不由黄道，亦不由月之九道。乃出入黄道内外，各自有其道。视太阳远近而迟疾者，如足力之勤倦又有变数之加减者。比如道里之径直斜曲。”

其《勾股测天篇》曰：“古人测景，千里一寸之差，犹未亲切。今别定表之制度，并述元有算法。就地中各去南北数百里，仍不偏于东西，俱立一表，约高四丈。于表首下数寸作一方窍，外广而内狭，当中薄如连边，两旁如侧置漏底之碗，形圆而窍方。以南北表景之数相减余，名景差。两表相距里路，各乘南北表景，各如景差而一即得。二表各与戴日之地相距数日，平远各以表景加之，所得各以表高乘之，各如表景而一即得。日轮顶与戴日地相距数，以南北表景各加平远所得自乘，名勾幂。日高自乘，名股幂。两幂相并，名弦幂。开为平方，名曰日远。乃南北表窍之景距日斜远也。”

其《乾象周髀篇》曰：“古人谓圆径一尺，周围三尺。后世考究则不然。圆一而周三，则尚有余；围三而径一，则为不足。盖围三径一，是六角之田也。或谓圆径一尺，周围三尺一寸四分；或谓圆径七尺，周围二十二尺；或谓圆径一百一十三，周围三百五十五。径一而周三一四，犹自径多围少；径七而周二十二，却是径少周多；径一百一十三，周三百五十五，最为精密。其考究之术，画百眼茶盘一，眼广一寸，方图之内，画为圆图，径十寸，圆内又画小方图。小方以算术展为圆象，自四角之方，添为八角曲圆为第一次。若第二次，则为曲十六。第三次为，则曲三十二。第四次则为曲六十四。凡多一交，其曲必倍。至十二次，则其为曲一万六千三百八十四。其初之小方，渐加渐展，渐满渐实，角数愈多，而其为方者不复方，而变为圆矣。今先以第一次言之，内方之弦十寸，名大弦，自乘得一百寸，名大弦幂，内方之勾幂五十寸，名第一次大勾幂。以第一次大勾幂，减其大弦幂，余五十寸，名大股幂，开方得七寸七厘一毫有奇，名第一次大股。以第一次大股减其大弦，余二寸九分二厘八毫有奇，名第一较，折半得一寸四分六厘四毫有奇，名第一次小勾。此小勾之数，乃内方之四边与圆围最相远处也。以第一次小勾自乘，得二寸一分四厘四毫有奇，名第一次小勾幂。以第一次大勾幂，折半得二十五寸，又折半得十二寸五分，名第一次小股幂，并第一次小勾幂，得一十四寸六分四厘四毫有奇，名第一次小弦幂，开方得三寸八分二厘六毫有奇，名第一次小弦，即是八曲之一。八乘第一次小弦，得三十寸六分一厘有奇，即是八曲之周围也。此以小数求之，不若改为大数，将大弦改为一千寸，然后依法而求。若求第二次者，以第一次小弦幂，就名第二次大勾幂。以第一次大股幂减其大弦幂余，为第二次大股幂。开方为第二次大股，以减其大弦余为第二较，折半名二次小勾。此小勾之数，即是八曲之边，与圆围最相远处也。以第二次小勾自乘，名第二次小勾幂。以第二次大勾幂两折，名第二次小股幂。以第二次小股幂并第二次小勾幂，名第二次小弦幂，开方为第二次小弦，即是十六曲之一。以十六乘第二小弦，即是十六曲之周围也。以第二次仿第一次。若至十二次，亦递次相仿。置第十二次之小弦，以第十二次之曲数一万六千三百八十四乘之，得三千一百四十一寸五分九厘二毫有奇，即是千寸径之周围也。以一百一十三乘之，果得三百五十五。故言其法精密。要之方为数之始，圆为数之终。

圆始于方，方终于圆。周髀之术，无出于此矣。

友钦阐明历理，于授时术尤有深得，传其学于龙游人朱晖。有元一代，不为历官，而知历者，友钦一人而已。

新元史卷三五
志第二

历　二

仪器　西域仪象

　　简仪之制：四方为趺，纵一丈八尺三分，去一以为广。趺面上广六寸，下广八寸，厚如上广。中布横輄三、纵輄三。南二，北抵南輄；北一，南抵中輄。趺面四周为水渠，深一寸，广加五分。四隅为础，出趺面内外各二寸。绕础为渠，深广皆一寸，与四周渠相灌通。又为础，于卯酉位广加四维，长加广三之二。水渠亦如之。北极云架柱二，径四寸，长一丈二尺八寸。下为鳌云，植于乾艮二隅。础上左右内向，其势斜准赤道合贯上规。规环径二尺四寸，广一寸五分，厚倍之，中为距，相交为斜十字，广厚如规。中心为窍，上广五分、方一寸有半，下二寸五分、方一寸，以受北极枢轴。自云架住斜上去趺面七尺二寸，为横輄。自輄心上至窍心六尺八寸。又为龙柱二，植于卯酉础。中分之北，皆饰以龙，下为山形，北向斜植，以柱北架。南极云架柱二，植于卯酉础，中分之，南广厚形制一如北架，斜向坤巽二隅，相交为十字。其上与百刻环边齐，在辰巳、未申之间。南倾之势准赤道，各长一丈一尺五寸。自趺面斜上三尺八寸为横輄，以承百刻环。下边又为龙柱二，植于坤巽二隅，础上北向斜柱，其端形制一如北柱。

　　四游双环，径六尺，广二寸，厚一寸，中间相离一寸，相连于子午、卯酉。当子午为圆窍，以受南北极枢轴。两面皆列周天度分，起南极，抵北极，余分附于北极。去南极枢窍两旁四寸，各为直距，广厚如环距，中心各为横关，东西与两距相连，广厚亦如之。关中心相连，厚三寸，为窍方八分，以受窥衡枢轴。窥衡长五尺九寸四分，广厚皆如环。中腰为圆窍，径五分，以受枢轴衡。两端为圭首，以取中，缩去圭首五分，各为侧立横耳，高二寸二分，广如衡面，厚三分。中为圆窍，径六分，其中心上下一线，界之以知度分。

百刻环，径六尺四寸，面广二寸，周布十二时百刻。每刻作三十六分，厚二寸，自半已上，广三寸。又为十字距。皆所以承赤道环也。百刻环内广面卧施圆轴四，使赤道环旋转，无涩滞之患。其环陷入南极架一寸，仍钉之。赤道环径广厚皆如四游环，面细刻列舍周天度分。中为十字距，广三寸，中空一寸，厚一寸。当心为窍，窍径一寸，以受南极枢轴。界衡二，各长五尺九寸四分，广三寸。衡首斜刻五分刻度分，以对环面中腰。为窍重置赤道环南极枢轴，其上衡两端自长窍外边至衡首底厚倍之。取二衡运转，皆着环面，而无低昂之失，且易得度分也。二极枢轴，皆以钢铁为之，长六寸，半为本，半为轴。本之为分寸一如上规。距心适取，能容轴径一寸。北极轴中心为孔，孔底横穿通两旁。中出一线，曲其本，出横孔两旁，结之。孔中线留三分，亦结之。上下各穿一线，贯界衡两端。中心为孔，下洞衡底顺衡中心为渠，以受线直入内界。长窍中至衡中腰，复为孔，自衡底上出结之。

定极环，广半寸，厚倍之，皆势穿窿，中径六度，度约一寸许。极星去不动处三度，仅容转周。中为斜十字，距广厚如环，连于上规环，距中心为孔径五厘，下至北极轴心六寸五分。又置铜板，连于南极云架之十字，方二寸，厚五分，北面剡其中心存一厘以为厚。中为圜孔，径一分，孔心下至南极轴心亦六寸五分。又为环二。其一阴纬环，面刻方位，取跌面纵横輨北十字为中心，卧置之。其一曰立运环，面刻度分，施于北极云架柱下，当卧环中心上属架之横輨下，抵跌輨之十字，上下各施枢轴，令可旋转。中为置距，当心为窍，以施窥衡，令可俯仰，用窥日月星辰出地度分。右四游环，东西运转，南北低昂，凡七政，列舍中外官去极度分皆测之。赤道环旋转与列舍距星相当，即转界衡使两线相对，凡日月五星中外官入宿度分皆测之。百刻环转界衡令两线与日相对，其下直时刻则昼刻也。夜则以星定之，比旧仪测日月五星出没而无阳经阴纬云柱之映。

其浑象之制：圜如弹丸，径六尺，纵横各画周天度分，赤道居中，去二极各周天四之一。黄道出入赤道内外，各二十四度。弱月行白道出入不常，用竹篾均分天度，考验黄道所交，随时迁徙。先用简仪测致入宿去极度数，按于上。其校验出黄赤二道远近疏密，了然易辨，仍参以算数为准，其象置于方匮之上。南北极出入匮面各四十度太强。半见半隐。机运轮牙，隐于匮中。

仰仪之制：以铜为之，形若釜，置于砖台内，画周天度，唇列十二辰位，盖俯视验天者也。

其铭辞云："不可体形，莫天大也。无兢维人，仰釜载也。六尺为深，广自倍也。兼深广倍，絜釜兑也。环凿为沼，准以溉也。辨方正位，曰子卦也。衡缩度中，平斜再也。斜起南极，平釜镦也。小大必周，入地画也。始周浸断，浸极外也。极入地深，四十太也。北九十一，赤道龂也。列刻五十，六时配也。衡竿加卦，巽坤内也。以负缩竿，子午对也。首旋玑板，窾纳芥也。上下悬直，与镦会也。视日透光，何度在也。旸谷朝宾，夕饯昧也。寒暑发敛，验进退也。薄蚀起自，鉴生杀也。以避赫曦，夺目害也。南北之偏，亦可概也。极浅十五，林邑界也。黄道夏高，人所载也。夏永冬短，犹少差也，深五十奇，铁勒塞也，黄道浸平，冬画晦也。夏则不没，永短最也。安浑宣夜，昕穹盖也。六天之书，言殊话也。一仪一揆，孰善悖也。以指为告，无烦喙也。暗资以明，疑者沛也。智者是之，胶者怪也。古今巧历，不亿辈也。非让不为，思不逮也。将窥天朕，造化爱也。其有浚明，昭圣代也。泰山砺乎，河如带也。黄金不磨，悠久赖也。鬼神禁诃，勿铭坏也。"

大明殿灯漏之制：高丈有七尺，架以金为之。其曲梁之上，中设云珠，左日右月。云珠之下，复悬一珠。梁之两端，饰以龙首，张吻转目，可以审平水之缓急。中梁之上，有戏珠龙二，随珠俯仰，又可察准水之均调。凡此皆非徒设也。灯球杂以金宝为之，内分四层，上环布四神，旋当日月参辰之所在，左转日一周。次为龙虎鸟龟之象，各居其方，依刻跳跃，铙鸣以应于内。又次周分百刻，上列十二神，各执时牌，至其时，四门通报。又一人当门内，常以手指其刻数。下四隅，钟鼓钲铙各一人，一刻鸣钟，二刻鼓，三钲，四铙，初正皆如是。其机发隐于柜中，以水激之。

正方案：方四尺，厚一寸。四周去边五分为水渠。先定中心，画为十字，外抵水渠。去心一寸，画为圆规，自外寸规之，凡十九规。外规内三分，画为重规，遍布周天度。中为圆径二寸，高亦如之。中心洞底植枭，高一尺五寸，南至则减五寸，北至则倍之。

凡欲正四方，置案平地，注水于渠，眠平，乃植枭于中。自枭景西入外规，即识以墨影，少移辄识之，每规皆然，至东出外规而止。凡出入一规之交，皆度以线，屈其半以为中，即所识与枭相当，且其景最短，则南北正矣。复遍阅每规之识，以审定南北。南北既正，则东西从而正。然二至前后，日轨东西行，南北差少，即外规出入之景以为东西，允得其正。当二分前后，日轨东西行，南北差多，朝夕有不同者，外规出入之景或未可凭，必取近内规景为定，仍校以累日则愈真。

又测用之法，先测定所在北极出地度，即自案地平以上度，如其数下对南极入地度，以墨斜经中心界之，又横截中心斜界为十字，即天腹赤道斜势也。乃以案侧立，悬绳取正。凡置仪象皆以此为准。

圭表：以石为之，长一百二十八尺，广四尺五寸，厚一尺四寸。

座高二尺六寸。南北两端为池，圆径一尺五寸，深二寸。自表北一尺，与表梁中心上下相直。外一百二十尺，中心广四寸，两旁各一寸，画为尺寸分，以达北端。两旁相去一寸为水渠，深广各一寸，与南北两池相灌通以取平。表长五十尺，广二尺四寸，厚减广之半，植于圭之南端圭石座中，入地及座中一丈四尺，上高三十六尺。其端两旁为二龙，半身附表上擎横梁，自梁心至表颠四尺，下属圭面，共为四十尺。梁长六尺，径三寸，上为水渠以取平。两端及中腰各为横窍，径二分，横贯以铁，长五寸，系线合于中，悬锤取正，且防倾垫。

　　按表短则分寸短促，尺寸之下所谓分秒太半少之数，未易分别。表长，则分寸稍长。所不便者景虚而淡，难得实影。前人欲就虚景之中求考真实，或设望筒，或置小表，或以木为规，皆取端日光下彻表面。今以铜为表，高三十六尺，端挟以二龙，举一横梁，下至圭面，共四十尺。是为八尺之表五，圭表刻为尺寸，旧一寸，今申而为五厘，毫差易分别。

　　景符之制：以铜叶博二寸加长博之二，中穿一窍，若针芥然。以方框为趺，一端设为机轴，令可开阖。揣其一端，使其势斜倚，北高南下，往来迁就于虚梁之中。窍达日光仅如米许，隐然见横梁于其中。旧法：一表端测景，所得者日体上边之景。今以横梁取之，实得中景，不容有毫末之差。至元十六年己卯夏至晷景，四月十九日乙未景一丈二尺三寸六分九厘五毫。至元十六年己卯冬至晷景，十月二十四日戊戌景七丈六尺七寸四分。

　　窥几之制：长六尺，广二尺，高倍之。下为趺，广三寸，厚二寸。上框广四寸，厚如趺。以板为面，厚及寸，四隅为足，撑以斜木，务取正方。面中开明窍，长四尺，广二寸。近窍两旁一寸分画为尺，内三寸刻为细分，下应圭面。几面上至梁心二十六尺，取以为准。窥限各长二尺四寸，广二寸，脊厚五分，两刃斜稠，取其于几面相符，著限两端,厚广各存二寸,衔入几框。俟星月正中,从几下仰望,视表梁南北以为识,折取分寸中数,用为直景。又于远方同日窥测取景数,以推星高下也。

世祖至元四年,扎马鲁丁造西域仪象:

咱秃哈剌吉,汉言浑天仪也。其制:以铜为之。平设单环,刻周天度。画十二辰位以准地面。侧立双环,而结于平环之子午,半入地下,以分天度。内第二双环,亦刻周天度,而参差相交,以结于侧双环。去地平三十六度,以为南北极。可以旋转,以象天运,为日行之道。内第三、第四环,皆结于第二环,又去南北极二十四度。亦可以运转。凡可运三环,各对缀铜方钉,皆有窍,以代衡箫之仰窥焉。

咱秃朔八台,汉言测验周天星曜之器也。外周圆墙,而东面启门。中有小台,立铜表高七尺五寸。上设机轴,悬铜尺,长五尺五寸,复如窥测之箫二,其长如之。下置横尺,刻度如数。其上以准挂尺。下本开图之远近。可以左右转而周窥,可以高低举而遍测。

鲁哈麻亦渺凹只,汉言春秋分晷影堂也。屋二间,脊开东西横罅,以斜通日晷。中有台,随晷影南高北下,上仰置铜半环,刻天度一百八十,以准地上之半天。斜倚锐首铜尺,长六尺,阔一寸六分,上结半环之中,下加半环之上,可以往来窥运,侧望漏屋晷影,验度数,以定春秋二分。

鲁哈嘛亦木思塔余,汉言冬夏至晷影堂也。屋五间,其屋下为坎,深二丈二尺,脊开南北一罅,以直通日晷。随罅立壁,附壁悬铜尺,长一尺六寸。壁仰画天度半规,其尺亦可往来规运,直望漏屋晷影,以定冬夏二至。

苦来亦撒麻,汉言浑天图也。其制:以铜为丸,斜刻日道交环度数于其腹,刻二十八宿形于其上。外平置铜单环,刻周天度数,列于十二辰位以准地。而侧立单环二。一结于平环之子午,以铜丁象南北极。一结于平环之卯酉。皆刻天度。即浑天仪而不可运转窥测者也。

苦来亦阿儿子,汉言地理志也。其制:以木为圆球,七分为水,其色绿,三分为土地,其色白。画江河湖海,脉络贯串于其中。画作小方井,以计幅员之广袤,道里之远近。

兀速都儿剌不定,汉言昼夜时刻之器也。其制:以铜如圆镜而可挂,面刻十二辰位、昼夜时刻。上加铜条缀中,可以圆转。铜条两端,各屈其首为二窍,以对望。昼则视日影,夜则窥星辰,以定时刻,以测休咎。背嵌镜片,三面刻其图凡七,以辨东西南北日影长短之不同、星辰向背之有异。故各异其图。以尽天地之变焉。

新元史卷三六
志第三

历　三

授时历经上

步气朔第一

至元十八年岁次辛巳为元。上考往古，下验将来，皆距立元为算。周岁消长，百年各一。其诸应等数，随时推测，不用为元。

日周，一万。

岁实，三百六十五万二千四百二十五分。

通余，五万二千四百二十五分。

朔实，二十九万五千三百五分九十三秒。

通闰，十万八千七百五十三分八十四秒。

岁周，三百六十五日二千四百二十五分。

朔策，二十九日五千三百五分九十三秒。

气策，十五日二千一百八十四分三十七秒半。

望策，十四日七千六百五十二分九十六秒半。

弦策，七日三千八百二十六分四十八秒少。

气应，五十五万〇六百分。

闰应，二十万一千八百五十分。

按《授时历》闰转交三应，后有改定之数。闰应，二十万一千八百五十分，明《大统历法通轨》作二十万二千五十分，实加二百分；

是当时经朔改早二刻也。转应，一十三万一千九百四分，《通轨》作
一十三万二百五分，实减一千六百九十九分，是入转改迟一十七刻
弱也。交应，二十六万一百八十七分八十六秒，《通轨》作二十六万
三百八十八分，实加二百分一十四秒，是正交改早二刻强也。梅文
鼎谓《通轨》所述者乃《授时历》续定之数，而《历经》所存，则其未定
之初稿是也。

没限，七千八百一十五分六十二秒半。

气盈，二千一百八十四分三十七秒半。

朔虚，四千六百九十四分七秒。

旬周，六十万。

纪法，六十。

推天正冬至

置所求距算，以岁实上推往古，每百年长一。下算将求，每百年消一。
乘之，为中积。加气应，为通积。满旬周，去之；不尽，以日周约之为
日，不满为分。其日命甲子算外，即所求天正冬至日辰及分。如上考
者，以气应减中积，满旬周，去之；不尽，以减旬周。余同上。

求次气

置天正冬至日分，以气策累加之，其日满纪法，去之，外命如
前，各得次气日辰及分秒。

推天正经朔

置中积，加闰应，为闰积。满朔实，去之，不昼为闰余，以减通
积，为朔积。满旬周，去之，不尽，以日周约之，为日，不满为分，即所
求天正经朔日及分秒。上考者，以闰应减中积，满朔实，去之不尽，以减朔
实，为闰余。以日周约之为日，不满为分，以减冬至日及分，不及减者，加纪法
减之，命如上。

求弦望及次朔

置天正经朔日及分秒,以弦策累加之,其日满纪法,去之,各得弦望及次朔日及分秒。

推没日

置有没之气分秒,如没限已上为有没之气。以十五乘之,用减气策,余满气盈而一,为日,并恒气日,命为没日。

推灭日

置有灭之朔分秒,在朔虚分已下为有灭之朔。以三十乘之,满朔虚而一,为日,并经朔日,命为灭日。

步发敛第二

土王策,三日四百三十六分八十七秒半。

月闰,九千六十二分八十二秒。

辰法,一万。

半辰法,五千。

刻法,一千二百。

推五行用事

各以四立之节,为春木、夏火、秋金、冬水首用事日。以土王策减四季中气,各得其季土始用事日。

气候

正月

立春,正月节。

东风解冻,蛰虫始振,鱼陟负冰。

雨水,正月中。

獭祭鱼,候雁北,草木萌动。

二月

　惊蛰,二月节。

　　桃始华,仓庚鸣,鹰化为鸠。

　春分,二月中。

　　玄鸟至,雷乃发声,始电。

三月

　清明,三月节。

　　桐始华,田鼠化为鴽,虹始见。

　谷雨,三月中。

　　萍始生,鸣鸠拂其羽,戴胜降于桑。

四月

　立夏,四月节。

　　蝼蝈鸣,蚯蚓出,王瓜生。

　小满,四月中。

　　苦菜秀,靡草死,麦秋至。

五月

　芒种,五月节。

　　螳螂生,䴗始鸣,反舌无声。

　夏至,五月中。

　　鹿角解,蜩始鸣,半夏生。

六月

　小暑,六月节。

　　温风至,蟋蟀居壁,鹰始挚。

　大暑,六月中。

　　腐草为萤,土润溽暑,大雨时行。

七月

　立秋,七月节。

　　凉风至,白露降,寒蝉鸣。

　处暑,七月中。

鹰乃祭鸟,天地始肃,禾乃登。

八月

　白露,八月节。

　　鸿雁来,立鸟归,群鸟养羞。

　秋分,八月中。

　　雷始收声,蛰虫坏户,水始涸。

九月

　寒露,九月节。

　　鸿雁来宾,雀入大水为蛤,菊有黄华。

　霜降,九月中。

　　豺乃祭兽,草木黄落,蛰虫咸俯。

十月

　立冬,十月节。

　　水始冰,地始冻,雉入大水为蜃。

　小雪,十月中。

　　虹藏不见,天气上升,地气下降,闭塞而成冬。

十一月

　大雪,十一月节。

　　鹖鴠不鸣,虎始交,荔挺出。

　冬至,十一月中。

　　蚯蚓结,麋角解,水泉动。

十二月

　小寒,十二月节。

　　雁北乡,鹊始巢,雉雊。

　大寒,十二月中。

　　鸡乳,征鸟厉疾,水泽腹坚。

　　推中气去经朔

　　置天正闰余,以日周约之,为日,命之,得冬至去经朔。以月闰累加之,各得中气去经朔日算。满朔策,去之,乃全置闰,然俟定朔无中气者裁之。

推发敛加时

置所求分秒,以十二乘之,满辰法而一,为辰数。余以刻法收之,为刻。命子正算外,即所在辰刻。如满半辰法,通作一作辰,命起子初。

步日躔第三

周天分,三百六十五万二千五百七十五分。

周天,三百六十五度二十五分七十五秒。

半周天,一百八十二度六十二分八十七秒半。

象限,九十一度三十一分四十三秒太。

岁差,一分五十秒。

周应,三百一十五万一千七十五分。

半岁周,一百八十二日六千二百一十二分半。

盈初缩末限,八十八日九千九十二分少。

缩初盈末限,九十三日七千一百二十分少。

推天正经朔弦望入盈缩历

置半岁周,以闰余日及分减之,即得天正经朔入盈缩历。冬至后盈,夏至后缩。以弦策累加之,各得弦望及次朔入盈缩历日及分秒。满半岁周去之,即交盈缩。

求盈缩差

视入限盈者,在盈初缩末限已下,为初限,已上,反减半岁周,余为末限;缩者,在缩初盈末限已下,为初限,已上,反减半岁周,余为末限。其盈初缩末者,置立差三十一,以初末限乘之,加平差二万四千六百,又以初末限乘之,用减定差五百一十三万三千二百,余再以初末限乘之，满亿为度，不满退除为分秒。缩初盈末者，置立差二十七，以初末限乘之，加平差二万二千一百，又以初末限乘之，用减定差四百八十七万六百，余再以初末限乘之，满亿为度，不满退限为分秒，即所求盈缩差。

又术：置入限分，以其日盈缩分乘之，万约为分，加其下盈缩积，万约为度，不满为分秒，亦得所求盈缩差。

赤道宿度

角十二一十　　　亢九二十　　　氐十六三十
房五六十　　　　心六五十　　　尾十九一十
箕十四十

右东方七宿，七十九度二十分。

斗二十五二十　　牛七二十　　　女十一三十五
虚八九十五太　　危十五四十　　室十七一十
壁八六十

右北方七宿，九十三度八十分太。

奎十六六十　　　娄十一八十　　胃十五六
昴十一三十　　　毕十七四十　　觜初五
参十一一十

右西方七宿，八十三度八十五分。

井三十三三十　　鬼二二十　　　柳十三三十
星六三十　　　　张十七二十五　翼十八七十五
轸十七三十

右南方七宿，一百八度四十分。

右赤道宿次，并依新制浑仪测定，用为常数，校天为密。若考往古，即用当时宿度为准。

推冬至赤道日度

置中积，以加周应为通积，满周天分，上推往古，每百年消一。下算将来，每百年长一。去之，不尽，以日周约之为度，不满，退约为分秒。命起赤道虚宿六度外，去之，至不满宿，即所求天正冬至加时日躔赤道宿度及分秒。上考者，以周应减中积，满周天，去之，不尽，以减周天，余以日周之为度；余同上。如当时有宿度，止依当时宿度命之。

　　求四正赤道日度

　　置天正冬至加时赤道日度，累加象限，满赤道宿次，去之，各得春夏秋正日所在宿度及分秒。

　　求四正赤道宿积度

　　置四正赤道宿全度，以四正赤道日度及分减之，余为距后度。以赤道宿度累加之，各得四正后赤道宿积度及分。

　　黄赤道率

积度 至后黄道 分后赤道	度率	积度 至后赤道 分后黄道	度率	积　差	差　率
初	一		一〇八六五		八十二秒
一	一	一〇八六五	一〇八六三	八十二秒	二分四六
二	一	二一七二八	一〇八六〇	三分二八	四分二
三	一	三二五八八	一〇八五七	七分三九	五分七六
四	一	四三四四五	一〇四九	十三分一五	七分四一

五	一	五 四二/九四	一 ○八/四三	二十分五六	九分○七
六	一	六 五一/三七	一 ○八/三三	二十九分三六	十分七一
七	一	七 五九/七○	一 ○/二二	四十分三六	十二分四○
八	一	八 六七/九三	一 ○八/一二	五十二分七六	十四分○八
九	一	九 七六/○五	一 ○八/○一	六十六分八四	十五分七六
十	一	十 八四/○六	一 ○七/八六	八十二分六○	十七分四五
十一	一	十一 九一/九二	一 ○七/七二	○○/○五	十九分一六
十二	一	十二 九九/六四	一 ○七/五五	一九/二一	二十分八七
十三	一	十四 ○七/一九	一 ○七/四○	四一/○八	二十二分五八
十四	一	十五 一四/五九	一 ○七/二○	六二/六六	二十四分三○
十五	一	十六 二一/七九	一 ○七/○四	六八/九六	二十六分○五
十六	一	十七 二八/八三	一 ○六/八四	一 一三/一○	二十七分七九
十七	一	十八 三五/六七	一 ○六/六三	二 四○/八○	二十九分五五
十八	一	十九 四二/三○	一 ○六/四二	二 七○/三五	三十一分三一

十九	一	二十 四八 七二	一 ○六 二二	三 ○一 六五	三十三分○七
二十	一	二十一 五四 九四	一 ○五 九九	三 三四 七二	三十四分八五
二十一	一	二十二 六○ 九三	一 ○五 七五	三 六九 五七	三十六分六三
二十二	一	二十三 六六 六八	一 ○五 五四	四 ○六 二○	三十八分四二
二十三	一	二十四 七二 二二	一 ○五 三○	四 四四 六二	四十分二○
二十四	一	二十五 七七 五二	一 ○五 ○六	四 八四 八二	四十二分
二十五	一	二十六 八二 五八	一 ○四 八二	五 二六 八二	四十三分七九
二十六	一	二十七 八七 四○	一 ○四 五六	五 七○ 六一	四十五分五九
二十七	一	二十八 九一 九六	一 ○四 三二	六 一六 二○	四十七分二八
二十八	一	二十九 九六 二八	一 ○四 ○八	六 六三 五八	四十九分一七
二十九	一	三十一 ○○ 六三	一 ○三 八二	七 一二 七五	五十分九五
三十	一	三十二 ○四 一八	一 ○三 五五	七 六三 七○	五十二分三七
三十一	一	三十三 ○七 七三	一 ○三 三三	八 一六 四三	五十四分五○
三十二	一	三十四 一一 ○五	一 ○三 ○六	八 七○ 九三	五十六分二六

三十三	一	三十五 一四/一一	一 ○二/八○	九 二七/一九	五十八分○一
三十四	一	三十六 一六/九一	一 ○二/五四	九 八五/二○	五十九分七四
三十五	一	三十七 一九/四五	一 ○二/二九	十 四四/九四	六十一分四五
三十六	一	三十八 二一/七四	一 ○二/○三	十 ○六/三九	六十三分一四
三十七	一	三十九 二三/七七	一 ○一/七七	十一 六九/五三	六十四分八一
三十八	一	四十 二五/五四	一 ○一/五二	十二 三四/三四	六十六分四七
三十九	一	四十一 二七/○六	一 ○一/二六	十三 ○○/八一	六十八分○八
四十	一	四十二 二八/三二	一 ○一/○一	十三 六八/八九	六十九分六七
四十一	一	四十三 二九/三四	一 ○○/七五	十四 三八/五六	七十一分二四
四十二	一	四十四 三○/○九	一 ○○/四九	十五 ○九/八○	七十三分七六
四十三	一	四十五 三○/五八	一 ○○/二七	十五 八二/五六	七十四分二六
四十四	一	四十六 三○/八五	一 ○○/○○	十六 五二/八六	七十五分一七
四十五	一	四十七 三○/八五	九九/七四	十七 三二/五三	七十七分三
四十六	一	四十八 三○/五九	九九/五一	十八 ○九/六五	七十八分五○

四十七	一	四十九 三〇／一〇	九九／二五	十八 八八／一五	七十九分 八四
四十八	一	五十 二九／三五	九九／〇一	十九 六七／九九	八十一分 一二
四十九	一	五十一 二八／三六	九八／七六	二十 四九／一一	八十二分 三七
五十	一	五十二 二七／一二	九八／五一	二十一 三一／四八	八十三分 五七
五十一	一	五十三 二五／六三	九八／二七	二十二 一五／〇五	八十四分 七二
五十二	一	五十四 二三／九〇	九八／〇三	二十二 九九／七七	八十五分 八三
五十三	一	五十五 二一／九三	九七／八〇	二十三 八五／六〇	八十六分 八八
五十四	一	五十六 一九／七三	九一／五五	二十四 七一／四八	八十七分 八九
五十五	一	五十七 一七／二八	九七／三一	二十五 六〇／三七	八十八分 八五
五十六	一	五十八 一四／五九	九七／〇八	二十六 四九／二二	八十九分 七七
五十七	一	五十九 一一／六七	九六／八五	二十七 三八／九九	九十分 六三
五十八	一	六十 〇八／五二	九六／六一	二十八 二九／六二	九十一分 四四
五十九	一	六十一 〇五／一三	九六／三九	二十九 二一／〇六	九十二分 三二
六十	一	六十二 〇二／五二	九六／一六	三十 一三／二八	九十二分 九四

六十一	一	六十二 九九/六八	九五/九四	三十一 ○六/二二	九十三分六一
六十二	一	六十三 九三/六二	九五/二七	三十一 九九/八三	九十四分二六
六十三	一	六十四 八九/四三	九五/五一	三十二 九四/○九	九十四分五八
六十四	一	六十五 八四/八五	九五/二九	三十三 八八/九四	九十五分二八
六十五	一	六十六 八○/一四	九五/○九	三十四 八四/三二	九十五分九○
六十六	一	六十七 七五/二三	九四/八七	三十五 八○/二二	九十六分三八
六十七	一	六十八 七○/一○	九四/七○	三十六 七六/六○	九十六分八一
六十八	一	六十九 六四/八○	九四/五○	三十七 七三/四一	九十七分一九
六十九	一	七十 五九/三○	九四/二七	三十八 七○/六○	九十七分五六
七十	一	七十一 五三/五七	九四/一二	三十九 六八/一六	九十七分八九
七十一	一	七十二 四七/六九	九三/九二	四十 六六/○五	九十八分一八
七十二	一	七十三 四一/六一	九三/八五	四十一 六四/二三	九十八分四五
七十三	一	七十四 三五/四六	九三/五三	四十二 六二/六八	九十八分六八
七十四	一	七十五 二八/九九	九三/四三	四十三 六一/三六	九十八分六一

七十五	一	七十六 二二四二	九三二九	四十四 六〇二七	九十九分一〇
七十六	一	七十七 一五七一	九三一五	四十五 五九三七	九十九分二五
七十七	一	七十八 〇八八六	九三〇四	四十六 五八六二	九十九分四八
七十八	一	七十九 〇一九〇	九二八六	四十七 五八〇二	九十九分五二
七十九	一	七十九 九四七六	九二七五	四十八 五七五四	九十九分八二
八十	一	八十〇 八七五一	九二六五	四十九 五七一六	九十九分七二
八十一	一	八十一 八〇一六	九二五五	五十 五六八八	九十九分七九
八十二	一	八十二 七二七一	九二四四	五十一 五六六七	九十九分八四
八十三	一	八十三 六五一五	九二三八	五十二 五六五一	九十九分八九
八十四	一	八十四 五七五三	九二二八	五十三 五六四〇	九十九分九三
八十五	一	八十五 四九八一	九二二二	五十四 五六三三	九十九分九六
八十六	一	八十六 四三〇三	九二一五	五十五 五六二九	九十九分九七
八十七	一	八十七 三四一八	九二一一	五十六 五六二六	九十九分九九
八十八	一	八十八 二六三〇	九二一〇	五十七 五六二五	一

八十九	一	八十九 一八／四〇	九二／〇四	五十八 五六／二五	一
九十	二	九十〇 一〇／四四	九二／〇四	五十九 五六／二五	一
九十一	三	九十一 〇二／四八	二八／七七	六十〇 五六／二五	三一／二五
九十一 三一／二五		九十一 三一／二五		六十〇 八七／五〇	

推黄道宿度

置四正后赤道宿积度,以其赤道积度减之,余以黄道率乘之,如赤道率而一。所得,以加黄道积度,为二十八宿黄道积度。以前宿黄道积度减之,为其宿黄道度及分。其秒就近为分。

黄道宿度

角十二八十七　　亢九五十九　　氐十六四十

房五四十八　　心六二十七　　尾十七九十五

箕九五十九

右东方七宿,七十八度一十二分。

斗二十三四十七　　牛六九十　　女十一一十二

虚九分空太　　危十五九十五　　室十八三十二

壁九三十四

右北方七宿,九十四度一十分太。

奎十七八十七　　娄十二三十六　　胃十五八十一

昴十一〇八　　毕十六五十　　觜初〇五

参十二十八

右西方七宿,八十三度九十五分。

井三十一〇三　　鬼二一十一　　柳十三

星六三十一　　张十七七十九　　翼二十〇九

轸十八七十五

右南方七宿，一百九度八分

右黄道宿度，依今历所测赤道准冬至岁差所在算定，以凭推步。若上下考验，据岁差每移一度，依术推变，各得当时宿度。

推冬至加时黄道日度

置天正冬至加时赤道日度，以其赤道积度减之，余以黄道率乘之，如赤道率而一。所得，以加黄道积度，即所求年天正冬至加时黄道日度及分秒。

求四正加时黄道日度

置所求年冬至日躔黄赤道差，与次年黄赤道差相减，余四而一，所得，加象限，为四正定象度。置冬至加时黄道日度，以四正定象度累加之，满黄道宿次，去之，各得四正定气加时黄道宿度及分。

求四正晨前夜半日度

置四正恒气日及分秒，冬夏二至，盈缩之端，以恒为宿。以盈缩差命为日分，盈减朔加之，即为四正定气日及分。置日下分，以其日行度乘之，如日周而一。所得，以减四正加时黄道日度，各得四正定晨前夜半日度及分秒。

求四正后每日晨前夜半黄道日度

以四正定气日距后正定气日为相距日，以四正定气晨前夜半日度距后正定气晨前夜半日度为相距度，累计相距日之行定度，与相距度相减，余如相距日而一，为日差。相距度多为加，相距度少为减。以加减四正每日行度率，为每日行定度。累加四正晨前夜半黄道日度，满宿次，去之，为每日晨前夜半黄道日度及分秒。

求每日午中黄道日度

置其日行定度，半之，以加其日晨前夜半黄道日度，得午中黄道日度及分秒。

求每日午中黄道积度

以二至加时黄道日度距所求日午中黄道日度，为二至后黄道积度及分秒。

求每日午中赤道日度

置所求日午中黄道积度，满象限，去之，余为分后。内减黄道积度，以赤道率乘之，如黄道率而一。所得，以加赤道积度及所去象限，为所求赤道积度及分秒。以二至赤道日度加而命之，即每日午中赤道日度及分秒。

黄道十二次宿度

危，十二度六十四分九十一秒。	入娵訾之次，辰在亥。
奎，一度七十三分六十三秒。	入降娄之次，辰在戌。
胃，三度七十四分五十六秒。	入大梁之次，辰在酉。
毕，六度八十八分五秒。	入实沈之次，辰在申。
井，八度三十四分九十四秒。	入鹑首之次，辰在未。
柳，三度八十六分八十秒。	入鹑火之次，辰在午。
张，十五度三十六分六秒。	入鹑尾之次，辰在巳。
轸，十度七分九十七秒。	入寿星之次，辰在辰。
氐，一度一十四分五十二秒。	入大火之次，辰在卯。
尾，三度一分一十五秒。	入析木之次，辰在寅。
斗，二度七十六分八十五秒。	入星纪之次，辰在丑。
女，二度六分三十八秒。	入玄枵之次，辰在子。

求入十二次时刻

各置入次宿度及分秒，以其日晨前夜半日度减之，余以日周乘之,为实。以其日行定度为法,实加法而一,所得,依发敛加时求之,即入次时刻。

步月离第四

转终分,二十七万五千五百四十六分。

转终,二十七日五千五百四十六分。

转中,十三日七千七百七十三分。

初限,八十四。

中限,一百六十八。

周限,三百三十六。

月平行,十三度三十六分八十七秒半。

转差,一日九千七百五十九分九十三秒。

弦策,七日三千八百二十六分四十八秒少。

上弦,九十一度三十一分四十三秒太。

望,一百八十二度六十二分八十七秒半。

下弦,二百七十三度九十四分三十一秒少。

转应,一十三万一千九百四分。

推天正经朔入转

置中积,加转应,减闰余,满转终分,去之,不尽,以日周约之为日,不满为分,即天正经朔入转日及分。上考者,中积内加所求闰余,减转应,满转终,去之,不尽,以减转终,余同上。

求弦望及次朔入转

置天正经朔入转日及分,以弦策累加之,满转终,去之,即弦望及次朔入转日及分秒。如径求次朔,以转差加之。

求经朔弦望入迟疾历

各视入转日及分秒,在转中已下,为疾历。已上,减去转中,为迟历。

迟疾转定及积度

入转日	初末限	迟疾度	转定度	转积度
初	初	疾初	十四 六七 六四	初
一	一十二二十	疾一 三〇 七七	十四 五五 七三	十四 六七 六四
二	二十四四十	疾二 四九 六三	十四 四〇 二九	二十九 二三 七三
三	三十六六十	疾三 五三 〇五	十四 一二 三〇	四十三 六三 六六
四	四十八八十	疾四 三七 四八	十三 九八 七七	五十七 八四 九六
五	六十一	疾四 九九 三八	十三 七二 七一	七十一 八三 七二
六	七十三二十	疾五 三五 二二	十三 四四 四六	八十五 五六 四四
七	末八十二六十	疾五 四二 八一	十三 二三 五三	九十九 〇〇 九〇
八	七十四十	疾五 二九 四七	十二 九四 七五	一百一十二 二四 四三
九	五十八二十	疾四 八七 三五	十二 六九 四八	一百二十五 一九 一八
十	四十六	疾四 一九 九六	十二 四七 七七	一百三十七 八八 六六

十一	三十三八十	疾三 三〇/八六	十二 二九/六〇	一百五十 三六/四三
十二	二十一六十	疾二 二三/五九	十二 〇四/九六	一百六十二 六六/〇三
十三	九四十	疾一 〇一/六八	十二 〇四/六二	一百七十四 八〇/九九
十四	初二八十	迟初	十二 〇八/五一	一百八十六 八五/六一
十五	一十五	迟一 五九/二三	十二 二二/二二	一百九十八 九四/一三
十六	二十七二十	迟二 七四/八八	十二 三七/五二	二百一十一 一五/三五
十七	三十九四十	迟三 七四/二二	十二 五七/三〇	二百二十三 五二/八七
十八	五十一六十	迟四 五三/八〇	十二 八〇/六二	二百三十六 一〇/一七
十九	六十三八十	迟五 〇一/〇四	十三 〇七/五三	二百四十八 九〇/八〇
二十	七十六	迟五 三九/三八	十三 三三/七七	二百六十一 九八/三三
二十一	末七十九八十	迟五 四二/四八	十三 五七/一二	二百七十五 三二/一〇
二十二	六十七六十	迟五 二二/二三	十三 八五/一一	二百八十八 八九/二二
二十三	五十五四十	迟四 七三/九九	十四 〇九/五五	三百二 七四/三三
二十四	四十三二十	迟四 〇一/三一	十四 三〇/四六	三百一十六 八三/八八

二十五三十一	迟三○七 七二	十四 四七 八二	三百三十一 一四 三四
二十六一十八八十	迟一 九六 七七	十四 六一 六三	三百四十五 六三 一六
二十七六六十	迟 七二 ○一	十四 七一 五四	三百六十 二二 七九

求迟疾差

置迟疾历日及分，以十二限二十分乘之，在初限已下为初限，已上覆减中限，余为末限。置立差三百二十五，以初末限乘之，加平差二万八千一百，又以初末限乘之，用减定差一千一百一十一万，余再以初末限乘之，满亿为度，不满退除为分秒，即迟疾差。

又术：置迟疾历日及分，以迟疾历日率减之，余以其下损益分乘之，如八百二十而一，益加损减其下迟疾度，亦为所求迟疾差。

求朔弦望定日

以经缩弦望盈缩差与迟疾差，同名相从，异名相消，盈迟缩疾为同名，盈疾缩迟为异名。以八百二十乘之，以所入迟疾限下行度除之，即为加减差，盈迟为加，缩疾为减。以加减经朔弦望日及分，即定朔弦望日及分。若定弦望分在日出分已下者，退一日，其日命甲子算外，各得定朔弦望日辰。定朔干名与后朔干同者，其月大。不同者，其月小。内无中气者，为闰月。

推定朔弦望加时日月宿度

置经朔弦望入盈缩历日及分，以加减差加减之，为定朔弦望入历，在盈，便为中积，在缩，加半岁周，为中积。命日为度，以盈缩差盈加缩减之，为加时定积度。以冬至加时日躔黄道缩度加而命之，各得定朔弦望加时日度。

凡合朔加时，日月同度，便为定朔加时月度。其弦望各以弦望

度加定积,为定弦望月行定积度。依上加而命之,各得定弦望加时
黄道月度。

推定朔弦望加时赤道月度

各置定朔弦望加时黄道月行定积度,满象限,去之,以其黄道
积度减之,余以赤道率乘之,如黄道率而一,用加其下赤道积度及
所去象限,各为赤道加时定积度。以冬至加时赤道日度加而命之,
各为定朔弦望加时赤道月度及分秒。象限以下及半周,去之,为至后。满
象限以及三象,去之,为分后。

推朔后平交入转迟疾历

置交终日及分,内减经朔入交日及分,为朔后平交日。以加经
朔入转,为朔后平交入转。在转中已下,为疾历。已上,去之,为迟
历。

求正交日辰

置经朔,加朔后平交日,以迟疾历依前求到迟疾差,迟加疾减
之,为正交日及分,其日命甲子算外,即正交日辰。

推正交加时黄道月度

置朔后平交日,以月平行度乘之,为距后度。以加经朔中积,为
冬至距正交定积度。以冬至日躔黄道宿度加而命之,为正交加时月
离黄道宿度及分秒。

求正交在二至后初末限

置冬至距正交积度及分,在半岁周已下,为冬至后。已上,去
之,为夏至后。其二至后,在象限已下,为初限。已上,减去半岁周,
为末限。

求定差距差定限度

置初末限度，以十四度六十六分乘之，如象限而一，为定差。反减十四度六十六分，余为距差。以二十四乘定差，如十四度六十六分而一。所得，交在冬至后名减，夏至后名加，皆加减九十八度，为定限度及分秒。

求四正赤道宿度

置冬至加时赤道度，命为冬至正度。以象限累加之，各得春分、夏至、秋分正积度。各命赤道宿次去之，为四正赤道宿度及分秒。

求月离赤道正交宿度

以距差加减春秋二正赤道宿度，为月离赤道正交宿度及分秒。冬至后，初限加，末限减，视春正。夏至后，初限减，末限加，视秋正。

求正交后赤道宿积度入初末限

各置春秋三正赤道所当宿全度及分，以月离赤道正交宿度及分减之，余为正交后积度。以赤道宿次累加之，满象限去之，为半交后。又去之，为中交后。再去之，为半交后。视各交积度在半象已下，为初限。已上，用减象限，余为末限。

求月离赤道正交后半交日道旧名九道。出入赤道内外度及定差

置各交定差度及分，以二十五乘之，如六十一而一。所得，视月离黄道正交在冬至后宿度为减，夏至后宿度为加，皆加减二十三度九十分，为月离赤道后半交白道出入赤道内外度及分。以周天六之一，六十度八十七分六十二秒半，除之，为定差。月离赤道正交后为外，中交后为内。

求月离出入赤道内外白道去极度

置每日月离赤道交后初末限，用减象限，余为白道积。用其积

度减之,余以其差率乘之,所得,百约之,以加其下积差,为每日积差。用减周天六之一,余以定差乘之,为每日月离赤道内外度。内减外加象限,为每日月离白道去极度及分秒。

求每交月离白道积度及宿次

置定限度,与初末限相减相乘,退位为分,为定差。正交、中交后为加,半交后为减。以差加减正交后赤道积度,为月离白道定积度。以前宿白道定积度减之,各得月离白道宿次及分。

推定朔弦望加时月离白道宿度

各以月离赤道正交宿度距所求定朔弦望加时月离赤道宿度,为正交后积度。满象限,去之,为半交后。又去之,为中交后。再去之,为半交后。视交后积度在半象已下,为初限。已上,用减象限,为末限。以初、末限与定限度相减相乘,退位为分,分满百为度,为定差。正交、中交后为加,半交后为减。以差加减月离赤道正交后积度,为定积度。以正交宿度加之,以其所当月离白道宿次去之,各得定朔弦望加时月离白道度及分秒。

求定朔望加时及夜半晨昏入转

置经朔弦望入转日及分,以定朔弦望加减差加减之,为定朔弦望加时入转。以定朔弦望日下分减之,为夜半入转。以晨分加之,为晨转。昏分加之,为昏转。

求夜半月度

置定朔弦望日下分,以其入转日转定度乘之,万约为加时转度,以减加时定积度,余为夜半定积度,依前加而命之,各得夜半月离宿度及分秒。

求晨昏月度

置其日晨昏分,以夜半入转日转定度乘之,万约为晨昏转度。各加夜半定积度,为晨昏定积度。加命如前,各得晨昏月离宿度及分秒。

求每日晨昏月离白道宿次

累计相距日数转定度,为转积度。与定朔弦望晨昏宿次前后相距度相减,余以相减日数除之,为日差。距度多为加,距度少为减。以加减每日转定度,为行定度。以累加定朔弦望晨昏月度,加命,即每日晨昏月离白道宿次。朔后用昏,望后用晨,朔望晨昏俱用。

新元史卷三七

志第四

历　四

授时历经下

　　步中星第五

大都北极，出地四十度太强。

冬至，去极一百一十五度二十一分七十三秒。

夏至，去极六十七度四十一分一十三秒。

冬至昼，夏至夜，三千八百一十五分九十二秒。

夏至昼，冬至夜，六千一百八十四分八秒。

昏明，二百五十分。

　　　　黄道出入赤道内外去极度及半昼夜分

黄道积	内外	内外	冬至前	夏至前	冬昼	夏昼	昼夜
度	度	差	后去极	后去极	夏夜	冬夜	差
初	二十三 九〇 三〇	三三	一百一十五 度 三一 　 七二	六十七 度 四一 　 一三	一千九百 〇八 九六	二千 九二 〇四	〇九

一	二十三八九九七	九九	一百一十五二七四六	六十七四一四六	一千九百〇八〇五	三千九一九五	二九
二	二十三八八九八	一分六六	一百一十五二〇四八	六十七四二四五	一千九百〇八三四	三千九一六六	四七
三	二十三八七三二	二分三一	一百一十五一八七五	六十七四四一一	一千九百〇八八一	三千九一一九	六六
四	二十三八五〇一	二分九九	一百一十五四六四四	六十七四六四二	一千九百〇九四七	三千九〇五三	八五
五	二十三八三〇二	三分六五	一百一十五一三四五	六十七四九四一	一千九百一〇二二	三千〇八九六八	一分〇四
六	二十三七八三七	四分一三	一百一十五〇九八〇	六十七五三〇六	一千九百一一三六	三千〇八八六四	一分一二
七	二十三七四〇五	四分九八	一百一十五〇五四八	六十七五七三八	一千九百一二五八	三千〇八七四二	一分四一
八	二十三六九〇七	五分六五	一百一十五〇〇五〇	六十七六三三八	一千九百一四〇〇	三千〇八六〇〇	一分六一
九	二十三六三二四	六分三六	一百一十四九四八一	六十七六八〇五	一千九百一五六七	三千〇八四三九	一分七九
十	二十三五七〇六	七分〇二	一百一十四八八四九	六十七七四三七	一千九百一四七〇	三千〇八二六〇	一分九九

十一	二十三五〇〇四	七分六九	一百一十四八一四七	六十七八一三九	一千九百一九三九	三千八〇六一	一分一八
十二	二十三四二三五	八分三九	一百一十四七三七八	六十七八九〇八	一千九百二一五七	三千七八四三	二分三七
十三	二十三三三九六	九分〇八	一百一十四六五三九	六十七九四四七	一千九百二三九四	三千〇七六〇六	二分五六
十四	二十三二四八八	九分七五	一百一十四五六三一	六十八〇六五五	一千九百二六五〇	三千〇七三五〇	二分七四
十五	二十三一五一三	十分四七	一百一十四四六五六	六十八一六三〇	一千九百二九二四	三千〇七〇七六	二分九四
十六	二十三〇四六六	十一分一四	一百一十四三六〇九	六十八二六七七	一千九百三二一八	三千〇六七八二	三分一四
十七	二十二九三五二	十一分八五	一百一十四二四九五	六十八三七九一	一千九百三五三二	三千〇六四六八	三分三〇
十八	二十二八一六七	十二分五四	一百一十四一三一〇	六十八四九七六	一千九百三八六二	三千〇六一三八	三分五一
十九	二十二六九一三	十三分二五	一百一十四〇〇五六	六十八六二三〇	一千九百四二一二	三千〇五七八七	三分六九
二十	二十二五五八八	十三分九五	一百一十三八七三一	六十八七五五五	一千九百四五八二	三千〇五四一八	三分八八

二十一	二十二 四一 五三	十四分六 六	一百一十三 七三 三六	六十八 八九 五〇	一千九百 四九 七〇	三千〇 五〇 三〇	四分 〇七
二十二	二十二 二七 二七	十五分三 七	一百一十三 五八 七〇	六十九 〇四 一六	一千九百 五三 七七	三千〇 四六 二三	四分 二六
二十三	二十二 一一 九〇	十六分〇 六	一百一十三 四三 三三	六十九 一九 五三	一千九百 五八 〇三	三千〇 四一 九七	四分 四三
二十四	二十一 九五 八四	十六分七 八	一百一十三 二七 二七	六十九 三五 五九	一千九百 六〇 四六	三千〇 三七 五四	四分 六一
二十五	二十一 七九 〇六	十七分四 七	一百一十三 一〇 四九	六十九 五七 三七	一千九百 六七 〇八	三千 三二 九二	四分 八〇
二十六	二十一 六一 五九	十八分一 〇	一百一十二 九三 〇二	六十九 六九 八四	一千九百 七一 八八	三千 二八 一二	四分 九八
二十七	二十一 四三 三九	十八分九 〇	一百一十二 七四 八二	六十九 八八 〇四	一千九百 七六 八六	三千 二三 一四	五分 一六
二十八	二十一 二四 四九	十九分六 〇	一百一十二 五五 九二	七十 〇六 九四	一千九百 八二 〇一	三千 一七 九八	五分 三五
二十九	二十一 〇四 八九	二十分二 七	一百一十二 三六 三二	七十 二六 五四	一千九百 八七 三七	三千 一二 六三	五分 四九
三十	二十 八四 六二	二十分九 九	一百一十二 一六 〇五	七十 四六 八一	一千九百 九二 六六	三千〇 七一 一四	五分 六七

三十一	二十六三六三	二十一分六八	一百一十九五〇六	七十六七八〇	一千九百九八五三	三千〇一四七	五分八五
三十二	二十四一九五	二十二分三五	一百一十七三三八	七十八九四八	二千 〇四 三八	二千九百九五六二	六分〇一
三十三	二十一九六〇	二十三分〇三	一百一十五一〇三	七十一一八八三	二千 一〇 三九	二千九百八九六一	六分一六
三十四	十九九六五七	二十三分七一	一百一十二八〇〇	七十一五四八六	二千 一六 三五	二千九百八三四五	六分三五
三十五	十九七二八六	二十四分二七	一百一十〇四二九	七十一五八五七	二千 二二 八八	二千九百七七一二	六分四八
三十六	十九四八四九	二十五分〇二	一百一十七九九二	七十一八二九四	二千 二九 三六	二千九百七〇六四	六分六三
三十七	十九二三四六	二十五分六六	一百一十五四八九	七十二〇七九七	二千 三五 九九	二千九百六四〇一	六分七八
三十八	十八九七八〇	二十六分三一	一百一十二九二三	七十二三三六三	二千 四二 七七	二千九百五七二二	六分九二
三十九	十八七一四九	二十六分九三	一百一十〇一九二	七十二五九九四	二千 四九 六九	二千九百五〇六九二	七分〇五
四十	十八四四五六	二十七分五二	一百〇九七五九九	七十二八六八七	二千 五六 七四	二千九百四三二六	七分一九

四十一	十八 一七 〇四	二十八分 一四	一百〇九 四八 四七	七十三 一四 三九	二千 六三 九三	二千九百 三六 〇七	七分 五二
四十二	十七 八八 九〇	二十八分 七二	一百〇九 二〇 三二	七十三 四二 五三	二千 七二 二五	二千九百 二八 七五	七分 四四
四十三	十七 六〇 一八	二十九分 二九	一百〇八 九一 六一	七十三 七一 二五	二千〇 七八 六九	二千九百 二一 二一	七分 五六
四十四	十七 三〇 八九	二十九分 八四	一百〇八 六二 三二	七十四 〇〇 五八	二千〇 八六 二五	二千九百 一三 七五	七分 六八
四十五	十七 〇一 〇五	三十分三 八	一百〇八 三一 四八	七十四 三〇 三八	二千〇 九三 九三	二千九百 〇六 〇七	七分 七八
四十六	十六 七〇 六七	三十一分 九〇	一百〇八 〇二 一〇	七十四 六〇 六七	二千一百 〇一 七一	二千八百 九八 二九	七分 八九
四十七	十六 三九 七七	三十一分 四一	一百〇七 七一 二〇	七十四 九一 六六	二千一百 〇九 六〇	二千八百 九〇 四〇	七分 九八
四十八	十六 〇八 三六	三十一分 九一	一百〇七 三九 七九	七十五 二三 〇七	二千一百 一七 五八	二千八百 八二 四二	八分 〇八
四十九	十五 七六 四五	三十二分 三六	一百〇七 〇七 八八	七十五 五四 九八	二千一百 二五 六六	二千八百 七四 三四	八分 一七
五十	十五 四四 〇九	三十二分 八五	一百〇六 七五 五二	七十五 八七 三四	二千一百 三三 八三	二千八百 六六 一七	八分 二六

五十一	十五 一二 四	三十三分 二六	一百〇六 四二 六七	七十五 二〇 一九	二千一百 四二 〇九	二千八百 五七 九一	八分 二二
五十二	十四 七八 九八	三十三分 六四	一百〇六 〇九 四一	七十五 五三 四五	二千一百 五〇 四一	二千八百 四九 五九	八分 四〇
五十三	十四 四四 三四	三十四分 〇七	一百〇五 七五 七七	七十六 八七 〇九	二千一百 五八 八一	二千八百 四一 一五	八分 四六
五十四	十四 一〇 二七	三十四分 四五	一百〇五 四一 七〇	七十七 一一 一六	二千一百 六七 二七	二千八百 三二 七三	八分 五四
五十五	十三 七五 八三	三十四分 八一	一百〇五 〇七 二五	七十七 五五 六一	二千一百 七五 八一	二千八百 二四 九一	八分 五九
五十六	十三 四一 〇四	三十五分 一五	一百〇四 七二 四四	七十七 九〇 四二	二千一百 八四 四〇	二千八百 一五 六〇	八分 六四
五十七	十三 〇五 八六	三十五分 四七	一百〇四 三七 二九	七十八 二五 五七	二千一百 九五 〇四	二千八百 〇六 九六	八分 六九
五十八	十二 七〇 三九	三十五分 七八	一百〇四 〇一 八二	七十八 六一 〇四	二千二百 〇一 七三	二千七百 九八 二七	八分 七五
五十九	十二 三四 六一	三十六分 〇七	一百〇三 六六 〇四	七十八 九六 八一	二千二百 一〇 四八	二千七百 八九 五二	八分 七八
六十	十一 九八 五四	三十六分 三三	一百〇三 二九 九七	七十九 三二 八九	二千二百 一九 二六	二千七百 八〇 七四	八分 八一

六十一	十一 六二 二一	三十六分 五九	一百〇二 九三 六四	七十九 六九 二二	二千二百 二八 〇七	二千七百 七二 九三	八分 八四
六十二	十一 二五 六二	三十六分 八三	一百〇二 五七 〇五	八十〇 〇六 一五	二千二百 三六 九一	二千七百 六三 〇九	八分 八九
六十三	十 八八 七九	三十七分 〇五	一百〇二 〇 二二	八十〇 四二 六四	二千二百 四五 八〇	二千七百 四五 二〇	八分 九〇
六十四	十 五一 七四	三十七分 二四	一百〇二 八二 一七	八十〇 七九 六九	二千二百 四五 七〇	二千七百 四五 一〇	八分 九二
六十五	十 一四 五〇	三十七分 四四	一百〇一 四五 九三	八十一 一九 九三	二千二百 六三 六二	二千七百 三六 三八	八分 九四
六十六	九 七十 〇六	三十七分 六一	一百〇一 〇八 四九	八十一 五四 三七	二千二百 七二 五六	二千七百 二七 四四	八分 九七
六十七	九 三九 四五	三十七分 七八	一百〇〇 七八 八八	八十一 九一 九八	二千二百 八一 五三	二千七百 一八 四七	八分 九七
六十八	九 〇一 六九	三十七分 九一	一百〇〇 三三 一二	八十二 二九 七四	二千二百 九〇 五〇	二千七百 〇九 五〇	八分 九八
六十九	八 六三 七八	三十八分 〇七	九十九 九五 二一	八十二 六七 六五	二千二百 九九 四七	二千七百 〇〇 五二	九分 〇〇
七十	八 二五 七一	三十八分 一七	九十九 五七 一四	八十三 〇五 七二	二千三百 〇八 四八	二千六百 九一 五二	九分 〇〇

七十一	七五四	三十八分二八	九十九一八九七	八十三四三八九	二千三百一七四八	二千六百八二五二	九分○一
七十二	七四九二六	三十八分三八	九十八八○六九	八十三八二一七	二千三百二六四九	二千六百七三五一	九分○一
七十三	七一○八八	三十八分四七	九十八四二三一	八十四二○五五	二千三百二五五○	二千六百六四五○	九分二一
七十四	六七二四一	三十八分五四	九十八○三八四	八十四五九○二	二千三百四四五一	二千六百五五四九	九分○一
七十五	六三三八七	三十八分六二	九十八六五三○	八十四九七五六	二千三百五三五二	二千六百四六四八	九分○一
七十六	五九五一五	三十八分六七	九十七二六六八	八十五三六一	二千三百六三五三	二千六百三七四七	九分○一
七十七	五五六五八	三十八分七三	九十七八八○一	八十五七四八五	二千三百七一五四	二千六百二八四六	九分○○
七十八	五一七八五	三十八分七七	九十六四九二八	八十六一三五八	二千三百八○五四	二千六百一九四六	九分○○
七十九	四七九○八	三十八分八一	九十六一○五一	八十六五二三五	二千三百八九五四	二千六百一○四六	九分○○
八十	四四○二七	三十八分八五	九十五七一七○	八十六九一一六	二千三百九八五四	二千六百○一四六	九分○○

八十一	四 ○二 四二	三十八分 八八	九十五 三二 八五	八十七 三○ ○一	二千四百 ○七 五四	二千五百 九二 四六	九分 ○○
八十二	三 六二 五四	三十八分 八九	九十四 九四 六四	八十七 六八 二二	二千四百 一六 五四	二千五百 八五 四六	八分 九七
八十三	三 二三 六五	三十八分 九○	九十四 五五 ○九	八十八 ○七 七七	二千四百 二五 五二	二千五百 七七 四九	八分 九七
八十四	二 八四 七五	三十八分 九二	九十四 一六 一八	八十八 四六 六八	二千四百 三四 四八	二千五百 六五 五二	八分 九七
八十五	二 四五 八三	三十八分 九三	九十三 七七 二六	八十八 六五 六五	二千四百 四三 四五	二千五百 五六 五五	八分 九七
八十六	二 ○六 九○	三十八分 九四	九十三 三八 三三	八十八 二四 五三	二千四百	二千五百 四七 五八	八分 九六
八十七	一 六七 九六	三十八分 九四	九十二 九九 三九	八十八 六三 四七	二千四百	二千五百 二八 六二	八分 九六
八十八	一 二九 ○二	三十八分 九五	九十二 六○ 四五	九十○ ○二 四一	二千四百	二千五百 二九 六六	八分 九六
八十九	九○ ○七	三十八分 九五	九十二 二一 五○	九十○ 四一 三六	二千四百	二千五百 二○ 七○	八分 九六
九十	五一 一二	三十八分 九五	九十一 八二 五五	九十 八○ 三一	二千四百	二千五百 一一 七四	八分 九五

九十一	一二一七	一十二分一七	九十一四三六○	九十一一九二六	二千四百	二千五百○二七九	二分七九
九十三一	空	空	九十一三一四三	九十一三一四三	二千五百	二千五百	空

求每日黄道出入赤道内外去极度

置所求日晨前夜半黄道积度，满半岁周，去之，在象限已下，为初限。已上，复减半岁周，余为入末限。满积度，去之，余以其段内外差乘之，百约之，所得，用减内外度，为出入赤道内外度。内减外加象限，即所求去极度及分秒。

求每日半昼夜及日出入晨昏分

置所求入初末限，满积度，去之，余以昼夜差乘之，百约之，所得，加减其段半昼夜分，为所求日半昼夜分。前多后少为减，前少后多为加。以半夜分便为日出分，用减日周，余为日入分，以昏明分减日出分，余为晨分。加日入分，为昏分。

求昼夜刻及日出入辰刻

置半夜分，倍之，百约，为夜刻。以减百刻，余为昼刻。以日出入分依发敛求之，即得所求辰刻。

求更点率

置晨分，倍之，五约，为更率，又五约更率，为点率。

求更点所在辰刻

置所求更点数，以更点率乘之，加其日昏分，依发敛求之，即得所求辰刻。

求距中度及更差度

置半日周,以其日晨分减之,余为距中分。以三百六十六度二十五分七十五秒乘之,如日周而一,所得,为距中度。用减一百八十三度一十二分八十七秒半,倍之,五除,为更差度及分。

求昏明五更中星

置距中度,以其日午中赤道日度加而命之,即昏中星所临宿次,命为初更中星。以更差度累加之,满赤道宿次去之,为逐更及晓中星宿度及分秒。其九服所在昼夜刻分及中星诸率、并准随处北极出地度数推之。已上诸率,与晷漏所推自相符契。

求九服所在漏刻

各于所在以仪测验,或下水漏,以定其处冬至或夏至夜刻,与五十刻相减,余为至差刻。置所求日黄道,去赤道内外度及分,以至差刻乘之,进一位,如二百三十九而一,所得内减外加五十刻,即所求夜刻,以减百刻,余为昼刻。其日出入辰刻及更点等率,依术求之。

步交会第六

交终分,二十七万二千一百二十二分二十四秒。

交终,二十七日二千一百二十二分二十四秒。

交中,十三日六千六十一分一十二秒。

交差,二日三千一百八十三分六十九秒。

交望,十四日七千六百五十二分九十六秒半。

交应,二十六万一百八十七分八十六秒。

交终,三百六十三度七十九分三十四秒。

交中,一百八十一度八十九分六十七秒。

正交,三百五十七度六十四分。

中交,一百八十八度五分。

日食阳历限,六度。   定法,六十。

阴历限,八度。　　　　　　定法,八十。

月食限,十三度五分。　　　　定法,八十七。

推天正经朔入交

置中积,加交应,减闰余,满交终分,去之,不尽,以日周约之为日,不满为分秒,即天正经朔入交泛日及分秒。上考者中,积内加所求闰余,减交应,满交终,去之,不尽,以减交终,余如上。

求次朔望入交

置天正经朔入交泛日及分秒,以交望累加之,满交终日,去之,即为次朔望入交泛日及分秒。

求定朔望及每日夜半入交

各置入交泛日及分秒,减去经朔望小余,即为定朔望夜半入交。若定日有增损者,亦如之。否则因经为定,大月加二日,小月加一日,余皆加七千八百七十七分七十六秒,即次朔夜半入交。累加一日,满交终日,去之,即每日夜半入交泛日及分秒。

求定朔望加时入交

置经朔望入交泛日及分秒,以定朔望加减差加减之,即定朔望加时入交日及分秒。

求交常交定度

置经朔望入交泛日及分秒,以月平行度乘之,为交常度。以盈缩差盈加缩减之,为交定度。

求日月食甚定分

日食:视定朔分在半日周已下,去减半周,为中前。已上,减去半周,为中后。与半周相减、相乘,退二位,如九十六而一,为时差。

中前以减,中后以加,皆加减定朔分,为食甚定分。以中前后分各加时差,为距午定分。

月食:视定望分在日周四分之一已下,为卯前。已上,覆减半周,为卯后。在四分之三已下,减去半周,为酉前。已上,覆减日周,为酉后。以卯酉前后分自乘,退二位,如四百七十八而一,为时差。子前以减,子后以加,皆加减定望分,为食甚定分。各依发敛求之,即食甚辰刻。

求日月食甚入盈缩历及日行定度

置经朔望入盈朔历日及分,以食甚日及定分加之,以经朔望日及分减之,即为食甚入盈缩历。依日躔术求盈缩差,盈加、缩减之,为食甚入盈缩历定度。

求南北差

视日食甚入盈缩历定度,在象限已下,为初限。已上用减半岁周,为末限。以初末限度自相乘,如一千八百七十而一,为度,不满,退除为分秒。用减四度四十六分,余为南北泛差。以距午定分乘之,以半昼分除之,所得,以减泛差,为定差。泛差不及减者,反减之,为定差,应加者减之,应减者加之。在盈初缩末者,交前阴历减,阳历加,交后阴历加,阳历减。在缩初盈末者,交前阴历加,阳历减,交后阴历减,阳历加。

求东西差

视日食甚入盈缩历定度,与半岁周相减相乘,如一千八百七十而一,为度,不满,退除为分秒,为东西泛差。以距午定分乘之,以日周四分之一除之,为定差。若在泛差已上者,倍泛差减之,余为定差,依其加减。在盈中前者,交前阴历减,阳历加。交后阴历加,阳历减。中后者,交前阴历加,阳历减。交后阴历减,阳历加。在缩中前者,交前阴历加,阳历减。交后阴历减,阳历加。中后者,交前阴历减,阳历加。交后阴历加,阳历减。

求日食正交中交限度

置正交、中交度,以南北东西差加减之,为正交、中交限度及分秒。

求日食入阴阳历去交前后度

视交定度,在中交限已下,以减中交限,为阳历交前度。已上,减去中交限,为阴历交后度。在正交限已下,以减正交限,为阴历交前度。已上,减去正交限,为阳历交后度。

求月食入阴阳历去交前后度

视交定度,在交中度已下,为阳历。已上,减法交中,为阴历。视入阴阳历,在后准十五度半已下,为交后度。前准一百六十六度三十九分六十八秒已上,覆减交中,余为交前度及分。

求日食分秒

视去交前后度,各减阴阳历食限,不及减者不食。余如定法而一,各为日食之分秒。

求月食秒

视去交前后度,不用南北东西差者。用减食限,不及减者不食。余如定法而一,为月食之分秒。

求日食定用及三限辰刻

置日食分秒,与二十分相减、相乘、平方开之,所得,以五千七百四十乘之,如入定限行度而一,为定用分。以减食甚定分,为初亏。加食甚定分,为复圆。依发敛求之,为日食三限辰刻。

求月食定用及三限五限辰刻

置月食分秒,与三十分相减、相乘,平方开之,所得,以五千七百四十乘之,如入定限行度而一,为定用分。以减食甚定分,为初亏。加食甚定分,为复圆。依发敛求之,即月食三限辰刻

月食既者,以既内分与一十分相减、相乘,平方开之,所得,以五千七百四十乘之,如入定限行度而一,为既内分。用减定用分,为既外分。以定用分减食甚定分,为初亏。加既外,为食既。又加既内,为食甚。再加既内,为生光。复加既外,为复圆。依发敛求之,即月食五限辰刻。

求月食入更点

置食甚所入日晨分,倍之,五约,为更法。又五约更法,为点法。乃置初末诸分,昏分已上,减去昏分,晨分已下,加晨分,在更法除之,为更数。不满,以点法收之,为点数。其更点数,命初更初点算外,各得所入更点。

求日食所起

食在阳历,初起西南,甚于正南,复于东南。食在阴历,初起西北,甚于正北,复于东北。食八分已上,初起正西,复于正东。此据午地而论之。

求月食所起

食在阳历,初起东北,甚于正北,复于西北。食在阴历,初起东南,甚于正南,复于西南。食八分已上,初起正东,复于正西。此亦据午地而论之。

求日月出入带食所见分数

视其日月出入分,在初亏已上,食甚已下者,为带食。各以食甚分与日出入分相减,余为带食差。以乘所食之分,满定用分而一,如

月食既者，以既内分减带食差，余进一位，如既外分而一，所得以减既分，即月带食出入所见之分。不及减者，为带食既出入。**以减所食分，即日月出入带食所见之分。**其食甚在昼，晨为渐进，昏为已退。其食甚在夜，晨为已退，昏为渐进。

求日月食甚宿次

置日月食甚入盈缩历定度，在盈，便为定积。在缩，加半岁周，为定积。望即更加半周天度。以天正冬至加时黄道日度，加而命之，各得日月食甚宿次及分秒。

步五星第七

历度

三百六十五度二十五分七十五秒。

历中

一百八十二度六十二分八十七秒半。

历策

一十五度二十一分九十秒六十二微半。

木星

周率，三百九十八万八千八百分。

周日，三百九十八日八十八分。

历率，四千三百三十一万二千九百六十四分八十六秒半。

度率，一十一万八千五百八十二分。

合应，一百一十七万九千七百二十六分。

历应，一千八百九十九万九千四百八十一分。

盈缩立差，二百三十六加。

平差，二万五千九百一十二减。

定差，一千八十九万七千。

伏见，一十三度。

段目	段日	平度	限度	初行率
合伏	一十六日八十六	三度八十六	二度九十五	二十三分
晨疾初	二十八日	六度一十一	四度六十四	二十二分
晨疾末	二十八日	五度五十一	四度一十九	二十一分
晨迟初	二十八日	四度三十一	三度二十五	一十八分
晨迟末	二十八日	一度九十一	一度四十五	一十二分
晨留	二十四日			
晨退	四十六日五十八	四度八十八一十二半	空三十二八十七半	
夕退	四十六日五十八	四度八十八一十二半	空三十二八十七半	一十六分
夕留	二十四日			
夕迟初	二十八日	一度九十一	一度四十五	
夕迟末	二十八日	四度三十一	三度二十五	一十二分
夕疾初	二十八日	五度五十一	四度一十九	一十八分
夕疾末	二十八日	六度一十一	四度六十四	二十一分
夕伏	一十六日八十六	三度八十六	三度九十五	二十二分

　　火星

周率,七百七十九万九千二百九十分。

周日,七百七十九日九十二分九十秒。

历率,六百八十六万九千五百八十分四十三秒。

度率,一万八千八百七分半。

合应,五十六万七千五百四十五分。

历应,五百四十七万二千九百三十八分。

盈初缩末立差,十千一百三十五减。

　　平差,八十三万一千一百八十九减。

　　定差,八千八百四十七万八千四百。

缩初盈末立差,八百五十一加。

　　平差,三万二百三十五负减。

　　定差,二千九百九十七万六千三百。

伏见,一十九度。

段目	段日	平度	限度	初行率
合伏	六十九日	五十度	四十六度五十	七十三分
晨疾初	五十九日	四十一度八十	三十八度八十七	七十二分
晨疾末	五十七日	三十九度〇八	三十六度三十四	七十分
晨次疾初	五十三日	三十四度一十六	三十一度七十七	六十七分
晨次疾末	四十七日	二十七度〇六	二十五度一十五	六十二分
晨迟初	三十九日	二十七度七十二	一十六度四十八	五十三分
晨迟末	二十九日	六度二十	五度七十七	三十八分
晨留	八日			

晨退	二十八日九十六四十五	八度 六十五／六十七半	六度 四十六／三十二半	
夕退	二十八日九十六四十五	八度 六十五／六十七半	六度 四十六／三十二半	四十四分
夕留	八日			
夕迟初	二十九日	六度二十	五度七十七	
夕迟末	三十九日	一十七度 七十／二	一十六度 四十／八	三十八分
夕次疾初	四十七日	二十七度〇四	二十五度 一十／五	五十三分
夕次疾末	五十三日	三十四度 一十／六	三十一度 七十／七	六十二分
夕疾初	五十七日	三十九度〇八	三十六度 三十／四	六十七分
夕疾末	五十九日	四十一度八十	三十八度 八十／七	七十分
夕伏	六十九日	五十度	四十六度五十	七十二分

土星

周率，三百七十八万九百一十六分。

周日，三百七十八日九分一十六秒。

历率，一亿七百四十七万八千八百四十五分一十六秒。

度率，二十九万四千二百五十五分。

合应，一十七万五千六百四十三分。

历应,五千二百二十四万五百六十一分。

盈立差,二百八十三加。

　　平差,四万一千二十二减。

　　定差,一千五百一十四万六千一百。

缩立差,三百三十一加。

　　平差,一万五千一百二十六减。

　　定差,一千一百一万七千五百。

伏见,一十八度。

段目	段日	平度	限度	初行率
合伏	二十日四十	二度四十	一度四十九	一十二分
晨疾	三十日	三度四十	二度一十一	一十一分
晨次疾	二十九日	二度七十五	一度七十一	一十分
晨迟	二十六日	一度五十	初八十三	八分
晨留	三十日			
晨退	五十二日六十四五十八	三度六十二五十四半	初二十八四十五半	
夕退	五十二日六十四五十八	三度六十二五十四半	初二十八四十五半	一十分
夕留	三十日			
夕迟	二十六日	一度五十	初八十三	
夕次疾	二十九日	二度七十五	一度七十一	八分
夕疾	三十日	三度四十	二度一十一	一十分
夕伏	二十日四十	二度四十	一度四十九	一十一分

金星

周率,五百八十三万九千二十六分。

周日,五百八十三日九十分二十六秒。

历率,三百六十五万二千五百七十五分。

度率,一万。

合应,五百七十一万六千三百三十分。

历应,一十一万九千六百三十九分。

盈缩立差,一百四十一加。

平差,三减。

定差,三百五十一万五千五百。

伏见,一十度半。

段目	段日	平度	限度	初行率
合伏	三十九日	四十九度五十	四十七度六十四	一度二十五分半
夕疾初	五十二日	六十五度五十	六十三度〇四	一度二十六分半
夕疾末	四十九日	六十一度	五十八度七十一	一度二十五分半
夕次疾初	四十二日	五十度三十五	四十八度三十六	一度二十三分半
夕次疾末	三十九日	四十二度五十	四十度九十	一度一十六分
夕迟初	三十三日	二十七度	二十五度九十九	一度二分
夕迟末	一十六日	四度三十五	四度〇九	六十二分

夕留	五日			
夕退	一十日 九十五 一十三	三度 六十九 八十七	一度 五十九 一十三	
夕退伏	六日	四度三十五	一度六十三	六十一分
合退伏	六日	四度三十五	一度六十二	八十二分
晨退	一十日 九十五 一十一	三度 六十九 八十七	一度 五十九 一十三	六十一分
晨留	五日			
晨迟初	一十六日	四度三十五	四度〇九	
晨迟末	三十三日	二十七度	二十五度 九十九	六十二分
晨次疾初	三十九日	四十二度 五十	四十度九十	一度一分
晨次疾末	四十二日	五十度 三十五	四十八度 三十六	一度 一十六分
晨疾初	四十九日	六十一度	五十八度 七十一	一度 二十三分半
晨疾末	五十二日	六十五度五十	六十三度〇四	一度 二十五分半
晨伏	三十九日	四十九度五十	四十七度 六十四	一度 二十六分半

水星

周率，一百一十五万八千七百六十分。

周日，一百一十五日八十七分六十秒。

历率，三百六十五万二千五百七十五分。

度率，一万。

合应，七十万四百三十七分。

历应，二百五万五千一百六十一分。

盈缩立差，一百四十一加。

　　　平差，二千一百六十五减。

　　　定差，三百八十七万七千。

晨伏夕见，一十六度半。

夕伏晨见，一十九度。

段目	段日	平度	限度	初行率
合伏	一十七日七十五	三十四度二十五	二十九度〇八	二度 一十五分 五十八
夕疾	一十五日	二十一度三十八	一十八度一十六	一度七十分三十四
夕迟	一十二日	一十度一十二	八度五十九	一度一十四分七十二
夕留	二日			
夕退伏	一十一日一十八八十	七度八十一二十	二度一十八十	
合退伏	一十一日一十八八十	七度八十一二十	二度一十八十	一度三分四十六
晨留	二日			

晨迟	一十二日	一十一度^{一十二}	八度五十九	一度
晨疾	一十五日	二十一度^{三十八}	一十八度一十六	一度^{一十四分七十二}
晨伏	一十七日七十五	三十四度二十五	二十九度〇八	一度^{七十分三十四}

推天正冬至后五星平合及诸段中积中星

置中积，加合应，以其星周率去之，不尽，为前合。复减周率，余为后合。以日周约之，得其星天正冬至后平合中积中星。命为日，日中积。命为度，曰中星。以段日累加中积，即诸段中积。以度累加中星，经退则减之，即为诸段中星。上考者，中积内减合应，满周率去之，不尽，便为所求后合分。

推五星平合及诸段入历

各置中积，加历应及所求后合分，满历率，去之，不尽，如度率而一为度，不满，退除为分秒，即其星平合入历度及分秒。以诸段限度累加之，即诸段入历。上考者，中积内减历应，满历率去之，不尽，反减历率，余加其年后合，余同上。

求盈朔差

置入历度及分秒，在历中已下，为盈。已上，减去历中，余为缩。视盈缩历，在九十一度三十一分四十三秒太已下，为初限。已上，用减历中，余为末限。

其火星，盈历在六十度八十七分六十二秒半已下，为初限。已上，用减历中，余为末限。缩历在一百二十一度七十五分二十五秒已下，为初限。已上，用减历中余为末限。

置各星立差，以初末限乘之，去加减平差，得数又以初末限乘之，去加减定差，再以初末限乘之，满亿为度，不满退除为分秒，即所求盈缩差。

又术：置盈缩历，以历策除之，为策数，不尽为策余。以其下损益率乘之，历策除之，所得，益加损减其下盈缩积，亦为所求盈缩差。

求平合诸段定积

各置其星其段中积，以其盈缩差盈加缩减之，即其段定积日及分秒。以天正冬至日分加之，满纪法去之，不满命甲子算外，即得日辰。

求平合及诸段所在月日

各置其段定积，以天正闰日及分加之，满朔策，除之为月数，不尽，为入月已来日数及分秒。其月数，命天正十一月算外，即其段入月经朔日数及分秒。以日辰相距，为所在定月日。

求合平及诸段加时定星

各置其段中星，以盈缩差盈加缩减之，金星倍之，水星三之。即诸段定星。以天正冬至加时黄道日度加而命之，即其星其段加时所在宿度及分秒。

求诸段初日晨前夜半定星

各以其段初行率，乘其段加时分，百约之，乃顺减退加其日加时定星，即其段初日晨前夜半定星。加命如前，即得所求。

求诸段日率度率

各以其段日辰距后段日辰为日率，以其段夜半宿次与后段夜半宿次相减，余为度率。

求诸段平行分

各置其段度率,以其段日率除之,即其段平行度及分秒。

求诸段增减差及日差

以本段前后平行分相减,为其段泛差。倍而退位,为增减差。以加减其段平行分,为初末日行分。前多后少者,加为初,减为末。前少后多者,减为初,加为末。倍增减差,为总差。以日率减之,除之,为日差。

求前后伏迟退段增减差

前伏者,置后段初日行分,加其日差之半,为末日行分。后伏者,置前段末日行分,加其日差之半,为初日行分。以减伏段平行分,余为增减差。

前迟者,置前段末日行分,倍其日差,减之,为初日行分。

后迟者,置后段初日行分,倍其日差,减之,为末日行分。以迟段平行分减之,余为增减差。前后近留之迟段。

木火土三星,退行者,六因平行分,退一位,为增减差。

金星,前后退伏者,三因平行分,半而退位,为增减差。

前退者,置后段初日行分,以其日差减之,为末日行分。

后退者,置前段末日行分,以其日差减之,为初日行分。乃以本段平行分减之,余为增减差。

水星,退行者,半平行分,为增减差。皆以增减差加减平行分,为初末日行分。前多后少者,加为初,减为末。前少后多者,减为初,加为末。又倍增减差,为总差。以日率减一,除之,为日差。

求每日晨前夜半星行宿次

各置其段初日行分,以日差累损益之,后少则损之,后多则益之,为每日行度及分秒。乃顺加退减,满宿次去之,即每日晨前夜半星行宿次。

求五星平合见伏入盈缩历

置其星其段定积日及分秒,若满岁周日及分秒,去之,余在次年天正冬至后。如在半岁周已下,为入盈历。满半岁周,去之,为入缩历。各在初限已下,为初限。已上,反减半岁周,余为末限。即得五星平合见伏入盈缩历日及分秒。

求五星平合见伏行差

各以其星其段初日星行分,与其段初日太阳行分相减,余为行差。若金、水二星退行在退合者,以其段初日星行分,并其段初日太阳行分,为行差。内水星夕伏晨见者,直以其段初日太阳行分为行差。

求五星定合见定伏泛积

木、火、土三星,以平合晨见夕伏定积日,便为定合伏见泛积日及分秒。

金、水二星,置其段盈缩差度及分秒,水星倍之。各以其段行差除之,为日,不满,退除为分秒。在平合夕见晨伏者,盈减、缩加。在退合夕伏晨见者,盈加、缩减。各以加减定积为定合伏见泛积日及分秒。

求五星定合定积定星

木、火、土三星,各以平合行差除其段初日太阳盈缩积,为距合差日。不满,退除为分秒,以太阳盈缩积减之,为距合差度。各置其星定合泛积,以距合差日盈减缩加之,为其星定合定积日及分秒。以距合差度盈减缩加之,为其星定合定星度及分秒。

金、水二星,顺合退合者,各以平合退合行差,除其日太阳盈缩积,为距合差日。不满,退除为分秒,顺加退减太阳盈缩积,为距合差度。顺合者,盈加缩减其星定合泛积,为其星定合积日及分秒。退合者,以距合差日盈加缩减、距合差度盈加缩减其星退定合泛积,为其星退定合定积日及分秒。命之,为退定合定星度及分秒。以天正冬至日及分秒,加其星定合积日及分秒,满旬周,去之,命甲子算外即得定合日辰及分秒。以天正冬至加时黄道日度及分秒,加其星定合定星度及分秒,满黄道宿次,去之,即得定合所躔黄道宿度及分秒。径求五星合伏定日:木、火、土三星,以夜半黄道日度,减其星夜半黄道宿次,余在其日太阳行分已下,为其日伏合。金、木二星,以其星夜半黄道宿次,减夜半黄道日度,余在其日金、水二星行分已下者,为其日伏合。金、水二星伏退合者,视其日太阳夜半黄道宿次,未行到金、水二星宿次,又视次日太阳行过金、水二星宿次,金、水二星退行过太阳宿次,为其日定合伏退定日。

求木火土三星定见伏定积日

各置其星定见定伏泛积日及分秒,晨加夕减九十一日三十一分六秒,如在半岁周已下,自相乘,已上,反减岁周,余亦自相乘,满七十五,除之为分,满百为度,不满,退除为秒;以其星见伏度乘之,一十五除之;所得,以其段行差除之,为日,不满,退除为分秒;见加伏减泛积,为其星定见伏定积日及分秒;加命如前,即得定见定伏日辰及分积。

求金水二星定见伏定积日

各以伏见日行差,除其段初日太阳盈缩积,为日,不满,退除为分秒;若夕见晨伏,盈加缩减;晨见夕伏,盈减缩加;以加减其星定见定伏泛积日及分秒,为常积。如在半岁周已下,为冬至后;已上,去之,余为夏至后。各在九十一日三十一分六秒已下,自相乘;已上,反减半岁周,亦自相乘。冬至后晨,夏至后夕,一十八而一,为分;冬至后夕,夏至后晨,七十五而一,为分;以其星见伏度乘之,一十五除之;所得,满行差,除之,为日,不满,退除为分秒,加减常积,为定积。在晨见夕伏者,冬至后加之,夏至后减之;夕见晨伏者,冬至后减之,夏至后加之;为其星定见定伏定积日及分秒;加命如前,即得定见定伏日晨及分秒。

新元史卷三八
志第五

历　五

授时历议上

验气

天道运行，如环无端，治历者必就阴消阳息之际，以为立法之始。阴阳消息之机，何从而见？惟候其日晷进退，则其机将无所遁。候之之法，不过植表测景，以究其气至之始。智作能述，前代诸人为法略备。苟能精思密索，心与理会；则前人述作之外，未必无所增益。

旧法择地平衍，设水准绳墨，植表其中，以度其中晷。然表短促，尺寸之下为分秒大、半、少之数，未易分别。表长，则分寸稍长，所不便者，景虚而淡，难得实景。前人欲就虚景之中改求真实，或设望筒，或置小表，或以木为规，皆取表端日光下彻圭面。今以铜为表，高三十六尺，端挟以二龙，举一横梁，下至圭面，共四十尺，是为八尺之表五。圭表刻为尺寸，旧寸一，今申而为五，厘毫差易分。别创为景符，以取实景。其制以铜叶，博二寸，长加博之二，中穿一窍，若针芥然，以方圆为跌，一端设为机轴，令可开阖，楷其一端，使其势斜倚，北高南下，往来迁就于虚景之中，窍达日光，仅如米许，隐然见横梁于其中。旧法以表端测晷，所得者日体上边之景，今以横梁取之，实得中景，不容有毫末之差。

地中八尺表景，冬至长一丈三尺有奇，夏至尺有五寸。今京师长表，冬至之景，七丈九尺八寸有奇，在八尺表则一丈五尺九寸六分；夏至之景，一丈一尺七寸有奇，在八尺表则二尺三寸四分。虽暑景长短所在不同，而其景长为冬至，景短为夏至，则一也。惟是气至时刻考求不易。盖至日气正，则一岁气节从而正矣。刘宋祖冲之尝取至前后二十三四日间暑景，折取其中，定为冬至，且以日差比课，推定时刻。宋皇祐间，周琮即取立冬、立春二日之景，以为去至既远，日差颇多，易为推考。《纪元》以后诸历，为法加详，大抵不出冲之之法。新历积日累月，实测中暑，自远日以及近日，取前后日率相埒者，参考同异，初非偏取一二日之景，以取数多者为定，实减《大明历》一十九刻二十分。仍以累岁实测中暑日差分寸，定拟二至时刻于后。

推至元十四年丁丑岁冬至

其年十一月十四日己亥，景长七丈九尺四寸八分五厘五毫。至二十一日丙午，景长七丈九尺五寸四分一厘。二十二日丁未，景长七丈九尺四寸五分五厘。以己亥、丁未二日之景相校，余三分五厘为暑差，进二位；以丙午、丁未二日之景相校，余八分六厘为法；除之，得三十五刻，用减相距日八百刻，余七百六十五刻；折取其中，加半日刻，共为四百三十二刻半；百约为日，得四日；余以十二乘之，百约为时，得三时，满五十又作一时，共得四时；余以十二收之，得三刻；命初起距日己亥算外，得癸卯日辰初三刻为丁丑岁冬至。此取至前后四日景。

十一月初九日甲午，景七丈八尺六寸三分五厘五毫。至二十六日辛亥，景七丈八尺七寸九分三厘五毫。二十七日壬子，景七丈八尺五寸五分。以甲午、壬子景相减，复以辛亥、壬子景相减，准前法求之，亦得癸卯日辰初三刻。至二十八日癸丑，景七丈八尺三寸四厘五毫，用壬子、癸丑二日之景与甲午景，准前法求之，亦合。此取至前后八九日景。

十一月丙戌朔，景七丈五尺九寸八分六厘五毫。二日丁亥，景七丈六尺三寸七分七厘。至十二月初六日庚申，景七丈五尺八寸五分一厘。准前法求之，亦在辰初三刻。此取至前后一十七日景。

十一月二十一日丙午，景七丈九寸七分一厘。至十二月十六日庚午，景七丈七寸六分。十七日辛未，景七丈一寸五分六厘五毫。准前法求之，亦得辰初三刻。此取至前后二十七日景。

六月初五日癸亥，景一丈三尺八分。距十五年五月癸未朔，景一丈三尺三分八厘五毫。初二日甲申，景一丈二尺九寸二分五毫。准前法求之，亦合。此取至前后一百六十日景。

推十五年戊寅岁夏至

五月十九日辛丑，景一丈一尺七寸七分七厘五毫。距二十八日庚戌景，一丈一尺七寸八分。二十九日辛亥景，一丈一尺八寸五厘五毫。用辛丑、庚戌二日之景相减，余二厘五毫，进二位为实。复用庚戌、辛亥景相减，余二分五厘五毫为法。除之，得九刻，用减相距日九百刻，余八百九十一刻。半之，加半日刻，百约，得四日。余以十二乘之，百约，得十一时，余以十二收为刻，得三刻。命初起距日辛丑算外，得乙巳日亥正三刻夏至。此取至前后四日景。

十四年十二月十五日己巳，景七丈一尺三寸四分三厘。距十五年十一月初二日辛巳，景七丈七寸五分九厘五毫。初三日壬午，景七丈一尺四寸六厘。用己巳、壬午景相减，以辛巳、壬午景相减，除之，亦合。此用至前后一百五十六日景。

十四年十二月十二日丙寅，景七丈二尺九寸七分二厘五毫。十三日丁卯，景七丈二尺四寸五分四厘五毫。十四日戊辰，景七丈一尺九寸九厘。距十五年十一月初四日癸未，景七丈一尺九寸五分七厘五毫。初五日甲申，景七丈二尺五寸五厘。初六日乙酉，景七丈三尺三分三厘五毫。前后互取，所得时刻皆合。此取至前后一百五十八九日景。

十四年十二月初七日辛酉，景七丈五尺四寸一分七厘。初八日壬戌,景七丈四尺九寸五分九厘五毫。初九日癸亥,景七丈四尺四寸八分六厘。距十五年十一月初九日戊子,景七丈四尺五寸二分五毫。初十日己丑,景七丈五尺三厘五毫。十一日庚寅,景七丈五尺四寸四分九厘五毫。以壬戌、己丑景相减为实,以辛酉、壬戌景相减为法,除之。或以壬戌、癸亥景相减,或以戊子、己丑景相减,若己丑、庚寅景相减,推前法求之,皆合。此取至前后一百六十三四日景。

推十五年戊寅岁冬至

其年十一月十九日戊戌,景七丈八尺三寸一分八厘五毫。距闰十一月初九日戊午,景七丈八尺二寸六分三厘五毫。初十日己未,景七丈八尺八分二厘五毫,用戊戌、戊午二日景相减,余四分五厘为暑差,进二位,以戊午、己未景相减,余二寸八分一厘为法,除之,得一十六刻,加相距日二千刻,半之,加半日刻,百约,得十日;余以十二乘之,百约为时,满五十又进一时,共得七时;余以十二收为刻,命初起距日己亥算外,得戊申日未初三刻为戊寅岁冬至。此取至前后十日景。

十一月十二日辛卯,景七丈五尺八寸八分一厘五毫。十三日壬辰,景七丈六尺三寸一厘五毫。闰十一月十五日甲子,景七丈六尺三寸六分六厘五毫。十六日乙丑,景七丈五尺九寸五分三厘。十七日丙寅,景七丈五尺五寸四厘五毫。用壬辰、甲子景相减为实,以辛卯、壬辰景相减为法,除之,亦得戊申日未初三刻。或用甲子、乙丑景相减,推之,亦合。若用辛卯、乙丑景相减为实,用乙丑、丙寅景相减,除之,并同。此取至前后十六七日景。

十一月初八日丁亥,景七丈四尺三分七厘五毫。闰十一月二十日己巳,景七丈四尺一寸二分。二十一日庚午,景七丈三尺六寸一分四厘五毫。用丁亥、己巳景相减为实,以己巳、庚午景相减,除之,亦同。此取至前后二十一日景。

六月二十六日戊寅,景一丈四尺四寸五分二厘五毫。二十七日己卯,景一丈四尺六寸三分八厘。至十六年四月初二日戊寅,景一丈四尺四寸八分一厘。以二戊寅景相减,用后戊寅、己卯景相减,推之,亦同。此取至前后一百五十日景。

五月二十八日庚戌,景一丈一尺七寸八分。至十六年四月二十九日乙巳,景一丈一尺八寸六分三厘。三十日丙午,景一丈一尺七寸八分三厘。用庚戌、丙午景相减,以乙巳、丙午景相减,推之,亦同。此取至前后一百七十八日景。

推十六年己卯岁夏至

四月十九日乙未,景一丈二尺三寸六分九厘五毫。二十日丙申,景一丈二尺二寸九分三厘五毫。至五月十九乙丑,景一丈二尺二寸六分四厘。以丙申、乙丑景相减,余二分九厘五毫为晷差,进二位;以乙未、丙申景相减,得七分六厘为法;除之,得三十八刻;加相距日二千九百刻,半之,加半日刻,百约,得十五日;余以十二乘之,百约,得二时;余以十二收之,得二刻;命初起距日丙申算外,得辛亥日寅正二刻为夏至。此取至前后十五日景。

三月二十一日戊辰,景一丈六尺三寸九分五毫。六月十六日壬辰,景一丈六尺九分九厘五毫。十七日癸巳,景一丈六尺三寸一分一厘。用戊辰、癸巳景相减,以壬辰、癸巳景相减,准前法推之,亦合。此取至前后四十二日景。

三月初二日己酉,景二丈一尺三寸五厘。至七月初七日壬子,景二丈一尺一寸九分五厘五毫。初八日癸丑,景二丈一尺四寸八分六厘五毫。用己酉、壬子景相减,以壬子、癸丑景相减,如前法推之,亦合。此取至前后六十一二日景。

三月戊申朔,景二丈一尺六寸一分一厘。至七月初八日癸丑,景二丈一尺四寸八分六厘五毫。初九日甲寅,景二丈一尺九寸一分五厘五毫。用戊申、癸丑景相减,以癸丑、甲寅景相减,准前法推之,亦同。此取至前后六十二三日景。

二月十八日乙未,景二丈六尺三分四厘五毫。至七月二十一日

丙寅,景二丈五尺八寸九分九厘。二十二日丁卯,景二丈六尺二寸
五分九厘。用乙未、丙寅景相减,以丙寅、丁卯景相减,如前法推之,
亦同。此取至前后七十五六日景。

二月三日庚辰,景三丈二尺一寸九分五厘五毫。至八月初五日
庚辰,景三丈一尺五寸九分六厘五毫。初六日辛巳,景三丈二尺二
分六厘五毫。用前庚辰与辛巳景相减,以后庚辰、辛巳景相减,如前
推之,亦同。此取至前后九十日景。

正月十九日丁卯,景三丈八尺五寸一厘五毫。至八月十八日癸
巳,景三丈七尺八寸二分三厘。十九日甲午,景三丈八尺三寸一分
五毫。用丁卯、甲午景相减,以癸巳、甲午景相校,如前推之,亦同。
此取至前后一百三四日景。

推十六年己卯岁冬至

十月二十四日戊戌,景七丈六尺七寸四分。至十一月二十五日
己巳,景七丈六尺五寸八分。二十六日庚午,景七丈六尺一寸四分
二厘五毫。用戊戌、己巳景相减,余一寸六分为晷差,进二位;以己
巳、庚午景相减,余四寸三分七厘五毫为法;除之,得三十六刻;以
相减距日三千一百刻,余三千六十四刻;半之,加五十刻,百约,得
一十五日;余以十二乘之,百约,为时满五十,又进一时,共得十时;
余以十二收之为刻,得二刻;命初起距日戊戌算外,得癸丑日戌初
二刻冬至。此取至前后十五六日景。

十月十八日壬辰,景七丈四尺五分二厘五毫。十九日癸巳,景
七丈四尺五寸四分五厘。二十日甲午,景七丈五尺二分五厘。至十
一月二十八日壬申,景七丈五尺三寸二分。二十九日癸酉,景七丈
四尺八寸五分二厘五毫。十二月甲戌朔,景七丈四尺三寸六分五
厘。初二日乙亥,景七丈三尺八寸七分一厘五毫。用甲午、癸酉景
相减,癸巳、甲午景相减,如前推之,亦同。若以壬申、癸酉景相减为
法,推之亦同。此取至前后十八九日景。

若用癸巳与甲戌景相减,以壬辰、癸巳景相减,推之;或癸巳、

甲午景相减,推之;或用甲戌、癸酉景相减,推之;或甲戌、乙亥景相减,推之;或以壬辰、乙亥景相减,用壬辰、癸巳景相减,推之,并同。此取至前后二十日景。

十月十六日庚寅,景七丈三尺一分五厘。十二月初三日丙子,景七丈三尺三寸二分。初四日丁丑,景七丈二尺八寸四分二厘五毫。用庚寅、丁丑景相减,以丙子、丁丑景相减,推之,亦同。此取至前后二十三日景。

十月十四日戊子,景七丈一尺九寸二分二厘五毫。十五日己丑,景七丈二尺四寸六分九厘。十二月初五日戊寅,景七丈二尺二寸七分二厘五毫。用己丑、戊寅景相减,以戊子、己丑景相减,推之,或用己丑、庚寅相减,推之,亦同。此取至前后二十四日景。

十月初七日辛巳,景六丈七尺七寸四分五厘。初八日壬午,景六丈八尺三寸七分二厘五毫。初九日癸未,景六丈八尺九寸七分七厘五毫。十二月十二日乙酉,景六丈八尺一寸四分五厘。用壬午、乙酉景相减,以辛巳、壬午相减,推之,壬午、癸未景相减,推之,亦同。此取至前后三十一二日景。

十月乙亥朔,景六丈三尺八寸七分。十二月十八日辛卯,景六丈四尺二寸九分七厘五毫。十九日壬辰,景六丈三尺六寸二分五厘,用乙亥、壬辰景相减,以辛卯、壬辰景相减,推之,亦同。此取至前后三十八日景。

九月二十二日丙寅,景五丈七尺八寸二分五厘。十二月二十八日辛丑,景五丈七尺五寸八分。二十九日壬寅,景五丈六尺九寸一分五厘。用丙寅、辛丑景相减,以辛丑、壬寅景相减,推之,亦同。此取至前后四十七八日景。

九月二十日甲子,景五丈六尺四寸九分二厘五毫。至十二月二十九日壬寅,景五丈六尺九寸一分五厘。至十七年正月癸卯朔,景五丈六尺二寸五分。用甲子、癸卯相减,壬寅、癸卯景相减,推之,亦同。此取至前后五十日景。

右以累年推测到冬夏二至时刻为准,定拟至元十八年辛巳岁前冬至，当在已未日夜半后六刻，即丑初一刻。

岁余岁差

周天之度，周岁之日，皆三百六十有五。全策之外，又有奇分，大率皆四分之一。自今岁冬至距来岁冬至，历三百六十五日，而日行一周，凡四周，历千四百六十，则余一日，折而四之，则四分之一也。然天之分常有余，岁之分常不足，其数有不能齐者，惟其所差至微，前人初末觉知。迨汉末刘洪，始觉冬至后天，谓岁周余分太强，乃作《乾象历》，减岁余分二千五百为二千四百六十二。至晋虞喜，宋何承天、祖冲之，谓岁当有差，因立岁差之法。其法损岁余，益天周，使岁余浸弱，天周浸强，强弱相减，因得日躔岁退之差。岁余、天周，二者实相为用，岁差由斯而立，日躔由斯而得，一或损益失当，讵能与天叶哉？

今自刘宋大明壬寅以来，凡测景验气得冬至时刻真数者有六，取相距积日时刻，以相距之年除之，各得其时所用岁余。复自大明壬寅距至元戊寅积日时刻，以相距之年除之，得每岁三百六十五日二十四分二十五秒，比《大明历》减去一十一秒，定为方今所用岁余。余七十五秒，用益所谓四分之一，共为三百六十五度二十五分七十五秒，定为天周。余分强弱相减，余一分五十秒，用除全度，得六十六年有奇，日却一度，以六十六年除全度，适得一分五十秒，定为岁差。

复以《尧典》中星考之，其时冬至日在女、虚之交。及考之前史，汉元和二年，冬至日在斗二十一度；晋太元九年，退在斗十七度；宋元嘉十年，在斗十四度末；梁大同十年，在斗十二度；隋开皇十八年，犹在斗十二度；唐开元十二年，在斗九度半；今退在箕十度。取其距今之年、距今之度较之，多者七十余年，少者不下五十年，辄差一度。宋庆元间，改《统天历》，取《大衍》岁差率八十二年及开元所距之差五十五年，折取其中，得六十七年，为日却行一度之差。施之今日，质诸天道，实为密近。

　　然古今历法，合于今，必不能通于古；密于古，必不能验于今。今《授时历》，以之考古，则增岁余，而损岁差；以之推来，则增岁差，而损岁余；上推春秋以来冬至，往往皆合；下求方来，可以永久而无弊；非止密于今日而已。仍以《大衍》等六历，考验春秋以来冬至疏密，凡四十九事，具列如后：

　　冬至刻

　　　　《大衍》《宣明》《纪元》《统天》《大明》《授时》

　　献公十五年戊寅岁，正月甲寅朔旦冬至：

　　　　丙辰二十二乙卯八十八丁巳三十三乙卯二丁巳三十五甲寅九十九

　　僖公五年丙寅岁，正月辛亥朔旦冬至：

　　　　辛亥九十四辛亥六十六壬子七十四辛亥二十七壬子八十九辛亥十四

　　昭公二十年己卯岁，正月己丑朔旦冬至：

　　　　己丑四十五己丑二十庚寅二十五戊子九十二庚寅二十九戊子八十三

　　宋元嘉十二年乙亥岁，十一月十五日戊辰景长：

　　　　戊辰三十五戊辰三十二戊辰三十九戊辰五十一戊辰四十一戊辰四十七

　　元嘉十三年丙子岁，十一月二十六日甲戌景长：

　　　　癸酉五十九癸酉五十七癸酉六十三癸酉七十五癸酉六十五癸酉七十一

　　元嘉十五年戊寅岁，十一月十八日甲申景长：

　　　　甲申八甲申六甲申十二甲申二十四甲申十四甲申十九

　　元嘉十六年己卯岁，十月二十九日己丑景长：

　　　　己丑三十三己丑三十己丑三十七己丑四十八己丑三十七己丑四十四

　　元嘉十七年庚辰岁，十一月初十日甲午景长：

　　　　甲午五十七甲午五十五甲午六十一甲午七十二甲午六十三甲

午六十八

元嘉十八年辛巳岁,十一月二十一日己亥景长:

己亥八十二己亥七十九己亥八十五己亥九十七己亥八十七己亥九十三

元嘉十九年壬午岁,十一月初三日乙巳景长:

乙巳六乙巳四乙巳十乙巳二十一乙巳一十一乙巳一十七

大明五年辛丑岁,十一月乙酉冬至:

甲申七十甲申六十八甲申七十二甲申八十九甲申七十四甲申七十九

陈天嘉六年乙酉岁,十一月庚寅景长:

庚寅十二庚寅十三庚寅五庚寅二十四庚寅八庚寅十七

光大二年戊子岁,十一月乙巳景长:

乙巳八十乙巳八十六乙巳七十九乙巳九十七乙巳八十一乙巳九十

太建四年壬辰岁,十一月二十九日丁卯景长:

丙寅八十三丙寅七十八丙寅七十七丙寅九十五丙寅九十八丙寅八十七

太建六年甲午岁,十一月二十日丁丑景长:

丁丑三十二丁丑三十三丁丑二十五丁丑四十三丁丑二十七丁丑三十六

太建九年丁酉岁,十一月二十三日壬辰景长:

癸巳四癸巳六壬辰九十九癸巳十六癸巳空癸巳八

太建十年戊戌岁,十一月五日戊戌景长:

戊戌三十戊戌三十戊戌二十三戊戌四十戊戌二十四戊戌三十三

隋开皇四年甲辰岁,十一月十一日己巳景长:

己巳七十七己巳七十八己巳六十九己巳八十六己巳七十一己巳八十六

开皇五年乙巳岁,十一月二十二日乙亥景长:

乙亥一乙亥二甲戌九十二乙亥十一甲戌五十五乙亥一十

开皇六年丙午岁,十一月三日庚辰景长:

　　庚辰二十五庚辰二十六庚辰十八庚辰三十四庚辰十九庚辰
　　三十四

开皇七年丁未岁,十一月十四日乙酉景长:

　　乙酉五十乙酉五十乙酉四十二乙酉五十九乙酉四十四乙酉
　　五十九

开皇十一年辛亥岁,十一月二十八日丙午景长:

　　丙午四十八丙午四十九丙午四十三丙午五十七丙午四十一丙
　　午五十六

开皇十四年甲寅岁,十一月辛酉朔旦冬至:

　　壬戌二十一壬戌二十二壬戌十二壬戌二十壬戌十四壬戌二
　　十九

唐贞观十八年甲辰岁,十一月乙酉景长:

　　甲申四十三甲申四十五甲申三十一甲申五十甲申三十二甲
　　申四十四

贞观二十三年己酉岁,十一月辛亥景长:

　　庚戌六十五庚戌六十八庚戌五十二庚戌七十二庚戌五十四庚
　　戌六十六

龙朔二年壬戌岁,十一月四日己未至戊午景长:

　　戊午八十三戊午八十六戊午六十九戊午八十五戊午七十一戊
　　午八十二

仪凤元年丙子岁,十一月壬申景长:

　　壬申二十五壬申二十八壬申二十壬申二十八壬申二十壬申
　　二十二

永淳元年壬午岁,十一月癸卯景长:

　　癸卯七十二癸卯七十五癸卯五十七癸卯七十六癸卯五十八癸
　　卯六十八

开元十年壬戌岁,十一月癸酉景长:

癸酉四十九癸酉五十四癸酉三十一癸酉五十癸酉三十二癸
酉四十六

开元十一年癸亥岁,十一月戊寅景长:

戊寅七十四戊寅七十八戊寅五十五戊寅七十四戊寅五十六戊
寅七十

开元十二年甲子岁,十一月癸未冬至:

癸未九十八甲申三癸未八十癸未九十九癸未八十一癸未九
十五

宋景德四年丁未岁,十一月戊辰日南至:

戊辰十五戊辰二十六丁卯七十四丁卯八十二丁卯七十四丁
卯八十

皇祐二年庚寅岁,十一月三十日癸丑景长:

癸丑六十五癸丑七十九癸丑二十二癸丑二十五癸丑二十二癸
丑二十三

元丰六年癸亥岁,十一月丙午景长:

丙午七十三丙午八十五丙午二十六丙午二十七丙午二十六丙
午二十六

元丰七年甲子岁,十一月辛亥景长:

辛亥九十七壬子一十辛亥五十辛亥五十一辛亥五十辛亥五
十一

元祐三年戊辰岁,十一月壬申景长:

壬申九十四癸酉八壬申四十八壬申四十八壬申四十八壬申
四十八

元祐四年己巳岁,十一月丁丑景长:

戊寅十九戊寅三十二丁丑七十二丁丑七十二丁丑七十二丁
丑七十二

元祐五年庚午岁,十一月壬午冬至:

癸未四十四癸未五十六壬午九十六壬午九十七壬午九十六壬
午九十六

元祐七年壬申岁,十一月癸巳冬至:

　　癸巳九十二甲午五癸巳四十五癸巳四十五癸巳四十五癸巳
四十五

元符元年戊寅岁,十一月甲子冬至:

　　乙丑三十九乙丑五十二甲子九十一甲子九十一甲子九十一甲
子九十一

崇宁三年甲申岁,十一月丙申冬至:

　　丙申八十六丙申九十九丙申三十七丙申三十六丙申三十七丙
申三十七

绍熙二年辛亥岁,十一月壬申冬至:

　　癸酉十二癸酉二十七壬申五十七壬申四十七壬申五十七壬
申四十六

庆元三年丁巳岁,十一月癸卯日南至:

　　甲辰五十九甲辰七十四甲辰三癸卯九十二甲辰三癸卯九十
二

嘉泰三年癸亥岁,十一月甲戌日南至:

　　丙子五丙子二十一乙亥四十九乙亥三十七乙亥四十九乙亥
三十七

嘉定五年壬申岁,十一月壬戌日南至:

　　癸亥二十五癸亥四十一壬戌六十九壬戌五十六壬戌六十八壬
戌五十六

绍定三年庚寅岁,十一月丙申日南至:

　　丁酉六十五丁酉八十三丁酉七丙申六十三丁酉七丙申九十
丁

淳祐十年庚戌岁,十一月辛巳日南至:

　　壬午九十四壬午七十一辛巳九十六辛巳九十六辛巳九十四辛
巳七十八

本朝至元十七年庚辰岁,十一月己未夜半后六刻冬至:

　　己未八十庚申五己未二十五己未四己未二十四己未六

　　右自春秋献公以来，凡二千一百六十余年，用《大衍》、《宣明》、《纪元》、《统天》、《大明》、《授时》六历推算冬至，凡四十九事。《大衍历》合者三十二，不合者十七；《宣明历》合者二十六，不合者二十三；《纪元历》合者三十五，不合者十四；《统天历》合者三十八，不合者十一；《大明历》合者三十四，不合者十五；《授时历》合者三十九，不合者十事。

　　今按献公十五年戊寅岁正月甲寅朔旦冬至，《授时历》得甲寅，《统天历》得乙卯，后天一日；至僖公五年丙寅岁正月辛亥朔旦冬至，《授时》、《统天》皆得辛亥，与天合；下至昭公二十年己卯岁正月己丑朔旦冬至，《授时》、《统天》皆得戊子，并先一日，若曲变其法以从之，则献、僖皆不合矣。可知《春秋》所书昭公冬至，乃日度失行之验。一也。《大衍历》考古冬至，谓刘宋元嘉十三年丙子岁十一月甲戌日南至，《大衍》与《皇极》、《麟德》三历皆得癸酉，各先一日，乃日度失行，非三历之差。今以《授时历》考之，亦得癸酉。二也。大明五年辛丑岁十一月乙酉冬至，诸历皆得甲申，殆亦日度之差。三也。陈太建四年壬辰岁十一月丁卯景长，《大衍》、《授时》皆得丙寅，是先一日；太建九年丁酉岁十一月壬辰景长，《大衍》、《授时》皆得癸巳，是后一日；一失之先，一失之后，若合于壬辰，则差于丁酉，合于丁酉，则差于壬辰，亦日度失行之验。五也。隋开皇十一年辛亥岁十一月丙午景长，《大衍》、《统天》、《授时》皆得丙午，与天合；至开皇十四年甲寅岁十一月辛酉冬至，而《大衍》、《统天》、《授时》皆得壬戌，若合于辛亥，则失于甲寅，合于甲寅，则失于辛亥，其开皇十四年甲寅岁冬至，亦日度失行。六也。唐贞观十八年甲辰岁十一月乙酉景长，诸历得甲申，贞观二十三年己酉岁十一月辛亥景长，诸历皆得庚戌，《大衍历议》以永淳、开元冬至推之，知前二冬至乃史官依时历以书，非候景所得，所以不合，今以《授时历》考之亦然。八也。自前宋以来，测景验气者凡十七事，其景德丁未岁戊辰日南至，《统天》、《授时》皆得丁卯，是先一日；嘉泰癸亥岁甲戌日南至，《统天》、《授时》，皆得乙亥，是后一日；一失之先，一失之后，若曲变其数以从景德,则其余十六事多后天,从嘉泰,则其余十六事多先天,亦日度失行之验。十也。

前十事皆《授时历》所不合,以此理推之,非不合矣,盖类其同则知其中,辨其异则知其变。今于冬至略其日度失行及史官依时历书之者凡十事,则《授时历》三十九事皆中,《统天历》与今历不合者仅有献公一事,《大衍历》推献公冬至后天二日,《大明》后天三日,《授时历》与天合。下推至元庚辰冬至,《大衍》后天八十一刻,《大明》后天十九刻,《统天历》先天一刻,《授时历》与天合。以前代诸历校之,《授时》为密,庶几千岁之日至,可坐而致云。按《授时历议》信僧一行日度失行之说,最为后人所非。其列十验,宋景德丁未岁戊辰、嘉泰癸亥岁甲戌二至,皆史误。唐贞观甲辰岁乙酉、己酉岁辛亥二至,非术误,即史误。隋开皇甲寅岁辛酉日冬至、陈丁酉岁壬辰日冬至,皆术误。宋大明辛丑岁乙酉日冬至,祖冲之详记测景,推冬至乙酉日夜半后三十三刻七分,当时推算稍为后天。而《大衍》以下至《授时》则皆为先天。宋元嘉丙子岁甲戌日冬至,推是年平冬至一十日十五小时三十三分五十六秒,甲戌日申初二刻四分,加均减时,不能过十五时,是亦定冬至亦在甲戌日,《授时》推前一日,癸酉,与《大衍》以下同,不能与天密合。鲁昭公己卯岁己丑日冬至,是年上距僖公五年丙寅一百三十三年,平冬至二十八日十五小时一十一分二十六秒,壬辰日申初刻十一分,约计加均及小轮,不过辛卯日、卯辰之间,不能减至己丑,以是知《春秋》时步天率先天二三日。《授时》则又先己丑日,失之远矣。僖公丙寅岁辛亥日,按至元辛巳前四年丁丑高冲与冬至同度,上距僖公五年丙戌一千九百三十一年,约四百行七度,则此至高冲在冬至前一宫三度四十八分,于今法当加均一度八分,变时一日三小时三十六分,减平冬至犹是甲寅日卯时,再约计是时小输,并径加大其加均,或能至一度二三十分之间,变时一日十余小时以减平冬至,则定冬至亦止癸丑日、亥子之间,不能减至辛亥。则是时所推冬至先天两三日矣。献公戊寅岁甲寅日冬至,乃刘歆以四分术逆推,非有实测,不足为据。郭守敬于十事中,以八事为日行失度,其说诚失之诬。或者出于李谦等之增益,未可知也。

古今历参校疏密

《授时历》与古历相校,疏密自见,盖上能合于数百载之前,则下可行之永久,此前人定说。古称善治历者,若宋何承天,隋刘焯,唐傅仁均、僧一行之流,最为杰出。今以其历与至元庚辰冬至气应相校,未有不舛戾者,而以新历上推往古,无不吻合,则其疏密从可知已。

宋文帝元嘉十九年壬午岁十一月乙巳日十一刻冬至,距本朝至元十七年庚辰岁,计八百三十八年。其年十一月,气应己未六刻冬至,《元嘉历》推之,得辛酉,后《授时》二日,《授时》上考元嘉壬午岁冬至,得乙巳,与元嘉合。

隋大业三年丁卯岁十一月庚午日五十二刻冬至,距至元十七年庚辰岁,计六百七十三年。《皇极历》推之,得庚申冬至,后《授时》一日;《授时》上考大业丁卯岁冬至,得庚午,与《皇极》合。

唐武德元年戊寅岁十一月戊辰日六十四刻冬至,距至元十七年庚辰岁,计六百六十二年。《戊寅历》推之,得庚申冬至,后《授时》一日,《授时历》上考武德戊寅岁,得戊辰冬至,与《戊寅历》合。

开元十五年丁卯岁十一月己亥日七十二刻冬至,距至元十七年庚辰岁,计五百五十三年。《大衍历》推之,得己未冬至,后《授时》八十一刻;《授时历》上考开元丁卯岁,得己亥冬至,与《大衍历》合,先四刻。

长庆元年辛丑岁十一月壬子日七十六刻冬至,距至元十七年庚辰岁,计四百五十九年。《宣明历》推之,得庚申冬至,后《授时》一日,《授时历》上考长庆辛丑岁,得壬子冬至,与《宣明历》合。

宋太平兴国五年庚辰岁十一月丙午日六十三刻冬至,距至元十七年庚辰岁,计三百年。《乾元历》推之,得庚申冬至,后《授时》一日;《授时历》上考太平兴国庚辰岁,得丙午冬至,与《乾元》合。

咸平三年庚子岁十一月辛卯日五十三刻冬至,距至元十七年庚辰岁,计二百八十年。《仪天历》推之,得庚申冬至,后《授时》一日,《授时历》上考咸平庚子岁,得辛卯冬至,与《仪天》合。

崇宁四年乙酉岁十一月辛丑日六十一刻冬至,距至元十七年庚辰岁,计一百七十五年。《纪元历》推之,得己未日冬至,后《授时》十九刻；《授时历》上考崇宁乙酉岁，得辛丑日冬至，与《纪元历》合，先二刻。

金大定十九年己亥岁十一月己巳日六十四刻冬至，距至元十七年庚辰岁，计一百一年。《大明历》推之，得己未冬至，后《授时》一十九刻；《授时历》上考大定己亥岁，得己巳冬至，与《大明历》合，先九刻。《大明》冬至，盖测验未密故也。

庆元四年戊午岁十一月己酉日一十七刻冬至，距至元十七年庚辰岁，计八十二年。《统天历》推之，得己未冬至，先《授时》一刻；《授时历》上考庆元戊午岁，得己酉日冬至，与《统天历》合。

周天列宿度

列宿著于天，为舍二十有八，为度三百六十五有奇。非日躔无以校其度，非列舍无以纪其度，周天之度，因二者以得之。天体浑圆，当二极南北之中，络以赤道，日月五星之行，常出入于此。天左旋，日月五星溯而右转，昔人历象日月星辰，谓此也。然列舍相距度数，历代所测不同，非微有动移，则前人所测或有未密。古用窥管，今新制浑仪，测用二线，所测度数分秒与前代不同者，今列于左：

汉洛下闳所测	唐一行所测	宋皇祐所测	元丰所测	崇宁所测	至元所测
角十二度					十二度十一分
亢九度				九度少	九度二十分
氐十五度		十六度			十六度三十分
房五度			六度	五度太	五度六十分

心五度		六度	六度少	六度五十分
尾十八度		十九度	十九度少	十九度一十分
箕十一度		十度	十一度	十度半	十度四十分
东方七十五度		七十七度	七十九度	七十八度	七十九度二十分
斗二十六度及分	二十六度	二十五度		二十五度二十分
牛八度		七度	七度少	七度二十分
女十二度		十一度	十一度少	十一度三十五分
虚十度	十度少强		九度少强	八度九十五分
危十七度		十六度	十五度半	十五度四十分
室十六度	十六度	十七度		十七度一十分
壁九度			八度太	八度六十分
北方九十八度及分	九十八度二十五分	九十五度二十五分	九十四度二十五分	九十四度七十五分	九十三度八十分太
奎十六度			十六度半	十六度六十分
娄十二度				十一度八十分

胃十四度		十五度			十五度六十分
昴十一度				十一度少	十一度三十分
毕十六度	十七度	十八度	十七度	十七度少	十七度四十分
觜二度	一度			半度	五分
参九度	十度			十度半	十一度一十分
西方八十度	八十一度	八十三度	八十二度	八十三度	八十三度八十五分
井三十三度				三十三度少	三十三度三十分
鬼四度	三度	二度		二度半	二度二十分
柳十五度		十四度		十三度太	十三度三十分
星七度				六度太	六度三十分
张十八度			十七度	十七度少	十七度二十五分
翼十八度			十九度	十八度太	十八度七十五分
轸十七度					十七度三十分
西方一百一十二度	一百一十一度	一百一十度	一百一十度	一百九度二十五分	一百八度四十分

日躔

日之丽天，县象最著，大明一生，列宿俱熄。古人欲测躔度所在，必以昏旦夜半中星衡考其所距，从考其所当。然昏旦夜半时刻未易得真，时刻一差，则所距、所当，不容无舛。晋姜岌首以月食冲检，知日度所在。《纪元历》复以太白志其相距远近，于昏后明前验定星度，因得日躔。今用至元丁丑四月癸酉望月食既，推求得冬至日躔赤道箕宿十度，黄道九度有奇。仍自其年正月至己卯岁终，三年之间，日测太阴所离宿次及岁星、太白星距度，定验参考，共得一百三十四事，皆躔箕宿，适与月食所冲允合。以金赵知微所修《大明历法》推之，冬至犹躔斗初度三十六分六十四秒，比新测实差七十六分六十四秒。

日行盈朔

日月之行，有冬有夏，言日月行度，冬夏各不同也。人徒知日行一度，一岁一周天，曾不知盈缩损益，四序有不同者。北齐张子信积候合蚀加时，觉日行有入气差，然损益未得其正。赵道严复准暑景长短，定日行进退，更造盈缩以求亏食。至刘焯立躔度，与四序升降，虽损益不同，后代祖述用之。

夫阴阳往来，驯积而变，冬至日行一度强，出赤道二十四度弱，自此日轨渐北，积八十八日九十一分，当春分前三日，交在赤道，实行九十一度三十一分而适平。自后其盈日损，复行九十三日七十一分，当夏至之日，入赤道内二十四度弱，实行九十一度三十一分，日行一度弱，向之盈分尽损而无余。自此日轨渐南，积九十三日七十一分，当秋分后三日，交在赤道，实行九十一度三十一分而复平。自后其缩日损，行八十八日九十一分，出赤道外二十四度弱，实行九十一度三十一分，复当冬至，向之缩分尽损而无余。盈缩均有损益，初为益，末为损。自冬至以及春分，春分以及夏至，日躔自北陆转而西，西而南，于盈为益，益极而损，损至于无余而缩。自夏至以及秋分，秋分以及冬至，日躔自南陆转而东，东而北，于缩为益，益极而损,损至于无余而复盈。盈初缩末,俱八十八日九十一分而行一象;缩初盈末,俱九十三日七十一分而行一象;盈缩极差,皆二度四十分。由实测晷景而得,仍以算术推考,与所测允合。

月行迟疾

古历谓月平行十三度十九分度之七。汉耿寿昌以为日月行至牵牛、东井,日过度,月行十五度,至娄、角,始平行,赤道使然。贾逵以为今合朔、弦、望、月食加时,所以不中者,盖不知月行迟疾意。李梵、苏统皆以月行当有迟疾,不必在牵牛、东井、娄、角之间,乃由行道有远近出入所生。刘洪作《乾象历》,精思二十余年,始悟其理,列为差率,以囷进退损益之数。后之作历者,咸因之。至唐一行,考九道委蛇曲折之数,得月行疾徐之理。

先儒谓月与五星,皆近日而疾,远日而迟。历家立法,以入转一周之日,为迟疾二历,各立初末二限,初为益,末为损。在疾初迟末,其行度率过于平行;迟初疾末,率不及于平行。自入转初日行十四度半强,从是渐杀,历七日,适及平行度,谓之疾初限,其积度比行余五度四十二分。自是其疾日损,又历七日,行十二度微强,向之益者尽损而无余,谓之疾末限。自是复行迟度,又历七日,适及平行度,谓之迟初限,其积度比平行不及五度四十二分。自此其迟日损,行度渐增,又历七日,复行十四度半强,向之益者亦损而无余,谓之迟末限。入转一周,实二十七日五十五刻四十六分,迟疾极差皆五度四十二分。旧历日为一限,皆用二十八恨。今定验得转分进退时各不同,今分日为十二,共三百三十六限,半之为半周限,析而四之为象限。

白道交周

当二极南北之中,横络天体以纪宿度者,赤道也。出入赤道,为日行之轨者,黄道也。所谓白道,与黄道交贯,月行之所由也。古人随方立名,分为八行,与黄道而九,究而言之,其实一也。惟其随交迁徙,变动不居,故强以方色名之。

月道出入日道,两相交值,当朔则日为月所掩,当望则月为日所冲,故皆有食。然涉交有远近,食分有深浅,皆可以数推之。所谓交周者,月道出入日道一周之日也。日道距赤道之远,为度二十有四。月道出入日道,不逾六度,其距赤道也,远不过三十度,近不下十八度。出黄道外为阳,入黄道内为阴,阴阳一周,分为四象;月当黄道为正交,出黄道外六度为半交,复当黄道为中交,入黄道内六度为半交,是为四象。象别七日,各行九十一度,四象周历,是谓一交之终,以日计之,得二十七日二十一刻二十二分二十四秒。每一交,退天一度二百分度之九十三,凡二百四十九交,退天一周有奇,终而复始。正交在春正,半交出黄道外六度,在赤道内十八度。正交在秋正,半交出黄道外六度,在赤道外三十度。中交在春正,半交入黄道内六度,在赤道内三十度。中交在秋正,半交入黄道内六度,在赤道外十八度。月道与赤道正交,距春秋二正黄赤道正交宿度,东西不及十四度三分度之二。夏至在阴历内,冬至在阳历外,月道与赤道所差者多;夏至在阳历外,冬至在阴历内,月道与赤道所差者少。盖白道二交,有斜有直,阴阳二历,有内有外,直者密而狭,斜者疏而阔,其差亦从而异。今立象置法求之,差数多者不过三度五十分,少者不下一度三十分,是为月道与赤道多少之差。

昼夜刻

日出为昼,日入为夜,昼夜一周,共为百刻。以十二辰分之,每辰得八刻二分刻之一。无间南北,所在皆同。昼短则夜长,夜短是昼长,此自然之理也。春秋二分,日当赤道出入,昼夜正等,各五十刻。自春分以及夏至,日入赤道内,去极浸近,夜短而昼长。自秋分以及冬至,日出赤道外,去极浸远,昼短而夜长。以地中揆之,长不过六十刻,短不过四十刻。地中以南,夏至去日出入之所为远,其长有不及六十刻者;冬至去日出入之所为近,其短有不止四十刻者。地中以北,夏至去日出入之所为近,其长有不止六十刻者;冬至去日出入之所为远，其短有不及四十刻者。今京师冬至日出辰初二刻，日入申正二刻，故昼刻三十八，夜刻六十二。夏至日出寅正二刻，日入戌初二刻，故昼刻六十二，夜刻三十八。盖地有南北，极有高下，日出入有早晏，所有不同耳。今《授时历》昼夜刻，一以京师为正。

新元史卷三九
志第六

历　六

授时历议下

交食

历法疏密,验在交食,然推步之术难得其密,加时有早晚,食分有浅深,取其密合,不容偶然。推演加时,必本于躔离朓朒;考求食分,必本于距交远近;苟入气盈缩、入转迟疾未得其正,则合朔不失之先,则失之后。合朔失之先后,则亏食时刻,其能密乎?日月俱东行,而日迟月疾,月追及日,是为一会。交值之道,有阳历、阴历;交会之期,有中前、中后;加以地形南北东西之不同,人目高下邪直之各异,此食分多寡,理不得一者也。今合朔既正,则加时无早晚之差;气刻适中,则食分无旨弱之失;推而上之,自《诗》、《书》、春秋》及三国以来所载亏食,无不合焉者。合于既往,则行之悠久,自可无弊矣。

《诗》、《书》所载日食二事

《书·亂征》:"惟仲康肇位四海。乃季秋月朔,辰弗集于房。"今按:《大衍历》作仲康即位之五年癸巳,距辛巳三千四百八年,九月庚戌朔,泛交二十六日五千四百二十一分入食限。《诗·小雅·十月之交》,大夫剌幽王也。"十月之交,朔日辛卯,日有食之,亦孔之丑。"

　　今按梁太史令虞𬱟云,十月辛卯朔,在幽王六年乙丑朔。《太衍》亦以为然。以《授时历》推之,是岁十月辛卯朔,泛交十四日五千七百九分入食限。

　　《春秋》日食三十六事

　　隐公三年辛酉岁,春王二月己巳,日有食之。

　　　　杜预云:"不书日,史官失之。"《公羊》云:"日食或言朔或不言朔,或日或不日,或失之前或失之后,失之前者朔在前也,失之后者朔在后也。"《谷梁》云:"言日不言朔,食晦日也。"姜岌校《春秋》日食云:"是岁二月己亥朔,无己巳,似失一闰。三月己巳朔,去交分入食限。"《大衍》与姜岌合。今《授时历》推之,是岁三月己巳朔,加时在昼,去交分二十六日六千六百三十一入食限。

　　桓公三年壬申岁,秋七月壬辰朔,日有食之。

　　　　姜岌以为是岁七月癸亥朔,无壬辰,亦失闰。其八月壬辰朔,去交分入食限。《大衍》与姜岌合。以今历推之,是岁八月壬辰朔,加时在昼,食六分一十四秒。

　　桓公十七年丙戌岁,冬十月朔,日有食之。

　　　　左氏云:"不书日,史官失之。"《大衍》推得在十一月交分入食限,失闰也。以今历推之,是岁十一月加时在昼,交分二十六日八千五百六十入食限。

　　庄公十八年乙巳岁,春王三月,日有食之。

　　　　《谷梁》云:"不言日,不言朔,夜食也"。《大衍》推是岁五月朔,交分入食限,三月不应食。以今历推之,是岁三月朔,不入食限。五月壬子朔,加时在昼,交分入食限,盖误五为三。

　　庄公二十五年壬子岁,六月辛未朔,日有食之。

　　　　《大衍》推之,七月辛未朔,交分入食限。以今历推之,是岁七月辛未朔,加时在昼,交分二十七日四百八十九入食限,失闰也。

庄公二十六年癸丑岁,冬十有二月癸亥朔,日有食之。

今历推之,是岁十二月癸亥朔,加时在昼,交分十四日三千五百五十一入食限。

庄公三十年丁巳岁,九月庚午朔,日有食之。

今历推之,是岁十月庚午朔,加时在昼,去交分十四日四千六百九十六入食限,失闰也。《大衍》同。

僖公十二年癸酉岁,春王三月庚午朔,日有食之。

姜氏云:"三月朔,交不应食,在误条;其五月庚午朔,去交分入食限。"《大衍》同。今历推之,是岁五月庚午朔,加时在昼,去交分二十六日五千一百九十二入食限,盖五误为三。

僖公十五年丙子岁,夏五月,日有食之。

左氏云:"不书朔与日,史官失之也。"《大衍》推四月癸丑朔,去交分入食限,差一闰。今历推之,是岁四月癸丑朔,去交分一日一千三百一十六入食限。

文公元年乙未岁,二月癸亥朔,日有食之。

姜氏云:"二月甲午朔,无癸亥。三月癸亥朔,入食限。"《大衍》亦以为然。今历推之,是岁三月癸亥朔,加时在昼,去交分二十六日五千九百十七分入食限,失闰也。

文公十五年己酉岁,六月辛丑朔,日有食之。

今历推之,是岁六月辛丑朔,加时在昼,交分二十六日四千四百七十三分入食限。

宣公八年庚申岁,秋七月甲子,日有食之。

杜预以七月甲子晦食。姜氏云:"十月甲子朔,食。"《大衍》同。今历推之,是岁十月甲子朔,加时在昼,食九分八十一秒,盖十误为七。

宣公十年壬戌岁,夏四月丙辰朔,日有食之。

今历推之,是月丙辰朔,加时在昼,交分十四日九百六十八分入食限。

宣公十七年己巳岁,六月癸卯,日有食之。

　　姜氏云:"六月甲辰朔,不应食。"《大衍》云:"是年五月在交限,六月甲辰朔,交分已过食限,盖误。"今历推之,是岁五月乙亥朔,入食限,六月甲辰朔,泛交二日已过食限,《大衍》为是。

成公十六年丙戌岁,六月丙寅朔,日有食之。

　　今历推之,是岁六月丙寅朔,加时在昼,去交分二十六日九千八百三十五分入食限。

成公十七年丁亥岁,十有二月丁巳朔,日有食之。

　　姜氏云:"十二月戊子朔,无丁巳,似失闰。《大衍》推十一月丁巳朔,交分入食限。今历推之,是岁十一月丁巳朔,加时在昼,交分十四日二千八百九十七分入食限,与《大衍》同。

襄公十四年壬寅岁,二月乙未朔,日有食之。

　　今历推之,是岁二月乙未朔,加时在昼,交分十四日一千三百九十三分入食限。

襄公十五年癸卯岁,秋八月丁巳朔,日有食之。

　　姜氏云:"七月丁巳朔,食,失闰也。"《大衍》同。今历推之,是岁七月丁巳朔,加时在昼,去交分二十六日三千三百九十四分入食限。

襄公二十年戊申岁,冬十月丙辰朔,日有食之。

　　今历推之,是岁十月丙辰朔,加时在昼,交分十三日七千六百分入食限。

襄公二十一年己酉岁,秋七月庚戌朔,日有食之。

　　今历推之,是月庚戌朔,加时在昼,交分十四日三千六百八十二分入食限。

冬十月庚辰朔,日有食之。

　　姜氏云:"比月而食,宜在误条。"《大衍》亦以为然。今历推之,十月已过交限,不应频食,姜说为是。

襄公二十三年辛亥岁,春王二月癸酉朔,日有食之。

今历推之，是月癸酉朔，加时在昼，交分二十六日五千七百三分入食限。

襄公二十四年壬子岁，秋七月甲子朔，日有食之，既。

今历推之，是月甲子朔，加时在昼，日食九分六秒。

八月癸巳朔，日有食之。

《汉志》：“董仲舒以为比食又既”。大衍云：“不应频食，在误条。”今历推之，交分不叶，不应食，《大衍》说是。

襄公二十七年乙卯岁，冬十有二月乙亥朔，日有食之。

姜氏云：“十一月乙亥朔，交分入恨，应食。”《大衍》同。今历推之，是岁十一月乙亥朔，加时在昼，交分初日八百二十五分入食限。

昭公七年丙寅岁，夏四月申辰朔，日有食之。

今历推之，是月甲辰朔，加时在昼，交分二十七日二百九十八分入食限。

昭公十五年甲戌岁，六月丁巳朔，日有食之。

《大衍》推五月丁巳朔，食，失一闰。今历推之，是岁五月丁巳朔，加时在昼，交分十三日九千五百六十七分入食限。

昭公十七年丙子岁，夏六月甲戌朔，日有食之。

姜氏云：“六月乙巳朔，交分不叶，不应食，当误。”《大衍》云：“当在九月朔，六月不应食，姜氏是也。”今历推之，是岁九月甲戌朔，加时在昼，交分二十六日七千六百五十分入食限。

昭公二十一年庚辰岁秋，七月壬午朔，日有食之。

今历推之，是月壬午朔，加时在昼，交分二十六日八千七百九十四分入食限。

昭公二十二年辛巳岁，冬十有二月癸酉朔，日有食之。

今历推之，是月癸酉朔，交分十四日一千八百入食限。杜预以长历推之，当为癸卯，非是。按郭知杜误者，法以下距至元辛巳一千八百年，于岁实内长一十九分，用以相乘，得六十五亿七千四百三十九万九千二百分，为中积。内减闰应余六十五亿七千四百一十九万七千一百五十分,满朔实,去之,余九万六千五百三十七分三十四秒,反减朔实,余一十九万八千七百六十八分五十九秒,为闰余,以日周之,即一十九日八十七刻六十八分五十九秒也。再依前法,求得本年冬至日分为三十五日一十四刻,内减闰余,存一十五日二十六刻三十一分四十三秒,算外即乙卯日二十六刻,是为是年正月经朔。再加十一朔实,即十二月经朔。因闰余分满一十八万六十五朔五十二分〇九秒者,其年有闰,故须加十二朔实,依法加十二朔实,并一十五日二十六刻三十一分四十一秒,共三百六十九日六十三刻〇二分五十七秒,满纪法,去之,余九日六十三刻〇二分五十七秒,算外即癸酉日也。杜言癸卯,盖少置一闰月耳。

昭公二十四年癸未岁,夏五月乙未朔,日有食之。

今历推之,是月乙未朔,加时在昼,交分二十六日三千八百三十九分入食限。

昭公三十一年庚寅岁,十有二月辛亥朔,日有食之。

今历推之,是月辛亥朔,加时在昼,交分二十六日六千一百二十八入食限。

定公五年丙申岁,春王三月辛亥朔,日有食之。

今历推之,三月辛卯朔,加时在昼,交分十四日三百三十四分入食限。

定公十二年癸卯岁,十一月丙寅朔,日有食之。

今历推之,是岁十月丙寅朔,加时在昼,交分十四日二千六百二十二分入食限,盖失一闰。

定公十五年丙午岁,八月庚辰朔,日有食之。

今历推之,是月庚辰朔,加时在昼,交分十三日七千六百八十五分入食限。

哀公十四年庚申岁,五月庚申朔,日有食之。

今历推之,是月庚申朔,加时在昼,交分二十六日九千二百一分入食限。

右《诗》、《书》所载日食二事,《春秋》二百四十二年间,凡三十有六事。以《授时历》推之,惟襄公二十一年十月庚辰朔及二十四年八月癸巳朔不入食限。盖自有历以来,无比月而食之理。其三十四食，食皆在朔，经或不书日，不书朔，《公羊》、《谷梁》以·为食晦，二者非。左氏以为史官失之者，得之。其间或差一日、二日者，盖由古历疏阔，置闰失当之弊，姜岌、一行已有定说。孔子作书，但因时历以书，非大义所关，故不必致详也。

　　三国以来日食

　　蜀章武元年辛丑，六月戊辰晦，时加未。

　　　　《授时历》，食甚未五刻。

　　　　《大明历》，食甚未五刻。

　　　　　　右皆亲。二历推戊辰皆七月朔。

　　魏黄初三年壬寅，十一月庚申晦食，时加西南维。

　　　　《授时历》，食甚申二刻。

　　　　《大明历》，食甚申三刻。

　　　　　　右《授时》亲，《大明》次亲。二历推庚申皆十二月朔。

　　梁中大通五年癸丑，四月己未朔食，在丙。

　　　　《授时历》，亏初午四刻。

　　　　《大明历》，亏初午四刻。

　　　　　　右皆亲。

　　太清元年丁卯，正月己亥朔食，时加申。

　　　　《授时历》，食甚申一刻。

　　　　《大明历》，食甚申三刻。

　　　　　　右《授时》次亲，《大明》亲。

　　陈太建八年丙申，六月戊申朔食，于卯甲间。

　　　　《授时历》，食甚卯二刻。

　　　　《大明历》，食甚卯四刻。

　　　　　　右《授时》次亲，《大明》疏远。

　　唐永隆元年庚辰，十一月壬申朔食，巳四刻甚。

　　　　《授时历》，食甚巳七刻。

　　　　《大明历》，食甚巳五刻。

右《授时》疏，《大明》亲。

开耀元年辛巳，十月丙寅朔食，巳初甚。

《授时历》，食甚辰正三刻。

《大明历》，食甚辰正一刻。

右《授时》亲，《大明》疏。

嗣圣八年辛卯，四月壬寅朔食，卯二刻甚。

《授时历》，食甚寅八刻。

《大明历》，食甚卯初刻。

右皆次亲。

十七年庚子，五月己酉朔食，申初甚。

《授时历》，食甚申初二刻。

《大明历》，食甚申正初刻。

右《授时》次亲，《大明》疏远。

十九年壬寅，九月乙丑朔食，申三刻甚。

《授时历》，食甚申一刻。

《大明历》，食甚申四刻。

右《授时》次亲，《大明》亲。

景龙元年丁未，六月丁卯朔食，午正甚。

《授时历》，食甚午正二刻。

《大明历》，食甚未初初刻。

右《授时》次亲，《大明历》疏远。

开元九年辛酉，九月己巳朔食，午正后三刻甚。

《授时历》，食甚午正一刻。

《大明历》，食甚午正二刻。

右《授时》次亲，《大明》亲。

宋庆历六年丙戌，三月辛巳朔食，申正三刻复满。

《授时历》，复满申正三刻。

《大明历》，复满申正一刻。

右《授时》密合，《大明》次亲。

皇祐元年己丑，正月甲午朔食，午正甚。

　　《授时历》，食甚午初二刻。

　　《大明历》，食甚午正初刻。

　　　　右《授时》亲，《大明》密合。

五年癸巳，十月丙申朔食，未一刻甚。

　　《授时历》，食甚未三刻。

　　《大明历》，食甚未刻初。

　　　　右《授时》次亲。《大明》亲。

至和元年甲午，四月甲午朔食，申正一刻甚。

　　《授时历》，食甚申正一刻。

　　《大明历》，食甚申正二刻。

　　　　右《授时》密合，《大明》亲。

嘉祐四年己亥，正月丙申朔食，未三刻复满。

　　《授时历》，复满未初二刻。

　　《大明历》，复满未初二刻。

　　　　右皆亲。

六年辛丑，六月壬子朔食，未初亏初。

　　《授时历》，亏初未初刻。

　　《大明历》，亏初未一刻。

　　　　右《授时》亲，《大明》次亲。

治平三年丙午，九月壬子朔食，未二刻甚。

　　《授时历》，食甚未三刻。

　　《大明历》，食甚未四刻。

　　　　右《授时》亲，《大明》次亲。

熙宁二年己酉，七月乙丑朔食，辰三刻甚。

　　《授时历》，食甚辰五刻。

　　《大明历》，食甚辰四刻。

　　　　右《授时》次亲，《大明》亲。

元丰三年庚申，十一月己丑朔食，巳六刻甚。

《授时历》，食甚巳五刻。

《大明历》，食甚巳二刻。

右《授时》亲，《大明》疏远。

绍圣元年甲戌，三月壬申朔食，未六刻甚。

《授时历》，食甚未五刻。

《大明历》，食甚未五刻。

右皆亲。

大观元年丁亥，十一月壬子朔食，未二刻亏初，未八刻甚，申六刻复满。

《授时历》，亏初未三刻，食甚申初刻，复满申六刻。

《大明历》，亏初未初刻，食甚未七刻，复满申五刻。

右《授时历》亏初、食甚皆亲，复满密合。《大明》亏初次亲，食甚、复满皆亲。

绍兴三十二年壬午，正月戊辰朔食，申亏初。

《授时历》，亏初申一刻。

《大明历》，亏初未七刻。

右皆亲。

淳熙十年癸卯，十一月壬戌朔食，巳正二刻甚。

《授时历》，食甚巳正二刻。

《大明历》，食甚巳正一刻。

右《授时》密合，《大明》亲。

庆元元年乙卯，三月丙戌朔食，午初二刻亏初。

《授时历》，亏初午初一刻。

《大明历》，亏初午初二刻。

右《授时》亏初亲，《大明》亏初密合。

嘉泰二年壬戌，五月甲辰朔食，午初一刻亏初。

《授时历》，亏初巳正三刻。

《大明历》，亏初午初三刻。

右皆亲。

嘉定九年丙子，二月甲申朔食，申正四刻甚。

　　《授时历》，食甚申正三刻。

　　《大明历》，食甚申正二刻。

　　　　右《授时》亲，《大明》次亲。

淳祐三年癸卯，三月丁丑朔食，巳初二刻甚。

　　《授时历》，食甚巳初一刻。

　　《大明历》，食甚巳初初刻。

　　　　右《授时》亲，《大明》次亲。

本朝中统元年庚申，三月戊辰朔食，申正二刻甚。

　　《授时历》，食甚申正一刻。

　　《大明历》，食甚申初三刻。

　　　　右《授时》亲，《大明》疏。

至元十四年丁丑，十月丙辰朔食，午正初刻亏初，未初一刻食甚，未正二刻复满。

　　《授时历》，亏初午正初刻，食甚未初一刻，复满未正一刻。

　　《大明历》，亏初午正三刻，食甚未正一刻，复满申初二刻。

　　　　右《授时》亏初、食甚皆密合，复满亲。《大明》亏初疏，食甚、复满皆疏远。

前代考古交食，同刻者为密合，相较一刻为亲，二刻为次亲，三刻为疏，四刻为疏远。今《授时》、《大明》校古日食，上自后汉章武元年，下讫本朝，计五十五事。密合者，《授时》七，《大明》二。亲者，《授时》十有七，《大明》十有六。次亲者，《授时》十，《大明》八。疏者，《授时》一，《大明》三。疏远者，《授时》无，《大明》六。

前代月食

宋元嘉十一年甲戌，七月丙子望食，四更二唱亏初，四更四唱食既。

　　《授时历》，亏初在四更三点，食既在四更四点。

　　《大明历》，亏初在四更二点，食既在四更五点。

　　右《授时》亏初亲,食既密合。《大明》亏初密合,食既亲。

十三年丙子,十二月己巳望食,一更三唱食既。

　　《授时历》,食既在一更三点。

　　《大明历》,食既在一更四点。

　　　右《授时》密合,《大明》亲。

十四年丁丑,十一月丁丑望食,二更四唱亏初,三更一唱食既。

　　《授时历》,亏初在二更五点,食既在三更二点。

　　《大明历》亏初在二更四点,食既在三更二点。

　　　右《授时》亏初、食既皆亲。《大明》亏初密合,食既亲。

梁中大通二年庚戌,五月庚寅望月食,在子。

　　《授时历》,食甚在子正初刻。

　　《大明历》,食甚在子正初刻。

　　　右皆密合。

大同九年癸亥,三月乙巳望食,三更三唱亏初。

　　《授时历》,亏初三更一点。

　　《大明历》,亏初三更三点。

　　　右《授时》次亲,《大明》密合。

隋开皇十二年壬子,七月己未望食,一更三唱亏初。

　　《授时历》,亏初在一更四点。

　　《大明历》亏初在一更五点。

　　　右《授时》亲,《大明》次亲。

十五年乙卯,十一月庚午望食,一更四点亏初,二更三点食甚,三更一点复满。

　　《授时历》,亏初在一更三点,食甚在二更二点,复满在二更五点。

　　《大明历》,亏初在一更五点,食甚在二更二点,复满在二更五点。

　　　右《授时》亏初、食甚、复满皆亲。《大明》亏初、复满皆亲,食甚密合。

十六年丙辰,十一月甲子望食,四更三筹复满。

　　《授时历》,复满在四更四点。

　　《大明历》复满在四更五点。

　　　　右《授时》亲,《大明》次亲。

后汉天福十二年丁未,十二月乙未望食,四更四点亏初。

　　《授时历》,亏初在四更五点。

　　《大明历》,亏初在四更一点。

　　　　右《授时》亲,《大明》次亲。

宋皇祐四年壬辰,十一月丙辰望食,寅四刻亏初。

　　《授时历》,亏初在寅二刻。

　　《大明历》,亏初在寅一刻。

　　　　右《授时》次亲,《大明》疏。

嘉祐八年癸卯,十月癸未望食,卯七刻甚。

　　《授时历》,食甚在辰初刻。

　　《大明历》,食甚在辰初刻。

　　　　右皆亲。

熙宁二年己酉,闰十一月丁未望食,亥六刻亏初,子五刻食甚,丑四刻复满。

　　《授时历》,亏初在亥六刻,食甚在子五刻,复满在丑三刻。

　　《大明历》,亏初在子初刻,食甚在子六刻,复满在丑四刻。

　　　　右《授时》亏初、食甚密合,复满亲。《大明》亏初次亲,食甚亲,复满密合。

四年辛亥,十一月丙申望食,卯二刻亏初,卯六刻甚。

　　《授时历》,亏初在卯初刻,食甚在卯五刻。

　　《大明历》,亏初在卯四刻,食甚在卯七刻。

　　　　右亏初皆次亲,食甚皆亲。

六年癸丑,三月戊午望食,亥一刻亏初,亥六刻甚,子四刻复满。

《授时历》，亏初在戌七刻，食甚在亥五刻，复满在子三刻。

《大明历》，亏初在亥二刻，食甚在亥七刻，复满在子四刻。

右《授时》亏初次亲，食甚、复满皆亲。《大明》亏初、食甚皆亲，复满密合。

七年甲寅，九月己酉望食，四更五点亏初，五更三点食既。

《授时历》，亏初在四更五点，食既在五更三点。

《大明历》，亏初在四更三点，食既在五更二点。

右《授时》亏初、食既皆密合。《大明》亏初次亲，食既亲。

崇宁四年乙酉，十二月戊寅望食，酉三刻甚，戌初刻复满。

《授时历》，食甚在酉一刻，复满在酉七刻。

《大明历》，食甚在酉三刻，复满在戌二刻。

右《授时》食甚、复满皆次亲。《大明》食甚、密合，复满次亲。

本朝至元七年庚午，三月甲寅望食，丑三刻亏初，寅初刻食甚，寅六刻复满。

《授时历》，亏初在丑二刻，食甚在寅初刻，复满在寅六刻。

《大明历》，亏初在丑四刻，食甚在寅一刻，复满在寅七刻。

右《授时》亏初亲，食甚、复满密合。《大明》亏初、食甚、复满皆亲。

九年壬申，七月辛未望食，丑初刻亏初，丑六刻食甚，寅三刻复满。

《授时历》，亏初在子七刻，食甚在丑四刻，复满在寅一刻。

《大明历》，亏初在丑二刻，食甚在丑六刻，复满在寅二刻。

右《授时》亏初亲，食甚、复满皆次亲。《大明》亏初次亲，食甚密合，复满亲。

十四年丁丑，四月癸酉望食，子六刻亏初，丑三刻食既，丑五刻甚，丑七刻生光，寅四刻复满。

《授时历》，亏初在子六刻，食既在丑四刻，食甚在丑五刻，生光丑六刻，复满寅四刻。

《大明历》，亏初在丑初刻，食既丑七刻，食甚在丑七刻，生光在丑八刻，复满寅六刻。

　　　右《授时》亏初、食甚、复满皆密合，食既、生光皆亲。《大明》亏初、食甚、复满皆次亲，食既疏远，生光亲。

十六年己卯，二月壬辰望食，子五刻亏初，丑二刻甚，丑七刻复满。

《授时历》，亏初在子五刻，食甚大丑二刻，复满在丑七刻。

《大明历》，亏初在子七刻，食甚在丑三刻，复满在丑七刻。

　　　右《授时》亏初、食甚、复满皆密合。《大明》亏初次亲，食甚亲，复满密合。

八月己丑望食，丑五刻亏初，寅初刻甚，寅四刻复满。

《授时历》，亏初在丑三刻，食甚在寅初刻，复满在寅四刻。

《大明历》，亏初在丑七刻，食甚在寅二刻，复满在寅四刻。

　　　右《授时》亏初次亲，食甚、复满皆密合。《大明》亏初、食甚皆次亲，复满密合。

十七年庚辰，八月甲申望食，在昼戌一刻复满。

《授时历》，复满在戌一刻。

《大明历》，复满在戌四刻。

　　　右《授时》密合，《大明》疏。

已上四十五事密合者，《授时》十有八，《大明》十有一；亲者，《授时》十有八，《大明》十有七；次亲者，《授时》九，《大明》十有四；疏者，《授时》无，《大明》二；疏远者，《授时》无，《大明》一。

定朔

日平行一度，月平行十三度十九分度之七，一昼夜之间，月先日十二度有奇，历二十九日五十三刻，复追及日，与之同度，是谓经朔。经朔云者，谓合朔大量不出此也。日有盈缩，月有迟疾，以盈缩迟疾之数损益之，始为定朔。

古人立法，简而未密，初用平朔，一大一小，故日食有在朔二，月食有在望前后者。汉张衡以月行迟疾，分为九道；宋何承天以日行盈缩，推定小余；故月有三大二小。隋刘孝孙、刘焯欲遵用其法，时议排抵，以为迂怪，率不能行。唐傅仁均始采用之，至贞观十九年九月后，四月频大，复用平朔。讫麟德元年，始用李淳风《甲子元历》，定朔之法遂行。淳风又以晦月频见，故立进朔之法，谓朔日小余在日法四分之三已上，虚进一日，后代皆循用之。然虞𠮩尝曰："朔在会同，苟躔次既合，何疑于频大；日月相离，何拘于间小。"一行亦曰："天事诚密，虽四大三小，庸何伤。"今但取辰集时刻所在之日以为定朔，朔虽小余在进限，亦不之进。甚矣，人之安于故习也。

初历法用平朔，止知一大一小，为法之不可易，初闻三大二小之说，皆不以为然。自有历以来，下讫麟德，而定朔始行，四大三小，理数自然，唐人弗克若天，而止用平朔。迨本朝至元，而常议方革。至如进朔之意，止欲避晦日月见，殊不思合朔在酉戌亥，距前日之卯十八九辰矣，若进一日，则晦不见月，此论诚然。苟合朔在辰申之间，法不当进，距前日之卯巳逾十四五度，则月见于晦，庸得免乎？且月之隐见，本天道之自然，朔之进退，出入为之牵强，孰若废人用天，不复虚进，为得其实哉。至理所在，奚恤乎人言，可为知者道也。

不用积年日法

历法之作，所以步日月之躔离，候气朔之盈虚，不揆其端，无以测知天道，而与之吻合。然日月之行迟速不同，气朔之运参差不一，昔人立法，必推求往古生数之始，谓之演纪上元。当斯之际，日月五星同度，如合璧连珠然。惟其世代绵远，驯积其数至逾亿万，后人厌其布算繁多，互相推考，断截其数而增损日法，以为得改宪之术，此历代积年日法所以不能相同者也。然行之未远，浸复差失，盖天道自然，岂人为附会所能苟合哉。夫七政运行于天，进退自有常度，苟原始要终，候验周匝，则象数昭著，有不容隐者，又何必舍目前简易之法，而求亿万年宏阔之术哉。

今《授时历》以至元辛巳为元，所用之数，一本诸天，秒而分，分而刻，刻而日，皆以百为率，比之他历积年日法，推演附会，出于人为者，为得自然。

或曰："昔人谓建历之本，必先立元，元正然后定日法，法定然后度周天以定分至，然则历之有积年日法尚矣。自黄帝以来，诸历转相祖述，殆七八十家，末闻舍此而能成者。今一切削去，无乃昧于本原，而考求未得其方欤？"是殆不然。晋杜预有云："治历者，当顺天以求合，非为合以验天。"前代演积之法，不过为合验天耳。今以旧历颇疏，乃命厘正，法之不密，在所必更，奚暇踵故习哉。遂取汉以来诸历积年日法及行用年数，具列于后，仍附演积数法，以释或者之疑。

《三统历》西汉太初元年丁丑邓平造，行一百八十八年，至东汉元和乙酉，后天七十八刻。

　　积年，一十四万四千五百一十一。

　　日法，八十一。

《四分历》东汉元和二年乙酉编䜣造，行一百二十一年，至建安丙戌，后天七刻。

　　积年，一万五百六十一。

　　日法，四。

《乾象历》建安十一年丙戌刘洪造，行三十一年，至魏景初丁巳，后天七刻。

　　积年，八千四百五十二。

　　日法，一千四百五十七。

《景初历》魏景初元年丁巳杨伟造，行二百六年，至宋元嘉癸未，先天五十刻。

　　积年，五千八十九。

　　日法，四千五百五十九。

《元嘉历》宋元嘉二十年癸未何承天造，行二十年，至大明七年癸卯，先天五十刻。

积年，六千五百四十一。

日法，七百五十二。

《大明历》宋大明七年癸卯宋祖冲之造，行五十八年，至魏正光辛丑，后天二十九刻。

积年，五万二千七百五十七。

日法，三千九百三十九。

《正光历》后魏正光二年辛丑李业兴造，行一十九年，至兴和庚申，先天十三刻。

积年，一十六万八千五百九。

日法，七万四千九百五十二。

《兴和历》兴和二年庚申李业兴造，行一十年，至齐天保庚午，先天九十九刻。

积年，二十万四千七百三十七。

日法，二十万八千五百三十。

《天保历》北齐天保元年庚午宋景业造，行一十七年，至周天和丙戌，后天一日八十七刻。

积年，一十一万一千二百五十七。

日法，二万三千六百六十。

《天和历》后周天和元年丙戌甄鸾造，行一十三年，至大象己亥，先天四十刻。

积年，八十七万六千五百七。

日法，二万三千四百六十。

《大象历》大象元年己亥冯显造，行五年，至隋开皇甲辰，后天十刻。

积年，四万二千二百五十五。

日法，一万二千九百九十二。

《开皇历》隋开皇四年甲辰张宾造，行二十四年，至大业戊辰，后天七刻。

积年，四百一十二万九千六百九十七。

日法，一十万二千九百六十。

《大业历》大业四年戊辰张胄元造，行一十一年，至唐武德己卯，后天七刻。

积年，一百四十二万八千三百一十七。

日法，一千一百四十四。

《戊寅历》唐武德二年己卯道士傅仁均造，行四十六年，至麟德乙丑，后天四十七刻。

积年，一十六万五千三。

日法一万三千六百。

《麟德历》麟德二年乙丑李淳风造，行六十三年，至开元戊辰，后天一十二刻。

积年，二十七万四百九十七。

日法，一千三百四十。

《大衍历》开元十六年戊辰僧一行造，行三十四年，至宝应壬寅，先天一十四刻。

积年，九千六百九十六万二千二百九十七。

日法，三千四十。

《五纪历》宝应元年壬寅郭献之造，行二十三年，至贞元乙丑，后天二十四刻。

积年，二十七万四百九十七。

日法，一千三百四十。

《贞元历》贞元元年乙丑徐承嗣造，行二十七年，至长庆壬寅，先天十五刻。

积年，四十万三千三百九十七。

日法，一千九十五。

《宣明历》长庆二年壬寅徐昂造，行七十一年，至景福癸丑，先天四刻。按：宣明术不著撰人姓名，徐昂所著观象术，则已失传，且造于元和初，非长庆也。其误始于周琮，而守敬因之。

积年，七百七万五百九十七。

日法，八千四百。

《崇元历》景福二年癸丑边冈造，行十四年，后六十三年，至周显德丙辰,先天四刻。

积年,五千三百九十四万七千六百九十七。

日法,一万三千五百。

《钦天历》五代周显德三年丙辰王朴造,行五年,至宋建隆庚申,先天二刻。

积年,七千二百六十九万八千七百七十七。

日法,七千二百。

《应天历》宋建隆元年庚申王处讷造,行二十一年,至太平兴国辛巳,后天二刻。

积年,四百八十二万五千八百七十七。

日法,一万单二。

《乾元历》太平兴国六年辛巳吴昭素造,行二十年,至咸平辛丑,合。

积年,三千五十四万四千二百七十七。

日法,二千九百四十。

《仪天历》咸平四年辛丑史序造,行二十三年,至天圣甲子,合。

积年,七十一万六千七百七十七。

日法,一万一千。

《崇天历》天圣二年甲子宋行古造,行四十年,至治平甲辰,后天五十四刻。

积年,九千七百五十五万六千五百九十七。

日法,一万五百九十。

《明天历》治平元年甲辰周琮造,行一十年,至熙宁甲寅,合。

积年,七十一万一千九百七十七。

日法,三万九十。

《奉元历》熙宁十七年甲寅卫朴造,行十八年,至元祐壬申,后天七刻。

积年,八千三百一十八万五千二百七十七。

日法,二万三千七百。

《观天历》元祐七年壬申皇居卿造,行三十一年,至崇宁癸未,先天六刻。

积年,五百九十四万四千九百九十七。

日法,一万二千三十。

《占天历》崇宁二年癸未姚舜辅造,行三年,至丙戌,后天四刻。

积年,二千五百五十万一千九百三十七。

日法,二万八千八十。

《纪元历》崇宁五年丙戌姚舜辅造,行二十一年,至金天会丁未,合。

积年,二千八百六十一万三千四百六十七。

日法,七千二百九十。

《大明历》金天会五年丁未杨级造,行五十三年,至大定庚子,合。

积年,三亿八千三百七十六万八千六百五十七。

日法,五千二百三十。

《重修大明历》大定二十年庚子赵知微重修,行一百一年,至元朝至元辛巳,后天一十九刻。

积年,八千八百六十三万九千七百五十七。

日法,五千二百三十。

《统元历》后宋绍兴五年乙卯陈德一造,行三十二年,至乾道丁亥,合。

积年,九千四百二十五万一千七百三十七。

日法,六千九百三十。

《乾道历》乾道三年丁亥刘孝荣造,行九年,至淳熙丙申,后天一刻。

积年,九千一百六十四万五千九百三十七。

日法,三万。

《淳熙历》淳熙三年丙申刘孝荣造,行一十五年,至绍熙辛亥,合。

积年,五千二百四十二万二千七十七。

日法,五千六百四十。

《会元历》绍熙二年辛亥刘孝荣造,行八年,至庆元己未,后天一十刻。

积年,二千五百四十九万四千八百五十七。

日法,三万八千七百。

《统天历》庆元五年己未杨忠辅造,行八年,至开僖丁卯,先天六刻。

积年,三千九百一十七。

日法，一万二千。

《开禧历》开禧三年丁卯鲍澣之造，行四十四年，至淳祐辛亥，后天七刻。

积年，七百八十四万八千二百五十七。

日法，一万六千九百。

《淳祐历》淳祐十年庚戌李德卿造，行二年，至壬子，合。

积年，一亿二千二百二十六万七千六百七十七。

日法，三千五百三十。

《会天历》宝祐元年癸丑谭玉造，行十八年，至咸淳辛未，后天一刻。

积年，一千一百三十五万六千一百五十七。

日法，九千七百四十。

《成天历》咸淳七年辛未陈鼎造，行四年，至至元辛巳，后天一刻。

积年，七千一百七十五万八百五十九。

日法，七千四百二十。

此下不曾行用，见于典籍经进者二历：

《皇极历》大业间刘焯造，阻难不行，至唐武德三年己卯，先天四十三刻。

积年，一百万九千五百一十七。

日法，一千二百四十二。

《乙未历》大定二十年庚子耶律履造，不见行用，至辛巳，后天一十九刻。

积年，四千四十三万二千一百二十六。

日法，二千六百九十。

《授时历》元至元十八年辛巳为元。

积年、日法不用。

实测到至元十八年辛巳岁。

气应，五十五日六百分。

闰应，二十日一千八百五十分。

经朔，三十四日八千七百五十分。

日法,二千一百九十,演纪上元己亥,距至元辛巳九千八百二十五万一千四百二十二算。

气应,五十五日六百二分。

闰应,二十日一千八百五十三分。

经朔,二十四日八千七百四十九分。

日法,八千二百七十,演纪上元甲子,距辛巳五百六十七万五百五十七算,日命甲子

气应,五十五日五百三十三分。

闰应,二十日一千八百八分。

经朔,三十四日八千七百二十五分。

日法,六千五百七十,演纪上元甲子,距辛巳三千九百七十五万二千五百三十七算。

气应,五十五日六百三十一分。

闰应,二十日一千九百一十九分。

经朔,三十四八千七百一十二分。

新元史卷四〇
志第七

历 七

立 成

　　至元十九年,郭守敬以《授时历》虽颁行,然立成之数尚无定稿,乃比类编次,整齐分秒,裁为二卷。《明志》据监本题:太史令臣王恂奉敕撰,谓恂之稿本,守敬卒成之。监本久轶,然《明志》所载《大统通轨》之立成,则出于守敬原书无疑也。今采附《历经》之后,以备步七政盈缩迟疾者之用焉。

　　太阳盈初缩末限立成:冬至前后二象限同用。

积日	平立合差	盈加分	盈积度	盈行度
十日	分十秒十微	百十分十秒十微	万千 百十分十秒十微	度千百十分十秒
初	四九三八六	五一〇八五六九		一〇五一〇八五
一	四九五七二	五〇五九一八三	五一〇八五六九	一〇五〇五九一
二	四九七五八	五〇〇九六二	一〇一六七七五二	一〇五〇〇九六
三	四九九四四	四九五九八五三	一五一七七三六三	一〇四九五九八

四	五〇一三〇	四九〇九九〇九	二〇一三七二一六	一〇四九　九九
五	五〇三一六	四八五九七七九	二五〇四七一二五	一〇四八五九七
六	五〇五〇六	四八〇九四六三	二九九〇六九〇四	一〇四八〇八四
七	五〇六八八	四七五八九六一	三四七一六三六七	一〇四七五八九
八	五〇八七四	四七〇八二七三	三九四七五三二八	一〇四七〇八二
九	五一〇六〇	四六五七三九九	四四一八三六〇一	一〇四六五七三
一〇	五一二四六	四六〇六三三九	四八八四一〇〇〇	一〇四六〇六三
一一	五一四三二	四五五五〇九三	五三四四七三三九	一〇四五五五〇
一二	五一六一八	四五〇三六六一	五八〇〇二四三二	一〇四五〇三六
一三	五一八〇四	四四五二〇四三	六二五〇六〇九三	一〇四四五二〇
一四	五一九九〇	四四〇〇二三九	六六九五八一三六	一〇四四〇〇二
一五	五二一七六	四三四八二四九	七一三五八三七五	一〇四三四八二
一六	五二三六二	四二九六〇七三	七五七〇六二二四	一〇四二九六〇
一七	五二五四八	四二四三七一一	八〇〇〇二六九七	一〇四二四三七
一八	五二七三四	四一九一一六三	八四二四六四〇八	一〇四一九一一
一九	五二九二〇	四一三八四二九	八八四三七五七一	一〇四一三八四
二〇	五三一〇六	四〇八五五〇九	九二五七六〇〇〇	一〇四〇八五五
二一	五三二九二	四〇三二四〇三	九六六六一五〇九	一〇四〇三二四
二二	五三二七八	三九七九一一一	一〇〇六九三九一二	一〇三九七九一
二三	五三六六四	三九二五六三三	一〇四六七三〇二三	一〇三九二五六

二四	五三八五〇	三八七一九六九	一〇八五九八六五六	一〇三八七一九
二五	五四〇三六	三八一八一一九	二二四七〇六二五	一〇三八一八一
二六	五四二二二	三七六四〇八三	一六二八八七四四	一〇三七六四〇
二七	五四四〇八	三七〇九八六一	二〇〇五二八二七	一〇三七〇九八
二八	五四五九四	三六五五四五三	二三七六二六八八	一〇三六五五四
二九	五四七八〇	三六〇〇八五九	二七四一八一四一	一〇三六〇〇八
三〇	五四九六六	三五四六〇七九	三一〇一九〇〇〇	一〇三五四六〇
三一	五五一五二	三四九一一一三	三四五六五〇七九	一〇三四九一一
三二	五五三三八	三四三五九六一	二八〇五六一九二	一〇三四三五九
三三	五五五二四	三三八〇六二三	四一四九二一五三	一〇三三八〇六
三四	五五七一〇	三三二五〇九九	四四八七二七七六	一〇三三二五〇
三五	五五八九六	三二六九三八九	四八一九七八七五	一〇三二六九三
三六	五六〇八二	三二一三四九三	五一四六七二六四	一〇三二一三四
三七	五六二六八	三一五七四一一	五四六八〇七五七	一〇三一五七四
三八	五六四五四	三一〇一一四三	五七八三八一六八	一〇三一〇一一
三九	五六六四〇	三〇四四六八九	六〇九三九三一一	一〇三〇四四六

			一	
四〇	五六八二六	二九八八〇四九	六三九八四〇〇〇	一〇二九八八〇
四一	五七〇一二	二九三一二二三	六六九七二〇四九	一〇二九三一二
四二	五七一九八	二八七四二一一	六九九〇三二七二	一〇二八七四二
四三	五七三八四	二八一七〇一三	七二七七七四八三	一〇二八一七〇
四四	五七五七〇	二七五九六二九	七五五九四四九六	一〇二七五
四五	五七七五六	二七〇二〇五九	七八三五四一二五	一〇二七〇
四六	五七九四二	二六四四三〇三	八一〇五六一八四	一〇二六
四七	五八一二八	二五八六三六一	八三七〇〇四八七	一〇二五八六三
四八	五八三一四	二五二八二三三	八六二八六八四八	一〇二五二八二
四九	五八五〇〇	二四六九九一九	八八八一五〇八一	一〇二四六九九
五〇	五八六八六	二四一一四一九	九一二八五〇〇〇	一〇二四一一四
五一	五八八七二	二三五二七三三	九三六九六四一九	一〇二三五二七
五二	五九〇五八	二二九三八六一	九六〇四九一五二	一〇二二九三八
五三	五九二四四	二二三四八〇三	九八三四三〇一三	一〇二二三四八
五四	五九四三〇	二一七五五五九	二〇〇五七七八一六	一〇二一七五五
五五	五九六一六	二一一六一二九	二〇二七五三三七五	一〇二一一六一

五六	五九八〇二	二〇五六五一三	二〇四八六九五〇四	一〇二〇五六五
五七	五九九八八	一九九六七一一	二〇六九二六〇一七	一〇一九九六七
五八	六〇一七四	一九三六七二三	二〇八九二二七二八	一〇一九三六七
五九	六〇三六〇	一八七六五四九	二一〇八五九四五一	一〇一八七六五
六〇	六〇五四六	一八一六一八九	二一二七三六〇〇〇	一〇一八一六一
六一	六〇七三二	一七五五六四三	二一四五五二一八九	一〇一七五五六
六二	六〇九一八	一六九四九一一	二一六三〇七八三二	一〇一六九四九
六三	六一一〇四	一六三三九九三	二一八〇〇二七四三	一〇一六三三九
六四	六一二九〇	一五七二八八九	二一九六三六七三六	一〇一五七二八
六五	六一四七六	一五一一五九九	二二一二〇九六二五	一〇一五一一五
六六	六一六六二	一四五〇一二三	二二二七二一二二四	一〇一四五〇一
六七	六一八四八	一三八八四六一	二二四一七一三四七	一〇一三八八四
六八	六二〇三四	一三二六六一三	二二五五五九八〇八	一〇一三二六六
六九	六二二二〇	一二六四五七九	二二六八八六四二一	一〇一二六四五
七〇	六二四〇六	一二〇二三五九	二二八一五一〇〇〇	一〇一二〇二三
七一	六二五九二	一一三九九五三	二二九三五三三五九	一〇一一三九九

七二	六二七七八	一〇七七三六一	二 三〇四九三三一一二	一〇一〇七七三
七三	六二九六四	一〇一四五八三	二 三一五七〇六七三	一〇一〇一四五
七四	六三一五〇	〇九五一六一九	二 三二五八五二五六	一〇〇九五一六
七五	六三三三六	八八八四六九	二 三三五三六八七五	一〇〇八八八四
七六	六三五二二	八二五一二三	二 三四四二五三四四	一〇〇八二五一
七七	六三七〇八	七六一六一一	二 三五二五〇四七	一〇〇七六一六
七八	六三八九四	六九七九〇三	二 三六〇一二〇八八	一〇〇六九七九
七九	六四〇八〇	六三四〇〇九	二 三六七〇九九九一	一〇〇六三四〇
八〇	六四二六六	五六九九二九	二 三七三四四〇〇〇	一〇〇五六九九
八一	六四四五二	五〇五六六三	二 三七九一三九二九	一〇〇五〇五六
八二	六四六三八	四四一二一一	二 三八四一九五九二	一〇〇四四一二
八三	六四八二四	三七六五七三	二 三八八六〇八〇三	一〇〇三七六五
八四	六五〇一〇	三一一七四九	二 三九二三七三七六	一〇〇三一一七
八五	六五一九六	二四六七三九	二 三九五四九一二五	一〇〇二四六七
八六	六五三八二	一八一五四三	二 三九七九五八六四	一〇〇一八一五
八七	六五五六八	一一六一六一	二 三九九七七四〇七	一〇〇一一六一

| 八八 | 六五七五四 | 五〇五九三 | 二四〇〇九三五六八 | 一〇〇〇五〇五 |
| 八九 | 〇〇〇〇〇 | 〇〇〇〇〇 | 二四〇一四四一六一 | 一〇〇〇〇〇〇 |

太阳缩初盈末限立成夏至前后二象限同用

积日	平立合差	缩加分	缩积度	缩行度
十日	分十秒十微	百十分十秒十微	万千百十分十秒十微	度千百十分十秒
初	四四三六二	四八四八四七三		九五一五一六
一	四四五二四	四八〇四一一一	四八四八四七三	九五一九五九
二	四四二八六	四七五九五八七	九六五二五八四	九五二四〇五
三	四四八八	四七一四九〇一	一四一一二一七一	九五二八五一
四	四五〇一〇	四六七〇〇五三	一九一二七〇七二	九五三三〇〇
五	四五一七二	四六二五〇四三	二三六七九七一二五	九五三七五〇
六	四五三三四	四五七九八七一	二八四二二一六八	九百四二〇二二
七	四五四九六	四五三四五三七	三三〇〇二〇三九	九五四六五五
八	四五六五八	四四八九〇四一	三七五三六五七六	九五五一一〇
九	四五八二〇	四四四三三八三	四二〇二五六一七	九五五五六七
一〇	四五九八二	四三九七五六三	四六四六九〇〇〇	九五六〇二五
一一	四六一四四	四三五一五八一	五〇八六六五六三	九五六四八五
一二	四六三〇六	四三〇五四三七	五五二一八一四四	九五六九四六

一三	四六四六八	四二五九一三一	五九五二三五八一	九五七四〇九
一四	四六六三〇	四二一二六六三	六三七八二一一七	九五七八七四
一五	四六七九二	四一六六〇三三	六七九九五三七五	九五八三四〇
一六	四六九五四	四一一九二四一	七二一六一四〇八	九五八八〇八
一七	四七一一六	四〇七二二八七	七六二八〇六四九	九五九二七八
一八	四七二七八	四〇二五一七一	八〇三五二九三六	九五九七四九
一九	四七四四〇	三九七七七八九三	八四三七八一〇七	九六〇二一一
二〇	四七六〇二	三九三〇四五三	八八三五六〇〇〇	九六〇六九六
二一	四七七六四	三八八二八五一	九二二八六四五三	九六一一七二
二二	四七九二六	三八三五〇八七	九六一六九三〇四	九六一六五〇
二三	四八〇八八	三七八七一六一	一〇〇〇〇四三九一	九六二一二九
二四	四八二五〇	三七三九〇七三	一〇三七九一五五二	九六二六一〇
二五	四八四一二	三六九〇八二三	一〇七五三〇六二五	九六三〇九二
二六	四五七四〇	三六四二四一一	一一一二二一四四八	九六三五七六
二七	四八七三六	三五九三八三七	一一四八六三八五九	九六四〇六二
二八	四八八九八	三五四五一〇一	一一八四五七六九六	九六四五四九
二九	四九〇六〇	三四九六二〇三	一一三〇〇二七九七	九六四
三〇	四九二二二	三四四七一四三	一二五四九九〇〇〇	九六五五二九

三一	四九三八四	三三九七九二一	一 二八九四六一四三	九六六〇二一
三二	四九五四六	三三四八五三七	一 三二三四四〇六四	九六六五一五
三三	四九七〇八	三三九八九九一	一 三五六九二六〇一	九六七〇一一
三四	四九八七〇	三二四九二八三	一 三八九一五九二	九六七五〇八
三五	五〇〇三二	三一九九四一三	一 四二二四〇八七五	九六八〇〇六
三六	五〇一九四	三一四九三八一	一 四五四四〇二八八	九六八五〇七
三七	五〇三五六	三〇九九一八七	一 四八五八九六六九	九六九〇〇九
三八	五〇五一八	三〇四八八三一	一 五一六八八八五六	九六九五一二
三九	五〇六八〇	二九九八三一三	一 五四七三七六八七	九七〇〇一七
四〇	五〇八四二	二九四七六三三	一 五七七三六〇〇〇	九七〇五二四
四一	五一〇〇四	二八九六七九一	一 六〇六八三六三三	九七一〇三三
四二	五一一六六	二八四五七八七	一 六三五八〇四二四	九七一五四三
四三	五一三二八	二七九四六二一	一 六六四二六二一一	九七二〇五四
四四	五一四九〇	二七四三二九三	一 六九二三〇八三二	九七二五六八
四五	五一六五二	二六九一八〇三	一 七一九六四一二五	九七三〇八二
四六	五一八一四	二六四〇一五一	一 七四六五五九二八	九七三五九九

四七	五一九七六	二五八八三三七	一七七二九六○七九	九七四一一七
四八	五二一三八	二五三六三六一	一七九八八四四一六	九七四六三七
四九	五二三○○	二四八四二二三	一八二四二○七七七	九七五一五八
五○	五二四六二	二四三一九二三	一八四九○五○○○	九七五六八一
五一	五二六二四	二三七九四六一	一八七三三六九二三	九七六二○六
五二	五二七八六	二三二六八三七	一八九七一六三八四	九七六七三二
五三	五二九四八	二二七四○五一	一九二○四三二二一	九七七二六○
五四	五三一一○	二二二一一○三	一九四三一七二七二	九七七七八九
五五	五三二七二	二一六七九九三	一九六五三八三七五	九七八三二一
五六	五三四三四	二一一四七二一	一九八七○六三六八	九七八八五三
五七	五三五九六	二○六一二八七	二○○八二一○八九	九七九三八八
五八	五三七五八	二○○七六九一	二○二八八二三七六	九七九九二四
五九	五三九二○	一九五三九三三	二○四八九○○六七	九八○四六一
六○	五四○八二	一九○○○一三	二○六八四四○○○	九八一○○○
六一	五四二四四	一八四五九三一	二○八七四四○一三	九八一五四一
六二	五四四○六	一七九一六八七	二一○五八九九四四	九八二○八四

六三	五四五六八	一七三七二八一	二一二三八一一六三一	九八二六二八
六四	五四七三〇	一六八二七一三	二一四一一八九一二	九八三一七三
六五	五四八九二	一六二七九八三	二一五八〇一六二五	九八三七二一
六六	五五〇五四	一五七三〇九一	二一七四二九六〇八	九八四二七〇
六七	五五二一六	一五一八〇三七	二一九〇〇二六九九	九八四
六八	五五三七八	一四六二八二一	二二〇五二〇七三六	九八五三七一
六九	五五五四〇	一四〇七四四三	二二一九八三五五七	九八五九二六
七〇	五五七〇二	一三五一九〇三	二二三三九一〇〇〇	九八六四八一
七一	五五八六四	一二九六二〇一	二二四七四二九〇三	九八七〇二八
七二	五六〇二六	一二四〇三三七	二二六〇三九一〇四	九八七五九七
七三	五六一八八	一一八四三一一	二二七二七九四四一	九八八一五七
七四	五六三五〇	一一二八一二三	二二八四六三七五二	九八八七一九
七五	五六五一二	一〇七一七七三	二二九五九一八七五	九八九二八三
七六	五六六七四	一〇一五二六一	二三〇六六三六四八	九八九八四八
七七	五六八三六	〇九五八五八七	二三一六七八九〇九	九九〇四一五
七八	五六九九八	九〇一七五六	二三二六三七四九六	九九〇九八三

七九	五七一六〇	八四四七五三	二三三五三九二四七	九九一五五三
八〇	五七三二二	七八七五九三	二三四三八四〇〇〇	九九二一二五
八一	五七四八四	七三〇二七一	二三五一七一五九三	九九二六九八
八二	五七六四六	六七二七八七	二三五九〇一八六四	九九三二七三
八三	五七八〇八	六一五一四一	三二六五五七四六五一	九九三八四九
八四	五七九七〇	五五七三三三	二三七一八九七九二	九九四四二七
八五	五八一三二	四九九三六三	二三七七四七一二五	九九五〇〇七
八六	五八二九四	四四一二三一	二三八二四六四八八	九九五五八八
八七	五八四五六	三八二九三七	二三八六八七七一九	九九六一七一
八八	五八六一八	三二四四八一	二三九〇七六五六	九九六七五六
八九	五八七八〇	二六五八六三	二三九三九五一三七	九九七三四二
九〇	五八九四二	二〇七〇八三	二三九六六一〇〇〇	九九七九三〇
九一	五九一〇四	一四八一四一	二三九八六八〇八三	九九八五一九
九二	五九二六六	八九〇三七	二四〇〇一六二二四	九九九一一〇
九三	五九四二八	二九七七一	二四〇一〇五二六一	九九九七〇三
九四	〇〇〇〇〇	〇〇〇〇〇	二四〇一三五〇三二	一〇〇〇〇〇

冬夏二至后晨昏分立成：此《通轨》所载南京应天府晷刻也。

积日	冬至后晨分	冬至后昏分	夏至后晨分	夏至后昏分
百十日	千百十分十秒	千百十分十秒	千百十分十秒	千百十分十秒
初	二六八一七〇	七三一八三〇	一八一八三〇	八一八一七〇
一	八一六二	一八三八	一八三六	八一六四
二	八一三九	一八六一	一八五六	八一四四
三	八一〇一	一八九九	一八八七	八一一三
四	八〇四八	一九五二	一九三〇	八〇七〇
五	七九七九	二〇二一	一九八七	八〇一三
六	七八九六	二一〇四	二〇五六	七九四四
七	七七九七	二二〇三	二一三七	七八六三
八	七六八三	二三一七	二二三一	七七六九
九	七五五五	二四四五	二三三八	七六六二
一〇	七四一一	二五八九	二四五八	七五四二
一一	七二五二	二七四八	二五九〇	七四一〇
一二	七〇七八	二九二二	二七三四	七二六六
一三	六八八九	三一一一	二八九二	七一〇八
一四	六六八五	三三一五	三〇六二	六九三八
一五	六四六六	三五三四	三二四六	六七五四
一六	六二三二	三七六八	三四四一	六五五九

一

一七	五九八三	四〇一七	三六五〇	六三五〇
一八	五七一九	四二八一	三八七一	六一二九
一九	五四四一	四五五九	四一〇六	五八九四
二〇	五一四七	四八五三	四三五三	五六四七
二一	四八三九	五一六一	四六一二	五三八八
二二	四五一七	五四八三	四八八五	五一一五
二三	四一八一	五八一九	五一七一	四八二九
二四	三八二九	六一七一	五四六九	四五三一
二五	三四六四	六五三六	五七七九	四二二一
二六	三〇八五	六九一五	六一〇三	三八九七
二七	二六九二	七三〇八	六四三九	三五六一
二八	二二八四	七七一六	六七八七	三二一三
二九	一八六六	八一三四	七一四七	二八五三
三〇	一四三三	八五六七	七五二一	二四七九
三一	〇九八八	九〇一二	七九〇五	二〇九五
三二	〇五三一	九四六九	八三〇一	一六九二
三三	〇〇六一	九九三九	八七〇八	一二九二
三四	二五九五七九	七四〇四二一	九一二八	〇八七二
三五	九〇八五	〇九一五	九五五八	〇四四二
三六	八五八〇	一四二〇	一九〇〇〇〇	八一〇〇〇〇
三七	八〇六五	一九三五	〇四五二	八〇九五四八

三八	七五三九	二四六一	○九一五	九○八五
三九	七○○二	二九九八	一三八九	八六一一
四○	六四五六	三五四四	一八七三	八一二七
四一	五九○○	四一○○	二三六六	七六三四
四二	五三三六	四六六四	二八六九	七一三一
四三	四七六三	五二三七	三三八二	六六一八
四四	四一八一	五八一九	三九○三	六○九七
四五	三五九二	六四○八	四四三二	五五六七
四六	二九九六	七○○四	四九七	五
四七	二三九二	七六○八	五五一九	四四八一
四八	一七八二	八二一八	六○七三	三九二七
四九	一一六七	八八三三	六六三五	三三六五
五○	○五四四	九四五六	七二○三	二七九七
五一	二四九九一八	七五○○八二	七七七九	二二二一
五二	九二八六	○七一四	八三六一	一六三九
五三	八六五○	一三五○	八九四九	一○五一
五四	八○一○	一九九○	九五四三	○四五七
五五	七三六六	二六三四	二○○一四二	七九九八五八
五六	六七一八	三二八二	○七四七	九二五三
五七	六○六七	三九三三	一三五五	四六四五
五八	五四一四	四五八六	一九六九	八○三一
五九	四七五九	五二四一	二五八六	七四一四
六○	四一○二	五八九八	三二○七	六七九三
六一	三四四二	六五五八	三八三三	六一六七

六二	二七八一	七二一九	四四六一	五五三九
六三	二一一九	七八八一	五〇九一	四九〇九
六四	一四五六	八五四四	五七二四	四二七六
六五	〇七九三	九二〇七	六三六一	三六三九
六六	〇一二八	九八七二	六九九九	三〇〇一
六七	一三九四六三	七六〇五三七	七六四〇	二三六〇
六八	八七九八	一二〇二	八二八二	一七七八
六九	八一三三	一八六七	八九二六	一〇七四
七〇	七四六八	二五三二	九五六九	〇四三一
七一	六八〇三	三一九七	二一〇二一六	七八九七八四
七二	六一三八	三八六二	〇八六四	九一三六
七三	五四七四	四五二六	一五一二	八四八八
七四	四八一〇	五一九〇	二一六一	七八三九
七五	四一四七	五八五三	二八一〇	七一九〇
七六	二三三四八五	七六六五一五	二一三四六〇	七八六五四〇
七七	二八二三	七一七七	四一一〇	五八九〇
七八	二一六二	七八三八	四七六一	五二三九
七九	一五〇三	八四九七	五四一二	四五八八
八〇	〇八四三	九二五七	六〇六四	三九三六
八一	〇一八四	九八一六	六七一五	三二八五
八二	二二九五二六	七七〇四七四	六三六六	二　五四
八三	八八六九	一一三二	八〇一八	二
八四	八二一三	一七八七	八六六八	
八五	七五五八	二四四二	九〇二〇	

八六	六九〇四	三〇九六	九九七二	〇〇二八
八七	六二四九	三七五一	二二〇六二四	七七九三七六
八八	五五九六	四四〇四	一二七五	八七二五
八九	四九三九	五〇六一	一九二六	八〇七四
九〇	四二八六	五七一四	二五七八	七四二二
九一	三六三四	六三六六	三二二九	六七七一
九二	二九八二	七〇一八	三八八一	六一一九
九三	二三三一	七六六九	四五三四	五四六六
九四	一六八〇	八三二〇	五一九一	四八〇九
九五	一〇二九	八九七一	五八四五	四一五五
九六	〇三七八	九六二二	六四九九	三五〇一
九七	一二九七二六	七八〇二七四	七一五三	二八四七
九八	九〇七五	〇九二五	七八〇八	二一九二
九九	八四二三	一五七七	八四六四	一五三六
一〇〇	七七七三	二二二七	九一二一	〇八七九
一〇一	七一二二	二八七八	九七七八	〇二二二
一〇二	六四七一	三五二九	二三〇四三七	七六九五六三
一〇三	五八二〇	四一八〇	一〇九七	八九〇三
一〇四	五一六九	四八三一	一七五六	八二四四
一〇五	四五一八	五四八二	二四一六	七五八四
一〇六	三八六七	六一三三	三〇七八	六九二二
一〇七	三二一七	六七八三	三七四〇	六二六〇
一〇八	二五六八	七四三一	四四〇三	五五九七
一〇九	一九一九	八〇八一	五〇六七	四九三三

一一○	一二七一	八七二九	五七三一	四二六九
一一一	○六二三	九三七七	六三九五	三六○五
一一二	二○九九七六	七九○○二四	七○六○	二九四○
一一三	九三二九	○六七一	七七二六	二二七四
一一四	八六八七	一三一三	八三九一	一六○九
一一五	八○四四	一九五六	二三九○五六	七六○九四四
一一六	七四○三	二五九七	九七二一	○二七八
一一七	六七六三	三二三七	二四○三八七	七五九六一三
一一八	六一二六	三八七四	一○五一	八九四九
一一九	五四九一	四五○九	一七一五	八二八五
一二○	四八五九	五一四一	二三七八	七六二二
一二一	四二二九	五七七一	三○四	六九六○
一二二	三六○二	六三九八	三七○○	六三
一二三	二九七九	七○二一	四三六○	五六四○
一二四	二三五九	七六四一	五○一六	四九八四
一二五	一七四四	八二五六	五六七○	四三三○
一二六	一一三二	八八六八	六三二二	三六七七
一二七	○五二五	九四七五	六九七三	三○二七
一二八	一九九九二三	八○○○七七	七六一九	二三八一
一二九	九三二六	○六七四	八二六二	一七三八
一三○	八七三四	一二六六	八九○○	一一○○
一三一	八一四九	一八五一	九五三五	○四六五
一三二	七五六九	二四三一	二五○一六五	七四九八三五
一三三	六九九六	三○○四	○七九一	九二○九

一三四	六四三〇	三五七〇	一四一〇	八五九〇
一三五	五八七一	四一二九	二〇二四	七九七六
一三六	五三一九	四六八一	二六三二	七三六八
一三七	四七七五	五二二五	三二三三	六七六七
一三八	四二三九	五七六一	三八二六	六一七四
一三九	三七一三	六二八七	四四一三	五五八七
一四〇	三一九四	六八〇六	四九九二	五〇〇八
一四一	二六八五	七三一五	五五六二	四四三八
一四二	二一八六	七八一四	六一二三	三八七七
一四三	一六九六	八三〇四	六六七五	三三二五
一四四	一二一六	八七八四	七二一八	二七八二
一四五	〇七四六	九二五四	七七五一	二二四九
一四六	一九〇二八八	八〇九七一二	二五八二七三	七四一七二七
一四七	一八九八三九	八一〇一六一	八七八四	一二一六
一四八	九四〇二	〇五九八	九二八五	〇七一五
一四九	八九七六	一〇二四	九七七四	〇二六
一五〇	八五六一	一四三九	二六〇二五二	七三九七四八
一五一	八一五七	一八四三	〇七一七	九二八三
一五二	七七六七	二二三三	一一六九	八八三一
一五三	七三八六	二六一四	一六〇九	八三九一
一五四	七〇一七	二九八三	二〇三六	七九六四
一五五	六六六二	三三三八	二四五〇	七五五〇
一五六	六三一一	三六八二	二八五二	七一四八
一五七	五九八七	四〇一三	三二三九	六七六一

一五八	五六六九	四三三一	三六一二	六三八八
一五九	五三六三	四六三七	三九七二	六○二八
一六○	五○六九	四九三一	四三一七	五六八三
一六一	四七八八	五二一二	四六四八	五三五二
一六二	四五二○	五四八○	四九六四	五　三
一六三	四二六四	五七三六	五二六七	四七
一六四	四○二一	五九七九	五五五四	四四四六
一六五	三七九一	六二○九	五八二七	四一七三
一六六	三五七四	六四二六	六○八五	三九一五
一六七	三三七○	六六三○	六三二八	三六七二
一六八	三一七八	六八二二	六五五七	三四四三
一六九	二九九九	七○○一	六七六九	三二三一
一七○	二八三三	七一六七	六九六八	三○三二
一七一	二六八一	七三一九	七一五二	二八四八
一七二	二五四一	七四五九	七三一九	二六八一
一七三	二四一四	七五八六	七四七二	二五二八
一七四	二二九九	七七○一	七六一四	二三八九
一七五	二一九七	七八○三	七七三三	二二六七
一七六	二一○七	七八九三	七八四一	二一五九
一七七	二○三一	七九六九	七九三二	二○六八
一七八	一九六六	八○三四	八○一○	一九九○
一七九	一九一四	八○八六	八○七一	一九二九
一八○	一八七五	八一二五	八一一八	一八八二
一八一	一八四九	八一五一	八一四九	一八五一

一八二	一八三四	八一六六	八一六六	一八三四

　　晨分加二百五十分，为日出分。日周一万分内减晨分，为昏分。昏分减二百五十分，为日入分；又减五千分，为半昼分。故立成只列晨、昏分，则出、入及半昼分皆具，不必尽列也。

太阴迟疾立成：迟疾同用。

限数	日　率	益　　分	迟疾积度	疾历限行度	迟历限行度
百十限	十日 千百十分	十分 十秒十微十纤	度十分十 秒十微十纤	度 十分十秒	度十分十秒
初		一〇八一五七五		一二〇七一	九八五五
一	八二〇	一〇二三四二五	一一〇八一五七五	一二〇六五	九八六一
二	一六四〇	〇九六三三二五	二二一〇五〇〇〇	一二〇五九	九八六七
三	二四六〇	〇九〇一二七五	三三〇六八三二五	一二〇五三	九八七三
四	三二八〇	〇八三七二七五	四三九六九六〇〇	一二〇四七	九八七九
五	四一〇〇	〇七七一三二五	五四八〇六八七五	一二〇四	九八八六
六	四九二〇	〇七〇三四二五	六五五七八二〇〇	一二〇三三	九八五二
七	五七四〇	〇六三三五七五	七六二八一六二五	一二〇二六	九八

八	六五六〇	一〇五六一七七五	八六九一五二〇〇	一二〇一九	九九〇七
九	七三八〇	一〇四八八〇二五	七七四七六九七五	一二〇一二	九九一四
一〇	八二〇〇	一〇四一二三二五	一〇七九六五〇〇〇	一二〇〇四	九九二
一一	九〇二〇	一〇三三四六七五	一一八三七七三二五	一一九九六	九九 九
一二	九八四〇	一〇二五五〇七五	一二八七一二〇〇〇	一一九八八	九九三七
一三	一〇六六一	一〇一七三五二五	一三八九六七〇七五	一一九八〇	九九四六
一四	一一四八一	一〇〇九〇〇二五	一四九一四〇六〇〇	一一九七二	九九五四
一五	一二三〇一	一〇〇〇四五七五	一五九二三〇六二五	一一九六三	九九六二
一六	一三一二一	九九一七一七五	一六九二三五二〇〇	一一九五五	九九七一
一七	一三九四一	九八二七八二五	一七九一五二三七五	一一九四六	九九八〇
一八	一四七六一	九七三六五二五	一八八九八〇二〇〇	一一九三七	九九八九
一九	一五五八一	九六四三二七五	一九八七一六七二五	一一九二七	九九九九
二〇	一六四〇一	九五四八〇七五	二〇八三六〇〇〇〇	一一九一一	一〇〇〇八
二一	一七二二一	九四五〇九二五	二一七九〇八〇七五	一一九〇八	一〇〇一八

二二	一八〇四一	九三五一八二五	二二七 三五九〇〇〇	一一八九八	一〇〇三八
二三	一八八六一	九二五〇七七五	二三六 七一〇八二五	一一八八八	一〇〇三八
二四	一九六八一	九一四七七七五	二四五 九六一六〇〇	一一八七八	一〇〇四八
二五	二〇五〇二	九〇四二八二五	二五五 一〇九三七五	一一八六七	一〇〇五九
二六	二一三二二	八九三五九二五	二六四 一五二二〇〇	一一八五六	一〇〇六九
二七	二二一四二	八八二七〇七五	二七三 〇八八一五二	一一八四六	一〇〇八〇
二八	二二九六二	八七一六二七五	二八一 九一五二〇〇	一一八三五	一〇〇九一
二九	二三七八二	八六〇三五二五	二九〇 六三一四七五	一一八二三	一〇一〇三
三〇	二四六〇二	八四八八八二五	二九九 二三五〇〇〇	一一八一二	一〇一一四
三一	二五四二二	八三七二一七五	三〇七 七二三八二五	一一八〇〇	一〇一二六
三二	二六二四二	八二五三五七五	三一六 〇九六〇〇〇	一一七八八	一〇一三八
三三	二七〇六二	八一三三〇二五	三二四 三四九五七五	一一七七六	一〇一五〇
三四	三七八八二	八〇一〇五二五	三三二 四八二六〇〇	一一七六四	一〇一六二
三五	二八七〇二	七八八六〇七五	三四〇 四九三一二五	一一七五一	一〇一七四

三六	二九五二二	七七五九六七五	三四八 三七九二〇〇	一一七三九	一〇一八七
三七	三〇三四三	七六三一三二五	三五六 一三八八七五	一一七二六	一〇二〇〇
三八	三一一六三	七五〇一〇二五	三五三 七七〇二〇〇	一一七一三	一〇二一三
三九	三一九八三	七三六八七七五	三七一 二七一二二五	一一七〇〇	一〇二二六
四〇	三二八〇三	七二三四五七五	三七八 六四〇〇〇〇	一一六八六	一〇二三九
四一	三三六二三	七〇九八四二五	三八五 八七四五七五	一一六七三	一〇二五三
四二	三四四四三	六九六〇三二五	三九二 九七三〇〇〇	一一六五九	一〇二六七
四三	三五二六三	六八二〇二七五	三九九 九三三三二五	一一六四五	一〇二八一
四四	三六〇八三	六六七八二七五	四〇六 七五三六〇〇	一一六三一	一〇二九五
四五	三六九〇三	六五三四三二五	四一三 四三一八七五	一一六一六	一〇三〇
四六	三七七二三	六三八八四二五	四一九 九六六二〇〇	一一六二	一〇三
四七	三八五四三	六二四〇五七五	四二六 三五四六二五	一一五八七	一〇三三九
四八	三九三六三	六〇九〇七七五	四三二 五九五二〇〇	一一五七二	一〇三五四
四九	四〇一八三	五九三九〇二五	四三八 六八五九七五	一一五五七	一〇三六九

五〇	四一〇〇四	五七八五三二五	四四四二五〇〇〇〇	一一五四一	一〇三八四
五一	四一八二四	五六二九六七五	四五〇四一〇三二五	一一五二六	一〇四〇〇
五二	四二六四四	五四七二〇七五	四五六〇四〇〇〇〇	一一五一〇	一〇四一六
五三	四三四六四	五三一二五二五	四六一五一二〇七五	一一四九四	一〇四三二
五四	四四二八四	五一五一〇二五	四六六八二四六〇〇	一一四七八	一〇四四八
五五	四五一〇四	四九八七五七五	四七一九七五六二五	一一四六二	一〇四六四
五六	四五九二四	四八二二一七五	四七六九六三二〇〇	一一四四五	一〇四八一
五七	四六七四四	四六五四八二五	四八一七八五三七五	一一四二八	一〇四九七
五八	四七五六四	四四八五二五	四八六四四〇二〇〇	一一四一一	一〇五一四
五九	四八三八四	四二一四二七五	四九〇九二五七二五	一一三九四	一〇五三一
六〇	四九二〇四	四一四一〇七五	四九五二四〇〇〇〇	一一三七七	一〇五四九
六一	五〇〇二四	三九六五九二五	四九九三八一〇七五	一一三五九	一〇五六六
六二	五〇八四五	三七八八八二五	五〇三三四七〇〇〇	一一三四二	一〇五八四
六三	五一六六五	三六〇九七七五	五〇七一三五八二五	一一三二四	一〇六〇二

六四	五二四八五	三四二八七七五	五一〇 七四五六〇〇	一一三〇六	一〇六二〇
六五	五三三〇五	三二四五八二五	五一四 一七四三七五	一一二八七	二〇六三八
六六	五四一二五	三〇六〇九二五	五一七 四二〇二〇〇	一一二六九	一〇六五七
六七	五四九四五	二八七四〇七五	五二〇 四八一一二五	一一二五〇	一〇六七六
六八	五五七六五	二六八五二七五	五二三 三五五二〇〇	一一二三一	一〇六九四
六九	五六五八五	二四九四五二五	五二六 〇四〇四七五	一一二一二	一〇七一三
七〇	五七四〇五	二三〇一八二五	五二八 五三五〇〇〇	一一一九三	一〇七三三
七一	五八二二五	二一〇七一七五	五三〇 八三六八二五	一一一七四	一〇七五二
七二	五九〇四五	一九一〇五七五	五三二 九四四〇〇〇	一一一五四	一〇七七二
七三	五九八六五	一七一二〇二五	五三四 八五四五七五	一一一三四	一〇七九二
七四	六〇六八五	一五一一五二五	五三六 五六六六〇〇	一一一一四	一〇八一二
七五	六一五〇五	一三〇九〇七五	五三八 〇七八一二五	一一〇九四	一〇八三二
七六	六二三二六	一一〇四六七五	五三九 三八七二〇〇	一一〇七三	一〇八五二
七七	六三一四六	〇八九八三二五	五四〇 四九一八七五	一一〇五三	一〇八七三

七八	六三九六六	六九〇〇二五	五四一 三九〇二〇〇	一一〇三二	一〇八九四
七九	六四七八六	四七九七七五	五四二 〇八〇二二五	一一〇一一	一〇九一五
八〇	六五六〇六	二六七五七五	五四二 五六〇〇〇〇	一〇九九〇	一〇九三六
八一	六六四二六	〇五三四二五	五四二 八二七五七五	一〇九六八	一〇九五八
八二	六七二四六	三五六一六	五四二 八八一〇〇〇	一〇九六六	一〇九五九
八三	六八〇六六	一七八〇八	五四二 九一六六一六	一〇九六五	一〇九六

损分

八四	六八八八六	一七八〇八	五四二 九三四四二四	一〇九六一	一〇九六五
八五	六九七〇六	三五六一六	五四二 九一六六一六	一〇九五九	一〇九六六
八六	七〇五二六	五三四二五	五四二 八八一〇〇〇	一〇九五八	一〇九六八
八七	七一三四六	二六七五七五	五四二 八二七五七五	一〇九三六	一〇九九〇
八八	七二一六七	四七九七七五	五四二 五六〇〇〇〇	一〇九一五	一一〇一一
八九	七二九八七	六九〇〇二五	五四二 〇八〇二二五	一〇八九四	一一〇三二
九〇	七三八〇七	八九八三二五	五四一 三九〇二〇〇	一〇八七三	一一〇五三

九一	七四六二七	一一〇四六七五	五四〇四九一八七五	一〇八五二	一一〇七二
九二	七五四四七	一三〇九〇七五	五三九三八七二〇〇	一〇八三二	一一〇九四
九三	七六二六七	一五一一五二五	五三八〇七八一二五	一〇八一二	一一一一四
九四	七七〇八七	一七一二〇二五	五三六五六六六〇〇	一〇七九二	一一一三四
九五	七七九〇七	一九一〇五七五	五三四八五四五七五	一〇七七二	一一一五四
九六	七八七二七	二一〇七一七五	五三二九四四〇〇五	一〇七五二	一一一七四
九七	七九五四	二三〇一八二五	五三〇八三六八二五	一〇七三三	一一一九三
九八	八〇三六	二四九四五二五	五二八五三五〇〇〇	一〇七一三	一一二一二
九九	八一一八七	二六八五二七五	五二六〇四〇四七五	一〇六九四	一一二三
一〇〇	八二〇〇八	二八七四〇七五	五二三三五五二〇〇	一〇六七六	一一二五〇
一〇一	八二八二八	三〇六〇九二五	五二〇四八一一二五	一〇六五七	一一二六九
一〇二	八三六四八	三二四五八二五	五一七四二〇二〇〇	一〇六三八	一一二八七
一〇三	八四四六八	三四二八七七五	五一四一七四三七五	一〇六二〇	一一三〇六
一〇四	八五二八八	三六〇九七七五	五一〇七四五六〇〇	一〇六〇二	一一三二四

一〇五	八六一〇八	三七八八八二五	五〇七 一三五八二五	一〇五八四	一一三四二
一〇六	八六九二八	三九六五九二五	五〇三 三四七〇〇〇	一〇五六六	一一三三九
一〇七	八七七四八	四一四一〇七五	四九九 三八一〇七五	一〇五四九	一一三七七
一〇八	八八五六八	四三一四二七五	四九五 二四〇〇〇〇	一〇五三一	一一三九四
一〇九	八九三八八	四四八五五二五	四九〇 九二五七二五	一〇五一四	一一四一一
一一〇	九〇二〇八	四六五四八二五	四八六 四四〇二〇〇	一〇四九七	一一四二八
一一一	九一〇二八	四八二二一七五	四八一 七八五三七五	一〇四八一	一一四四五
一一二	九一八四八	四九八七五七五	四七六 九六三二〇〇	一〇四六四	一一四六二
一一三	九二六六九	五一五一〇二五	四七一 九七三六二五	一〇四四八	一一四七八
一一四	九三四八九	五三一二五二五	四六六 八二四六〇〇	一〇四三二	一一四九四
一一五	九四三〇九	五四七二〇七五	四六一 五一二〇七五	一〇四一六	一一五一〇
一一六	九五一二九	五六二九六七五	四五六 〇四〇〇〇〇	〇四〇〇	一一五二六
一一七	九五九四九	五七八五三二五	四五〇 四一〇三二五	一〇三八四	一一五四一
一一八	九六七六九	五九三九〇二五	四四四 六二五〇〇〇	一〇三六九	一一五五七

一一九	九七五八九	六〇九〇七七五	四三八六八五九七五	一〇三五四	一一五七二
一二〇	九八四〇九	六二四〇五七五	四三二五九五二〇〇	一〇三三九	一一五八七
一二一	九九二二九	六三八八四二五	四二六三五四六二五	一〇三二四	一一六 二
一二二	一〇〇〇四九	六五三四三二五	四一九九六六二〇〇	一〇三〇九	一一六二六
一二三	一〇〇八六九	六六七八二七五	四一三四三一八七五	一〇二九五	一一六三一
一二四	一〇一六八九	六八二〇二七五	四〇六七五三六〇〇	一〇二八一	一一六四五
一二五	一〇二五一〇	六九六〇三二五	三九九九三三三二五	一〇二六七	一一六五九
一二六	一〇三三三〇	七〇九八四二五	三九二九七三〇〇〇	一〇二五三	一一六七三
一二七	一〇四一五〇	七二三四五七五	三八五八七四五七五	一〇二三九	一一六八六
一二八	一〇四九七〇	七三六八七七五	三七八六四〇〇〇〇	一〇二二六	一一七〇〇
一二九	一〇五七九〇	七五〇一〇二五	三七一二七一二二五	一〇二一三	一一七一三
一三〇	一〇六六一〇	七六三一三二五	三六三七七〇二〇〇	一〇二〇〇	一一七二六
一三一	一〇七四三〇	七七五九六七五	三五六一三八八七五	一〇一八七	一一七三九
一三二	一〇八二五〇	七八八六〇七五	三四八三七九二〇〇	一〇一七四	一一七五二

一三三	一〇九〇七〇	八〇一〇五二五	三四〇 四九三一一二五	一〇一六二	一一七六四
一三四	一〇九八九〇	八一三三〇二五	三三二 四八二六〇〇	一〇一五〇	一一七七六
一三五	一一〇七一〇	八二五三五七五	三二四 三四九五七五	一〇一三八	一一七八八
一三六	一一一五三〇	八三七二一七五	三一六 〇九六〇〇〇	一〇一二六	一一八〇〇
一三七	一一二三五〇	八四八八八二五	三〇七 七二三八二五	一〇一一四	一一八一二
一三八	一一三一七〇	八六〇三五二五	二九九 二三五〇〇〇	一〇一〇三	一一八二三
一三九	一一三九九〇	八七一六二七五	二九〇 六三一四七五	一〇〇九一	一一八三五
一四〇	一一四八一〇	八八二七〇七五	二八一 九一五二〇	一〇〇八〇	一一八四六
一四一	一一五六三〇	八九三五九二五	二七三 〇八八一二五	一〇〇六九	一一八五六
一四二	一一六四五〇	九〇四二八二五	二六四 一五二二〇〇	一〇〇五九	一一八六七
一四三	一一七二七〇	九一四七七七五	二五五 一〇九三七五	一〇〇四八	一一八七八
一四四	一一八〇九〇	九二五〇七七五	二四五 九六一六〇〇	一〇〇三八	一一八八八
一四五	一一八九一〇	九三五一八二五	二三六 七一〇八二五	一〇〇二八	一一八九八
一四六	一一九七三〇	九四五〇九二五	二二七 三五九〇〇〇	一〇〇一八	一一九〇八

一四七	一二〇五五一	九五四八〇七五	二一七九〇八〇七五	一〇〇〇八	一一九一八
一四八	一二一三七一	九六四三二七五	二〇八三六〇〇〇〇	〇九九九九	一一九二七
一四九	一二二一九一	九七三六五二五	一九八七一六七二五	九九八五	一一九三七
一五〇	一二三〇一二	九八二七八二五	一八八九八〇二〇〇	九九八〇	一一九四六
一五一	一二三八三二	九九一七一七五	一七九一五二三七五	九九七一	一一九五五
一五二	一二四六五二	一〇〇〇四五七五	一六九二三五二	九九六二	一一九六三
一五三	一二五四七二	一〇〇九〇〇二五	一五九三〇六三五	九九五四	一一九七二
一五四	一二六二九二	一〇一七三五二五	一四九一四〇六〇〇	九九四六	一一九八〇
一五五	一二七一一二	一〇二五五〇七五	一三八九六七〇七五	九九三七	一一九八八
一五六	一二七九三二	一〇三三四六七五	一二八七一二〇〇〇	九九二九	一一九九六
一五七	一二八七五二	一〇四一二三二五	一一八三七七三二五	九九二二	一二〇〇四
一五八	一二九五七二	一〇四八八〇二五	一〇七九六五〇〇〇	九九一四	一二〇一二
一五九	一三〇三九二	一〇五六一七七五	〇九七四七六九七五	九九〇七	一二〇
一六〇	一三一二一二	一〇六三三五七五	八六九一五二〇〇	九九〇〇	一二〇六

一六一	一 三二〇三二	一 〇七〇三四二五	七六 二八一六二五	九八九三	一二〇
一六二	一 三二八五三	一 〇七七一三二五	六五 五七八二〇〇	九八八六	一二〇四
一六三	一 三三六七三	一 〇八三七二七五	五四 八〇六八七五	九八七九	一二〇四七
一六四	一 三四四九三	一 〇九〇一二七五	四三 九六九六〇〇	九八七三	一二〇五三
一六五	一 三五三一三	一 〇九六三二二五	三三 〇六八三二五	九八六七	一二〇五九
一六六	一 三六一三三	〇〇二三四二五	二二 一〇五〇〇〇	九八六一	一二〇六五
一六七	一 三六九五三	一 〇〇八一五七五	〇一一 八一五七五	九八五五	一二〇七一
一六八	一 三七七七三				

五星盈缩入历度率立成：五星盈缩同用。

入历策	度　　率	入历策	度　　率	入历策	度　　率
	百十度十 分十秒十微十纤		百十度 十分十秒十微十纤		百十度十 分十秒十微十纤
一	一五 二一九〇六二五〇	二	三 〇四三八一二五〇〇	三	四五 六五七一八七五〇
四	六〇 八七六二五〇〇〇	五	七 六〇九五三一二五〇	六	九一 三一四三七五〇〇

七	一〇六 五三三四三七五〇	八	一二 一七五二五〇〇〇〇	九	一三六 九七一五六二五〇
十	一五二 一九〇六二五〇〇	二	一六 七四〇九六八七五〇		

木星盈缩立成：

入历	损益率	盈缩积	行定度	行积度
策	度十 分十秒十微十纤	度十 分十秒十微十纤	十度十分 十秒十微十纤	百十度十分 十秒十微十纤
初	益一 五九〇〇八四八一	盈〇 〇〇〇〇〇〇〇〇	一六 八〇九一四七三〇	一六八 〇九一四七三一
一	一 四二〇一三五六一	六 五九〇〇八四八一	六 三九一九八一一一	三三四 四八三四五四二一
二	一 二〇〇二七一八八	三 〇一〇二二〇四一	四 一九三三四三八	四九八 六七六七一八
三	〇 九三〇四九三六二	四 二一〇四九二三〇	一 四九五五六一一	六六〇 一七二三五九〇
四	〇 六一〇八〇〇八三	五 一四〇九八五九二	一五八 二九八六三三三	八一八 四七〇九二五
五	〇 二四一一九三五二	五 七五一七八六七六	四 六〇二五六〇二〇	九七三 〇七三五五二七
六	损〇 二四一一九三五二	五 九九二九八〇二八	一四九 七七八六八九八	一二 八五二二四二五
七	〇 六一〇八〇〇八三	五 七五一七八六七六	一四六 八二六一六七	一二六八 九三四八五九三

八	○ 九三○四九三六二	五 一四○九八五九二	二 八八五六八八八	一四一 八二○五四八○
九	一 二○○二七一八八	四 二一○四九二三○	○ 一八七九○六二	一五五二 ○○八四五四二
十	一 四二○一三五六一	三 一○一○二二○四二	一三七 九八九二六八九	一六八九 九九七七二三一
十一	一 五九○○八四八一	一 五九○○八四八一	六 二八九七七六九	一八二六 二八七五○○○
初	益 一五九○○八四八	缩○ ○○○○○○○○	一三六 二八九七七六九	一九六二 五七七二七六九
一	 四二○一三五六一	一 五九○○八四八一	七 九八九二六八九	二一○○ 五六六五四五八
二	 二○○二七一八八	三 一○一○二二○四二	一四○一 八七九○六二二	二二四○ 七五四四五二
三	○ 九三○四九三六二	四 二一○四九二三○	二 八八五六八八八	二三八三 六四○一四○八
四	○ 六一○八○○八三	五 一四○四九二三○	六 ○八二六一六七	二五二九 七二二七五七五
五	○ 二四一一九三五二	五 七五一七八六七六	九 七七八六八九八	二六七九 五○一四四七二
六	损○ 二四一一九三五二	五 九九二九八○二八	一五四 六○二五六○二一	二八三四 ○四○○七五
七	○ 六一○八○○八三	五 七五一七八六七六	八 二九八六三三三	二九九二 四○二六四○八
八	○ 九三○四九三六二	五 一四○九八五九二	一六一 四九五五六一二	三一五三 八九八二○二○
九	一 二○○二七一八八	四 二一○四九二三○	四 一九三三四三八	三三一八 ○九一五四五八

十	一 四二〇一三五六一	三 〇一〇二二〇四二	六 三九一九八一一一	三四八四 四八三五二六九
十一	一五九〇〇八四八 五九〇〇八四八一	一 〇九一四七三一	八	三六五二 五七五〇〇〇〇

火星盈缩立成：

入历	损益率 度十分十秒十微十纤	盈缩积 十度十分十秒十微十纤	行定度 十度十分十秒十微十纤	行积度 百十度十分十秒十微十纤
初	益二 五八〇三九三三四	盈〇 〇〇〇〇〇〇〇	二六七 九九四五五八四	二六七 九九四五五八四
一	七 九七〇〇五〇七二	一一 五八〇三九三三四	二三一 八九一一三二二	四九九 八八五六九〇六
二	四 五九九七六三一三	一九 五五〇四四四〇六	一九八 一八八二五六三〇	六九八 〇九三九四〇六九
三	一 四六九五七二五二	二四 一五〇二〇七一九	一六六 八八六三五〇〇	八六四 九六〇二九七一
四	损〇 五四二八五〇六四	二五 六一九七七九七一	一四六 七六二一一八六	一〇一一 七二一四〇一五七
五	一 六六二七五〇八五	二五 〇六七六九二九七	一三五 五六三一一六五一	一一四七 二八五五三三二二
六	二 六〇二六二〇七二	二三 四一四一七八二一	一二六 一六四一一七八	一二七三 四四九五〇〇
七	三 三六二五〇二一七	二〇 八一一五五七五〇	一一八 五六五六〇三三	一三九二 〇一五五五三三三

八	三 九四二三九五二四	一七 四四九〇五五三三	二 七六六六七二六	一五〇四 七八二二二五九
九	四 四二二五七二九六	一三 五〇六六六〇〇九	一〇七 九六四八九五四	一六一二 七四七一二一三
十	四 五六二〇〇七五〇	九 八四〇八七一三	六 五七〇五五〇〇	一七一九 三一七六七一三
十一	四 五二二〇七九六三	四 五二二〇七九六三	六 九六九八二八七	一八二六 二八七五〇〇〇
初	益四 五二二〇七九六三	缩〇 〇〇〇〇〇〇〇〇	一〇六 九六九八二八七	一九三三 二五七三一八七
一	四 五六二〇〇七五〇	四 五二二〇七九六三	六 五七〇五五〇〇	二〇三九 八二七八七八七
二	四 四二二五七二九六	九 八四〇八七一三	七 九六四八九五四	二一四七 七九二七七四一
三	三 九四二三九五二四	一三 五〇六六六〇〇九	一二 七六六六七二六	二二六〇 五五九四四六七
四	三 三六二五〇二一七	一七 四四九〇五五三三	一一八 五六五六〇三三	二三七九 一二五〇五〇〇
五	二 六〇二六二〇七二	二〇 八一一五五七五〇	一二六 一六四四一七八	二五〇五 二八九四六七八
六	一 六六二七五〇八五	二三 四一四一七八二二	一三五 五六三一一六五	二六四一 八五二五八四三
七	〇 五四二八五〇六四	二五 〇七六九二九〇七	一四六 七六二一一八六	二七八七 六一四七〇二九
八	损一 四六九五七二五二	二五 六一九七七九七一	一六六 八八六三五〇二	二九五四 五〇一〇五三一
九	四 五九九七六三一三	二四 一五〇二〇七一九	一九八 一八八二五六三	三一五二 六八九三〇九四

十	七／九七〇〇五〇七二	一九／五五〇四四〇〇六	二一一／八九一一三三二二
			三三八四／五八〇四四一六
十一	二／五八〇三九三三四	一一／五八〇三九三三四	二六七／九九四五五八四
			三六五二／五七五〇〇〇〇

土星盈缩立成：

入历	损益率	盈缩积	行定度	行积度
策	度十分十秒十微十纤	度十分十秒十微十纤	十度十分十秒十微十纤	百十度十分十秒十微十纤
初	益二／〇〇〇一〇三四六	盈〇／〇〇〇〇〇〇〇〇	一七四／一九一六五九六	一七四／一九一六五九六
一	一／九五〇二一八一四	二／〇〇〇一〇三四六	一七一／六九二八〇六四	三四五／八八四四六六〇
二	一／六四〇四七七六五	三／九五〇三二一六〇	一六八／五九五四〇一五	五一四／四七八六七五
三	一／二七〇八八二一一	五／五九〇七九九二五	一六四／八九九四六一	六七九／三七三一三六
四	〇／八四一四三一三五	六／八六一六八一三六	一六〇／六〇四九三八五	八三九／九八四二五二一
五	〇／三五二一二五五〇	七／七〇三一一二七一	一五五／七一一八八〇〇	九九五／六九六一二一一
六	损〇／三五二一二五五〇	八／〇五五二三八二一	一四八／六六九三七〇〇	一一四四／三六五五〇二一
七	〇／八四一四三一三五	七／七〇三一一二七一	一四三／七七六三一一五	一二八八／一四一八一三六

	一	二	三	四
八	一 二七〇八八二一一	七 〇六一六八一三六	一三九 四八一八〇三九	一四二七 六二三六一七五
九	一 六四〇四七七六五	五 七九〇七九九二五	五 七八五八四八五	一五六三 四〇九四六六〇
十	一 九五〇二一八一四	四 一五〇三二一六〇	一三二 六八八四四三六	一六九六 九七九〇九六
十一	二 二〇〇一〇三四六	二 二〇〇一〇三四六	〇 一八九五九〇四	一八二六 二八七五〇〇〇
初	益一 六三〇〇五七五一	缩〇 〇〇〇〇〇〇〇	一三五 八九〇〇四九九	一九六二 一七七五四九九
一	一 四八九九八〇六四	一 六三〇〇五七五一	七 二九〇八一八六	二〇九 四六八三六八五
二	一 二七九八九六五二	三 一二〇〇三八一五	九 三九一六五九八	二二三八 八六〇〇二八三
三	一 九九九八〇五一六	四 三九九九三四六七	一四二 一九二五七三四	二三八一 〇五二六〇一七
四	〇 六四九七〇六五八	五 三九九七三九八三	五 六九三五五九二	二五二六 七四六一六〇九
五	〇 二二九六〇〇七三	六 〇四九四四六四一	九 八九四六一七七	二六七一 六四〇七七八六
六	损〇 二二九六〇〇七三	六 二七九〇四七一四	一五四 四八六六三二三	二八三一 一二七四一〇九
七	〇 六四九七〇六五八	六 〇四九四四六四一	八 六八七六九〇八	二九八九 八一五一〇一七
八	〇 九九九八〇五一六	五 三九九七三九八三	一六二 一八八六七六六	三一五二 〇三七六七八三
九	一 二七九八九六五二	四 三九九九三四六三	四 九八九五九〇二	三三一六 九三三六八五

十	一 四八九九八○六四	三 一二○○三八一五	七 ○九○四三一四	三四八五 ○八三七九九九
十一	六三○○五七五一	一 六三○○五七五一	八 四九一二○○一	三六五二 五七五○○○○

金星盈缩立成：

入历	损益率	盈缩积	行定度	行积度
策	度十 分十秒十微十纤	度十 分十秒十微十纤	十度十分 十秒十微十纤	百十度十分 十秒十微十纤
初	益○ 五三○○四八八九	盈○ ○○○○○○○○	一五七 四九一一一三九	一五七 四九一一一三五
一	五○○二一三一八	○ 五三○○四八八九	一五七 一九二七五六八	三一四 六八二八七○七
二	四四○五五五六五	一 ○三○二六二○七	一五六 五九六一八一五	四七一 二八○○五二二
三	三五一○七六三一	一 四七○八一七七二	一五五 七○一三八八一	六二六 九八一四四○三
四	二三一七七五一六	一 八二一八九四○三	一五四 五○八三七六六	七八一 四八九八一六九
五	○八二六五二一九	二 ○五三六六九一九	一五三 ○一七一四六九	九三四 五○六九六三八
六	损○ ○八二六五二一九	二 一三六三二一三八	一五一 三六四一○三一	一○八五 八七一○六六九
七	二三一七七五一六	二 ○五三六六九一九	一四九 八七二八七三四	一二三五 七四三九四○三

八 三五一〇七六三一	一 八二一八九四〇三	八 六七九八六一九	一三八四 四二三八〇二二
九 四四〇五五五六五	一 四七〇八一七七二	七 七八五〇六八五	一五三二 二〇八八七〇七
十 五〇〇二一三一八	一 〇三〇二六二〇七	七 一八八四九三二	一六七九 三九七三六三九
十一 五三〇〇四八八九	〇 五三〇〇四八八九	六 八九〇一三六一	一八二六 二八七五〇〇
初 益〇 五三〇〇四八八九	缩〇 〇〇〇〇〇〇〇	一四六 八九〇一三六一	一九七三 一七七六三六一
一 五〇〇二一三一八	〇 五三〇〇四八八九	七 一八八四九三二	二一二〇 三六六二九三
二 四四〇五五五六五	一 〇三〇二六二〇七	七 七八五〇六八五	二二六八 一五一一九七八
三 三五一〇七六三一	一 四七〇八一七七二	八 六七九八六一九	二四一六 八三一〇五九七
四 二三一七七五一六	一 八二一八九四〇三	九 八七二八七三四	二五六六 七〇三九三三一
五 〇八二六五二一九	二 〇五三六六九一九	一五一 三六四一〇三一	二七一八 〇六八〇三六二
六 损〇 〇八二六五二一九	二 一三六三二一三八	一五三 〇一七一四六九〇	二八七一 八五一八三
七 二三一七七五一六	二 〇五三六六九一九	四 五〇八三七六六	三〇二五 五九三五五九七
八 三五一〇七六三一	一 八二一八九四〇三	五 七〇一三八八一	三一八一 二九四九四七八
九 四四〇五五五六五	一 四七〇八一七七二	六 五九六一八一五	三三三七 八九一一二九三

十	五○○二一三一八	一 ○三○二六二○七	七 一九二七五六八	三四九五 ○八三八八六一
十一	五三○○四八八九	○ 五三○○四八八九	七 四九一一一三九	三六五二 五七五○○○○

水星盈缩立成：

入历	损益率	盈缩积	行定度	行积度
	度十 / 分十秒十微十纤	度十 / 分十秒十微十纤	十度十分 / 十秒十微十纤	百十度十分 / 十秒十微十纤
策 初	益○ 五八○○五八一八	盈○ ○○○○○○○○	一五七 九九一二○六八	一五七 九九一二○六八
一	五四○二○七二二	五八○○五八一八	七 五九二六九七二	三一五 五八三九○四○
二	四七○五三四四六	一 一二○二六五四○	六 八九五九六九六	四七二 四七九八七三六
三	三七一○三九八七	五九○七九九八六	五 九一○一二三七	六二八 三八○八九七三
四	二四一七二三四八	九六一八三九七三	四 六○七八五九八	七八二 九八八七五一一
五	○八二五八五二六	二 二○三五六三二一	三 ○一六四七七六	九三六 ○○五二三四七
六	损○ ○八二五八五二六	二 二八六一四八四七	一五一 三六四七七二四	一○八七 三七○○○七一
七	二四一七二三四八	二 二○三五六三二一	一四九 七七三三九○二	一二三七 一四三三九六三

日	列一（上／下）	列二	列三（上／下）	列四（上／下）
八	三七一〇三九八七／九六一八三九七三	一	八／四八〇二二六三	一三八五／六二三六二三六
九	四七〇五三四四六／五九〇七九九八六		七／四八五二八〇四	一五三三／一〇八九〇四〇
十	五四〇二〇七二二／一二〇二六五四〇	一	六／七八八五五二八	一六七九／八九七四五六八
十一	五八〇〇五八一八／五八〇〇五八一八		六／三九〇〇四三二	一八二六／二八七五〇〇〇
初	益〇／五八〇〇五八一八	缩〇	一四六／三九〇〇四三二	一九七二／六七七五四三二
一	五四〇二〇七二二／五八〇〇五八一八		六／七八八五五二八	二一一九／四六六〇九六〇
二	四七〇五三四四六／一二〇二六五四〇		七／四八五二八〇四	二二六六／九五一三七六四
三	三七一〇三九八七／五九〇七九九八六		八／四八〇二二六三	二四一五／四三一六〇二七
四	二四一七二三四八／九六一八三九七三		九／七七三三九〇二	二五六五／二〇四九二九二
五	〇八二五八五二六／二〇三五六三二一	二	一五一／三六四七七二四	二七一六／五六九七六五三
六	损〇／〇八二五八五二六	二	一五三／一六四七七六	二八六六／五八六二四二九
七	二四一七二三四八／二〇三五六三二一		四／六〇七八五九八	三〇二四／一九四一〇二七
八	三七一〇三九八七／九六一八三九七三		一／九一〇二三七	三一八一／九五一二六四
九	四七〇五三四四六／五九〇七九九八六		六／八九五九六九六	三三三六／九一〇九六〇

			一五七	三四九四
十	五四〇二〇七二二	一 一二〇二六五四〇	五九二六九七二	五八三七九三二
十一	五八〇〇五八一八	五八〇〇五八一八	一五七 九九一二〇六八	三六五二 五七五〇〇〇〇

新元史卷四一
志第八

天文上

日食日晕珥诸变
月五星凌犯及星变上

　　郭守敬创制诸仪表,台官遵用百年,测验之精,远逾前代。于是日食、月五星凌犯,与夫彗孛、飞流之躔次,凡台官所测者,毕上于中书省,而载于中书之日历。虽不论占候,然元之季世,太史尚豫推休咎,因事上言。意者司天所掌,其书禁秘,故轶而不传欤?今仍旧史之文,为《天文志》,又据本纪订其疏夺。盖旧志与本纪所书者,皆出于日历也。观天察变之君子,庶几有取焉。

　　世祖中统二年三月壬戌朔,日有食之。
　　三年十一月辛丑,日有背气,重晕三珥。
　　至元二年正月辛未朔,日有食之。
　　四年五月丁亥朔,日有食之。
　　五年十月戊寅朔,日有食之。
　　七年三月庚子朔,日有食之。
　　八年八月壬辰朔,日有食之。
　　九年八月丙戌朔,日有食之。
　　十二年六月庚子朔,日有食之。

十四年十月丙辰,日有食之。

十九年六月己丑朔,日有食之。七月戊午朔,日有食之。

二十四年七月癸丑,日晕连环,白虹贯之。十月戊午朔,日有食之。

二十六年三月庚辰朔,日有食之。

二十七年八月辛未朔,日有食之。

二十九年正月甲午朔,日有食之。有物渐侵入日中,不能既,日体如金环然,左右有珥,上有抱气。

三十一年六月庚辰朔,日有食之。

成宗大德元年四月癸巳朔,日有食之。

三年八月己酉朔,日有食之。

四年二月丁未朔,日有食之。

六年六月癸亥朔,日有食之。

七年闰五月戊午朔,日有食之。

八年五月癸未朔,日有食之。

武宗至大二年正月丁亥,白虹贯日。八月甲寅,白虹贯日。

四年正月壬辰,日赤如赭。

仁宗皇庆元年六月乙丑朔,日有食之。

二年二月丁丑,日赤如赭。

延祐元年三月己亥,白晕亘天,连环贯日。

二年四月戊寅朔,日有食之。五月甲戌,日赤如赭。乙亥,亦如之。九月甲寅,日赤如赭。戊午,亦如之。

三年五月戊申,日赤如赭。

五年二月癸巳朔,日有食之。

六年二月丁亥朔,日有食之。

七年正月辛巳朔,日有食之。三月乙未,日有晕若连环然。

八年七月丙申朔,日有食之。九月戊午朔,日有食之。

英宗至治元年三月己丑,交晕如连环贯日,六月癸卯朔,日有食之。

二年十一月甲午朔,日有食之。

泰定帝泰定四年二月辛卯,白虹贯日。九月丙申朔,日有食之。

文宗天历二年七月丙辰朔,日有食之。

至顺元年九月癸巳,白虹贯日。

二年正月己酉,白虹贯日。八月甲辰朔,日有食之。十一月壬申朔,日有食之。

三年五月丁酉,白虹并日出,长竟天。

惠宗元统元年三月癸巳,日赤如赭。闰三月丙申、癸丑、甲寅,皆如之。

二年四月戊午朔,日有食之。

至元元年十二月戊午,日赤如赭。闰十二月丁亥、戊子、己丑,皆如之。

二年二月壬辰,日赤如赭。乙未、丙申,亦如之。三月庚申、壬戌、癸卯,四月丁丑,皆如之。八月甲戌朔,日有食之。十二月甲戌,日赤如赭。

三年正月丁巳,日有交晕,左右珥上有白虹贯之。二月壬申朔,日有食之。八月癸未,日有交晕,左右珥上有白虹贯之。十月癸酉,日赤如赭。

四年八月癸亥朔,日有食之。闰八月戊戌,日赤如赭。己亥、壬寅,亦如之。九月庚寅,皆如之。

五年正月丙寅,日有交晕,左右珥上有白虹贯之。二月辛亥,日赤如赭。三月庚申、辛酉,四月丁未,皆如之。

至正元年三月壬申,日赤如赭。

二年八月庚子朔,日有食之。十月己亥朔,日有食之。

三年四月丙申朔,日有食之。

四年九月丁亥朔,日有食之。

五年九月壬午朔,日有食之。

六年二月庚戌朔,日有食之。

七年正月甲辰朔,日有食之。

八年七月丙申朔，日有食之。

九年十一月戊午朔，日有食之。

十年十一月壬子朔，日有食之。

十二年四月癸卯朔，日有食之。

十三年九月乙丑朔，日有食之。

十四年三月癸亥朔，日有食之。

十五年二月丙子，日赤如赭。五月己酉朔，日有食之。

十六年三月，有两日相荡。

十七年正月丙子朔，日有食之。七月己丑，日有交晕，连环贯之。

十八年三月己亥朔，日色如血。六月戊辰朔，日有食之。十二月乙丑朔，日有食之。

二十年五月丁亥朔，日有食之。

二十一年四月辛巳朔，日有食之。

二十五年三月壬戌，日有晕，内赤外青，白虹如连环贯之。十月辛丑，日傍有一月、一星。

二十六年二月丁卯，日有晕，左珥上有背气一道。七月辛巳朔，日有食之。

二十七年六月丙午朔，日有食之。十二月癸卯朔，日有食之。

宪宗六年六月，太白昼见。

世祖中统元年五月乙未，荧惑入南斗，留五十余日。

二年二月丁酉，太阴掩昴。六月戊戌，太阴犯角。八月丙午，太白犯岁星。十一月庚午，太阴犯昴。十二月辛卯，荧惑犯房。壬寅，荧惑犯钩钤。

三年十一月乙酉，太白犯钩钤。

至元元年二月丁卯，太阴犯南斗。四月辛亥，太阴犯轩辕御女星。五月丙戌，太阴犯房。己亥，太阴犯昴。七月甲戌，彗星出舆鬼，昏见西北，贯上台，扫紫微、文昌及北斗，旦见东北，凡四十余日。十二月甲子,太阴犯房。

二年六月丙子,太阴犯心宿大星。

四年八月庚申,填星犯天樽距星。壬戌,太白犯轩辕大星。甲子,岁星犯轩辕大星。十一月乙巳,填星犯天樽距星。

五年正月甲午,太阴犯井。二月戊子,太阴犯天关。己丑,太阴犯井。

六年十月庚子,太阴犯辰星。

七年正月己酉,太阴犯毕。九月丁巳,太阴犯井。十月庚午,太白犯右执法。十一月壬寅,荧惑犯太微西垣上将。

八年正月辛未,太阴犯毕。三月丁亥,荧惑犯太微西垣上将。九月丙子,太阴犯毕。

九年五月乙酉,太白犯毕距星。九月戊寅,太阴犯御女。十月戊戌,荧惑犯填星。十一月丁卯,太阴犯毕。

十年三月癸酉,客星青白如粉絮,起毕,度五车北,复自文昌贯斗杓,历梗河,至左摄提,凡二十一日。

十一年二月甲寅,太阴犯井宿。十月壬辰,岁星犯垒壁阵。

十二年七月癸酉,太白犯井。辛卯,太阴犯毕。九月己巳,太白犯少民。己卯,太白犯太微西垣上将。十月癸丑,太阴犯毕。十一月丙戌,太阴犯轩辕大星。十二月戊戌,填星犯亢。戊申,太阴犯毕。

十三年九月辛亥,太白犯南斗。甲寅,太白入南斗。十二月乙卯,太阴犯填星。辛酉,荧惑掩钩钤。

十四年二月癸亥,彗出东北,长四尺余。

十五年二月丁丑,荧惑犯天街。三月丁亥,太阴犯太白。戊子,太阴犯荧惑。十一月辛亥,太白、荧惑、填星聚于房。

十六年四月癸卯,填星犯键闭。七月丙寅,填星犯键闭。八月庚辰,太阴犯房宿距星。庚子,岁星犯轩辕大星。十月丙申,太阴犯太微西垣上将。十一月癸丑,太阴犯荧惑。

十七年四月庚子,岁星犯轩辕大星。七月戊申,太阴掩房宿距星。己酉,太阴犯南斗。八月丙子,太阴犯心宿东星。甲子,太阴犯右执法,并犯岁星。

十八年五月丙辰,岁星犯右执法。七月癸卯,太阴犯房宿距星。闰八月癸巳朔,荧惑犯司怪南第二星。庚戌,太阴犯昴。九月甲申,太阴犯轩辕大星。十一月甲戌,太阴犯五车次南星。丁丑,太阴犯鬼。丁亥,太阴掩心。十二月丙午,太阴犯轩辕大星。

二十年正月己巳,太阴犯轩辕御女。庚辰,太阴犯南斗,犯距星。二月庚寅,太阴掩昴。庚子,太白犯昴。壬寅,太白犯昴。乙巳,太阴犯心。三月己未,岁星犯键闭。庚申,太阴犯井。壬戌,太阴犯鬼。己巳,岁星犯房。癸酉,岁星掩房。四月己亥,太阴犯房。壬寅,太阴犯南斗。五月丙寅,太阴掩心。七月丙辰,太白犯井。癸亥,太阴犯南斗。乙丑,太白犯井。庚子,荧惑犯司怪。八月丙午,太白犯轩辕。丁未,岁星犯钩钤。九月壬子,太白犯轩辕少女。戊午,太阴犯斗。己巳,太白犯右执法。壬申,太阴掩井。癸酉,荧惑犯鬼。甲戌,太阴犯鬼,荧惑犯积尸气。太白犯左执法。十月丙申。太阴犯昴。十一月戊寅,太白、岁星相犯。十二月甲辰,太阴掩荧惑。

二十一年闰五月戊寅朔,填星犯斗。七月甲申,太白犯荧惑。九月癸巳,太白犯南斗第四星。乙未,太阴犯井。十月己酉,太阴犯轸。十一月丙戌,太阴犯昴。己亥,太阴掩舆鬼。庚子,太阴犯心。

二十二年二月辛亥,太阴犯东井。癸丑,太阴犯鬼。壬戌,太阴犯心。八月癸丑,太阴入东井。十二月己亥,岁星犯填星。

二十三年正月壬午,太阴犯轩辕太民。乙酉,太阴犯氐。二月癸巳,岁星犯壁垒阵。丙午,太阴犯井。三月己巳,太阴犯娄。五月己巳,荧惑惑犯太微西垣上将。庚辰,赠星犯垒壁阵。乙酉,荧犯太微右执法。六月丙申朔,太白犯御女。八月乙卯,太白犯轩辕右角星。九月甲申,太阴犯天关。十月甲午朔,太白犯右执法。戊戌,太阴犯建星。辛亥,太阴犯东井。甲寅,太白犯进贤。壬寅,太白犯左执法。十一月戊辰,太白犯亢。己卯,太阴犯东井。辛巳,岁星犯垒壁阵。十二月戊戌,太白犯东咸。丁未,太阴犯东井。丁巳,太阴犯氐。

二十四年正月甲戌，太阴犯东井。乙酉，太阴犯房。二月庚子，太阴犯天关。辛丑，太阴犯东井。闰二月癸亥，太阴犯辰星。甲申，太阴犯牵牛。三月丙申，太阴犯东井。四月癸酉，太阴犯氐。甲戌，太阴犯房。七月戊戌，太阴犯南斗。辛丑，太阴犯牵牛。壬寅，荧惑犯舆鬼积尸气。甲辰，荧惑犯舆鬼。壬子，太阴犯司怪。八月癸亥，太白犯亢。丙子，填星南犯垒壁阵。己卯，太阴犯天关。辛巳，太阴犯东井。甲申，太白犯房。九月丁酉，荧惑犯长垣。庚子，太白犯天江。乙巳，太阴犯毕。辛亥，荧惑犯太微西垣上将。壬子，太白犯南斗。十月壬戌，太阴犯牵牛大星。乙酉，荧惑犯左执法。十一月壬辰，太白犯垒壁阵。太阴晕太白、填星。丙申，荧惑犯太微东垣上将。庚子，太白昼见。丙辰，荧惑犯进贤。十二月丙寅，太阴犯毕。太白昼见。

二十五年正月乙巳，太阴犯角。戊申，太阴犯房。三月丁亥，荧惑犯太微东垣上相。戊子，太阴犯毕。己亥，太阴掩角。四月戊午，太阴犯井。五月戊申，太白犯毕。六月甲戌，太白犯井。丁丑，太阴犯岁星。七月己亥，荧惑犯氐。庚子，太白犯鬼。乙巳，太阴掩毕。八月丙辰，荧惑犯房。乙未，太白犯轩辕大星。九月癸未朔，荧惑犯天江。庚子，太阴犯毕。癸卯，荧惑犯南斗。十二月辛酉，太阴犯毕。甲子，太阴犯井。甲戌，太阴犯亢。荧惑犯垒壁阵。

二十六年正月辛丑，太阴犯氐。三月甲午，太阴犯亢。五月壬辰，太白犯鬼。七月戊子，太白经天四十五日。辛卯，太阴犯牛。乙未，太阴犯岁星。八月辛未，岁星昼见。九月戊寅，岁星犯井。乙未，太阴犯毕。辛丑，荧惑犯太微西垣上将。十月癸丑，太阴犯牛宿距星。甲寅，荧惑犯右执法。闰十月丁亥，辰星犯房。己丑，太阴犯毕，荧惑犯进贤，太阴犯井。十一月丁巳，荧惑犯亢。戊辰，太阴犯亢。

二十七年正月庚戌，太白犯牛。癸丑，太阴犯井。丁卯，荧惑犯房。壬申，荧惑犯键闭。二月戊寅，太阴犯毕。庚寅，太阴犯亢。三月壬子，荧惑犯钩钤。四月丙子，太阴犯井。壬辰，荧惑守氐十余日。五月乙丑，太阴犯填星。六月己丑，荧惑犯房。七月辛酉，荧惑犯天江。九月癸卯，岁星犯鬼。十月辛巳，太白犯斗。十一月戊申，太阴掩填星。辛酉，太阴掩左执法。十二月辛卯，太阴犯亢。

二十八年正月壬寅，太白、荧惑、填星聚奎。二月癸未，太阴犯左执法。甲申，太白犯昴。三月丁未，太阴犯御女。己酉，太阴犯右执法。庚戌，太阴犯太微东垣上相。乙卯，太白犯五车。四月乙未，岁星犯舆鬼积尸气。五月壬寅，太阴犯少民。甲寅，太阴犯牛。六月辛卯，太阴犯毕。七月己亥，太白犯井。八月丙寅，太白犯舆鬼。丙子，太阴犯牵牛。癸未，岁星犯轩辕大星。戊子，太白犯轩辕大星，并犯岁星。癸巳，太阴掩荧惑。九月丙辰，荧惑犯左执法。戊午，太白犯荧惑。辛酉，岁星犯少民。十月丙戌，太阴犯轩辕大星并御女。己丑，太阴犯太微东垣上相。十一月甲辰，太阴犯房。丙午，荧惑犯亢。丁未，太阴犯毕。庚申，荧惑犯氐。十二月庚辰，太阴犯御女。癸未，太阴犯东垣上相。己丑，荧惑犯房。庚寅，荧惑犯钩钤。

二十九年正月戊申，太阴犯岁星及轩辕左角。二月己巳，太阴犯毕。己丑，岁星犯轩辕大星。四月丙子，太阴犯氐。六月己丑，太白犯岁星。闰六月戊申，荧惑犯狗国。七月辛未，太阴犯牛。八月丁酉，辰星犯右执法。己亥，太白犯房。乙巳，岁星犯右执法。九月壬戌，荧惑犯垒壁阵。辛巳，太白犯南斗。十月乙巳，太阴犯井。丁未，太阴犯鬼。乙卯，太阴犯氐。十一月壬戌，太阴犯垒壁阵。己卯，太阴犯太微东垣上将。十二月庚子，太阴犯井。甲辰，太阴犯太微西垣上将。

三十年正月丙寅，太阴犯毕。丁未，太阴犯氐。庚辰，岁星犯左执法。二月壬辰，太阴犯毕。乙巳，荧惑犯天街。庚戌，太阴犯牛。癸丑，太白犯垒壁阵。三月辛未，太阴犯氐。四月癸丑，太白犯填星。六月己丑，岁星犯左执法。丙申，太阴犯斗。七月甲子，太阴犯建星。辛巳，太阴犯鬼。八月甲午，辰星犯太微西垣上将。甲辰，太阴犯毕。戊申，太阴犯鬼。九月丁卯，太阴犯毕。十月庚寅，彗星入紫微垣，抵斗魁，光芒尺许，凡一月乃灭。丙申，荧惑犯亢。己亥，太阴犯天关。辛丑，太阴犯井。十一月乙丑，太阴犯毕。丁卯，太阴犯井。庚子,太阴犯鬼。丙子,荧惑犯钩钤。戊寅,岁星犯亢。十二月乙未,太阴犯井。

三十一年四月戊申,太白昼见,又犯鬼。五月庚戌朔,太白犯舆鬼。六月丙午,太阴犯井。八月庚辰,太白昼见。戊戌,太阴犯毕。太白犯轩辕。九月丁巳,太白经天。丙寅,太阴掩填星。辛未,太阴犯轩辕。乙亥,太白犯右执法,太阴犯平道。十月壬午,太白犯左执法。癸巳,太阴掩填星。乙未,太阴犯井。十一月己酉,太阴犯亢。庚申,太阴犯毕。癸酉,太白犯房。十二月癸未,岁星犯房。丁亥,岁星犯钩钤。壬辰,太阴犯鬼。庚子,太阴犯房,又犯岁星。

成宗元贞元年正月乙卯,太阴犯填星,又犯毕。癸酉,岁星犯东咸。二月癸未,荧惑犯太阴。壬辰,太阳犯平道。癸卯,太阴犯岁星。三月庚戌,太阴犯填星。壬戌,太阴犯房。四月庚寅,太阴犯东咸。闰四月癸丑,岁星犯房。甲寅,太阴犯平道。乙卯,太阴犯亢。丁巳,太阴掩房。五月丁亥,太阴犯南斗。七月丁丑,太阴犯亢。甲申,岁星犯房。八月乙酉,太阴犯牛。壬子,太阴犯垒壁阵。九月甲午,太阴犯轩辕。戊戌,太阴犯平道。十月辛酉,辰星犯房。壬戌,辰星犯键闭。戊辰,太白昼见,太阴犯房。十一月甲戌,太白经天及犯垒壁阵。乙酉,太阴犯井。丁亥,太阴犯鬼。十二月丙辰,太阴犯轩辕。甲子,太阴犯天江。

二年正月壬午,太阴犯舆鬼。丙戌,太白昼见。丁亥,太阴犯平道。庚寅,太阴犯钩钤。二月丁未,太阴犯井。三月乙酉,太阴犯钩钤。五月丁丑,太阴犯平道。六月乙巳,太白犯天关。丁巳,太白犯填星。癸亥,太阴犯井。七月壬午,填星犯井。太白犯舆鬼。八月庚子,太阴犯亢。太白犯轩辕。癸卯,太阴犯天江。乙卯,太阴犯天街,太白犯上将。九月戊辰,太白犯左执法。壬申,太阴掩南斗。丁丑,太阴犯垒壁阵。己丑,太阴犯轩辕。十一月丁丑,太阴犯月星,又犯天街。庚辰,太阴犯井。丁亥,太阴犯上相。戊子,太阴犯平道。壬辰,太阴犯天江。十二月丁未。太阴犯井。乙卯,太阴犯进贤。

大德元年三月戊辰,荧惑犯井。癸酉,太阴掩轩辕大星。五月癸酉，太白犯鬼积尸气。乙亥，太阴犯房。六月乙未，太白昼见。七月庚午，太阴犯房。八月丁巳，祅星出奎。九月辛酉朔，祅星复犯奎。十月戊午，太白经天。十一月戊子，太白经天。十二月甲辰，太白经天，又犯东咸。丙午，太阴犯轩辕。甲寅，太阴犯心闰。十二月癸酉，太白犯建星。丙子，太白犯建星。

二年二月辛酉，岁星、荧惑、太白聚危，荧惑犯岁星。辛未，太阴犯左执法。丙子，太阴犯心。五月戊戌，太阴犯心。六月壬戌，太阴犯角。七月癸巳，太阴犯心。八月壬戌，太阴犯箕。九月辛丑，太阴犯五车南星。癸卯，太阴犯五诸侯。己酉，太阴犯左执法。十月壬戌，太白犯牵牛。戊寅，太阴犯角宿距星。十一月己亥，太阴犯舆鬼。辛丑，辰星犯牵牛。壬寅，太阴犯右执法。十二月戊午，太白经天。己未，填心犯舆鬼。乙丑，太白犯岁星，太阴犯荧惑。庚午，填星入舆鬼，太阴犯上将。甲戌，彗星出子孙星下。己卯，太阴犯南斗。

三年正月丙戌，太阴犯太白。丁酉，太阴犯西垣上将。戊戌，太阴犯右执法。乙巳，太白经天。三月乙巳，荧惑犯五诸侯。戊戌，荧惑犯舆鬼。四月己未，太阴犯上将。丙寅，填星犯舆鬼，太阴犯心。五月丙申，太阴犯南斗。己亥，太白犯毕。六月庚申，太阴掩房。丁卯，荧惑犯右执法。壬申，岁星昼见。七月己卯朔，太白犯井。丁未，太阴犯舆鬼。八月丁巳，太阴犯箕。戊辰，太白犯轩辕大星。己巳，太阴犯五车星。九月壬辰，流星色赤，尾长尺余，其光烛地，起自河鼓，没于牵牛之西，有声如雷。乙未，太阴犯昴宿距星。丁酉，太白犯左执法。十月丙子，太阴犯房。十一月乙酉，太白犯房。

四年二月戊午，太阴犯轩辕。五月甲午，太阴犯垒壁阵。辛丑，太白犯舆鬼，太阴犯轩辕。五月甲午，太阴犯垒壁阵。辛丑，太白犯舆鬼，太阴犯昴。六月丁巳，太白犯填星。七月辛卯，荧惑犯井。八月癸丑，太阴犯井。甲子，辰星犯灵台上星。闰八月庚辰，荧惑犯舆鬼。九月戊午，太白犯斗。壬戌，太阴犯舆鬼。甲子，太白犯斗。十二月庚寅，荧惑犯轩辕。癸巳，太阴犯房宿距星。

五年正月己酉，太阴犯五车。壬子，太阴犯舆鬼积尸气。辛酉，太阴犯心。二月己卯,太阴犯舆鬼。三月戊申,太阴犯御女。丁卯,荧惑犯填星。己巳,荧惑、填星相合。四月壬申,太阴犯东井。五月癸丑,太阳犯南斗。乙卯,荧惑犯右执法。丁卯,太白犯井。六月甲申,岁星犯司怪。癸巳,太白犯舆鬼,岁星犯井。甲午,太白犯舆鬼。七月丙午,岁星犯井。辛亥,太阴犯垒壁阵。庚申,辰星犯太白。八月壬辰,太阴犯轩辕御女。乙未,填星犯太微上将。九月乙丑,自八月庚辰,彗出井二十四度四十分,如南河大星,色白,长五尺,直西北,后经文昌斗魁,南扫太阳,又扫北斗、天机、紫微垣、三公、贯索,星长丈余,至天市垣巴蜀之东、梁楚之南、宋星上,长盈尺,凡四十六日而灭。十月癸未,太阴犯东井。辛卯,夜有流星,大如杯,色赤,尾长丈余,光烛地,自北起,近东徐徐而行,分为二星,前大后小,相离尺余,没于危宿。十一月己亥,岁星犯东井。戊申,太阴犯昴。十二月甲戌,岁星犯司怪。辛亥,太阴犯南斗。

六年正月壬戌,填星犯太微西垣上将。二月庚午,太阴犯昴。三月壬寅,太阴犯舆鬼。癸卯,岁星犯井。甲寅,太阴犯钩钤。四月乙丑朔,太白犯东井。戊寅,太阴犯心。庚寅,太白犯舆鬼。六月癸亥朔,填星犯太微西垣上将。乙亥,太阴犯斗。七月癸巳朔,荧惑、填星、辰星聚井。庚子,太阴犯心。戊午,太阴犯荧惑。八月乙丑,荧惑犯岁星。己巳,荧惑犯舆鬼。辛巳,太阴犯昴。壬午,太白犯轩辕。九月丙午,荧惑犯轩辕。癸丑,太阴犯舆鬼。丁巳,太白犯右执法。十月壬午,荧惑犯太微西垣上将。十一月辛亥,填星犯左执法。乙未,辰星犯房。癸卯,太阴犯昴。己酉,太阴犯轩辕。十二月庚申朔,荧惑犯填星。乙丑,岁星犯舆鬼。乙未,太阴犯舆鬼。庚辰,荧惑犯太微东垣上相。癸未,太阴犯房。

七年正月戊戌,太阴犯昴。甲辰,太阴犯轩辕。二月戊寅,太阴犯心。四月癸亥,太阴犯东井。丙寅,太阴犯轩辕。乙亥,岁星犯舆鬼,太阴犯南斗。甲申,荧惑犯太微垣右执法。丁亥,岁星犯舆鬼。五月壬辰,辰星犯东井。闰五月戊辰,太阴犯心。七月戊寅,岁星犯轩辕。己卯,太阴犯井。乙酉,荧惑犯房。八月癸巳,太白犯氐。甲午,荧惑犯东咸,太阴犯牵牛。乙巳,亢星犯轩辕。辛亥,荧惑犯天江。九月丙寅,太白昼见。辛未,荧惑犯南斗。甲戌,太阴犯东井。乙亥,太白犯南斗。壬午,辰星犯氐。十月丁亥,太白经天。辛丑,太阴犯东井。十一月己未,太白经天。丙寅,填星犯进贤。戊辰,太阴犯东井。己卯,太阴犯东咸。十二月丙戌,太白经天。夜,荧惑犯垒壁阵。丙申,太阴犯东井。辛丑,太阴犯明堂。丁未,太阴犯天江。

八年三月乙丑,自去岁十二月庚戌彗星见,约盈尺,指东南,测在室十一度,渐长尺余,复指西北,扫腾蛇,入紫微垣,至是灭,凡七十四日。

九年正月丁巳,太阴犯天关。甲子,太阴犯明堂。己巳,太阴犯东咸。三月甲寅,荧惑犯氐。戊午,岁星犯左执法。四月庚辰,太阴犯井。壬辰,太白犯井。五月癸亥,岁星掩左执法。七月丙午,荧惑犯氐。甲寅,太白经天已。丁卯,荧惑犯房。八月辛巳,太阴犯东井。乙未,荧惑犯天江。九月丁巳,荧惑犯斗。十月丙戌,太白经天。十一月庚戌,岁星、太白、填星聚于亢。癸丑,岁星犯亢。丙寅,岁星昼见。十二月壬申,太白经天。丙子,太阴犯西咸。庚寅,荧惑犯垒壁阵。己亥,辰星犯建星。

十年正月丁巳,太白犯建星。闰正月癸酉,太白犯牵牛。己丑,太白犯垒壁阵。二月戊午,太阴犯氐。三月戊寅,岁星犯亢。四月辛酉,填星犯亢。六月癸丑,太阴犯罗堰上星。己未,岁星犯亢。七月庚辰,太阴犯牵牛。八月壬寅,岁星犯氐,荧惑犯太微垣上将。九月己巳,荧惑犯太微垣右执法。壬午,荧惑犯太微垣左执法。十月甲辰,太白犯斗。辛亥,太阴犯毕。甲寅,太阴犯井。十一月辛未,岁星犯房。壬申,太阴犯虚。甲戌,荧惑犯亢。戊子,荧惑犯氐。辛卯,太阴犯荧惑。十二月壬寅,太白昼见。乙巳,岁星犯东咸。戊午,太阴犯氐。

十一年六月丙午,太阴犯南斗杓星。己巳,太阴犯亢。七月壬午,荧惑犯南斗。九月癸酉,太白犯右执法。己卯,太白犯左执法。十月乙巳,太白犯亢。己酉,荧惑犯垒壁阵。甲寅,太阴犯明堂。己未,太阴犯太白。十一月丁卯,太白犯房。丙子,太阴犯东井。乙酉,太阴犯亢。辛卯,辰星犯岁星。十二月丁巳,填星犯键闭。

武宗至大元年正月辛未,太阴犯井。甲申,太阴犯填星。二月丁未,太阴犯亢。甲寅,太阴犯牛距星。三月乙丑,太阴犯井。五月癸丑,太白犯舆鬼。七月庚申,流星起自句陈,南至于太角傍,尾迹约三尺,化为白气,聚于七公,南行,圆若车轮,微有锐,经贯索灭。壬申,太白犯左执法。八月壬子,太阴犯轩辕太民。九月壬申,填星犯房。丙子,太阴犯井。癸未,太阴犯荧惑。十月辛丑,太白犯南斗。十一月庚申,太白昼见。癸亥,荧惑犯亢。已巳,太阴掩毕。甲戌,荧惑犯氏。乙亥,辰星犯填星。闰十一月壬寅,荧惑犯房。丁未,太阴犯亢。十二月甲子,太阴犯毕。丙子,太阴犯氏。戊寅,太白掩建星。

二年二月己巳,太阴犯亢。辛未,太阴犯氏。庚辰,太阴犯太白。三月戊戌,太阴犯氏。已亥,荧惑犯岁星。丙午,荧惑犯垒壁阵。五月辛卯,太阴犯亢。六月乙卯,太白犯井。癸酉,辰星犯舆鬼。乙亥,太阴掩毕。八月乙亥,太阴犯轩辕。丁丑,太阴犯右执法。九月丙午,太阴犯进贤。十月壬申,太阴犯左执法。十一月己亥,太阴犯右执法。庚子,太阴犯上相。辛丑,荧惑犯外屏。十二月庚申,太阴犯参。癸亥,辰星犯岁星。辛未,太白犯垒壁阵。

三年正月壬辰,太阴犯轩辕御女。甲午,太阴犯右执法。丙申,太阴犯平道。二月辛亥,荧惑犯月星。庚申,荧惑犯天街,太阴犯轩辕少民。壬戌,太阴犯左执法。乙亥,太白犯月星。三月甲申,太阴犯井。庚寅,太阴犯氏。丙申,太阴犯南斗。丁未,太白犯井。甲寅,太阴犯轩辕御女。戊辰,太白昼见。五月乙酉,太阴犯平道。癸巳,荧惑犯舆鬼。六月乙卯,太阴犯氏。七月戊寅,太阴犯右执法。己卯,太阴犯上相。八月甲子,太白犯轩辕太民。乙丑,太阴掩毕大星。辛巳,太阴犯建星。辛卯,太阴犯天廪。十月甲辰朔,太白经天。丙午,太白犯左执法。癸丑,荧惑犯亢。十一月甲戌朔,太白犯亢。丁亥,太阴犯毕。十二月甲辰朔,太阴犯罗堰。庚申,太阴犯轩辕大星。

辛酉,太白犯填星。丙寅,太白犯氐。

四年二月甲子,太阴犯填星。三月丙戌,太阴犯太微上将。四月甲寅,太阴犯亢。荧惑犯垒壁阵。癸未,太阴犯氐。五月乙未,太阴犯太微东垣上相。庚戌,太阴犯氐。七月癸巳,太阴犯毕。丁酉,太阴犯鬼宿距星。闰七月丙寅,太阴犯轩辕。九月乙卯,太阴犯毕。十月丙申,太白犯垒壁阵。十一月甲寅,太阴犯舆鬼。十二月庚辰,太白经天。癸未,亦如之。甲申,太阴犯太微西垣上将。壬辰,太白经天。

仁宗皇庆元年正月癸丑,太阴犯太微东垣上相。二月壬午,太阴犯亢。三月丁酉朔,荧惑犯东井。壬寅,太阴犯东井。四月丙子,太白昼见。壬午,荧惑犯舆鬼。癸未,荧惑犯积尸气。庚寅,太白经天。六月己巳,太阴犯天关。七月戊午,太阴犯东井。八月戊辰,太白犯轩辕。辛未,太阴犯填星。壬午,辰星犯右执法。乙酉,太白犯右执法。丁亥,辰星犯左执法。九月丁巳,太白犯亢。十月丁亥,太阴犯平道。戊子,太阴犯亢。十一月己亥,太阴掩垒壁阵。十二月甲申,荧惑、填星、辰星聚井。戊子,太阴犯荧惑。

二年正月戊申,太阴犯三公。三月庚子,荧惑犯垒壁阵。丁未,彗出东井。七月己丑朔,岁星犯东井。辛卯,太白昼见。乙未、丙辰,皆如之。丁巳,太白经天。八月戊午朔,太白昼见。壬戌,岁星犯东井。壬午,太阴犯舆鬼。

延祐元年二月癸酉,荧惑犯东井。三月壬辰,太阴掩荧惑。闰三月辛酉,太阴犯舆鬼。丙寅,太阴犯太微东垣。五月戊午,辰星犯舆鬼。六月乙未,荧惑犯右执法。十月庚戌,辰星犯东咸。十二月甲子,太阴犯舆鬼。癸卯,太阴犯房。甲辰,太阴犯天江。

二年正月乙卯,岁星犯舆鬼。己未,太白昼见。癸亥,太阴犯轩辕。丁卯,太阴犯进贤。二月戊子,太白昼见。癸巳,太白经天。丙午,亦如之。三月丙辰,太阴色赤如赭。四月庚子,太阴犯垒壁阵。五月辛酉,太阴犯天江。庚午,太白昼见。六月甲申,太白昼见。是夜,太阴犯平道。癸卯,太白犯东井。丙申,辰星犯舆鬼。九月己酉,太阴犯房。辛酉,太白犯左执法。十月丙子朔,客星见太微垣。十一月丙午,客星变为彗,犯紫微垣,历轸至壁十五宿,明年二月庚寅乃灭。

三年九月癸丑,太白昼见。丙寅,太白经天。十月甲申,太白犯斗。

四年三月乙酉,太阴犯箕。六月乙巳,太阴犯心。八月丙申,荧惑犯舆鬼。壬子,太阴犯昴。九月庚午,太阴犯斗。

六年正月戊寅,太阴犯心。二月己亥,太阴犯灵台。三月己巳,太阴犯明堂。癸酉,太阴犯日星。甲戌,太阴犯心。五月辛酉,太阴犯灵台。丁卯,太阴犯房。丙子,太阴犯垒壁阵。六月己亥,岁星犯东咸。七月壬戌,太阴犯心。丙子,太白犯太微垣右执法。八月乙酉,荧惑犯舆鬼。闰八月丙辰,辰星犯太微垣右执法。丁巳,太阴犯心。癸亥,荧惑犯轩辕。甲子,太阴犯垒壁阵。乙亥,太白犯东咸。十月癸亥,荧惑犯太微垣左执法。乙丑,太阴犯昴。戊辰,太阴犯东井。庚午,太白昼见。辛未,太阴犯轩辕。辛卯,荧惑犯进贤。庚子,太阴犯明堂。十二月丙寅,太阴犯轩辕。

七年正月乙未,太阴犯明堂上星。癸卯,太阴犯斗宿东星。二月辛酉,太阴犯轩辕御女。壬戌,太阴犯灵台。丁卯,太阴犯日星。庚午,太阴犯斗宿距星。三月戊子,太阴犯酒旗上星,荧惑犯进贤。庚寅,太阴犯明堂上星。四月甲寅,太白犯填星。壬戌,太阴犯房宿距星。五月庚寅,太阴犯心宿东星。癸巳,太阴犯狗宿东星。丙申,太白犯毕宿距星。六月庚申,太阴犯斗宿东星。癸亥,太阴犯垒壁阵西二星。丁卯,太白犯井宿东扇第三星。辛未,太阴犯昴宿。七月丁亥,太阴犯斗宿东二星。戊戌,荧惑犯房宿上星。己亥,太阴犯昴宿距星。八月丙辰,太白犯灵台上星。乙丑,荧惑犯天江。丁卯,太白犯太微垣右执法。壬申,太阴犯轩辕御女。九月乙酉,太阴犯垒壁阵西二星。丙戌,荧惑犯斗宿。癸巳,太阴犯昴宿东星。己亥,太白犯亢星。十月庚戌,太阴犯荧惑于斗。癸亥,太阴犯井宿。十一月癸卯,荧惑犯垒壁阵。乙卯,太阴掩昴宿。戊午,太阴犯井宿东星。庚申，太阴犯鬼宿。

英宗至治元年正月乙未，太阴掩房宿距星。甲辰，辰星犯外屏
西第一星，辰星、太白、荧惑、填星聚于奎宿。二月壬子，太白、荧惑、
填星聚于奎宿。辛酉，太白犯荧惑。癸亥，太阴犯心宿大星，又犯心
宿东星。三月丁丑，太阴掩昴宿。四月戊午，太阴犯心宿大星。庚
辰，太阴犯斗宿东第三星。五月戊寅，太白犯鬼宿积尸气，太阴犯轩
辕右角。庚辰，太阴犯明堂中星。六月己未，太阴犯虚梁东第二星。
辛酉，太白经天。七月癸未，太阴犯昴宿。八月丁未，太阴犯心宿前
星。己酉，太阴犯斗宿西第二星。壬子，荧惑犯轩辕大星。九月乙
亥，荧惑犯灵台东北星。壬午，荧惑犯太微西垣上将。丁酉，荧惑犯
太微垣右执法。十月甲辰，太白经天。戊申，荧惑犯太微垣左执法。
十一月辛未，荧惑犯进贤。丙子，太阴犯虚梁东第一星。戊寅，辰星
犯房宿上星。丙戌，太阴犯井宿东扇北第二星。己丑，太阴犯酒旗
西星，又犯轩辕右角。辛卯，太阴犯明堂中星。己亥，太白犯西咸南
第一星。十二月甲辰，荧惑犯亢宿南第一星。庚戌，太阴犯昴宿东
第一星。辛酉，荧惑入氐宿。

二年正月丁丑，太阴犯昴宿距星。庚辰，太白犯建星西第二星。
辛巳，太白犯建星西第三星。辛卯，太阴犯心宿太星。甲午，荧惑犯
房宿上星。丁酉，太白犯牛宿南第一星。二月己亥朔，荧惑犯键闭
星。丙午，荧惑犯罚星南一星。戊申，太阴犯井宿东扇北第二星。庚
戌，荧惑犯东咸北第二星。辛亥，太阴犯酒旗西第一星及轩辕右角
星。壬子，太白犯垒壁阵西方第二星。癸丑，太阴犯明堂中星。己
未，太阴犯天江南第一星。壬戌，太白犯垒壁阵第六星。五月丙子，
荧惑退犯东咸南第一星。六月壬申，荧惑犯心宿距星。七月己亥，
荧惑犯天江南第一星。戊午，太阴犯井宿钺星。九月己未，太阴犯
明堂中星。十月庚辰，太阴犯井宿距星。辛巳，太阴犯井宿东扇北
第二星及第三星。己丑，荧惑犯垒壁阵西第六星。十一月甲辰，太
白犯垒壁阵第一星。乙巳，荧惑犯垒壁阵西第八星。戊申，太阴掩
井宿东扇北第二星。己未，太阴犯东咸南第一星。庚申，太阴犯天

江上第二星。辛酉，荧惑犯岁星。十二月乙丑，太白、岁星、荧惑聚于室，太白犯垒壁阵西第八星。乙亥，太阴掩井宿距星。戊寅，太白犯岁星。己丑，荧惑犯外屏西第三星，太阴犯建星西第二星。

三年正月壬寅，太阴犯钺星，又犯井宿距星。癸卯，太阴犯井宿东扇南第二星。二月癸亥朔，荧惑、太白、填星聚于胃宿。癸酉，太白犯昴宿。辛巳，太阴犯东咸南第一星、第二星。五月戊戌，太白经天。癸卯，太阴犯房宿第二星。庚戌，太白犯毕宿右股第三星。六月癸未，填星犯毕宿距星。九月辛卯，填星退犯毕。十月己巳，太白犯亢。丙子，太白犯氐。十一月己丑朔，荧惑犯亢。庚寅，太白犯钩钤。乙未，太白犯东咸。壬寅，荧惑犯氐。十二月己巳，辰星犯垒壁阵。辛未，荧惑犯房。辛巳，荧惑犯东咸。

泰定帝泰定元年五月丙午，太白犯鬼宿。丁未，太白又犯鬼宿积尸气。十月丙寅，太白犯斗宿距星。己巳，太白入斗宿魁，太阴犯填星。庚午，太白犯斗。壬午，荧惑犯垒壁阵。十二月庚午，荧惑犯外屏。乙亥，太白经天。

二年正月丙戌，辰星犯天鸡。壬寅，太白犯建星。二月庚寅，荧惑、岁星、填星聚于毕宿。六月丙戌，填星犯井宿钺星。丙午，填星犯井宿。八月癸巳，岁星犯天樽。十月壬辰，荧惑犯氐宿。癸巳，填星退犯井宿。十一月戊午，填星退犯井宿钺星。十二月乙酉，荧惑犯天江，辰星犯建星。甲午，太白犯垒壁阵。

三年正月辛酉，太白犯外屏。三月丙午，填星犯井宿钺星。戊辰，荧惑犯垒壁阵，填星犯井宿。庚午，填星、太白、岁星聚于井。四月戊戌，太白犯鬼宿。壬寅，荧惑犯垒壁阵。七月戊辰，太白经天，至于十二月。八月丁酉，太白犯轩辕御女。九月壬戌，太白犯太微垣右执法。十月辛巳，太白犯进贤。

四年正月己酉，太白犯斗宿。三月丁卯，荧惑犯井宿。九月壬子，太白犯房宿。闰九月己巳，太白经天，至十二月。十月乙巳，昼有流星。戊午，辰星犯东咸。十一月癸酉，太白犯垒壁阵，荧惑犯天江。十二月己未，岁星退犯太微西垣上将。

致和元年二月壬戌，太白昼见。五月庚辰，流星如缶大，光明烛地。七月丙戌，太白犯轩辕大星。

文宗天历元年九月庚辰，太白犯亢宿。

二年正月甲子，太白犯垒壁阵。二月己酉，荧惑犯井宿。五月庚申，太白犯鬼宿积尸气。六月丁未，太白昼见。七月癸亥，太白经天。十一月癸酉，太阴犯填星。

至顺元年七月庚午，岁星犯氐宿。八月戊辰，太白犯氐宿。九月己丑，荧惑犯鬼宿。甲午，荧惑犯鬼宿。十一月甲申，荧惑退犯鬼宿。丙戌，太白犯垒壁阵。

二年二月壬子，太白昼见。乙卯，太白昼见。乙卯，太白犯昴。三月丙子朔，荧惑犯鬼宿。己卯，荧惑犯鬼宿积尸气。五月丁丑，荧惑犯轩辕左角。甲午，太白犯毕宿。庚子，太阴犯太白。辛丑，太白经天。六月丁未，太白昼见。丁卯，太阴犯毕，太白犯井。八月乙卯，太白犯轩辕大星。庚申，太白犯轩辕左角。九月丙子，太白犯填星。十一月壬申朔，太白犯钩铃。

三年五月癸酉，荧惑犯东井。

新元史卷四二
志第九

天文下

月五星凌犯及星变下

惠宗元统元年正月癸酉,太白昼见。二月戊戌,复如之。己亥,填星退犯太微东垣上相。丙辰,太阴犯天江下星。三月戊寅,太阴犯太微东垣上相。五月丁酉,荧惑犯太微垣右执法。六月丁丑,太阴犯垒壁阵西第二星。七月己亥,太阴犯房宿北第二星。九月甲午,太阴犯东咸西第一星,填星犯进贤。乙未,太阴犯天江下星。丁巳,太阴犯填星。己未,太阴犯氐宿距星。十月甲子,太阴入犯斗宿魁东北星。十一月甲午,太阴犯垒壁阵西方第二星。辛亥,太阴犯太微东垣上相。壬子,太阴犯填星。癸丑,太阴犯亢宿南第一星。十二月癸酉,太阴犯鬼宿东北星。乙亥,太白犯垒壁阵西第八星,太阴犯轩辕夫人星。己卯,太阴犯进贤。癸未,太阴犯东咸西第二星。

二年正月壬寅,太阴犯轩辕夫人星。庚戌,太阴犯房宿北第二星。二月癸酉,太阴犯太微东垣上相。丁亥,太白经天。三月辛丑,太阴犯进贤,又犯填星。四月丁丑,太白经天。戊寅,太白昼见。辛巳、壬午皆如之。壬午,太白犯鬼宿积尸气。七月己亥,太白经天。甲辰、丙午,皆如之。己酉,太白昼见。夜,流星如酒杯大,色赤,尾约长五尺余,其光烛地,起自天津之侧,没于离宫之南。庚戌,太白经天。壬子,复如之,荧惑入犯鬼宿积尸气。癸丑,太白经天。甲寅,

亦如之。八月丙辰朔，太白经天。丁巳、戊午、己未，皆如之。癸亥、
丙寅、戊辰、辛未、壬申、癸酉、甲戌、丁丑、己卯，皆如之。己卯，夜，
太白犯轩辕御女星。庚辰，太白经天。壬午，亦如之。九月庚寅，太
白经天。壬辰，太白入南斗魁。癸巳，太阴犯狗宿东星，太白犯灵台
中星。甲午，太白经天。乙未、己亥、壬寅，皆如之。乙巳，太白犯
太微垣右执法。壬子，太白犯太微垣左执法。十月癸亥，荧惑犯太微
西垣上将，太白犯进贤。乙亥，太阴犯轩辕夫人星，太白犯填星。十
一月乙未，填星犯亢宿距星。庚戌，荧惑犯太微东垣上相。

　　后至元元年二月甲戌，荧惑逆行入太微垣。四月壬戌，太阴犯
太微垣左执法。五月癸卯，太阴犯垒壁阵东方第四星。六月壬戌，
太阴犯心宿大星。七月乙未，太阴犯垒壁阵西方第二星。八月辛亥，
荧惑犯氐宿东南星。九月丁亥，太阴犯斗宿东南星。庚寅，太阴犯
垒壁阵西方第二星。十月甲寅，荧惑犯斗宿西第二星。庚申，太阴
犯垒壁阵东方东第二星。甲子，太阴犯昴宿西第二星。丁卯，太白
犯斗宿魁第三星。戊辰，太白昼见。十一月甲申，太白经天。丙戌，
亦如之。己丑，辰星犯房宿上星及钩钤星。丙申，太阴犯鬼宿东北
星。己亥，太阴犯太微西垣上将。庚子，太阴犯太微垣左执法。十
二月壬子，太阴犯垒壁阵西方第二星。辛酉，太白犯垒壁阵东方第
六星。甲子，太白经天。乙丑，太阴犯轩辕夫人星。丙寅，太白经天。
丁卯，亦如之。太阴犯太微垣右执法。庚午，太白经天。壬申，亦如
之。癸丑，岁星昼见。乙亥，太白、岁星皆昼见。戊寅，太白经天，岁
星昼见。闰十二月乙酉，荧惑犯垒壁阵西第八星。庚子，太阴犯心
宿大星。壬寅，太阴犯箕宿距星。癸卯，太阴犯斗宿东南星。

　　二年正月壬戌，太阴犯太微垣右执法。甲子，太阴犯角宿距星。
丁卯，太阴犯房宿距星。二月辛巳，太阴犯昴宿距星。甲申，太白经
天。己丑，太阴犯太微垣右执法。三月壬戌，太阴犯心宿距星。甲
子，太阴犯箕宿距星。乙丑，太阴犯斗宿东南星。四月丙戌，太阴犯
角宿距星。五月庚戌，太阴犯灵台第一星。五月丙辰，太白昼见。丁
巳，亦如之。六月戊子，太白犯井宿东扇北第二星。七月己酉，太白

犯鬼宿东南星。乙卯，太白犯荧惑。八月己卯，太阴犯心宿东第一星。辛巳，太阴犯箕宿东北星。九月庚戌，荧惑犯太微西垣上将。十月丙子，荧惑犯太微垣左执法。丁亥，太阴犯昴宿。己亥，荧惑犯进贤。十一月己酉，太阴犯垒壁阵西第八星。己未，太阴犯鬼宿积尸气。丁卯，太阴犯房宿距星。

三年三月辛亥，太阴犯灵台上星。四月甲戌，有星孛于王良，至七月壬寅没于贯索。辛卯，太阴犯垒壁阵西方第五星。庚子，太白昼见。五月壬寅，太白犯鬼宿东北星。乙巳太阴犯轩辕左角。戊申，太白昼见。己未，太阴犯垒壁阵西方第六星。辛酉，太白昼见。丁卯，彗星见于东北，如天船星大，色白，长约尺余，彗指西南，测在昴五度。六月庚午，太白经天。辛未、甲戌，皆如之。乙亥，太白犯灵台上星。己未，太白经天。夜，太白犯太微西垣上将。壬午，太白昼见，太阴犯斗宿尖星。丁亥，太白犯太微垣右执法。己丑，太白昼见。庚寅，亦如之。七月癸卯，太白经天。乙巳、丙午，皆如之。庚戌，太白昼见。甲寅，太白经天。辛酉，太白昼见。壬戌，太白经天。癸亥、甲子，皆如之。八月庚午，彗星不见。其星自五月丁卯始见，戊辰，往西南行，日益渐远，至六月辛未，芒彗愈长，约二尺余，丁丑扫上丞，己卯光芒约三尺余，入环卫，壬午，扫华盖、杠星，乙酉扫钩陈大星及天皇大帝，丙戌贯四辅，经枢心，甲午出环卫，丁酉，出紫微垣，戊戌犯贯索，扫天纪，七月庚子扫河间，癸卯经郑晋，入天市垣，丙午扫列肆，己酉太阴光盛，微辨芒彗，出天市垣，扫梁星，至辛酉，光芒微小，在房宿键闭之上、钤星中星之西，难测，日渐南行，至是凡见六十有三日，自昴至房，凡历一十五宿而灭。甲戌，太阴犯心宿后星。九月己亥，荧惑犯斗宿西第二星。甲辰，太阴犯斗宿魁第二星。丁未，太阴犯垒壁阵西第一星。己酉，太阴犯垒壁阵西第八星。辛酉，太阴犯轩辕大星。十月庚午，太白昼见。丙子，太阴犯垒壁阵西方第七星。壬午，太阴犯昴宿上行星。丁亥，太白昼见，太阴犯鬼宿积尸气。庚寅，太白昼见。辛卯、丙申，皆如之。十一月丁酉，太白经天。戊戌，太白犯亢宿距星。己亥，太白经天。壬寅，太阴犯荧惑。

癸卯，太阴犯垒壁阵西第六星。丁未，填星犯键闭。辛亥，太阴犯五
车东南星。甲寅，太阴犯鬼宿西北星。丙辰，太阴犯轩辕左角。丁
巳，太白经天，太阴犯太微垣三公东南星。戊午，太白经天。癸亥、
甲子、乙丑，皆如之。十二月己巳，岁星退犯天樽东北星。填星犯罚
星南一星。甲戌，荧惑犯垒壁阵东第五星，太白犯东咸上星。

　　四年正月癸卯，太白犯建星西第三星。丙午，太阴犯五车东南
星。辛亥，太阴犯轩辕左角。己未，填星犯东咸上星。庚申，太阴入
斗魁，太白犯牛宿。二月戊寅，太阴犯轩辕大星。己卯，太阴犯灵台
中星，三月戊申，填星退犯东咸上星。六月辛巳，填星退犯键闭星。
闰八月己亥，填星犯罚星南第一星，太阴犯斗宿南第二星。庚戌，
太阴犯昴宿南第二星。乙卯，太阴犯鬼宿东南星。九月丙寅，太阴犯
斗宿距星。戊辰，太白犯东咸上第二星。癸丑，奔星如酒杯大，色白，
起自右旗之下，西南行，没于近浊。甲申，太阴犯轩辕御女。乙酉，
太阴犯灵台南第一星。庚寅，太白犯斗宿北第二星。十月辛亥，太
阴犯酒旗上星。十一月辛未，荧惑犯氐宿距星。丁丑，太阴犯鬼宿
东南星。戊寅，太白犯垒壁阵西第六星。十二月庚子，荧惑犯房宿
上星。癸卯，太白经天。己酉、庚戌、辛亥，皆如之。壬子，荧惑犯东
咸上第二星。乙卯，太白犯外屏西第二星，太阴犯斗宿距星。丙辰，
太白经天。

　　五年正月庚午，太阴犯井宿东扇上星。乙亥，荧惑犯天江上星。
二月甲午，太阴犯昴宿上西第一星。壬寅，太阴犯灵台下星。四月
壬寅，太阴犯日星及犯房宿距星。五月庚午，太阴犯心宿后星。壬
申，太阴犯斗宿西第四星。丙子，太白犯毕宿右股西第三星。六月
甲辰，荧惑退入南斗魁内。七月辛酉，荧惑犯南斗魁尖星。壬戌、甲
子，皆如之。太阴犯房宿距星。甲戌，太白经天。乙亥、丙子、戊寅、
乙酉、丙戌，皆如之。八月戊子，太白经天。己丑、庚寅、辛卯，皆如
之。甲午，太阴犯斗宿西第四星。丁酉，太白犯轩辕大星。戊戌，太
白经天。己亥、壬寅、甲辰，皆如之。乙巳，太阴犯昴宿上行西第三
星。九月戊午，太白经天。己未，亦如之。十月己亥，荧惑犯垒壁阵

西方第六星。十一月丁巳，荧惑犯垒壁阵东方第五星。十二月甲午，太阴犯昴宿距星。癸卯，荧惑犯外屏西第三星。

六年正月丁卯，太阴犯鬼宿距星。乙亥，太阴犯房宿距星。二月己丑，太阴犯昴宿。丙申，太阴犯太微西垣上将。癸卯，太阴犯心宿大星。丁未，太阴犯罗堰南第一星。戊申，荧惑犯月星。己酉，彗星如房星大，色白，状如粉絮，尾迹约长五寸余，彗指西南，测在房七度，渐在西北行。太阴犯虚梁南第二星。三月癸丑，太阴犯轩辕右角。庚午，太阴犯房距星。壬申，太阴犯南斗杓第二星。丙子，太阴犯虚梁南第一星。戊寅，太白犯月星。辛巳，彗星不见。自二月己酉，及三月庚辰，凡见三十二日。四月乙巳，太阴犯云雨西北星。五月丁卯，太阴犯斗宿西第二星。辛未，太阴犯虚梁西第二星。六月癸卯，太白昼见。己酉、辛亥，皆如之。太白又犯岁星，又太白、岁星皆犯右执法。七月甲寅，太白昼见。丁巳，复如之。庚申，太阴犯心宿距星，又犯中央大星。壬戌，太白昼见。癸亥，复如之。甲子，太阴犯罗堰。乙丑，太白昼见。丙寅、癸酉，皆如之。九月辛酉，太阴犯虚梁北第一星。丁卯，太阴犯昴宿距星，荧惑犯岁星。甲戌，太阴犯轩辕右角。十月丁酉，太白入南斗魁。己亥，太白犯斗宿中央东星。十一月乙卯，太阴犯虚梁西第一星。戊午，荧惑犯氐宿距星。丙寅，辰星犯东咸上第一星。戊寅，辰星犯天江北第一星。十二月癸未，太阴犯虚梁北第一星。乙酉，太阴犯土公东星。丁亥，荧惑犯钩钤南星。乙未，荧惑犯东咸北第二星。戊戌，太阴犯明堂星。

至正元年正月甲寅，荧惑犯天江上星。庚申，太阴犯井宿东扇北第二星。辛未，太阴犯心宿距星。癸酉，太阴犯斗宿北第二星。甲戌，太白昼见。乙亥、丙子、丁丑，皆如之。二月己卯，太白昼见。庚辰、丙戌，皆如之。癸巳，太阴犯明堂东南星。三月癸酉，太阴犯云雨西北星。六月庚午，太阴犯井宿距星。七月乙酉，太阴犯填星。庚寅，太阴犯云雨西北星。九月庚辰，太阴犯建星南第二星。壬辰，太阴犯钺星，又犯井宿距星。十月己卯，岁星犯氐宿距星。丁巳，太阴犯月星。十一月己亥，太阴犯东咸南第一星。庚子，太阴犯天江北第二星。十二月丁巳，太白犯垒壁阵东方第五星。

二年正月戊子，太阴犯明堂北第二星。甲午，荧惑犯月星。三月戊子，太阴犯房宿北第二星。四月庚申，太阴犯罗堰上星。五月甲申，太白经天。七月乙未，太阴掩太白。丁酉，太白昼见。八月丙午，太白昼见。九月丁丑，太阴犯罗堰北第一星。戊子，太阴犯井宿东扇南第一星。十月癸丑，太阴犯建星北第三星。甲寅，太阴犯天关。十一月辛卯，岁星、荧惑、太白聚于尾宿。

三年二月甲辰，太阴犯井宿西扇北第二星。填星犯牛宿南第一星。荧惑犯罗堰南第一星。乙卯，太阴犯氐宿东南星。三月壬午，太阴又犯氐宿东南星。七月庚辰，太白犯右执法。

四年十二月壬戌，太阴犯外屏西第二星。

七年七月丙辰，太阴犯垒壁阵东第四星。十一月庚戌，太阴犯天廪西北星。

八年二月庚辰，太阴犯轩辕左角。癸未，太阴犯平道东星。三月丙辰，太阴犯建星西第一星。八月丙子，太阴犯垒壁阵西方第五星。九月己未，太阴犯灵台东北星。

九年正月庚戌，太白犯建星东第三星。辛亥，太阴犯平道西星。二月甲申，太阴犯建星西第二星。三月己亥，太白犯垒壁阵东方第六星。七月丙午，太阴犯垒壁阵东方南第一星。癸丑，太阴犯天关。九月丙戌，荧惑犯灵台上星。十一月戊辰，太阴犯毕宿左股北第三星。庚辰，太白犯垒壁阵西方第二星。十二月戊戌，太阴犯垒壁阵东方第五星。

十年正月壬申，太阴犯荧惑。二月辛丑，太阴犯平道东星。甲辰，太阴犯键闭。三月己卯，荧惑犯太微西垣上将。四月丙午，太白犯鬼宿西北星。六月，有星大如月，入北斗，震声若雷。七月辛酉，太阴犯房宿北第一星。辛未，太白昼见。壬申、丁丑、壬午，皆如之。八月癸未朔，太白昼见。丁酉，复如之。九月癸丑朔，太白昼见。壬戌，荧惑犯天江南第二星。十月癸巳，岁星犯轩辕大星。丙申，太阴犯昴宿东第二星。十一月戊辰，太阴犯鬼宿东北星。十二月乙未，太阴犯鬼宿西北星。

十一年正月丙辰，辰星犯牛宿西南星。二月庚寅，太阴犯鬼宿东北星。乙未，太阴犯太微东垣上相。丁酉，太阴犯亢宿距星。三月丁卯，太阴犯东咸第二星。戊辰，太阴犯天江西第一星。七月己未，太阴犯斗宿东第三星。壬戌，太白犯右执法。甲子，太阴犯垒壁阵东方第一星。己巳，太白犯太微垣左执法。荧惑入犯鬼宿积尸气。八月乙酉，太阴犯天江南第二星。九月乙卯，辰星犯太微垣左执法。丁巳，太白犯房宿第二星。戊辰，太阴犯鬼宿东北星。十月戊寅，荧惑犯太微西垣上将。辛巳，太阴犯斗宿距星。乙酉，太白犯斗宿西第一星。己丑，太白昼见。荧惑犯岁星。辛卯，太白犯斗宿西第四星。癸巳，岁星犯右执法。丙午，荧惑犯太微垣左执法。十一月辛亥，孛星见于奎宿。癸丑，孛星见于娄宿。甲寅，孛星见于胃宿，乙卯，亦如之。丙辰，孛星见于昴宿。丁巳，太阴犯填星，孛星微见于毕宿。丁卯，太白昼见。庚午，岁星昼见。十二月丙子，太白昼见。丁丑，太白经天。庚辰，亦如之。太白犯垒壁阵西方第六星。甲申，太阴犯填星。丙戌，太白经天，太白犯垒壁阵西方第七星。辛卯，太白经天。壬辰、甲午，皆如之。丁酉，太白昼见，太阴犯荧惑。庚子，太白经天。辰星犯天江西第二星。辛丑，太白经天。壬寅，太白昼见。

十二年正月乙丑，太阴犯荧惑。己巳，岁星犯右执法。二月庚寅，太阴犯太微东垣上相。癸巳，太阴犯氐宿距星。三月戊午，太阴犯进贤。壬戌，太阴犯东咸西第一星。戊辰，太白昼见。五月癸酉，太白犯填星。六月辛亥，太白犯井宿东第二星。七月丁酉，辰星犯灵台北第二星。八月丁卯，太白犯岁星。九月壬辰，太阴犯轩辕南第三星。十月戊午，太阴犯鬼宿东北星。甲子，太阴犯岁星。乙丑，太阴犯亢宿南第一星。十一月庚寅，太阴犯太微东垣上相。

十三年正月乙酉，太阴犯太微东垣上相。戊戌，荧惑、太白、辰星聚于奎宿。二月己酉，太阴犯轩辕南第三星。庚戌，太白犯荧惑。壬子，太阴犯太微东垣上相。四月辛丑，太白犯井宿东扇北第一星。

辛亥,太阴犯房宿北第二星。五月乙亥,太阴犯岁星。七月戊辰,太白昼见。九月庚寅,太阴犯荧惑。壬辰,太白经天,荧惑犯左执法。十月庚子,太白经天。甲辰,岁星犯氐宿距星。癸亥,太白犯亢宿距星。十一月壬申,太阴犯垒壁阵东方第四星。十二月丁酉,太白犯东咸北第一星。庚子,荧惑入氐宿。丁巳,太阴犯心宿距星。

十四年正月乙丑,荧惑犯岁星。丁卯,太阴犯建星西第二星。癸酉,荧惑犯房宿北第一星。二月戊午,太白犯垒壁阵西方第八星。六月甲辰,太阴入斗宿。七月乙丑,太阴犯角宿距星。壬午,太阴犯昴宿距星。十月壬子,太阴犯太微垣右执法。十一月丙子,太阴犯鬼宿东北星。十二月己亥,太阴掩昴宿。

十五年正月戊辰,太阴犯五车东南星。辛未,太阴犯鬼宿东北星。闰正月丁未,太阴犯心宿后星。丙辰,太白经天。三月庚寅,太阴犯五车东南星。五月丙申,太阴犯房宿距星。癸丑,太白经天。六月癸亥,太白经天。八月戊寅,太白昼见。九月己丑,太白昼见,太白入犯太微垣左执法。庚寅,太白昼见。十月己未,太阴犯垒壁阵西方第二星。癸酉,太阴犯轩辕大星。十一月乙酉,荧惑犯氐宿距星。庚寅,填星退犯井宿东扇北第二星。己亥,太阴犯鬼宿东北星。十二月癸丑,荧惑犯房宿北第一星。

十六年正月己丑,太阴犯昴宿西第一星。四月癸亥,荧惑犯垒壁阵西方第四星。五月壬辰,太白犯鬼宿西北星。癸巳,太白犯鬼宿积尸气。甲午,太阴入犯斗宿南第二星。丁酉,太阴犯垒壁阵西方第一星。秋七月丁酉,太阴犯垒壁阵星。八月丁卯,太阴犯昴宿西北星。甲戌,彗星见于正东,如轩辕左角大,色青白,彗指西南,约长尺余,测在张宿十七度十一分,至十月戊午灭迹,西北行四十余日。十一月丁亥,流星如酒杯大,色青白,尾迹约长五尺余,其光烛地,起自西北,东南行,没于近浊,有声如雷。壬辰,太阴犯井宿东扇上星。

十七年二月癸丑,太阴犯五车东南星。三月甲申,太阴入鬼宿积尸气,又犯东南星。壬申,岁星犯垒壁阵西南第六星。七月癸未,太白入犯鬼宿积尸气。甲申，太阴入犯斗宿距星。丁亥，填星入犯鬼宿距星。八月癸卯，填星犯鬼宿东南星，太白犯轩辕大星。己酉，岁星犯垒壁阵西方第六星。甲子，太阴犯五车尖星。闰九月，飞星如酒杯大，色青白，其光烛地，尾迹约长尺余，起自王良，没于钩陈之下。丙午，太阴犯斗宿南第三星。庚申，太阴犯井宿东扇北第一星。十月乙亥，荧惑犯氐宿距星。甲申，太阴掩昴宿。十二月庚午朔，荧惑犯天江北第一星。戊寅，太阴犯岁星。庚辰，太白犯垒壁阵东方第五星。甲申，太阴犯鬼宿距星。丁亥，岁星犯垒壁阵东方第五星。癸巳，太阴犯心宿后星，己亥，流星如金星大，尾迹约长三尺余，起自太阴，往南行，没后化为青白气。

十八年正月辛丑，填星退入，犯鬼宿积尸气。丙午，太阴犯昴宿。二月乙亥，填星入守鬼宿积尸气。三月丁卯，太白在井宿，失行于北，生芒角。荧惑犯垒壁阵东方第六星。四月辛卯，太白入犯鬼宿积尸气。五月壬寅，太白犯填星。壬子，太阴犯斗宿东第三星。七月丁未，太阴犯斗宿南第三星。戊申，太白昼见。八月壬申，太阴掩心宿大星，甲申，太阴掩昴宿距星。十月己卯，太阴犯昴宿距星，十一月丙午，太阴犯昴宿距星，太白犯房宿上第一星。辛酉，太阴掩心宿大星。十二月戊寅，太白生黑芒，环绕其星，忽动忽静。癸未，复如之。戊子，太阴犯房宿南第二星。

十九年正月辛丑，太阴犯昴宿东第一星。癸丑，流星如酒杯大，色赤，尾迹约长五尺余，起自南河，没于腾蛇，其星落处有声如雷。三月庚戌，太阴犯房宿距星。五月丙申，荧惑入犯鬼宿积尸气。丙午，太阴犯天江南第一星。丁未，太阴犯斗宿北第二星。七月丁酉，太白犯上将。甲辰，太白犯右执法。己酉，太白犯左执法。九月甲寅，太白入犯天江南第一星。十月，太白入斗宿南第三星。辛巳，流星如桃大，色黄，后离一尺，又一小星相随，色赤，尾迹约长三尺余，起危宿之东，没于毕宿之西。十二月戊辰，太白犯垒壁阵西方第七星。

二十年正月己亥，太阴犯井宿东扇北第二星。丙辰，荧惑犯牛宿东角星。三月戊子朔,彗星见东扇。四月丁卯,太阴犯明堂中星。
癸酉,太阴犯东咸西第一星。五月癸卯,太阴犯建星西第二星。闰
五月乙亥,流星如桃大,色赤,尾迹约长丈余,起自房宿之侧,没于
近浊。六月癸巳,太白犯井宿东扇北第二星。戊戌,太白犯建星西
第三星。七月乙丑,太阴犯井宿距星。八月辛卯,太阴犯天江北第
二星。壬寅,填星犯太微西垣上将。甲辰,太阴犯井宿钺星。十月
戊子,荧惑犯井宿东扇北第一星。

二十一年正月庚申,太阴犯岁星。二月癸未,填星退犯太微西
垣上将。壬寅,太阴犯天江北第一星。三月丙辰,太阴犯井宿西扇
第二星。庚辰,荧惑入犯鬼宿西北星。五月壬戌,太阴犯房宿北第
二星。癸酉,太白犯轩辕左角。甲戌,荧惑犯太白。六月乙未,荧惑、
岁星、太白聚于翼宿。戊戌,太阴犯云雨上二星。甲辰,太白昼见。
七月丙辰,太阴犯氐宿东南星。十月甲申,太阴犯牛宿距星。十一
月庚戌,太阴犯建星西第四星。癸亥,太阴犯井宿东扇北第四星。壬
申,太阴犯氐宿东南星。

二十二年正月戊申朔,太白犯建星西第二星。乙卯,填星退犯
左执法。二月己卯,太白犯垒壁阵西方第二星。乙酉,彗星见危宿
七度二十分,色青白。丁酉,彗星犯离宫西星。三月戊申,彗星不见
星形,惟有白气,形曲,竟天西指,扫大角。壬子,彗星行过太阳前,
惟有星形,无芒,如酒杯大,昏濛色白,测在昴宿六度,至戊午始灭。
四月丙子朔,客星见在虚危之间,后四十余日乃灭。丁亥,荧惑离太
阳三十九度,不见,当出不出。五月辛酉,太阴犯建星西第四星。六
月辛巳,彗星见于紫微垣,测在牛宿二度九十分,色白。戊子,彗星
光芒扫上宰。七月乙卯,彗星灭。丙辰,荧惑见西方,须臾成白气,
如长蛇横亘中天,移时乃灭。八月癸巳,太阴犯毕宿右股第二星。九
月丁未,太白犯亢宿南第一星。己酉,太阴犯斗宿北第一星。癸亥,
岁星犯轩辕大星。丙寅,荧惑犯鬼宿西北星。己巳,流星如酒杯大,
色青白,其光烛地。荧惑入犯鬼宿积尸气。十月己卯,太阴犯牛宿
距星。丁亥,辰星犯亢宿南第一星。戊子,太阴犯毕宿距星。十二

月壬辰，太阴犯角宿距星。

二十三年正月庚戌，岁星退犯轩辕大星。二月戊戌，太白昼见。庚子，亦如之。三月辛丑，彗星见于东方。丙辰，太阴犯氐宿距星。四月辛丑，荧惑犯岁星。庚申，岁星犯轩辕大星。五月壬午，太白昼见。甲午，复如之。乙未，荧惑犯右执法。六月乙卯，太白犯井宿西扇北第二星。壬戌，太白昼见。夜，太白入犯井宿东扇南第二星。七月乙酉，太白昼见。再戌、辛卯，皆如之。八月壬寅，太白入犯轩辕大星。乙巳，太阴犯建星东第二星。丁未，太白犯轩辕左角。己酉，太白昼见。壬子，复如之。丙辰，太阴犯毕宿北第二星。己未，太白昼见。辛酉，太白犯岁星。乙丑，太白入犯右执法。九月辛未，太白入犯左执法。乙亥，岁星入犯右执法。丁丑，辰星犯填星。丁亥，太白犯填星，辰星犯亢宿南第一星。十月癸卯，太白犯氐宿距星。戊午，太白犯房宿北第一星。十一月癸未，太阴犯轩辕右角，岁星犯太微垣左执法。

二十四年正月癸酉，太阴犯毕宿大星。戊寅，太阴犯轩辕右角。二月壬子，岁星自去年九月九日东行，入右掖门，犯右执法。出端门，留守三十余日，犯左执法，今逆行入端门，西出右掖门，又犯右执法。太阴犯西咸南第一星。四月丁未，太阴犯西咸南第一星。癸丑，太白入犯井宿东扇北第一星。五月甲戌，太白犯鬼宿西北星。乙亥，又犯积尸气。岁星入犯右执法。六月丁巳，太白犯右执法。七月癸亥，太白、岁星合于翼宿二星，相去八寸余。甲子，岁星犯左执法。八月丁未，荧惑入犯鬼宿积尸气。九月乙丑，太白昼见。甲申，太阴犯轩辕右角。戊子，荧惑犯轩辕大星。十月丙午，太阴犯毕宿大星。己酉，太阴犯井宿东扇南第一星。丙辰，太白犯斗宿第二星。十二月乙卯，太阴犯太白。

二十五年正月丁卯，太白昼见。戊辰，复如之。太阴犯毕宿右股东第四星。甲戌，太白犯建星西第四星。二月丙午，太阴犯填星。三月戊辰，太白犯垒壁阵东方第五星。四月壬子，荧惑犯灵台东北星。五月辛酉，荧惑犯太微西垣上将。流星如酒杯大，色青白，其光烛地。起自房宿之侧,缓缓西行,没于太微垣右执法之下。七月丁丑,填星、岁星、荧惑聚于角亢。己卯,太阴犯毕宿左股北第二星。八月乙未,太阴犯建星东第三星。己亥,太阴犯垒壁阵东方第六星。九月丁丑,太阴犯井宿东扇南第一星。十月辛卯,荧惑犯天江东第二星。己酉,荧惑犯斗宿杓星西第二星。太阴犯右执法。庚戌,太阴犯太微东垣上相。闰十月戊辰,太白、辰星、荧惑聚于斗宿。太阴犯毕宿右股北第四星,又犯左股北第三星。壬申,太白犯辰星。十一月己丑,太白犯荧惑,太阴犯垒壁阵东方第五星。丙申,太阴犯毕宿大星。癸卯,太阴犯太微西垣上将。十二月丙辰,太阴犯太白。癸亥,太阴犯毕宿右股第二星。庚午,岁星掩房宿北第一星。辛未,太阴犯太微垣右执法。

　　二十六年正月戊戌,太阴犯太微西垣上将。辛丑,太阴犯亢宿距星。二月戊午,太阴犯毕宿大星。丁丑,岁星退行,犯房宿北第一星。岁星守钩钤。三月甲午,太阴犯左执法。四月己未,太阴犯轩辕大星。乙丑,太阴犯西咸西第一星。丙子,太白入犯鬼宿积尸气。六月癸酉,流星如酒杯大,色青白,尾迹约长尺余,起自心宿之侧,东南行,其光烛地,没于近浊。七月丁酉,荧惑犯鬼宿积尸气。甲辰,太白昼见。丙午、丁未、戊申,皆如之。八月辛亥,太白昼见。己未,太阴掩牛宿南三星。庚午,岁星犯钩钤。乙亥,太阴掩轩辕大星。九月壬辰,太白犯太微垣右执法。庚子,孛星见于紫微垣北斗权星之侧,色如粉絮,约斗大,往东南行,过犯天棓星。辛丑,孛星测在尾十八度五十分。壬寅,孛星测在女二度五十分。癸卯,孛星测在女九度九十分。甲寅,孛星测在虚初度八十分。太阴犯太微西垣上将。乙巳,孛星出紫微北斗权星、玉衡之间,在于轸宿,东南行,过犯天棓,经渐台、辇道,去虚宿、垒壁阵西方星,始消灭焉。丙午,荧惑犯太微西垣上将。十一月乙酉,太白犯填星。丁亥,太白犯房宿北第一星。戊子,荧惑犯太微东垣上相,太白犯键闭。己酉,流星如酒杯大,分为三星,紧相随。前星色青,后二星色赤,尾迹约长二丈余,起自东北,缓缓往西南行,没于近浊。庚寅,太阴犯毕宿右股北第四星。丙申，太白、岁星、辰星聚于尾宿。庚子，太阴犯太微东垣上相。辛丑，填星犯房宿北第一星。甲辰，太白犯岁星。十二月戊午，太阴犯毕宿大星。庚申，太阴犯井宿西扇北第二星。乙丑，太阴犯轩辕左角。丙寅，太阴犯太微西垣上将。辛未，太阴犯西咸西第一星。甲戌，太阴犯建星西第三星。

二十七年正月癸巳，太阴犯太微垣上将。二月乙卯，太阴犯井宿西扇北第二星。三月辛巳，填星退犯键闭星。四月丙寅，太阴犯垒壁阵西方第四星。六月乙卯，太阴犯氐宿东北星。辛未，太阴犯井宿西扇北第二星。七月壬辰，荧惑犯氐宿东南星。丙申，太阴犯毕宿大星。己亥，太阴犯井宿东扇南第二星。八月庚戌，荧惑犯房宿北第二星。癸丑，太阴犯建星西第二星。九月丁丑，岁星犯房宿北第一星，荧惑犯天江南第二星。乙酉，太阴犯垒壁阵东方第六星。辛卯，填星犯键闭，太阴犯毕宿大星。癸巳，太阴犯井宿西扇北第二星。丁酉，荧惑犯斗宿西第二星。十月戊午，太阴犯毕宿右股西第二星。辛酉，太阴犯井宿东扇南第三星。癸亥，太阴犯鬼宿西南星。丁卯，岁星、太白、荧惑聚于斗宿。十一月戊寅，太白昼见。庚辰，太阴犯垒壁阵东方东南第一星。

二十八年正月庚寅，彗星见于毕、昴之间，三月庚寅，又见于西北。

新元史卷四三
志第一〇

五行上

太祖十四年夏，西征，大雨雪。帝疑之，耶律楚材进曰："克敌之征也。"明年冬，震雷。帝又疑之，楚材曰："西域主将死矣。"已而，皆然。夫天之垂戒，无分于夷夏。夷夏虽殊族姓，又无不知天变之可畏者。或乃疑其附会失实，不亦妄乎！抑吾观楚材之占候，虽验于已事，然准以《洪范》五行之说，皆不合。于是又知机祥术数之学，或别有所承，而不必尽轨于经传也。然考天变以征人事，则岂有外于《洪范》之大义者哉！作《五行志》。

《洪范》曰："水曰润下。"失润下之性时，则有水潦及霜雪、冰雹、震雷之变，鱼孽、龙蛇之孽，鼓妊人，痾豕祸，其征为恒寒，其色黑，是为黑眚黑祥。

至元元年，真定、顺天、河间、顺德、大名、东平、济南等路大水。

四年五月应州大水。

五年八月，亳州大水。

六年十二月，献、莫、清、沧四州及丰州、浑源县大水。

九年九月，南阳、怀孟、卫辉、顺天等路，洺、磁、泰安、通、滦等州淫雨，河水并溢，圮田庐，害稼。

十三年十二月，济宁及高丽沈州水。

十四年六月，济宁路雨水，平地丈余，损稼。曹州定陶、武清二县，濮州、堂邑县雨水，没禾稼。十二月，冠州、永年县水。

十六年十二月,保定等路水。

十七年正月,磁州、永年县水。八月,濮州、东平、济宁、磁州水。

十八年二月,辽阳懿州、盖州水。十一月,保定清苑县水。

十九年,江南水。

二十年六月,太原、怀孟、河南等路,沁河水涌溢,坏民田一千六百七十余顷。卫辉路清河溢,损稼。南阳府唐、邓、裕、嵩四州河水溢,损稼。十月,涿州巨马河溢。

二十一年六月,保定、河间、滨、棣大水。

二十二年秋,南京、彰德、大名、河间、顺德、济南等路河水坏田三千余顷。高邮、庆元大水,伤人民七百九十五户,坏庐舍三千九十区。

二十三年三月,雄、霸二州及保定诸县水。六月,安西路华州华阴县大雨,潼谷水涌,平地三丈余。杭州、平江二路属县水,坏民田一万七千二百顷。大都涿、漷、檀、顺、蓟五州,汴梁、归德七县水。十月,河决开封、祥符、陈留、杞、太康、通许、鄢陵、扶沟、洧川、尉氏、阳武、延津、中牟、原武、睦州十五处。

二十四年三月,汴梁河水溢。六月,霸州益津县雨水。九月,东京谊、静、威远、婆娑路等路水。十一月,大都路水。

二十五年二月,大都水。四月,浑河决。杭州、平江、湖州、秀州大水。五月,河决襄邑。平江路水。七月,御河溢,胶州大水,民采橡为食。十二月,太原、汴梁二路河溢,害稼。

二十六年二月,绍兴大水。五月,御河溢。六月,平滦路水,坏田稼一千一百顷。八月,霸州大水。

二十七年正月,甘州、无为路大水。五月,江阴州大水。六月,河溢太康县,没民田三十一万九千亩。七月,泉州及怀孟路武陟、汴梁路祥符县皆大水。江西赣、吉、袁、瑞、建昌、抚水,皆溢。魏县御河溢。八月,沁水溢。广州清远县水。九月,御河决。十月,江阴、宁国大水。十一月,河决祥符义唐湾,太康、通许二县,陈、颍二州,大被其患。易水溢,雄、莫等州皆受其患。

二十八年二月，常德路水。八月浙东婺州水。九月，平滦、保定、河间三路大水。

二十九年五月，龙兴路南昌、新建、进贤三县水。闰六月，镇江、常州、平江、嘉兴、湖州、松江、绍兴等路府水。扬州、宁国、太平三路大水。岳州华容县水。河西务水。

三十年五月，深州静安县大水。九月，恩州水。十月，平滦路水。

三十一年五月，峡州路大水。八月，赵州宁晋县水。十月，辽阳路水。

元贞元年五月，建康溧阳州，太平当涂县，镇江金坛、丹徒等县，常州无锡州，平江长洲县，湖州乌程县，鄱阳余干州，常德沅江、澧州安乡等县水。六月，泰安州奉符、曹州济阴、兖州磁阳等县水。历城县大清河水溢，坏民居。七月，辽东利州、大都武卫屯田水。八月，平江、安丰等路大水。九月，庐州、平江二路大水。

二年五月，太原平晋县，献州交河、乐寿二县，莫州任丘、莫亭等县，湖南醴陵州水。六月，大都路益津、保定、大兴三县水，坏民田七千余顷。晋州鼓城、获鹿、藁城等县，保定葛城、归信、新安、束鹿等县，汝宁颍州，济宁沛县，扬、庐、岳、澧四路，建康、太平、镇江、常州、绍兴五路水。七月，彰德、真定、曹州、滨州水。八月，棣州、曹州水。九月，河决河南杞、封丘、祥符、宁陵、襄邑五县。十月，河决开封县。十二月，江陵潜江县，沔阳玉沙县，淮安海宁朐山、盐城等县水。

大德元年三月，归德、徐州，邳州宿迁、睢宁，鹿邑三县，河南许州临颍、郾城等县，睢州襄邑，太康、扶沟、陈留、开封、杞等县河水大溢，漂没田庐。五月，河决汴梁，发民夫三万五千塞之。漳水溢，害稼。龙兴、南康、澧州、南雄、饶州五路水。六月，和州历阳县江水溢，漂庐舍一万八千五百区。七月，彬州耒阳县、衡州酃县大水，溺死三百余人。九月，温州平阳、瑞安二州水，溺死六千八百余人。十一月常德武陵县大水。

二年六月，河决蒲口，凡九十六所，泛溢汴梁路、归德府，并大名、东昌、平滦等路水。

三年八月，河间路水。

四年五月，保定、真定二路，通、蓟、二州水。六月，归德睢州大水。

五年五月，宣德、保定、河间属州水。宁海州水。六月，济宁、般阳、益都、东平、济南、襄阳、平江七路水。七月，江水暴风大溢，高四五丈，连崇明、通、泰、真州定江之地，漂没庐舍，被灾者三万四千五百余户。辽阳大宁路水。八月，平、滦二州雨，滦河溢。顺德路水。

六年四月，上都水。五月，济南路大水。归德府徐州、邳州睢宁县雨五十日，沂、武二河合流，水大溢。东安州浑河溢，坏民田一千八十余顷。六月，广平路大水。

七年五月，济南、河间等路水。六月，辽阳、大宁、平滦、昌国、沈阳、开元六路雨水，坏田庐，男女死者百十有九人。修武、河阳、新野、兰阳等县赵河、湍河、白河、七里河、沁河、辽河皆溢。台州风水大作，宁海、临海二县死者五百五十人。

八年五月，太原阳武县、卫辉获嘉县、汴梁祥符县河溢，大名滑州、浚州雨水，坏民田六百八十余顷。八月潮阳飓风海溢，漂民庐舍。

九年六月，汴梁武阳县思齐口河决。东昌博平、堂邑二县水。潼川绵江、中江溢，水决入城。龙兴、抚州、临川三路水。七月，沔阳玉沙县江溢。峄州水。扬州泰兴县、淮安山阳县水。八月，归德府宁陵，陈留、通许，扶沟、太康、杞县河溢。大名元城县大水。

十年五月，雄州、鄚州水。平江、嘉兴二路水，害稼。六月，保安满城、清苑二县水。大名、益都等路大水。定兴县水。七月，平江路大风，海溢。吴江州大水。

十一年六月，静海、容城、束鹿、隆平、新城等县水。七月，冀宁文水县汾水溢。十一月，杭州、平江水。卢龙、滦河、迁安、昌黎、抚宁等县水。

至大元年五月，宁夏水。六月，益都水。七月，济宁路雨水，平地丈余，暴决入城，漂庐舍，死者十有八人。真定路大水，入南门，下注藁城，死者百七十人。彰德、卫辉二路水，损稻田五千三百七十顷。九月，泰安大水。十一月，河南水。

二年七月，河决归德府，又决汴梁封丘县。

三年六月，洧川、鄢城、汶上三县水。峡州大雨，水溢，死者万余人。七月，循州、惠州大水，漂庐舍二百九十区。

四年六月，大都三河县、潞县，河东祁县、怀仁县，永平丰盈屯大水。七月，东平、济宁、般阳、保定等路大水。江陵松滋县、桂阳临武县水。

皇庆元年五月，归德睢阳县河溢。六月，大宁、水达达路水，宋瓦江溢，民避居亦母儿乞岭。八月，松江府大风，海水溢。宁国路泾县水。

二年五月，辰州沅陵县水。六月，涿州范阳县，东安州、宛平县，固安、霸州益津、永清、藁城等县水，坏田七千六百九十余顷。河决陈、亳、睢三州，开封、陈留等县。八月，崇明、嘉定二州大风，海溢。

延祐元年五月，常德路武陵县雨水，坏庐舍，溺死者五百人。六月，涿州范阳、房山二县浑河溢，坏民田四百九十余顷。七月，沅陵、卢溪二县水。八月，肇庆、武昌、岳州、建康、杭州、建德、南康、江州、临江、袁州、建昌、赣州、安丰、抚州、台州等路水。十二月，汴梁、南阳、归德、汝宁、淮安水。

二年正月，浑河决。六月，河决郑州，坏汜水县治。七月，郑州，昌平、香河、宝坻等县水。全州、永州江水溢，害稼。

三年四月，颍州泰和县河溢。七月，婺源州大水，溺死者五千三百余人。

四年正月，解州盐池水。二月，曹州水。

五年四月，庐州合肥县大水。

六年六月，河间路漳河水溢，坏民田二千七百余顷。益都、般阳、济南、东平、济宁等路，曹、濮、泰安、高唐等州大水，害稼。辽阳、广宁、沈阳、开元等路水。大名路属县水，坏民田一万八千顷。归德、汴梁府,汝宁、彰德、真定、保定、卫辉、南阳等路大水。

七年四月,安丰、庐州淮水溢,损禾麦一万顷。城父县水。六月,棣州、德州大水,坏田四千六百余顷。七月,江陵县水。上蔡、汝阳、西平等县水。八月,霸州文安、大城二县滹沱河溢,害稼。河间路水。汾州平遥县水。是岁,河决汴梁原武县。

至治元年六月,霸州大水,浑河溢,被灾者三万余户。七月,蓟州平谷、渔阳二县,顺州邢台、沙河二县,大名魏县,永平义丰县大水。彰德临漳县漳水溢。大都固安州、东安州、宝坻县,真定元氏县,淮安清河、山阳等县水。东平、东昌二路,高唐、曹、濮等州水,害稼。乞里吉思部江水溢。八月,安陆府雨七日,江水大溢,被灾者三千五百户。雷州海康、遂溪二县海水溢,坏民田四千顷。九月,京山、长寿二县汉水溢。十月,辽阳、肇庆等路水。

二年二月,濮州大水。五月仪封县河溢。闰五月,睢阳县亳社屯大水,六月,奉元郿县,邠州新平、上蔡二县水。八月,庐州六安、舒城二县水。十一月,平江路大水,损民田四万九千六百顷。

三年五月,东安州水,坏民田一千五百余顷。真定武邑县水害稼。六月,大都永清县雨水,损田四百顷。七月漷州雨水害稼。九月,漳州、建昌、南康等路水。

泰定元年五月,漷州、固安州水。陇西县大雨水,漂死者五百余家。龙庆路雨水伤稼。六月,益都、济南、般阳、东昌、东平、济宁等路三十有二县,曹、濮、高唐、德州等处十县淫雨,水深丈余,漂没田庐。大同浑源河溢,陈、汾、顺、晋、恩、深六州雨水害稼。真定滹沱河溢,漂民庐舍。陕西大雨,渭水及黑水河溢,损民庐舍。渠州江水溢。七月,真定、河间、保定、广平等路三十有七县大雨水五十余日,害稼。大都路固安州清河溢。顺德路任县洺水溢。奉元朝邑县、曹州楚丘县、开州濮阳县河溢。九月,延安路洛水溢。奉元长安县大雨,沣水溢。濮州馆陶县水。十二月,杭州盐官州海水大溢,坏堤堰,侵城郭,有司以石囤木柜捍之不止。

二年正月,大都宝坻县、肇庆高要县雨水。巩昌路水。闰正月,雄州归信县大水。二月，甘州路大雨水，漂没行帐孳畜。三月，咸平府清、滆二河合流，失故道，隳提堰。四月，涿州房山、范阳二县水。岷、洮、文、阶四州雨水。五月，檀州大水，平地深丈有五尺。高邮兴化、江陵公安水。浙西江湖水溢。河溢汴梁，被灾者十有五县。六月，通州三河县大雨，水丈余。冀宁路汾河溢。潼江府绵江、中江水溢入城，深丈余。卫辉汲县、归德宿州大水。济宁路虞城、砀山、单父、丰、沛五县水。七月，睢州河决。八月，霸州、涿州、永清、香河二县大水，伤稼九千五十余顷。九月，开元路三河溢，没民田，坏庐舍。十月，宁夏鸣沙州大雨水。曹州属县水。十月，常德路水。

三年正月，恩州水。二月，归德府河决。六月，大同县大水。汝宁光州水。大昌屯河决。七月，河决郑州，漂没阳武等县民一万六千五百余家。东安、檀、顺、漷四州雨，浑河决，温榆水溢，伤稼。延安路肤施县水。漂民居九十余户。八月，盐官州大风海溢，捍海堤崩，广三十余里，袤二十里，徙居民千二百五十家以避之。真定蠡州，奉元蒲城县，无为州，历阳、含山等县水。九月，平遥县汾水溢。扬州、宁国、建德诸属县水。十一月，崇明州三沙镇海溢，漂民居五百家。十二月，辽东大水。大宁路瑞州大水，坏民田五千五百顷，庐舍八百九十所，溺死者百五十人。

四年正月，盐官州潮水大溢，捍海堤崩二千余步。三月，浑河决。五月，睢州河溢。六月，大都东安、固安、通、顺、蓟、檀、漷七州，永清、良乡等县雨水。七月，上都云州大雨。北山黑水河溢。云安县水。衢州大水。八月，汴梁扶沟、兰阳二县河溢，漂民居一千九百余家。济宁虞城县河溢，伤稼。滹沱河溢。崇明州海门县海溢。十二月，夏邑县河溢。汴梁中牟、开封、陈留三县，归德邳、宿二州雨水。

致和元年三月，盐官州海堤崩，遣使祷祀，造浮图二百十六，用西僧法厌之。河决砀山、虞城二县。四月，盐官州海溢，益发军民塞之，置石囷二十九里。广宁路大水。崇明州海溢。六月，南宁、开元、永平等路水。河间临邑县雨水。益都、济南、般阳、济宁、东平等路三十县,濮、德、泰安等州九县,雨水害稼。七月,广西两江诸州水。

天历元年八月,杭州、嘉兴、平江、湖州、建德、镇江、池州、太平、广德九路水。没民田万四千余顷。

二年六月,大都东安、通、蓟、霸四州,河间靖海县雨水害稼。永平昌国诸屯水。

至顺元年六月,河决大名路长垣、东明二县,没民田五百八十余顷。曹州、高唐等州水。前后武卫屯田水。七月,海潮溢,漂没河间运司盐二万六千七百引。闰七月,平江、嘉兴、湖州、松江三路一州大水,坏民田三万六千六百余顷,被灾者四十万五千五百余户。杭州、常州、庆元、绍兴、镇江、宁国等路,望江、铜陵、长林、宝应、兴化等县水,没民田一万三千五百余顷。大都、保定、大宁、益都属州县水。

二年四月,潞州潞城县大雨水。五月,河间莫亭县、宁夏河渠县、绍庆彭水县及德安屯田水。六月,大都、保安、真定、河间、东昌诸路水。彰德属县漳水决。十月,吴江州大风,太湖水溢,漂民居一千九百七十余家。十二月,深州、晋州水。

三年三月,奉元朝邑县洛水溢。五月,汴梁河水溢。江都、泰兴、云梦、应城等县水。漙沱河决,没河间清州等处屯田。汾州大水。六月,无为州、和州水。九月,莒、沂二州及泰安奉符县,济宁鱼台县,曹州楚邱县,平江、常州、镇江三路皆大水。

元统元年五月,汴梁阳武县河溢,害稼。六月,京畿大霖雨水,平地丈余。泾河溢,关中水灾。黄河大溢,河南水灾。泉州霖雨,溪水暴涨,漂民居数百家。七月,潮州大水。

二年正月,东平须城县、济宁济州、曹州济阴县水灾。二月,滦河、漆河溢,永平路属县皆水。瑞州路水。三月,山东霖雨,水涌。四月,东平、益都水。五月,镇江路水。宣德府大水。六月,淮水涨,漂山阳县境内民畜房舍。九月,吉安路水。

至元元年,河决汴梁封丘县。

二年五月,南阳邓州大水。六月,泾水溢。八月,大都至通州霖雨,大水。

三年二月,绍兴大水。五月广西贺州大水害稼。六月,卫辉淫雨至七月,丹、沁二河泛涨,与城西御河通流,平地深二丈余,漂没人民房舍田禾甚众。民栖于树上,达鲁花赤僧家奴以舟载饭食之,移老弱居城上,日给廪食,月余水方退。汴梁兰阳、尉氏二县,归德府皆河水泛溢。黄州及衢州常山县皆大水。

四年正月,河决曹州,又决汴梁。五月,吉安永丰县大水。黄河溢,平地水二丈,决白茅堤、金堤。六月,邵武大水,城市皆洪流,漂沿溪民居殆尽。

五年五月庚戌,汀州路长汀县大水,平地深三丈许,损民居八百家,坏民田二百顷,溺死者八千余人。七月,沂州沂、沭二河暴涨,决堤防,害田稼。邵武光泽县大水。常州宜兴州山水出,高一丈,坏民居。

六年二月,京畿五州十一县及福州路福宁州皆大水。五月甲子,庆元奉化州山崩,水涌出平地,溺死人甚众。六月,衢州西安、龙游二县大水。庚戌,处州松阳、龙泉二县积雨,水涨入城中,深丈余,溺死五百余人。遂昌县尤甚,平地三丈余。桃源乡山崩,压溺人民五十三家,死者三百六十余人。秋,河北大水。七月壬子,延平南平县淫雨,水泛涨,溺死百余人,损民居三百余家,坏民田二顷七十余亩。乙卯,奉元路盩屋县河水溢,漂溺居民。八月甲午,卫辉大水,漂民居一千余家。十月,河南府宜阳县大水,漂民居,溺死者众。

至正元年,汴梁钧州大水,扬州路崇明、通、泰等州海潮涌溢,溺死一千六百余人。

二年四月,睢州仪封县大水害稼。六月癸丑夜,济南山水暴涨,冲东西二关,流入大清河,黑山、天麻、石固等寨及卧龙山水通流入大清河,淹没上下民居千余家,溺死者无算。

三年二月,巩昌宁远、伏羌、成纪三县山崩,水涌,溺死者无算。五月,黄河决白茅口,七月,汴梁中牟、扶沟、尉氏、洧川四县,郑州荥阳、汜水、河阴三县大水。

四年五月，霸州大水。六月，河南巩县大雨，伊、洛水溢，漂民居数百家。济宁路兖州，汴梁鄢陵、通许、陈留、临颍等县，大水害稼，人相食。七月，滦河水溢，出平地丈余，永平路禾稼庐舍漂没甚众。东平路东阿、阳谷、汶上、平阴四县，衢州西安县大水。温州飓风大作，海水溢，漂民居，溺死者甚众。

五年七月，河决济阴，漂官民亭舍殆尽。十月，黄河泛溢。

七年五月，黄州大水。八月壬午，杭州、上海浦中午潮退而复至。

八年正月辛亥，河决，淹济宁路。四月，平江、松江大水。五月庚子，广西山水涌，漓江溢，平地水深二丈余，屋宇人畜漂没。壬子，宝庆大水。乙卯，钱塘江潮比之八月中高数丈余，沿江民皆迁居以避之。六月已丑，中兴路松滋县骤雨，水暴涨，平地深丈五尺余，漂没六十余里，死者一千五百人，是月，胶州大水。七月，高密县大水。

九年七月，中兴路公安、石首、潜江、监利等县及沔阳府大水。夏秋，蕲州大水，伤稼。

十年五月，龙兴瑞州大水。六月乙未，灵州灵石县雨水暴涨，决堰，漂民居甚众。七月，汾州平遥县汾水溢。静江荔浦县大水害稼。

十一年夏，龙兴南昌、新建二县大水。安庆桐城县雨水泛涨，花崖、龙源二山崩，冲决县东大河，漂民居四百余家。七月，冀宁路平晋、文水二县大水，汾河泛溢东西两岸，漂没田禾数百顷。河决归德府永城县，坏黄陵冈岸。静江路大水，决南北二渠。

十二年六月中兴路松滋县骤雨，水暴涨，漂民居千余家，溺死七百人。七月，衢州西安县大水。

十三年夏，蓟州丰润、玉田、遵化、平谷四县大水。七月丁卯，泉州海水日三潮。

十四年六月，河南府巩县大雨，伊、洛水溢，漂没民居，溺死三百余人。秋，蓟州大水。

十五年六月，荆州大水。

十六年，河决郑州河阴县，官署民居尽废，遂成中流。山东大水。

十七年六月,大雨,漳河溢,广平路皆水。秋,蓟州五县皆大水。

十八年秋,京师及蓟州、广东惠州、广西贺州皆大水。

十九年九月,济州任城县河决。

二十年七月,通州大水。

二十二年三月,邵武光泽县大水。

二十三年,孟州济源、温县水。七月,河决东平寿张县,圮城墙,漂田庐,人溺死甚众。

二十四年三月,益都县井水溢而黄。怀庆路孟州、河内、武陟县水。七月,益都路寿光县、胶州高密县水。

二十五年秋,东平须城、东阿、平阴三县,河决小流口,达于清河,坏民居,伤禾稼。

二十六年二月,河北徙,上自东明、曹、濮,下及济宁,皆被其害。六月,河南府大霖雨,瀍水溢,深四丈许,漂东关居民数百家。秋七月,汾州介休县汾水溢。蓟州四县、卫辉、汴梁钧州俱大水害稼。八月,棣州大清河决,滨、棣二州之界,民居漂流者众。济宁路肥城县西黄水泛溢,漂没田禾民居百有余里,德州齐河境七百余里亦如之。

至元十五年十二月,黄河清,自孟津东柏谷至汜水县蓼子谷,上下八十余里,澄莹见底,数月始如故。

元贞元年闰四月,兰州上下三百余里,河清三日。

至正十四年正月甲子朔,汴梁城东汴河冰作五色花草,三月方解。

十九年,郑州黄河清,长数里。

二十年十一月,汴梁原武、荥泽二县,黄河清三日。

二十一年十一月,河南孟津县至绛州垣,曲县二百里,河清七日,新安县亦如之。十二月,冀宁路石州河水清,至明年春冰泮始如故。

二十四年夏,卫辉路黄河清。

中统二年五月,西京、宣德陨霜杀禾。

三年五月,宣德、咸宁等路陨霜。八月,河间、平滦等路陨霜害稼。

四年四月,武州陨霜杀麦禾。

至元二年八月,太原陨霜害稼。四月,檀州陨霜。

八年七月,巩昌会、兰等州霜杀稼。

十七年四月,海宁州及益都路陨霜。

二十一年三月,山东陨霜,杀桑蚕尽死,被灾者三万余家。

二十六年七月,济南棣州陨霜杀菽。

二十七年七月,大同、平阳、太原陨霜杀禾。十一月,兴、松二州及兴隆路亦如之。

二十九年三月,济南、般阳等路及恩州属县霜杀桑。

元贞二年八月,金、复州陨霜杀禾。

大德五年三月,汤阴县霜杀麦。五月,商州霜杀麦。

六年八月,大同、太原霜杀禾。

七年四月,济南路陨霜杀麦。五月,般阳路陨霜。

八年三月,济阳、滦城二县霜杀桑。八月,太原交城、阳曲、管州、岚州,大同怀仁陨霜杀稼。

九年三月,河间、益都、般阳属县陨霜杀桑。清、莫、沧、献四州霜杀桑一百四十一万七十余本,坏蚕一万二千七百余箔。

十年七月,大同浑源县霜杀禾。八月,绥德州米脂县霜杀禾二百八十顷。

至大元年八月,大同陨霜杀禾。大名路陨霜。

四年七月,大宁等路陨霜。

皇庆二年三月,济宁霜杀桑。

延祐元年三月,东平、般阳等路,泰安、曹、濮等州大雨雪三日,陨霜杀桑。闰三月,济宁、汴梁等路,及陇州、开州、青城、渭源诸县霜杀桑,无蚕。七月,冀宁陨霜杀禾。

四年夏,六盘山陨霜杀禾五百余顷。

五年五月,雄州归信县陨霜。

六年三月,奉元路同州陨霜。七年八月,益津县雨黑霜。

至治二年五月,辽东路陨霜。

三年七月,冀宁曲阳县、大同路大同县、兴和路咸宁县陨霜。八月,袁州宜春县陨霜杀禾。

泰定二年三月,云需府大雪,民饥。

至顺元年二月,京师大霜,昼雾。闰七月,奉元西和州,宁夏应理州、鸣沙州,巩昌静宁、邠、会等州,凤翔麟游,大同山阴,晋宁潞城、隰州等县陨霜杀禾。

三年八月,浑源、云内二州陨霜杀禾。

至正六年九月,彰德雨雪,结冻如琉璃。

七年八月,卫辉陨霜杀禾。九月三日,温州大雪。

十年春,彰德大寒,近清明节,雨雪三尺,民多冻馁而死。

十一年三月,汴梁路钧州大雨雪,密县平地雪深三尺余。

十三年秋,邵武光泽县陨霜杀禾。

二十三年三月,东平路须城、东阿、阳谷三县陨霜杀桑,废蚕事。八月,钧州密县陨霜杀菽。

二十七年三月,彰德大雪,寒甚于冬,民多冻死。五月辛巳,大同陨霜杀麦。秋,冀宁路徐沟、介休二县雨雪。十二月,奉元路咸宁县井水冰。

二十八年四月,奉元陨霜杀菽。

中统二年四月,雨雹。

三年五月,顺天、平阳、真定、河南等郡雨雹。

四年七月,燕京昌平县,景州蓨县,上都路兴、松、云三州雨雹害稼。

至元二年八月,彰德、大名、南京、河南、济南、太原等路雨雹。

四年三月,夏津县大雨雹。

五年六月,中山大雨雹。

六年二月,兴国雨雹,大如马首,杀禽兽。七月,西京大同县雨雹。

七年五月,河内县大雨雹。

十五年闰十一月,海州赣榆县雨雹伤稼。

十六年,保定等二十余路雨雹。

十九年八月,雨雹,大如鸡卵。

二十年四月,河南风雷雨雹害稼。五月,安西路风雷雨雹。八月,真定元氏县大风雹,禾尽损。

二十二年七月,冠州雨雹。

二十四年九月,大定、金源、高州、武平、兴中等处雨雹。是岁,西京、北京、隆兴、平滦、南阳、怀孟、巩昌等路雨雹。

二十五年三月,灵璧、虹县雨雹,如鸡卵,害麦。五月,孟州乌河川雨雹。十二月,灵寿、阳曲、天成等县雨雹。

二十六年夏,平阳、大同、保定等路大雨雹。

二十七年四月,灵寿、元氏二县大风雹。六月,棣州厌次、济阳二县大风雹,伤禾黍菽麦桑枣。

二十九年闰六月,辽阳、沈州、广宁、开元等路雨雹。

三十年六月,易州雨雹。

三十一年四月,即墨县雨雹。五月,密州路诸城、大都路武清雨雹。七月,阳信县雨雹。真定路南宫、新河、易水、涞水等县雨雹。八月,德州德安县大风雨雹。

元贞元年五月,巩昌金州、会州、和州雨雹大,无麦禾。七月,隆兴路雨雹。

元贞二年五月,河中猗氏县雨雹。六月,大同、隆兴咸宁县,顺德邢台县,太原交河、离石、寿阳等县雨雹。七月,太原、怀孟、武陟县雨雹。

大德元年六月,太原崞州雨雹害稼。

二年二月,檀州雨雹。八月,彰德安阳县雨雹。

三年八月,隆兴、平滦、大同、宣德等路雨雹。

四年三月,宣州泾县、台州临海县风雹。五月,同州、平滦、隆兴雹。

五年七月,雨雹。

八年五月,大宁路建州,蔚州灵仙县雨雹。太原、大同、隆兴属县阳曲、天成、怀安、白登风雹害稼。八月,管州、岚州、交城、阳曲、怀仁等县雨雹。

九年六月,晋宁、冀宁、宣德、隆兴、大同等路大雨雹,害稼。

十年四月,郑州管城县风雹,大如鸡卵,积厚五寸。五月,大雨雹。七月,宣德县雨雹。

十一年五月,建州雨雹。

至大元年四月,般阳新城县、济南厌次县、益都高苑县大风雨雹。五月,管城县大雹,深一尺,无麦禾。八月,大宁县雨雹害稼,毙人畜。

二年三月,济阴、定陶等县雨雹。六月,崞州、源州、金城县雨雹。延安神木县大雹一百余里,毙人畜。

三年四月,灵寿、平阴等县雨雹。四年四月,南阳雨雹。闰七月,大同宣宁县雨雹。

皇庆元年四月,大名浚州、彰德安阳县、河南孟津县雨雹。六月,开元路风雹害稼。

二年七月,冀宁平定州雨雹。景州阜县风雹。八月,大同怀仁县雨雹。

延祐元年五月,肤施县大风雹,损稼并伤人畜。六月,宣平、仁寿、白登等县雨雹。

二年五月,大同、宣德等路雹害稼。

三年五月,蓟州雹,深一尺。

五年四月,凤翔府雹伤麦禾。

六年六月,大同雨雹,大如鸡卵。晋阳、西凉、钧州、阳翟、新郑、密等县大雨雹。七月,巩昌陇西县雹害稼。

七年八月,大同路雷风雨雹。

至治元年六月,武州雨雹害稼。永平路大雹,深一尺,害稼。七月,真定、顺德、大同等路雨雹。

二年四月,泾州泾川县雨雹。六月,思州大风雨雹。

三年五月,大风雨雹,拔柳林行宫大木。十二月,辽阳雨雹。

泰定元年五月,冀宁阳曲县雨雹伤稼。思州龙泉县雨雹伤麦。六月,顺元、太平军、定西州、宣德府、巩昌县及八番等处雨雹。七月,龙庆路雨雹,大如鸡卵,平地深三尺余。八月,大同白登县雨雹。十二月,延安路雹。

二年四月,奉元白水县雨雹。五月,洮州路可当县、临洮府狄道县雨雹。六月,兴州、鄜州、静宁州及成纪、通渭、白水、肤施、安塞等县雨雹。七月,檀州,延安鄜州、绥德,巩昌等路,八月,大都路檀州、巩昌府静宁县、延安州路安塞县,九月,檀州,并雨雹。

三年六月,巩昌路大雨雹。中山府安喜县、乾州永寿县雨雹。七月,完州,房山、宝坻、玉田等县大风雹,折木伤稼。八月,龙庆州雨雹一尺,大风损稼。

四年五月,常州、淮安二路,宁海州大雨雹。六月,中山雨雹。七月彰德汤阴县,冀宁定襄县,大同武、应州雨雹害稼。

致和元年四月,浚州、泾州大雹伤麦禾。五月,冀宁阳曲县、威州井陉县雨雹。六月,泾川、汤阴等县大雨雹。大宁、永平属县雨雹。

天历二年七月,大宁惠州雨雹。八月,冀宁阳曲县大雹,如鸡卵,害稼。

三年七月,顺州、东安州及平棘、肥乡、曲阳、行唐等县风雹害稼。开元路雨雹。

至顺二年七月,冀宁路雨雹。十二月,冀宁清源县雨雹。是年,黄梅县雪雹。

三年五月,甘州雨雹。

元统元年三月戊子,绍兴萧山县大风雨雹。拔木仆屋,杀麻麦,毙伤人民。

二年二月甲子,塞北东凉亭雨雹。

后至元年七月,西和州、徽州雨雹。

二年八月甲戌朔,高邮宝应县大雨雹。是时,淮浙皆旱,唯本县濒河田禾可刈,悉为雹所害,凡田之旱者,无一雹及之。四年四月癸巳,清州八里塘雨雹,大过于拳,其状有如龟者,有如小儿形者,有如狮象者,有如环玦者,或椭如卵,或圆如弹,玲珑有窍,色白而坚,长老云:"大者固常见之,未有形状若是者。"

至正二年五月,东平路东阿县雨雹,大者如马首。

三年六月,东平阳谷县雨雹。

六年二月辛未,兴国路雨雹,大如马首小者如鸡子,毙禽畜甚众。五月辛卯,绛州雨雹,大者二尺余。

八年四月庚辰,钧州密县雨雹,大如鸡子,伤麦禾。龙兴奉新县大雨雹,伤禾折木。八月己卯,益都临淄县雨雹,大如杯盂,野无青草,赤地如赭。

九年二月,龙兴大雨雹。

十年五月,汾州平遥县雨雹。

十一年四乙巳,彰德雨雹,大如斧,时麦熟将刈,顷刻亡失,田畴坚如筑场,无秸粒遗留,其地广三十里,长百余里,树木皆如斧所劈,伤行人,毙禽畜甚众。五月癸丑,文水县雨雹。

十三年四月,益都高苑县雨雹伤麦禾及桑。

十四年六月,蓟州雨雹。

十七年四月,济南大风雨雹。八月,庆阳镇原州大雨雹。

十九年四月,莒州蒙阴县雨雹。五月,通州及益都临朐县雨雹害稼。

二十年五月,蓟州遵化县雨雹终日。

二十一年五月,东平雨雹害稼。

二十二年八月,南雄雨雹如桃李实。

二十三年五月,鄜州宜君县雨雹,大如鸡子,损豆麦。七月,京师及隰州永和县大雨雹害稼。

二十五年五月,东昌聊城县雨雹,大如拳,小如鸡子,二麦不登。

二十六年六月,汾州平遥县雨雹。

二十七年二月乙丑,永州城中昼晦,鸡栖于埘,人举灯而食,既而大雨雹,逾时方明。五月,益都大雷雨雹。七月,冀宁徐沟县大风雨雹。拔木害稼。

二十八年六月,庆阳府雨雹,大如盂,小者如弹丸,平地厚尺余,杀苗稼,毙禽兽。

太祖五年冬,大雷。

至顺三年五月己巳,天鼓鸣于西北。

至正三年秋,兴国路永兴县雷,击死粮房贴书尹章于县治。

七年五月庚戌,台州路黄岩州海滨无云而雷。冬,卫辉路天鼓鸣。

十年六月戊申,广西临桂县无云而雷,震死邑民廖广达。十二月庚子,汾州孝义县雷雨。

十一年十二月,台州大雨震雷。

十二年三月丙午,宁国路无云而雷。

十三年十二月庚戌,京师无云而雷,少顷有火坠于东南。怀庆路河内县及河南府天鼓鸣于东北。是日,怀庆之修武、潞州之襄垣县皆无云而雷,声震天地。是月,汾州雷雨。

十四年十二月,孝义县雷雨。

十九年二月,台州大雷电。

二十一年十一月戊申,温州乐清县雷。

二十二年十月,大雨雷电。

二十四年,雷击延春阁西脊。

二十七年乙未夜,晋宁路绛州天鼓鸣空中,如闻战斗之声。十月,奉元路雷电。

至正二十五年六月戊申,京师大雨,有鱼随雨而落,长尺许,人取而食之。

至元二十年,有苍龙见卫辉农家。

后至元五年六月庚戌,汀州长汀县蛟出,大雨骤至,平地涌水,深三丈余,漂没民居八百余家,坏田二百余顷。

至正十五年七月,嘉兴城东,白龙见,烈风暴雨。

十七年六月癸酉,温州有龙斗于乐清江中,飓风大作,所至有光如球,死者万余人。八月癸丑,祥符县西北有青白二龙见,若相斗之势,良久而散。

二十三年正月甲辰,广西贵州江中有物登岸,蛇首四足而青色,长四尺许,军民聚观杀之。

二十四年六月,保德州有黄龙见于咸宁井中。

二十七年六月丁巳,皇太子寝殿新甃井成,有龙自井而出,光焰烁人,宫人震慑仆地。又宫墙外长庆寺所掌成宗斡耳朵内大槐树有龙缠绕其上,良久飞去,树皮皆剥。七月,益都临朐县有龙见于龙山,巨石重千斤,浮空而起。

二十八年十一月,大同路怀仁县河岸崩,有蛇大小相绾结,可载数车。

中统二年九月,河南民王四妻靳氏,一产三男。

至元元年,黄冈民妇生男狗头。

二年正月,武城县王甲妻崔,一产三男。

八年,昌黎县民生子,中夜有光,或以为非常。帝曰:"何幸生一好人,毋嫉也。"

十年八月,甲寅,凤翔宝鸡县刘铁牛妻,一产三男。

二十年二月,高州张丑妻李氏,一产四子,三男一女。四月,固安州王得林妻张氏,怀孕五月,生一男,四手四足,圆头三耳,一耳附脑后,生而即死,具状有司上之。

二十二年四月,江陵县民张二妻,一产三男。

二十八年九月,襄阳南漳县民李氏妻黄,一产三子。

大德元年五月,遂宁州军户任福妻,一产三男。十一月,辽阳打雁孛兰奚户那怀妻和里迷。一产四男。

四年,宝应县民孙奕妻朱氏,一产三男。

十年正月,江州湖口县赵丙妻甘氏,一产四男。

泰定元年十月乙卯,秦州成纪县赵思直妻张氏,一产三子。

致和元年三月壬辰,大平当涂县杨太妻吴氏,一产三子。

至元元年正月,云南妇人一产三男。又广西师宗州岁生妻适和,一产三男。汴梁祥符县市中一乞丐妇人,忽生髭须。

二年四月,黄冈县周氏妇,产一男,狗头人身,即死。

至正九年四月,枣阳民张氏妇,生男,甫及周岁,长四尺许,容貌异常,皤腹臃肿,见人辄嬉笑,如世俗所画布袋和尚云。

二十三年五月,霸州民王马驹妻赵氏,一产三男。六月,亳家务李润妻张氏,一产三男。

至正三年秋,建宁浦城县民豕生豚,二尾八足。

十一年,镇江民家豕生豚,如象形。

十二年,江宁陆氏家一猪生十四豚,内一豚,人首豕身。

二十四年正月,保德州民家豕生豚,一首二身八蹄二尾。又海盐赵氏宰猪,小肠忽如蛇,宛延而走,及里许方止。

至元七年四月壬午,檀州雨黑霜。

元贞二年,处州天雨米,黑色。

大德十年二月,大同路黑霾。

延祐七年八月,益津路雨黑霜。

至正元年四月戊寅,彭德有赤风自西北来,忽变为黑,昼晦如夜。

　　十一年十月，天雨黑子于饶州，衢州亦如之。十二月，建宁浦城雨黑子。

　　十三年正月二十三日，黑气亘天。冬，袁州路每日暮，有黑气环绕郡城。

　　十七年正月己丑，杭州降黑雨，河池水皆黑。

　　二十八年，七月乙亥，京师黑雾，昏暝不辨人物，自旦近午始消，如是者旬有五日。

新元史卷四四
志第一一

五行中

《洪范》曰："火曰炎上"。失炎上之性，时则有火灾、草妖、羽虫之孽、羊祸。其征恒燠，其色赤，是为赤眚赤祥。

定宗三年戊申，野草自焚，牛马十死八九，民不聊生。

至元十一年十二月，淮西正阳火，庐舍、铠仗悉毁。十八年二月，扬州火。

元贞二年，杭州火，燔七百七十家。

大德八年五月，杭州火，燔四百家。九年三月，宜黄、兴国之大冶等县火。十年十一月，武昌路火。

延祐元年二月，真州扬子县火。三年八月，重庆路火，郡舍十焚八九。六年四月，扬州火，燔官民庐舍一万三千三百余区。

至治二年四月，扬州、真州火。十二月，杭州火。三年五月，奉元路行宫正殿火。上都利用监库火。九月，扬州江都县火，燔四百七十余家。

泰定元年五月，江西袁州火，燔五百余家。三年六月，龙兴路宁州高市火，燔五百余家。七月，龙兴奉新州、辰州辰溪县火。八月，杭州火，燔四百七十余家。四年八月，龙兴路火。十二月，杭州火。燔六百七十家。

天历二年三月，四川绍庆彭水县火。四月，重庆路火，延二百四十余家。七月，武昌路江夏县火，延四百家。十二月，江夏县火，燔四百余家。三年四月,河内诸县火。

至顺元年五月丁酉,杭州火,池州火。

元统元年六月甲申,杭州火。

至正元年四月辛卯,台州火。乙未,杭州火,燔官舍民居公廨寺
观凡一万五千七百余间,死者七十有四人。二年四月,杭州又火。六
年八月己巳,延平路火,燔官舍民居八百余区,死者五人。十年,兴
国路自春及夏,城中火灾不绝,日数十起。二十年,惠州路城中火灾
屡见。二十三年正月乙卯夜,广西贵州火,同知州事韩帖木不花、判
官高万章及家人九口俱死焉,居民死者三百余人,牛五十头、马九
匹、公署仓库案牍焚烧皆尽。二十八年二月癸卯,京师武器库灾。己
巳,陕西有飞火自华山下流入张良弼营中,焚兵库器仗。六月甲寅,
大都大圣寿万安寺灾。是日未时,雷雨中有火自空而下,其殿脊东
鳌鱼口火焰出,佛身上亦火起。帝闻之泣下,亟命百官救护,唯东西
二影堂神主及宝玩器物得免,余皆焚毁。

至元二年八月丙寅,济南邹平县进芝一本。八年八月癸酉,益
都济州进芝二本。是年,武安文庙大成殿产芝,九茎金色,叩之有金
玉声。十五年四月,济南历城县进芝。十九年六月,芝生眉州青神
县景德寺。二十二年十月,长葛、郾城各产芝草。二十三年四月丁
未,江东宣慰司进芝一本。十月,济宁进芝二本。二十六年三月癸
未,东流县献芝。四月,池州贵池县民王逸进紫芝十二本。六月,汲
县民朱良进紫芝。二十八年三月,芝生钧州阳翟县。二十九年六月,
芝生贺州。

大德五年十二月,兴元西乡县进芝一本,色如珊瑚。六年正月,
济南邹平县进芝一本,五枝五叶,色皆赤。

至大四年八月,芝生国学大成殿。

延祐二年三月,芝生大成殿。五年七月,芝生大成殿。

后至元元年十二月,芝草生于荆门州当阳县覆船山,一本五
干,高尺有二寸,一本二干,高五寸有半,干皆两歧;二本相依附,扶

疏瑰奇,如珊瑚枝,其高者结为华盖庆云之状。五年十二月,芝草生于中书工部之屋梁,一本七干。

至正六年夏,西湖书院生瑞草。

至元十一年十月,衢州东北雨米如黍。十一月,建宁浦城县雨黑子如稗实。邵武大雨震电,雨黑黍如芦穄。信州雨黑黍。鄱阳县雨菽豆,郡邑多有饥民,皆取而食之。十六年六月,彰德路苇叶顺次倚叠而生,自编成若旗帜,上尖叶聚粘如枪。民谣云:“苇生成旗,民皆流离。苇生成枪,杀伐遭殃。”又有白黍自生成文,红秸黑字,其上节云:“天下太平”,其下节云“天下刀兵”。十八年,处州山谷中,小竹结实如小麦,饥民采食之。二十一年,明州象山县竹穗生实,如小米,可食。

至正十一年,广西庆远府有异鸟飞见于述昆乡,飞鸟千百随之,盖凤凰云。其一飞去,其一留止者为獞人射死,首长尺许,毛羽五色。有藏之以献于帅府者,久而其色鲜明如生云。五月,兴国有大鸟百余,飞至郡西白朗山颠,状如人立,去而复至者数次。十九年,京师鸥鹝夜鸣达旦,连月乃止。有杜鹃啼于城中,居庸关亦如之。二十三年,野鸽巢兴圣宫,数年蕃息数千,驱之不去。二十七年三月丁丑朔,莱州招远县大社里黑风大起,有大鸟自南飞至,其色苍白,展翅如席,状类鹤,俄顷飞去,遗下粟黍稻麦黄黑豆荞麦于张家屋上,约数升许。是岁大稔。至元十五年四月,济南无棣县献白雉。

中统二年正月辛未,御帐殿受朝贺,是夜东北有赤气照人,大如席。

元统二年正月庚寅朔,河南省雨血。众官晨集,忽闻燔柴烟气,既而黑雾四塞,咫尺不辨,腥秽逼人,逾时方息。及行礼毕,日过午,骤雨随至,沾洒垩墙及裳衣皆赤。

至元四年四月辛未,京师雨红沙,昼晦。

至正五年四月,镇江丹阳县雨红雾,草木叶及行人裳衣皆濡成红色。十三年三月丙戌,彰德路西南,有火自天而下,如在城外,觅之无有。十二月庚戌,京城有火见于东南。潞州襄垣县有火坠于东南。十四年,卫辉路有天光见于西方。十二月辛卯,绛州有红气起自北方,蔽天几半,移时方散。十五年春,蓟州雨血。十八年三月辛丑夜,大同路有黑气蔽于西方,声如雷然。俄顷,有云如火,交射中天,遍地俱见火光,以物触地,辄以火起。至夜半,空中如有兵戈相击之声。二十一年七月己巳,冀宁路忻州西北,有赤气蔽空如血,逾时方散。八月壬午,棣州夜半有赤风亘天,起西北至于东北。癸未,彰德西北,夜有红气亘天,至明方息。乙酉,大同路北方,夜有赤气蔽天,直过天庭,自东而西,移时方散,如是者三。十月癸巳昧爽,绛州有红气见于北方,如火。二十三年三月壬戌,大同路夜有赤气亘天,中侵北斗。六月丁巳,绛州日暮有红光见于北方,如火,中有黑气相杂,又有白虹二,直冲北斗,逾时方散。庚申,晋宁路北方,日暮天赤,中有白气如虹者三,一贯北斗,一贯北极,一贯天横,至夜分方灭。八月丙辰,忻州东北,夜有赤气亘天,中有白色如蛇形,徐徐而行,逾时方散。十月丙申朔,大名路向青、齐一方,有赤气照耀千里。二十四年九月癸酉,冀宁平晋县西北方,至夜天红半壁,有顷,从东而散。二十八年六月壬寅,彰德路天宁寺塔忽变红色,自顶至踵,表里透彻,如煅铁初出于炉,顶上有光焰迸发,自二更至五更乃止。癸卯、甲辰亦如之。先是,河北有童谣云:“塔见黑,北人作主南人客。塔儿红,朱衣人作主人公。”七月癸酉,京师赤气满天,如火照人,自寅至辰,气焰方息。

《洪范》曰:“木曰曲直。”失曲直之性,时则有木冰、木妖、狂人鼠孽,时则有鸡祸。其征恒雨,其色青,是为青眚青祥。

至元三十年正月,雨木冰三日。

大德七年十一月辛酉,木冰。

至顺二年十一月丁巳，雨木冰。十二月癸亥，雨木冰。

后至元五年十一月癸酉，瑞州路新昌州雨木冰，至明年二月壬寅，冰始解。

至正四年正月，汴梁路郑州尉氏、洧川、河阴三县及龙兴靖安县雨木冰。十一月，东平雨木冰。十二年九月壬午，冀宁保德州雨木冰。十四年冬，龙兴雨木冰。二十五年二月辛亥，汴梁雨木冰，状如楼阁、人物、冠带、鸟兽、花卉，百态具备，羽幢珠葆，弥望不绝，凡五日始解。

至元十九年，处州丽水县樟树生梨，可食。

元贞元年，太平路芜湖县进榆木，有文曰"天下太平年。"

后至元三年夏，上都、大都桑果叶皆有黄色龙文。

九年秋，奉元桃杏实。十一年夏，松江普照寺敝帚开花。嘉兴儒学阍人陶氏，磨上木肘发青条，开白花。又吴江分湖里，柳树枯桩生长条如苇。进贤县瑞竹生。十二年五月，汴梁祥符县椿树结实如木瓜。十六年七月，彰德李树结实如小黄瓜。民谣云："李生黄瓜，民皆无家。"二十一年，明州松树结实，其大有盈尺者。八月，汴梁祥符县邑中树木，一夕皆有湿泥涂之。

宪宗七年九月，霖雨连月。九年夏四月，大雷雨，凡二十日。

至元七年八月，保定路霖雨害稼。九年六月丁亥，京师大雨。十年，霖雨害稼。十二月，河间霖雨。二十三年九月乙丑朔，雨坏太庙。二十四年六月，霸州益津县霖雨伤稼。九月，太原、河间、河南等路霖雨害稼。二十五年五月，汴梁大霖雨。六月，睢阳霖雨。七月，保定路霸、涿二州淫雨害稼。八月，嘉祥、鱼台、金乡三县淫雨。九月，莫、献二州淫雨。保定路淫雨。二十六年六月，济宁、东平、汴梁、济南、顺德、真定路，滨、棣州霖雨害稼。七月辛巳，雨坏都城。八月，大都路霖雨。九月，昌国亦如之。二十七年二月，晋陵、无锡二县霖雨。四月，芍陂屯田霖雨。七月，终南屯田霖雨，江西淫雨。二十八年八月，大名、清河、南乐诸县霖雨为灾。九月，河间淫雨。

元贞二年八月，宁海州霖雨。

大德二年七月，大雨。五年八月平滦路霖雨。是年，峡州、随州、安陵、荆门、泰州、光州、扬州、滁州、高邮、安丰霖雨。六年五月，归德、徐州、邳州、睢宁县雨五十日。十月，济南、滨、棣、泰安、高唐州霖雨害稼。七年，浙西淫雨。八年五月，大名、滑、浚、德州、齐河霖雨。六月丁酉，汴梁祥符、开封、陈州霖雨。九年六月，潼川霖雨。十年六月，景州霖雨。十一年九月，襄阳霖雨。

至大二年德州霖雨害稼。四年七月，河间、顺德、大名、彰德、广平等路，德、濮、恩、通等州及冀宁祁县霖雨害稼。

皇庆元年，龙兴路新建县害稼。

延祐元年五月，武陵县霖雨。二年七月，潭州、金州、永州、茶陵霖雨。四年四月，辽阳盖州雨水害稼。六年七月，霸州文成县雨害稼。七年五月，汝宁府霖雨。

至治元年，江州、赣州淫雨。二年闰五月，安丰路雨伤稼。三年五月，大名魏县淫雨。保定定兴县，济南无棣、厌次县，济宁砀山县，河间齐东县霖雨害稼。

泰定元年七月，真定、广平、庐州十一路雨伤稼。德州、曹州淫雨。八月，汴梁考城、仪封，济南沾化、利津等县霖雨，损禾稼。二年五月，浙西诸路霖雨。六月，奉元、卫辉路及永平屯田雨伤稼。九月，汉中道文州霖雨。三年十一月，广宁路霖雨伤稼。四年十月，大都路霖雨。是年，开封霖雨。

至顺二年九月，湖州安吉县霖雨。三年六月，京师霖雨。

元统二年三月，山东霖雨。

至元元年六月，大霖雨。二年五月乙卯，南阳邓州大霖雨，自是日至于六月甲申乃止。八月，大都至通州霖雨。三年六月辛巳，卫辉路淫雨。四年六月邵武路大雨。

至正二年秋，彰德路霖雨。三年四月至七月，汴梁路荥泽县，钧州新郑、密县霖雨害稼。四年夏，汴梁蔺阳县，许州长葛、郾城、襄城,睢州,归德府亳州之鹿邑,济宁之虞城淫雨害蚕麦,禾皆不登。八月,益都霖雨,饥民有相食者。五年夏秋,汴梁祥符、尉氏、洧川,郑州、钧州、亳州久雨害稼,二麦禾豆俱不登。河间路淫雨,妨害盐课。八年五月,京师大霖雨,都城崩圮。钧州新郑县淫雨害麦。九年七月,高唐州大霖雨,坏官署民居。归德府淫雨浃十旬。十年二月,彰德路大雨害麦。二十年七月,益都高苑县、陕州黾池县大雨害稼。二十三年七月,怀庆路河内、修武、武陟三县及孟州淫雨害稼。二十四年秋,密州安丘县大雨。二十五年秋,密州安丘县,丘潞,汴梁许州及钧州之密县淫雨害稼。二十七年秋,彰德路淫雨。

至正六年八月,龙兴进贤县甘露降。二十年十月,国子学大成殿松柏树有甘露降其上。

至正十年春,丽正门楼斗栱内,有人伏其中不知何自而至,远近聚观之。门尉以白留守,达于都堂,上闻,有旨令取付法司鞫问。但云蓟州人。问其姓名,诘其所从来,皆惘若无知,唯妄言祸福而已。乃以不应之罪笞之,忽不知所在。

至元二十二年六月,马湖田鼠食稼。大德二年二月,沙州鼠伤稼。至正二十年八月,庆阳,延安,宁、安等州野鼠食稼,初由鹑卵化生,既成牝牡,生育日滋,百亩之田,一夕俱尽。二十六年,泗州濒淮两岸,有灰黑色鼠,暮夜出穴,成群覆地食禾。

至正十七年三月,上海李胜家伏鸡七雏,一雏作牝鸡鼓翼长鸣。十八年正月,钱塘卢子明伏鸡一雏,有四足。二十二年,龙泉县一鸡二形,能鸣能伏。二十五年,瑞安县郑氏家有雄鸡生子。

《洪范》曰:"金曰从革"。失从革之性,时则有金石之妖、诗妖、毛虫之孽。其征恒旸,其色白,是为白眚白祥。

大德二年六月,抚州崇仁县辛陂村有星陨于地,为绿色员石,邑人张椿以状闻。

泰定四年八月,天全道山崩,飞石击人,中者辄死。

至正十年正月甲戌,棣州白昼空中有声,自西北而来,距州二十里陨于地,化为石,其色黑,微有金星散布其上。有司以进,遂藏之司天监。十一月冬至夜,陕西耀州有星坠于西原,光耀烛地,声如雷鸣者三,化为石,形如斧,一面如铁,一面如锡,削之有屑,击之有声。十六年冬十一月,大名路大名县有星如火,自东南流,尾如曳彗,坠入于地,化为石,青黑光莹,状如狗头,其断处类新割者。有司以进,太史验视云:“天狗也。”命藏于库。十九年四月己丑,建宁路瓯宁县有星坠于营山前,其声如雷,化为石。二十三年六月庚戌,益都临朐县龙山有星坠入于地,掘之深五尺,得石如砖,褐色,上有星如银,破碎不完。

至元元年,龙兴靖安县山石迸裂,涌水,人多死者。十年三月,庆元奉化州南山石裂,其碎而大者,有山川、人物、禽鸟、草木之文。二十七年六月丁卯,沂州东苍山有巨石,大如屋,崩裂坠地,声震如雷。七月丙戌,广西灵川县临江石崖崩。

庶征之恒旸,刘向以为春秋大旱也。

太宗十年八月,旱。

定宗三年,大旱。

中统元年八月,泽州、潞州旱。三年五月,滨、棣二州旱。四年八月,真定路及洺、磁等州,彰德旱。十一月,东平、大名等路旱。

至元元年二月,东平、太原、平阳旱,分命西僧祷雨。二年,西京、北京、益都、真定、东平、顺德、河间、徐、邳、宿旱。三年夏,黄州京北鹰朔旱。四年,顺天束鹿旱。五年,京兆大旱。六月,真定等路旱。七年三月,益都、登、莱旱。七月,山东、南京旱。八年四月,蔚州灵仙、广灵二县旱。九年六月,高丽旱。十二年,太原等路旱。十三年十二月，平阳路旱。十五年，奉圣州及彰德等路旱。十六年七月，赵州旱。十八年二月，辽阳、广宁、北京大定县旱。十九年八月，真定以南旱。二十二年五月，广平、汴梁、钧州、郑州、怀孟、濮州、东昌、广平、平阳、彰德、卫辉旱。二十三年五月汴梁旱。京畿旱。二十四年春，平阳旱，二麦枯死。二十五年，东平路须城等六县，安西路商、耀、乾、华等十六州旱。二十六年，绛州大旱。二十七年，真定、平山、枣强三县旱。二十八年二月，山东棣州旱。

元贞元年六月，环州、葭州及咸宁、伏羌、通渭等县旱。七月，太原、安丰及河间肃宁、乐寿二县旱。九月，泗州、贺州旱。二年七月，大名开州，怀州武陟县，河间肃宁县旱。九，莫、献州旱。十月化州旱。十二月，辽东、开元二路及河南芍陂旱。

大德元年六月，汴梁、南阳大旱。七月，怀州武陟县旱。八月扬州、淮安、宁海州、真定、顺德、河间旱。九月，镇江丹阳、金坛二县旱。十一月，常州路宜兴州旱。十二月，平阳曲沃县旱。二年二月，浙西嘉兴、江阴，江东池州、建康、溧阳旱。五月，卫辉、顺德、平滦等路旱。三年五月，荆湖诸路及桂阳、宝庆、兴国三路旱。九月，大都、扬州、淮安旱。十月，扬、庐、随、黄等州旱。四年三月，宁国、太平旱。五月，扬州、南阳、顺德、东昌、归德、汝宁、徐、濠等州旱。平棘、白马二县旱。五年六月，汴梁、南阳、卫辉、大名等路旱。九月，江陵旱。六年正月，陕西旱。七年，台州诸路旱。八年六月，凤翔扶风、岐山、宝鸡三县旱。九年五月，道州旱。七月，晋州饶阳县，汉阳汉川县旱。八月，象州、融州、柳州属县旱。十年五月，京畿旱。安西春夏大旱，二麦枯死。十一年，台州自夏不雨，至秋九月。

至大元年二月，汝宁、归德旱。五月，渭源县旱。三年夏，广平亢旱。四年六月，河间、陕西诸路旱。

皇庆元年六月，滨、棣、德三州及蒲台等县旱。二年九月，京畿大旱。

延祐二年春，檀、蓟、濠三州旱。夏，巩昌兰州旱。济宁、益都旱。四年四月，德安府旱。五年六月，荆州旱。七月，真定，河间、广平、中山大旱。七年六月，黄、蕲二路及荆门州旱。九月，沈阳旱。

至治元年四月，袁州、建昌及广德路旱。五月，高邮州旱。六月，大同路、临江路旱。二年二月，扬州、淮安路旱。十一月，岷州旱。三年夏，土番岷州、顺德、真定、冀宁大旱。

泰定元年三月，临洮狄道，石州、离石、宁乡旱。六月，景、清、沧、莫等州，临汾、泾川、灵台、寿春、六合等县旱。九月，建昌路旱。十二月，两浙及江东诸路旱。二年三月，荆门州旱。五月，潭州、茶陵州、兴国永兴县旱。七月，随州、息州旱。三年五月，庐州、郁林州旱。燕南、河南州县十有四亢阳不雨。七月，关中，大名、永平、奉元诸路旱。九月，南思州旱。十一月，怀庆、修武路旱。四年五月，奉元醴泉、顺德唐山、邠州淳化等县旱。五月，大都、南阳、汝宁、庐州等路旱。六月，潞、霍、绥德三州旱。七月，江南、延安诸路旱。八月，真定、晋宁、延安、河南及藤州旱。十月，龙兴路旱。十一月，永平路旱。十二月，大都、保定、真定、东平、济南、怀庆等路旱。

致和元年二月，广平、彰德等路旱。五月，泾州旱。六月，江陵路旱。

天历元年八月，陕西大旱，人相食。二年夏，真定、河间、大名、广平等四州四十一县旱。峡州二县旱。七月，大都之东安、蓟州、永清、益津诸县旱。八月浙西湖州，江东池州，饶州旱。十二月，冀宁路旱。

至顺元年七月，肇州、兴州、东胜州及榆次、滏阳等十三县旱。十月，武昌，湖广常德、潭州诸路旱。十一月，冠州、庐州，江西龙兴、南康、抚、瑞、袁、吉、饶州及大名、真定、河间诸路旱。二年三月，浙西旱。四月，霍、隰、石三州，阜城、平地二县旱。八月，黄州旱。三年八月，真定路，冀宁路之阳曲、河曲二县及荆门州、河南府之洛阳县旱。四年夏，绍兴旱。淮东、西亦旱。

元统元年夏，绍兴旱。自四月不雨，至于七月。淮东、淮西皆旱。二年三月，湖广旱，自是月不雨，至于八月。四月，河南旱，自是月不雨至于八月。秋，南康旱。

　　至元元年三月,益都路旱。夏,河南及邵武大旱。二年,蕲州、黄州,浙东衢州、婺州、绍兴,江东信州,江西瑞州等路,及陕西皆旱。是年四月,黄州黄冈县周氏妇产一男,未几死,狗头人身,咸以为旱魃云。六年夏,大宁、广宁、辽阳、开元、沈阳、懿州旱。广东南雄路旱,自二月不雨至于五月,种不入土。

　　至正二年,彰德、大同二路及冀宁平晋、榆次、徐沟县,汾州孝义县,沂州皆大旱,自春至秋,不雨,人有相食者。秋,卫辉大旱。三年秋,兴国大旱。四年,福州大旱,自三月不雨至于八月。兴化、邵武、镇江及湖南之桂阳皆旱。五年,曹州禹城县大旱。夏,胶州高密县旱。六年,镇江及庆元奉化州旱。七年,怀庆、卫辉、河东及凤翔之岐山,汴梁之祥符,河南之孟津,皆大旱。八年三月,益都临淄县大旱。五月,四川旱。十年夏秋,彰德旱。十一年,镇江旱。十二年,蕲州、黄州大旱,人相食。浙东绍兴旱。台州自四月不雨,至于七月。十三年,蕲州、黄州及浙东庆元、衢州、婺州,江东饶州,江西龙兴、瑞州、建昌、吉安,广东南雄,湖南永平、桂阳,皆大旱。十四年,怀庆河内县,孟州,汴梁祥符县,福建泉州,湖南永州、宝庆,广西梧州,皆大旱。祥符旱魃再见。泉州种不入土,人相食。十五年,卫辉大旱。十六年,婺州、处州皆大旱。十八年春,蓟州旱。莒州、滨州、般阳滋州县、霍州、郿州、凤翔岐山县,春夏皆大旱。莒州家人自相食。岐山人相食。十九年,晋宁、凤翔,广西梧州、象州,皆大旱。二十年,通州旱。汾州介休县自四月至秋不雨。广西宾州大旱,自闰五月不雨至于八月。二十二年,河南洛阳、孟津、偃师三县大旱,人相食。二十三年,山东济南,广西贺州皆大旱。

　　后至元五年八月,京师童谣云:“白雁望南飞,马札望北跳。”至正五年,淮楚间童谣云:“富汉莫起楼,穷汉莫起屋。但看羊儿年,便是吴家国。”十年,河南北童谣云:“石人一双眼,挑动黄河天下反。”十五年,京师童谣云:“一阵黄风一阵沙,千里万里无人家。回头雪消不堪看,三眼和尚弄瞎马。”十六年正月,松江民谣曰:“满城多是火,官府四散躲,城里无一人,红军府上点。"

太宗九年,左翼部讹言括民女。至元十一年四月,诛西京讹言惑众者。后至元三年,郡邑皆相传朝廷欲括童男女,于是市井乡里竞相嫁娶,仓卒成婚,贫富长幼多不得其宜者。此民讹言也。

元贞三年正月,海州牟平县获白鹿于圣水山以献。至正十年,彰德境内狼狈为害,夜如人形,入人家哭,就人怀抱中取小儿食之。二十三年正月,福州连江县有虎入于县治。二十四年七月,福州白昼获虎于城西。二十九年正月,上都有狐数头入行殿,直至御殿下。

皇庆二年八月,皇梅县天雨毛。元统二年六月彰德雨白毛,俗呼云:"老君氅"。民谣曰:"天雨牦,事不齐。"至元三年三月,彰德雨毛,如绵而绿,俗呼云"菩萨绵"。民谣云:"天雨线,民起怨,中原地,事必变。"六年七月,延安路鄜州雨白毛,如马鬃,所属邑亦如之。至正十三年四月,冀宁榆次县雨白毛,如马鬃。七月泉州如雨白丝。十八年五月,益都雨白牦。十九年三月,遵化路连日雨牦。八月,安仁县怪物见空中,白色,头黑,尾锐。二十五年五月甲子,京师雨牦,长尺许,如马鬃。二十七年五月,益都雨白牦。

至元二十四年七月癸丑,日晕连环,白虹贯之。至大元年七月,流星起句陈,化为白气,员如车轮,至贯索始灭。皇庆元年六月丁卯,天雨毛。延佑元年二月己亥,白晕亘天,连环贯日。至顺三年五月丁酉,白虹并日出,其长竟天。后至元四年八月丁丑,京师白虹亘天。至正二十二年,京师有白气如小索,起危宿,长五百丈,扫太微。二十四年六月癸卯,冀宁路保德州三星昼见,有白气横突其中。二十六年三月丁亥,白虹五道亘天,其第三道贯日。又气横贯东南,良久乃灭。二十七年五月,大名路有白气二道。二十八年闰七月乙丑,冀宁文水县有白虹贯日,自东北直绕西南,云影中似日非日,如镜者三色青白,逾时方散。

至正二十一年,昆明县生赤小犬,色如火,群吠遍野。二十八年,上海金寿家雄犬生小狗八,其一嘴爪红如鲜血。

新元史卷四五
志第一二

五行下

《洪范》曰："土爰稼穑。"失土之性，稼穑不成，时则有饥馑，为地震山崩，天雨土，花妖虫孽牛祸。其征恒风，其色黄，是为黄眚黄祥。

中统元年五月，泽州饥。二年六月，塔察儿部饥。七月，桓州饥。三年五月，甘州饥。闰九月，济南路饥。

至元二年四月，辽东饥。五年九月，益都饥。六年十一月，济南及固安、高唐二州饥。七年五月，东京饥。七月，山东淄、莱等州饥。

八年正月，西京、益都饥。九年四月，京师饥。七月，水达达部饥。十七年三月，高邮州饥。十八年二月，浙东饥。四月，通、泰、崇明等州饥。十九年九月，真定路饥，民流徙鄂州。二十三年七月，宣宁县饥。二十四年九月，平滦路饥。十二月，平江、嘉兴路，湖、秀二州饥。二十五年四月，浦台县饥。十一月，兀良合部饥。二十六年二月，合木里部。三月，安西、甘州等路饥。四月，辽阳路饥。闰十月，武平路饥，檀州饥。十二月，蠡州饥。河间、保定二路饥。二十七年二月，开元路宁远等县饥。四月，浙东婺州饥。河间任丘、保定定兴二县饥。九月，河东山西道饥。二十八年三月，真定、河间、保定、平滦、太原、平阳等路饥。杭州、平江、镇江、广德、太平、徽州饥。九月，武平路饥。十二月，洪宽女直部饥。大都饥。二十九年正月，清州、兴州饥。三月，大宁之龙山县、里州之和中县饥。东安、固安、蓟、棣四州饥。三月，咸宁、昌州饥。闰六月，南阳、怀孟、卫辉等府路饥。三十年十月，京师饥。

元贞二年四月，平阳绛州、太原阳曲、台州黄岩饥。

大德元年六月，广德路饥。七月，宁海州文登、牟平等县饥。三年八月，扬州、淮安等路饥。四年二月，湖北饥。三月，宁国、太平二路饥。九月，建康、常州、江陵等路饥。六年五月，福州饥。六月，杭州、嘉兴、湖州、广德、宁国、饶州、太平、绍兴、庆元、婺州等路饥。大同路饥。七月，建康路饥。十一月，保定路饥。七年二月，真定路饥。五月，太原、龙兴、南康、袁州、瑞州、抚州等路，高唐、南丰等州饥。六月，浙西饥。七月，常德路饥。八年六月，乌撒、乌蒙、忙部、东川等路饥。九年三月，常宁州饥。五月，宝庆路饥。八月，扬州饥。十年三月，济州任城饥。四月，汉阳、淮安、道州、柳州饥。七月，黄州、沅州、永州饥。八月，成都饥。十一月，扬州、辰州饥。十二月，山东饥。

至大元年二月，益都、般阳、济宁、济南、东平、泰安大饥。六月，山东、河南、江淮等路大饥。二年七月，徐州、邳州饥。

皇庆元年六月，巩昌、河州路饥。二年三月，晋宁、大同、东川、巩昌、甘肃等路饥。四月，真定、保定、河间等路饥。五月，顺德、冀宁二路饥。六月，上都饥。

延佑元年六月，衡州饥。七月，台州饥。十二月，归德、汝宁、沔阳、安丰等府路饥。二年正月晋宁、宣德、怀孟、卫辉、益都、般阳等路饥。汉阳路饥。三年二月，河间、济南滨、棣等处饥。四月，辽阳盖州及南丰州饥。五月，宝庆、桂阳、澧州、潭州、永州、道州、袁州饥。四年正月，汴梁饥。五年四月，上都及辽阳饥。六年八月，山东济宁饥。七年四月，上都、济南蒙古军饥。五月，大同、云内、丰州、东胜州饥。沈阳路饥。八月，广东新州新兴县饥。

至治元年正月，蕲州蕲水县饥。二月，河南汴梁、归德、安丰等路饥。是春，般阳饥。五月，胶、濮、二州饥。七月南恩、新州饥。十一月，巩昌成州饥。十二月，庆远、真定二路饥。二年三月，河南、淮

东、淮西诸路饥。延安延长、宜川二县饥。奉元路饥。四月,东昌、
霸州饥。九月,临安河西县饥。三年二月,京师饥。三月,平江嘉定
州饥。崇明、黄岩二州饥。十一月,镇江丹徒、沅州黔阳县饥。十二
月,归、澧二州饥。

泰定元年正月,惠州、新州、南恩州,信州上饶县,广德路广德
县,岳州临湘、华容等县俱饥。二月,庆元、绍兴二路,绥德州米脂、
清涧二县饥。三月,临洮狄道县、石州离石县饥。四月,江陵、荆门
州、监利县饥。五月,赣州、吉安、临江等路,昆山、南恩等州饥。八
月,冀宁、延安、江州、安陆、杭州、建昌、常德、全州、桂阳、辰州、南
安等路属州县饥。九月,绍兴、南康二路饥。十一月,泉州饥。中牟、
延津二县饥。二年正月,梅州饥。禄劝、英德二州饥。闰正月,河间
真定、保定、瑞州路饥。二月,凤翔路饥。三月,蓟、漷、徐、邳四州饥。
济南、肇庆、江宁、惠州饥。四月,杭州、镇江、宁国、南安、浔州、潭州
等路饥。五月,广德、袁州、抚州饥。六月,宁夏路饥。九月,琼州、
成州饥。德庆路饥。十二月,济南、延川等路。三年三月,河间、
保定、真定、卫辉、中山、顺德、宁夏、建昌、大都、永平、奉元饥。四
月,济南饥。十一月,沈阳、大宁、永平、广宁、金、复州,甘肃亦集乃
路饥。四年正月,辽阳诸路饥。二月,奉符、长清、莱芜三县饥。建
康、淮安、蕲州属县饥。四月,通、蓟等州,渔阳、永清等县饥。七月,
武昌江夏县饥。

致和元年二月,乾州饥。三月,晋宁、冀宁、奉元、延安等路饥。
四月,保定、东昌、般阳、彰德、大宁五路属县饥。五月,河南、东平、
大同等路饥。七月,咸宁、长安、泾州灵台饥。

天历二年正月,大同及东胜州饥。涿州房山、范阳等县饥。四
月,奉元耀州、乾州、华州及延安、邠、宁诸县饥,流民数十万。大都、
兴和、顺德、大名、彰德、怀庆、卫辉、汴梁、中兴等路,泰安、高唐、
曹、冠、徐、邳等州饥。江东、浙西二道饥。八月,忻州饥。十月,汉
阳、武昌、常德、澧州等路饥。凤翔府大饥。三年正月,宁海州文登、
牟平县饥。怀庆、衡州二路饥。真定、汝宁、扬、庐、蕲、黄、安丰等路

饥。二月，河南大饥。三月，东昌须城、昌邑县饥。沂、莒、胶、密、宁海五州，临清、定陶、光山等县饥。巩昌兰州、定西州饥。四月，德州清平县饥。

至顺元年，秦州饥。二年二月，集庆、嘉兴二路及江阴州饥。檀、顺、潍、密、昌平五州饥。六月，兴和路高原、咸平等县饥。九月，思州镇远府饥。十二月，河南大饥。三年四月，大理、中庆路饥。五月，常宁州饥。七月，滕州饥。八月，大都宝坻县饥。

元统元年夏，两淮大饥。二年春，淮西饥。七月，池州饥。十一月，济南、莱芜县饥。至元元年春，益都路沂水、日照、蒙阴、莒四县及龙兴路饥。夏，京师饥。是岁，沅州、道州、宝庆及邵武、建宁饥。二年，顺州淮西安丰，浙西松江州，台州，江西江、抚、袁、瑞四州，湖北沅州卢阳县饥。三年，大都及济南、蕲州、杭州、平江、绍兴、溧阳、瑞州、临江饥。五年，上都开平县、桓州、兴和宝昌，濮州之鄄城，冀宁之文州，益都之胶、密、莒、潍四州，辽东沈阳路，湖南衡州，江西袁州，八番顺元等处皆饥。六年，顺德之邢台，济城之历城，大名之元城，德州之清平，泰安之奉符、长清，淮安之山阳等县，归德邳州，益都、般阳、处州、婺州四路皆饥。

至正元年春，京畿州县、真定、河间、济南及湖南饥。夏，彰德及温州饥。二年，保德州大饥。三年，卫辉、冀宁、忻州大饥，人相食。四年，霸州大饥，人相食。东平路东阿、阳谷、汶上、平阴四县皆大饥。冬，保定、河南饥。五年春，东平路须城、东阿、阳谷三县及徐州大饥，人相食。夏，济南、汴梁、河南、邠州、瑞州、温州、邵武饥。六年五月，陕西饥。七月，彰德、怀庆、东平、东昌、晋宁等处饥。九年春，胶州大饥，人相食。钧州新郑、密县饥。十四年春，浙东台州，江东饥。闽海福州、邵武、汀州，江西龙兴、建昌、吉安、临江，广西静江等路皆大饥，人相食。十七年，河南大饥。十八年春，莒州蒙阴县大饥，斗米金一斤。冬，京师大饥，人相食。彰德、山东亦如之。十九年正月至五月，京师大饥，银一锭得米仅八斗，死者无算。通州民刘五杀其子而食之。保定路莩死盈道，军士掠屠弱以为食。济南及益都之高苑，莒之蒙阴，河南之延津、新安、渑池等县皆大饥，人相食。二十一年，霸州饥，民多莩死。

太宗五年癸巳十二月，大风霾七昼夜。

至元十六年，保定二十余路大风害稼。二十年正月，汴梁延津、封丘二县大风，麦苗尽拔。二十四年，西京、北京、隆兴、平滦、南阳、怀孟等路大风。三十一年七月，棣州阳信县大风，拔木发屋。

元贞元年，金、复州大风损禾。三年，顺德大风。

大德二年五月，卫辉、彰德大风损禾。八年九月，潮州飓风，海溢。十年二月，大同路暴风。

至大元年秋，归德大风。

延祐七年八月，延津县大风，昼晦，桑陨者十八九。

至治元年三月，大同路大风，走沙土，壅没麦田一百余顷。二年十二月，大同、卫辉、江陵属县皆大风。三年三月，卫辉路大风，桑陨蚕死。

泰定元年八月，永嘉县大风，海溢。三年七月宝坻、房山二县大风折木。八月，盐官州海溢。大都昌平等县大风一昼夜，坏民居九百余家。四年五月，卫辉路辉州大风九日，禾尽偃。是年，通州、崇明州大风。

天历三年二月，胙城县、新乡县大风。

至顺元年，卫辉路大风。七月，广平、真定、肥城、保定曲阳大风。二年十月，吴江州大风。是年，柳林行宫大风拔木。

元统元年三月，绍兴萧山县大风拔木。

至正元年七月，广西雷州飓风大作，涌潮水，拔木害稼。二年十月，海州飓风作，海水溢，溺死人民。四年七月，温州飓风大作。七年正月朔，大都大风。十三年五月乙丑，浔州飓风大作，坏官舍民居，屋瓦门扉皆飘扬七里之外。十四年七月甲子，潞州襄垣县大风拔木。十六年，温州大风。十七年六月，温州飓风。十八年正月，大风起自西北，仆益都万岁碑。二十一年正月癸酉，石州大风拔木，六畜皆鸣,人持枪矛忽生火焰,抹之即无,摇之即有。二十四年,台州路黄岩州海溢,飓风拔木,禾尽偃。二十七年三月庚子,京师有大风,起自西北,飞砂扬砾,昏冥蔽天,逾时风势八面俱至,终夜不止。如是者连日。自后每日寅时风起,万窍争鸣,戌时方息。至五月癸未乃止。二十八年正月,上都风霾。二月,上都大风昼晦。

至元四年六月,中都、顺天、东平等处蚕灾。七年五月,东平、大名等处蚕灾。十七年二月,真定七路桑有虫食之。二十二年五月,真定、广平、河间、大名、济南蚕灾。二十三年五月,广平等路蚕灾。二十五年七月乙巳,保定路唐县野蚕成茧。二十九年,真定之中山、新乐、平山、获鹿、元城、灵寿;河间之沧州无棣,景州之阜城、东光;益都之潍州北海县,有虫食桑皆尽。

元贞元年四月,真定平山、灵寿二县有虫食桑。二年五月,随州野蚕成茧。

大德元年六月,平滦路虫食桑。五年四月,大都、彰德、广平、真定、顺德、大名、濮州虫食桑。七年五月,济宁等处虫食桑。

至大元年五月,大名、广平、真定三路虫食桑。

至治元年五月,保定路飞虫食桑。

致和元年六月,河南德安屯蝼食桑。

天历二年二月,真定平山县,河间临津等县、大名魏县虫食桑。四月,濮州鄄城县、大名路,六月,卫辉蚕灾。三月,沧州、高州及南皮、盐山、武城等县虫食桑。

至顺元年三月,濮州诸县虫食桑。五月,沧州、高唐州虫食桑。二年二月,深、冀二州虫食桑。三月,真定、汴梁二路,恩、冠、晋、冀、深、蠡、景、献等州亦如之。五月,东昌、保定二路,濮、高唐等州虫食桑。六月,济宁路虫食桑。七月,辰州、兴国二路虫食桑、伤禾。三年三月,高唐、深、冀等州,大名、汴梁、广平三路虫食桑。四月,东昌、济宁二路及曹、濮等州虫食桑。

至元八年六月，辽州和顺县、解州闻喜县蚄蚄生。十八年，高丽，夏津、武城县蟊。二十三年五月，霸州、潮州蝻。十月，兴化路仙游县虫伤禾。二十四年，巩昌蚄蚄为灾。二十七年四月，婺州螟害稼，雷雨大作，螟尽死，岁乃大稔。

元贞元年六月，利州龙山县、盖州明山县螟。二年五月，济州任城县螟。

大德七年五月，济南、东昌、般阳、益都等路虫食麦。闰五月，汴梁开封县虫食麦。九年七月桂阳郡蟓。

至大元年五月，东平、东昌、益都等路蟓。

皇庆二年五月，檀州及获鹿县蝻。

延祐七年七月，霸州及高邑县蝻。

泰定二年七月，奉元路咸阳、兴平、武功蝻。三年，凤翔府岐山等县蚄蚄害稼。

天历二年，淮安、庐州、安丰三路属县蝻。

至顺元年七月，宝庆等路田生青虫，食稼。

至正三年六月，梧州青虫食稼。十年七月，同州虫食稼。知州石亨祖祷于元妙观，雨三日，虫尽死。十九年五月，济南章丘、邹平二县蝻，五谷不登。二十二年春，卫辉路螟。六月，胶水县蚄蚄生。七月，掖县蚄蚄生，害稼。二十三年六月，宁海文登县蚄蚄生。七月，莱州招远、莱阳二县，文登州、宁海州蚄蚄生。

太宗十年八月蝗。

中统三年五月，真定、顺天、邢州等路蝗。四年六月，燕京、河间、益都、真定、东平蝗。八月，滨、棣等州蝗。至元二年七月，益都大蝗。十二月，西京、北京、顺德、徐、宿、邳等州、路蝗。三年，东平、济南、益都、平滦、洺磁、顺天、邢州、中都、河间、北京、真定路蝗。四年，山东、河南北诸路蝗。五年六月，东平等路蝗。六年六月，河南北、山东诸路蝗。七年三月，益都、登、莱蝗。七月，南京、河南诸路蝗。八年六月，上都、中都、大名、河间、益都、顺天、怀孟、彰德、济南、真定、卫辉、平阳、归德、顺德等路,淄、莱、洺、磁等州蝗。十五年,濮州蝗。十六年四月,大都十六路蝗。十七年五月,真定、咸平、沂州及涟、海、邳、宿等州蝗。十九年四月,别十八里部东三百余里蝗害麦。二十一年六月,中卫屯田蝗。二十二年四月,大都、汴梁、益都、庐州、河间、济宁、归德、保定蝗。七月,京师蝗。二十五年七月,真定、汴梁蝗。八月,赵、晋、冀三州蝗。二十六年六月,东平、济宁、东昌、益都、真定、广平、归德、汴梁、怀孟蝗。二十七年四月,河北蝗。二十九年六月,东昌、济南、般阳、归德等路蝗。三十年六月,大兴县蝗。九月,登州蝗。三十一年六月,东安蝗。

　　无贞元年六月,汴梁陈留、太康、考城等县,睢、许等州蝗。二年六月,济宁任城、鱼台县,东平须城、汶上县,开州长垣、清丰县,德州齐河县,滑州,内黄县,颍州太和县蝗。七月,平阳、大名、归德、直定等处蝗。八月,德州、彰德、太原蝗。

　　大德元年六月,归德、邳州、徐州蝗。二年二月,归德等处蝗。四月,江南、山东、两淮、江浙、燕南属县百五十处蝗。六月,山东、河南、燕南、山北五十处,辽东、大宁路金源县蝗。三年五月,扬州及淮安属县蝗,有鹙食之。十月,陇、陕蝗。四年五月,扬州、南阳、顺德、东昌、归德、济宁、徐、濠、芍陂蝗。五年六月,顺德路淇州蝗。七月,广平、真定等路蝗。八月,河南、睢、陈、唐、和等州,新野、汝阳、江都、兴化等县蝗。六年四月,真定、大名、河间等路蝗。七月,大都涿、顺、固安三州及濠州钟离、镇江丹徒蝗。七年五月,益都、济南等路蝗。六月,大宁路蝗。八年四月,益都临朐、德州齐河县蝗。六月,益津县蝗。九年六月,通、泰、靖海、武清等州县蝗。八月,涿州良乡、河间南皮、泗州天长等县及东安、海盐等州蝗。十年四月,大都、真定、河间、保定、河南等路蝗。六月,龙兴、南康等路蝗。十一年五月,真定、河间、顺德、保定等路,六月,保定属县,七月,德州,八月,河南、真定等路蝗。

　　至大元年二月,汝宁、归德二路蝗。五月,晋宁路蝗。六月,真定、保定二路蝗。八月,淮东蝗。二年四月,益都、东平、东昌、顺德、广平、大名、汴梁、卫辉等路蝗。六月，檀、霸、曹、濮、高唐、泰安等州，良乡、舒城、历阳、合肥、大安、江宁、句容、溧水、上元等县蝗。七月，济南、济宁、般阳、河中、解、绛、耀、同、华等州蝗。八月，真定、保定、河间、怀孟等路蝗。三年四月，宁津、堂邑、茌平、阳谷、平原、齐河、禹城七县蝗。五月，合肥、历阳、蒙城、霍邱、怀宁等县蝗。七月，磁州、威州，饶阳、元氏、平棘、滏阳、元城、无棣等县蝗。

皇庆元年，彰德、安阳县蝗。

延祐七年六月，益都蝗。

至治元年五月，霸州蝗。六月，卫辉、汴梁等处蝗。七月，江都、泰兴、通许、临淮、盱眙、清流等县蝗。十二月，宁海州蝗。二年，汴梁祥符县蝗，有群鹜食蝗，既食而复吐之，积如丘垤焉。十二月，汴梁、顺德、河间、保定、济宁、濮州、益都诸路蝗。三年五月，保定路归信县蝗。七月，真定诸路蝗。

泰定元年六月，大都、顺德、东昌、卫辉、保定、益都、济宁、彰德、真定、般阳、广平、大名、河间、东平等路蝗。二年五月，彰德等路蝗。六月，德、濮、曹、景等州，历城、章丘、淄川、茌平等县蝗。九月，济南、归德等路蝗。三年六月，东平须城县，兴国永兴县蝗。七月，大名、顺德等路，赵州，曲阳、满城、庆都、修武等县蝗。淮安、高邮二路，睢、泗、雄、霸等州蝗。八月，永平、汴梁、怀庆等路蝗。四年五月，大都、南阳、汝宁、庐州等路蝗。洛阳县有蝗五亩，群鸟尽食之，越数日，蝗又集，又食之。六月，大都、河间、济南、大名、陕州蝗。七月，藉田蝗。八月，冠州、恩州、大都、河间、奉元、怀庆诸路蝗。十二月，保定、济南、卫辉、济宁、庐州五路，南阳、河南二府蝗。博兴州，临淄、胶西等县蝗。

致和元年四月，大都蓟州、永平路石城县蝗。凤翔岐山县蝗，无麦苗。五月，颍州及汲县蝗。六月，武功县蝗。

天历二年四月，大宁兴中州、怀庆孟州、庐州无为州蝗。六月，益都路莒、密二州蝗。七月，真定、汴梁、永平、淮安、卢州、大宁、辽阳等路属县蝗。八月，保定行唐县蝗。三年五月，广平、大名、般阳、济宁、东平、汴梁、南阳、河南等路，辉、德、濮、开、高唐五州蝗。

至顺元年六月，漷、蓟、固安、博兴等州蝗。七月，解州、华州及河内、灵宝、延津等二十二县蝗。二年三月，陕州诸路蝗。六月，孟州济源县蝗。七月，河南阌乡、陕县，奉元蒲城、白水等县蝗。

元统二年六月，大宁、广宁、辽阳、开元、沈阳、懿州蝗。八月，南康诸县蝗。

后至元二年七月，黄州蝗。三年六月，怀庆、温州、汴梁阳武县蝗。七月，武陟县鹰食蝗。五年七月，胶州即墨县蝗。是年秋七月，螟生牧野南，有鸜鹆自西北来，啄螟食之尽。

至正四年，归德府永城县及亳州蝗。十二年六月，大名路开、滑、浚三州，元城十一县蝗。十七年，东昌茌平县蝗。十八年夏，蓟州、辽州、潍州昌邑县、胶州高密县蝗。秋，大都、广平、顺德及潍州之北海、莒州之蒙阴、汴梁之陈留、归德之永城皆蝗。顺德九县民食蝗，广平人相食。十九年，大都霸州、通州，真定，彰德，怀庆，东昌，卫辉，河间之临邑，东平之须城、东阿、阳谷三县，益都、路之益都、临淄二县，潍州、胶州、博兴州，大同、冀宁二路，文水、榆次、寿阳、徐沟四县，沂、汾二州及孝义、平遥、介休三县，晋宁潞州及壶关、潞城、襄垣三县，霍州赵城、灵石二县，隰之永和，沁之武乡，辽之榆社、奉元，及汴梁之祥符、原武、鄢陵、扶沟、杞、尉氏、洧川七县，郑之荥阳、汜水，许之长葛、郾城、临颍，钧之襄城、新城、密县皆蝗，食禾稼草木俱尽，所至蔽日，碍人马不能行，填坑堑皆盈。饥民捕蝗以为食，或曝干而积之。又罄，则人相食。七月，淮安清河县飞蝗蔽天，自西北来，凡经七日，禾稼俱尽。八月，大同路蝗。二十年，益都临朐、寿光二县，凤翔岐山县蝗。二十一年六月，河南巩县蝗，食稼俱尽。七月，卫辉及汴梁荥泽县、郑州蝗。二十二年秋，卫辉及汴梁开封、扶沟、洧川三县，许州及钧之新郑、密二县蝗。二十五年，凤翔岐山县蝗。绩溪县蝗。

至元十六年四月益都乐安县朱五十家，牛生牸犊，两头四耳三尾,其色黄,既生即死。

大德九年二月,大同平地县迷儿的斤家,牛生麒麟而死。

至大四年,大同宣宁县民灭的家,牛生一犊,其质有鳞无毛,其色青黄,类若麟者,以其韡上之。

泰定三年九月,湖州长兴州民王俊家,牛生一兽,鳞身牛尾,口目皆赤,坠地即大鸣,母不乳之。具图以上,不知何兽,或曰"此瑞也,宜俾史臣纪录。"

至正九年三月,陈州杨家庄牛生黄犊,火光满室,麻顶绿角,间生绿毛,不食乳,二日而死。十年秋,襄阳车城民家,牛生犊,五足,前三、后二。二十六年春,汴梁祥符县牛生犊,双首,不及二日死。二十八年五月,东昌聊城县钱镇抚家,牛生黄犊,六足,前二后四。

至元二十四年,诸王薛彻都部雨土七昼夜,没死牛畜。

大德十年二月,大同平地县雨沙黑霾,毙牛马二千。

至治三年二月丙戌,雨土。

致和元年三月壬申,雨霾。

天历二年三月丁亥,雨土霾。

至顺元年三月丙戌,雨土霾。

后至元五年二月,信州雨土。

至正三年三月至四月,忻州风霾昼晦。二十六年四月乙丑,奉元路黄雾四塞。

至元元年十一月,兴国路地震。四年八月,汉阳地震。二十一年八月,松滋、枝江地震。九月戊子,京师地震。二十六年正月丙戌,地震。二十七年二月癸未,泉州地震。丙戌,泉州地复震。八月癸未,武平路地大震。二十八年八月乙丑,平阳路地震,坏庐舍万八百区。

元贞元年三月壬戌,地震。

大德六年十二月辛酉,云南地震。戊辰,亦如之。七年八月辛卯夕,地震。太原、平阳尤甚,坏官民庐舍十万计。平阳赵城县范宣义郇堡徙十余里。太原徐沟、祁县及汾州平遥、介休、西河、孝义等县地震成渠,泉涌黑沙。河州北城陷,长一里,东城陷七十余步。八年正月,平阳地震不止。九年四月己酉,大同路地震,有声如雷,坏庐舍五千八百,压死者一千四百余人。怀仁县地震,二所涌水尽黑,其一广十八步,深十五丈,其一广六十六步,深一丈。五月癸亥,以地震,改平阳路为晋宁,太原路为冀宁。十一月壬子,大同地震。十二月丙子,又震,十年闰正月,晋宁、冀宁地震不止。三月,道州营道县暴雨,山裂百三十余处。八月壬寅,开城路地震。

至大元年六月丁酉,巩昌陇西、宁远县地震。云南乌撒、乌蒙地三日而大震者六。九月己酉,蒲县地震。十月癸丑,蒲县、陵县地震。二年十二月壬戌,阳曲县地震有声。三年十二月戊申,冀宁路地震。四年三月己亥,宁夏路地震。七月癸未,甘州地震,大风,有声如雷。闰七月甲子,宁夏地震。

皇庆二年六月己未朔,京师地震。丙寅,又震。七月壬寅,又震。

延佑元年二月戊辰,大宁路地震。四月甲申朔,大宁地震,有声如雷。八月丁未,冀宁、汴梁等路,陕县、武安等县地震。十一月戊辰,大宁地震如雷。二年五月乙丑,秦州成纪县北山移至夕川河,明日再移,平地突如土阜,高者二三丈,陷没民居。十一月乙卯,宣德县屡震。三年八月己未,冀宁、晋宁等路地震。十月壬午,河南地震。四年正月壬戌,冀宁地震。七月己丑,成纪县山崩。辛卯,冀宁地震。九月,岭北地震三日。五年正月甲戌,懿州地震。二月癸巳,和宁路地震。丁酉,泰安县山崩。五月己卯,德庆路地震。七月戊子,宁远县山崩。八月,伏羌县山崩,秦州成纪县山崩,圬壤坟起,没畜产。

至治二年九月癸亥,地震。十一月癸卯,地震。

泰定元年八月,成纪县山崩水溢,壅土至来谷河成丘阜。十月庚申,奉元路同州地震。三年十二月丁亥,宁夏路地震。四年三月癸卯,和宁路地震如雷。八月,巩昌通渭县山崩,硐门地震,有声如雷,昼晦。凤翔、兴元、成都、陕州、江陵等路地同日震。九月壬寅,宁夏地震。

致和元年七月辛酉朔,宁夏地震。己卯,大宁路地震。十月壬寅,大宁路地震。

至顺二年四月丁亥,真定涉县一日五震或三震,月余乃止。三年四月戊申,大宁路地震。五月戊寅,京师地震有声。八月己酉,陇西地震。九月丁酉夜,京师地震有声。

元统元年八月,巩昌、徽州山崩。九月庚申,泰州山崩。十月丙寅,凤州山崩。十二月丙申,巩昌成纪县地裂山崩。癸卯,安庆灊山县地震。辛亥,秦州地裂山崩。十二月,饶州德兴县,余干、乐平二州地震。二年五月,信州地震。八月辛未,京师地震。鸡鸣山崩,陷为池,方百里,人死者众

至元元年十一月壬寅,兴国路地震。十二月丙子,安庆路地震,所属宿松、太湖、灊山三县同时俱震。庐州、蕲州、黄州亦如之。是月,饶州亦地震。二年正月乙丑,宿松地震。五月壬申,秦州山崩。三年八月辛巳夜,京师地震。壬午,又震,损太庙神主,西湖寺神御殿璧倾,祭器皆坏。顺州、龙庆州及怀来县皆以辛巳夜地震,坏官民庐舍,伤人及畜牧。四年春二月乙酉,奉圣州地震,保安州及瑞州路新昌州地震。六月,新州路灵山裂。七月己酉,保安州地大震。丙辰,巩昌府山崩。八月辛丑,宣德府地大震,改宣德为顺宁府。丙子,京师地震,日凡二、三,至乙酉乃止。密州安丘县地震。六年六月己亥,秦州成纪县山崩地裂。

至正元年二月,汴梁路地震。二年四月辛丑,冀宁路平晋县地震,声如雷鸣,裂地尺余,民居皆倾仆。五月,济南山崩水涌。七月,惠州罗浮山崩,凡二十七处,坏民居无算。十二月乙酉,京师地震。三年二月,钧州之新郑、密县地震。六月乙巳,秦州秦安县南坡崩裂,压死人畜。七月戊辰巩昌山崩,人畜死者众。十二月,胶州及属邑高密地震。四年八月,莒州蒙阴县地震。十二月,东平路东阿、阳谷、平阴三县及汉阳地震。五年春,蓟州地震,所领四县及东平汶上县亦如之。十二月乙丑,镇江地震。六年二月,益都路益都、昌乐、

寿光三县,潍州北海县,胶州即墨县地震。三月,高苑县地震,坏民居。六月,广州增城县罗浮山崩,水涌溢,溺死百余人。九月戊午,邵武地震,翌日地中有声如鼓,夜复如之。七年二月,益都临淄、临朐,潍州之昌邑、胶州之高密、济南之棣州地震。三月,东平路东阿、阳谷、平阴三县地震,河水动摇。五月,临淄地又震,七日乃止。河东地坼泉涌,崩城陷屋,伤人民。十一月,镇江丹阳县地震。九年六月,台州地震。七月庚寅,泉州大风雨。永春县南象山崩,压死者众。十年,冀宁徐沟县地震。五月甲子,龙兴宁州大雨,山崩数十处。丙寅,瑞州上高县蒙山崩。十月乙酉,泉州安溪县后山鸣。十一年四月,冀宁路汾、忻二州,文水、平晋、榆次、寿阳四县,辽州之榆社,怀庆之河内、修武二县及孟州同时地震,声如雷霆,圮房屋,压死者甚众。八月丁丑,中兴路公安、松滋、枝江三县,峡、荆门二州地震。十二年二月丙戌,霍州灵石县地震。闰三月丁丑,陕西地震,庄浪、定西、静宁、会州尤甚,移山湮谷,陷没庐舍,有不见其迹者。会州公廨墙圮,得弩五百余张,长丈余,短者九尺,人莫能开挽。十月丙午,霍州赵城县霍山崩,涌石数里,前三日,山鸣如雷,禽兽惊散。十三年三月,庄浪、定西、静宁、会州地震。七月,汾州白彪山坼。十四年四月,汾州介休县地震,泉涌。七月,孝义县地震。十一月,宁国路地震,所领宁国、旌德二县亦如之。淮安路海州地震。十二月己酉,绍兴地震。十五年四月,宁国敬亭、麻姑、华阳诸山崩。六月丁丑,冀宁之德州地震。十六年春,蓟州地震,凡十日,所领四县亦如之。六月,雷州地大震。十七年十月,静江路东门地陷,城东石山崩。十二月丁酉,庆元路象山县鹅鼻山崩,有声如雷。十八年二月乙酉,冀宁临州地震。五月,益都地震。十九年正月甲午,庆元地震。二十年二月,延平顺昌县地震。二十二年三月,南雄路地震。二十三年十二月丁巳,台州地震。二十五年十月壬申,兴化路地震,有声如雷。十二月洛阳山鸣。二十六年三月,海州地震如雷,赣榆县吴山崩。六月,汾州介休县地震。绍兴山阴县卧龙山裂。七月辛亥,冀宁路徐沟县,石、忻、临三州,汾之孝义,平遥二县同日地震,有压死者。丙辰,泉州同安县三秀山崩。是月,河南府巩县大霖雨,地震山崩。十一月辛丑,华州蒲城县洛岸崩,壅水,绝流三日。十二月庚午,华州之蒲城县洛水和顺崖崩,其崖戴石,有岩穴可居,是日压死辟乱者七十余人。二十七年五月,山东地震。六月,沂州山石崩裂,有声如雷。七月丙戌,静江灵川县大藏山石崖崩。十月丙辰,福州雷雨,地震。十二月庚午,又震,有声如雷。二十八年六月,冀宁文水、徐沟二县,汾州孝义、介休二县,临州、保德州,隰之石楼县及陕西皆地震。七月,辽阳鸡鸣山崩。十月辛巳,陕西地又震。二十九年正月,中都地震。

至元元年十月壬子,恩州历亭县进嘉禾,一茎九穗。十一月丁酉,太原临州进嘉禾二茎。四年十月辛未,太原进嘉禾二本,异亩同颖。六年九月癸巳,恩州进嘉禾,一茎三穗。七年夏,东平府进瑞麦,一茎二穗。三穗、五穗者各一本。十一年,兴元凤州进麦,一茎七穗;谷一茎三穗。十四年八月,嘉禾生襄阳。十七年十月,太原坚州进嘉禾六茎。十八年八月壬寅,瓜州屯田进瑞麦,一茎五穗。二十年癸巳,斡端宣慰司刘恩进嘉禾,同颖九穗、七穗、六穗者各一。二十三年五月,广元路阆中麦秀两歧。二十四年八月,浚州进瑞麦,一茎九穗。九月,中兴路生嘉禾,一穗九茎。二十五年八月,袁州萍乡县进嘉禾。二十六年十二月,宁州民张世安进嘉禾一本。二十九年二月壬申,泽州献嘉禾。三十一年,嘉禾生京畿,一茎九穗。

大德元年十一月辛未,曹州禹城县进嘉禾,一茎九穗。九年,嘉禾生应州山阴县。

至大三年九月,河间路献嘉禾,有异亩同颖及一茎数穗者,敕绘为图。

皇庆二年八月,嘉禾生浑源州,一茎四穗。

延祐四年九月,南城产嘉禾。七年五月,鄱阳进嘉禾,一茎六穗。

至治元年十月壬子,左丞相拜住献嘉禾,两茎同穗。二年八月,蔚昌府献嘉禾。

　　泰定元年十月，成都县谷一茎九穗。

　　后至元四年五月，彰德临彰县麦秀两歧，有三穗者。

　　至正元年，延平顺昌县嘉禾生，一茎五穗。冀宁太原县有嘉禾，异亩同颖。三年八月，晋宁临汾县嘉禾生，有五穗至八穗者。六年，洛阳产瑞麦，一茎三、四穗。十年，彰德路谷、麦双穗。十六年，大同路秦城乡嘉禾生，一茎二穗、五穗，有九穗者，有异茎而同穗者。二十六年五月，洛阳县康家庄有瑞麦，一茎五穗、双穗、三穗者甚众。

新元史卷四六
志第一三

地理一

自唐末疆域分裂，历五代至宋，辽与西夏尚据边垂。金灭辽克宋，赵氏南迁，划分南北。又历百余年，而元兴。迨世祖取江南，中国始统于一姓焉。元之疆域，九州而外，幅员尤广。世祖以前，阿母河、别失八里俱置尚书行省。至元初，别失八里、火州、斡端等处俱置宣慰司。又太祖分东边之地封诸弟，分西北边之地封诸子。其后，皇孙旭烈兀建国波斯，与术赤、察合台之后，并为三大藩。职方之志，宜考其山川与其疆域之沿革，以次于十一行省之后，不应如旧史《地理志》之褊狭也。然旧志实本于《大一统志》与《经世大典》，官修之籍既不足征，其局于褊狭宜哉。今为《地理志》亦仍前史之旧，订其舛讹，补其夺漏而已。其所不知，盖阙如也。

中书省，统河北、山东西之地，谓之腹里，领路二十九，州八，属府三，属州八十三，属县三百四十四。

大都路。金之中都曰大兴府。太祖十年，克中都，改燕京路，总管大兴府。世祖中统元年，车驾幸燕京。五年，建为中都，大兴府仍旧。至元四年，始于中都之东北筑新城而迁都焉。京城方六十里，十一门：正南曰丽正，南之右曰顺承，南之左曰文明，北之东曰安贞，北之西曰健德，正东曰崇仁，东之右曰齐化，东之左曰光熙，正西曰和义，西之右曰肃清，西之左曰平则。大内南临丽正门,正衙曰大明殿,曰延春阁。宫城周回九里三十步,分六门:正南曰崇天,崇天之左曰星拱,右曰云从,东曰东华,西曰西华,北曰厚载。崇天门外有石桥三,中为御道星拱门,南有御膳亭,亭东有拱辰堂,为百官会集之所。厚载门北为御苑,外周垣红门十有五,内苑红门五,御苑红门四。大明门在崇天门内,大明殿之正门也。日精门在大明门左,月华门在其右。大明殿为登极、正旦、寿节会朝之正衙。寝殿后连香阁,文思殿在寝殿东,紫檀殿在寝殿西,宝云殿在寝殿后。凤仪门在东庑中,麟瑞门在西庑中。凤仪门外有内藏库二十所。嘉庆门在后庑宝云殿东,景福门在殿西,延春门在殿后,延春门之正门也。懿范门在延春左,嘉则门在延春右。延春阁寝殿后有香阁。慈福殿又曰东暖殿,在寝殿东。仁明殿又曰西暖殿,在其西。景耀门在左庑中,清灏门在右庑中。玉德殿在清灏门外,有东西香殿。宸庆殿在玉德殿后,有东西更衣殿。隆福殿在大内西兴圣之前。光天门,光天殿正门也。崇华门在光天门左,膺福门在其右。光天殿后有寝殿。青阳门在左庑中,明辉门在右庑中。寿昌殿又曰东暖殿,嘉禧殿又曰西暖殿。文德殿在明辉门外,又曰楸北殿,皆楸木为之。盝顶殿在光天殿西北,后有盝顶小殿。香殿在宫垣西北隅,有前后寝殿。文宸库在宫垣西南隅,酒房在东南隅,内庖在酒房北。兴圣宫在大内西北万寿山正西。后有寝殿。兴圣门,殿之北门。明华门在左,肃章门在右。宏庆门在殿之东庑中,宣则门在西庑中。凝晖楼在宏庆南,延颢楼在宣则南。嘉德殿在寝殿东,宝意殿在其西。山字门在兴圣宫后,延华阁之正门也,东西殿在阁西左右。芳碧亭在延华阁后圆亭东,徽青亭在圆亭西。兴哥儿殿在延华阁右,木香殿在殿后。东盝顶殿在延华阁东版垣外,后有寝殿。盝顶之制,三椽其顶,如筒之平,故名。西盝顶殿在延华阁西版垣外。学士院在延华阁后。万寿山在大内西北大液池之阳,金人名琼华岛,至元八年赐今名。广寒殿在山顶,中有小玉殿。仁智殿在山之半。金露亭在广寒殿东方。壶亭,又曰线珠亭,自金露亭前复道登高。瀛测亭在温石浴堂后,荷叶殿在方壶亭前。温石浴室在瀛州亭前。圆亭,又曰胭脂亭,在荷叶殿稍西,为后妃添妆之所。八面介福殿在仁智殿东,延和殿在西。更衣殿在山东。太液池在大内西,仪天殿在池中圆坻上。半山台在仪天殿前。御苑在隆福宫西,香殿在石假山上,殿后有石堂。红门外有太子斡耳朵荷叶殿,上有香殿,左有圆殿,在山前圆顶上。歇山殿在圆殿前,东西亭在殿后东西,水心亭在殿池中。棕毛殿在假山东,偏后有盝顶殿。仪鸾局在殿前三红门外西南隅。**九年,改为大都。十九年,置留守司。二十一年,置大都路总管府。二十七年,改都总管府。至大中,本路达鲁花**

赤莫吉，买灵椿里周氏地十九亩，建公署。旧领通、蓟、涿、霸、雄、保、遂、
安肃、檀、顺、易十一州，太宗十一年析保、雄、易、遂、安肃五州为顺
天路，后又升安次、同安二县为州，漳阴县为漳州，与雄、易二州并
来属。至元二十三年，又析雄、易二州棣保定路。延佑三年，升缙山
县为龙庆州来属。旧领大兴、宛平、安次、漳阴、永清、宝坻、香河、昌
平、武清、良乡十县，太宗七年析安次县隶霸州，至元十三年升漳阴
县为漳州，以武清、香河二县隶之。户十四万七千五百九十，口四十
一万一千三百五十。领院五：左、右警巡院二，初设警巡院三，至元四
年省其一，以左右二院分领坊市。南城警巡院，大德九年，增置。分治四隅
警巡院二。至大三年，增置。

县六：

大兴，赤。金改辽析津县为大兴县，元因之。宛平，赤。金故县与大兴
分治郭下。良乡，下。永清，下。宝坻，下。昌平。下。皇庆二年徙县治于
新店。

州十：

涿州。下。金故州，属中都路。太宗八年，升涿州路。中统四年，
复降为州，旧领范阳、固安、新城、定兴、奉先五县。固安升为州，新
城后隶雄州，定兴后隶易州。领县二：

范阳，下。倚郭。有盝顶殿。房山。下。金万宁县，后改奉先。至元二
十七年改今名。

霸州。下。宋故州，治文安县，属河北东路。金改治益津县，属
中都路。旧领益津、文安、大城、信安四县。金升信安县为镇安府，
元初并入本州。至元四年，置保定县。旧志：金置信安军。乃镇安府之
误。领县四：

益津，下。倚郭。中统四年省。至元四年复置。有平曲水寨。文安，下。
大城，下。保定，下。金隶雄州，至元二年省入益津，四年复置，改隶霸州。

通州。下。金故州，属中都路。领县二：

潞县，下。倚郭。三河。下。

蓟州。下。金故州，属中都路。领县五：

渔阳，下。倚郭。丰润，下。本玉田县之永济务，金大定二十七年升为县，后避讳改丰润。太祖十年，升为润州，至元二年省入玉田。未几，以当冲要，复置。后又废，十三年再置。玉田，下。遵化，下。平谷。下。本渔阳县大王镇，金升为平峪县。至元二年，省入渔阳县。十三年复置，省峪为谷。

漷州。下。金漷阴县，属大兴府。至元十三年，升漷州，漷阴县旧治在城南隅，升州后迁治于河西务，至正间复移旧治。以大兴府之武清、香河二县来属。领县二：

香河，下。本武清县地，辽析置。武清。下。

顺州。下。金故州，属中都路，旧领温阳、密云二县，元初省县入州。

檀州。下。辽故州，金初省入顺州，元初复置。

东安州。下。金安次县，属大兴府。太宗七年，改属霸州；中统四年，升为东安州。

固安州。下。金固安县，属涿州。宪宗九年，改属霸州。又改隶大兴府。中统四年，升为固安州。下。

龙庆州。下。金缙山县，属德兴府。至元三年，省入怀来县。五年，复置，改属宣德府奉圣州。延祐三年，升为龙庆州，改隶大都路。皇庆元年，建行宫凉殿。至治元年，又作行殿于流怀池。领县一：

怀来。下。金怀来县，后更名妫川，属德兴府。元初复旧名，延祐二年改属本州。

上都路。金恒州地。元初为札剌儿、兀鲁特两部分地。宪宗六年，世祖命刘秉忠建城于桓州东、滦水北之龙冈。中统元年，赐名开平府。五年，建为上都。有重城。外城周十六里三百三十四步，南、北各有一门，东、西各二门。内城周六里三百三十步，东、西、南各一门。正南门曰明德门，内有大明殿，门左曰星拱，右曰云从。有仪天殿，门左曰日精，右曰月华。宝云殿，侧有东西暖阁。宸丽殿，侧有东西香殿。玉德殿，后有寿昌堂、慈福殿。有紫檀阁，连香阁、延春阁。其前拱辰堂，为百官议政之所。后御膳房、凝晖楼，侧有绿珠、瀛州二亭。有金露台。世祖又迁宋汴京之熙春阁于上都，为大安阁。阁后为鸿禧、睿思二殿。城东南又有东、西凉亭，为驻跸之处。至元二年，置留

守司。五年,置上都路总管府。十八年,升上都留守司,兼行本路总管府事。户四万一千六十二,口十一万八千一百九十一。领院一:

警巡院。

县一:

开平。上。金清塞县,中统元年改今名。

府一:

顺宁府。金宣德州,属西京路。元初为宣宁府,太宗七年改山东路总管府。中统四年改宣德府,仍隶上都路。延祐五年,改隶大都路。泰定元年,复隶上都留守司。后至元三年,以地震改顺宁府。旧领录事司,宣德、宣平二县。元初以宏州之顺圣县来属。至元二年,省录事司入宣德县。领县三:

宣德,下。倚郭。至元二年,省德兴府之龙门县入之。二十八年,又割龙门县地属云州。宣平,下。金置县于大新镇。元初移治辛南庄。顺圣。下。

府领州二:

保安州,下。金德兴府,属西京路。至元三年,改奉圣州,后至元二年以地震改保安州。旧领德兴、妫川、缙山、望云、矾山、龙门六县。中统四年升望云县为云州,至元二年省矾山县入永兴,元初改金德兴为永兴县。龙门县入宣德府之宣德,三年省缙山县入怀来,元初改金妫川为怀来县。五年复置缙山县,改隶宣德府,延祐三年徙怀来隶龙庆州。领县一:

永兴。下。倚郭。至元六年省入本州,未几复置。延祐六年并入奉圣州。

蔚州。下。金故州,属西京路。至元二年,省州入灵仙县,隶弘州。是年复为蔚州。至大元年升蔚昌府。后复为蔚州,隶宣德府。领县五:

灵仙,下。灵邱,下。飞狐,下。定安,下。广灵。下。

州五:

兴州。下。金故州,属北京路。至元三年改属上都路。旧领兴安、宜兴二县。天历元年,升宜兴为州。后至元五年,省兴安县入本州。

宜兴州。中。金宜兴县,属兴州。元初省入兴州。至元二年,复置。天历元年,升为州。俗称小兴州。以兴州为大兴州。

松州。下。金松山县,属大定府。中统三年,升为松州,仍存县。至元二年,省县入州。

桓州。上。金故州,属西京路。元初省。至元二年,复置。

云州。下。金望云县,属德兴府。中统四年,升为云州,仍存县,改属宣德府。至元二年,省县入州。二十八年,复析宣德之龙门镇置望云县,隶本州。领县一:

望云。下。金龙门县,属德兴府。至元二年,废为镇。二十八年,置县。

兴和路。上。金抚州,属西京路。元初省,宪宗四年复置。中统三年以州为内辅,升为隆兴府,建行宫。至元四年析隆兴府自为一路,行总管府事。至大元年降隆兴路为源州,隶中都留守司。四年,罢留守司,复置隆兴路总管府。皇庆元年,改隆兴路为兴和路。户八千九百七十三,口三万九千四百九十五。旧领柔远、集宁、丰利、威宁四县。集宁县升为路,丰利县并入高原。中统三年,析大同府之怀安、天成二县来属。领县四:

高原,下。倚郭。金柔远县。中统二年改今名,隶宣德府,三年来属。怀安,下。金属大同府。中统三年来属,后废。至元中复置怀安县于阳门站。天成,下。金属大同府,中统三年来属。威宁。下。金威宁县。旧志作咸宁,误。元初属宣德府,中统三年来属。

州一:

宝昌州。下。金昌州,领宝山县,属西京路。元初隶宣德府。中统三年,改隶本路,置盐使司。后省州,存县。延祐六年,改宝山县为宝昌州。

永平路。下。金平州,属中都路。太祖十年,改为兴平府。后又改兴平路。中统元年,又改平滦路,置总管府。大德四年,以水患,改永平。旧领卢龙、迁安、抚宁、昌黎、海山五县。至元四年,省海山县入昌黎。户一万三千五百一十九，口三万五千三百。领司一：

录事司。中统元年置。

县四：

卢龙，下。倚郭。迁安，下。至元二年省入卢龙县，后复置。抚宁，下。
至元二年与海山县俱省入昌黎。三年复置。四年，又与海山县俱省。七年复置，
仍省昌黎县入之。昌黎。下。至元十一年复置。十二年以海山县故地来属，
改隶滦州。后复隶本路。

州一：

滦州。下。金故州，属中都路。元初属永平路。旧领义丰、马
城、石城、乐亭四县。至元二年省石城县入乐亭，三年改入义丰。四
年又省马城县入义丰。延祐七年并永平滦邑县于石城，是石城至元后复
置，本路又有滦邑县，均不可考。领县二：

义丰，下。倚郭。至元二年省入本州。三年复置。乐亭。下。元初尝
置漠州，寻废，复为乐亭县。

德宁路。下。大德九年以黑水新城为静安路，延祐五年改为德
宁路。领县一：

德宁。下。大德九年置静安县，延祐五年改今名。赵王不鲁纳食邑沙、
静、德宁等处。

净州路。下。金故州。太宗八年置，属西京路。后升为净州路。
延祐七年丰州修路碑有德宁天山分司宣慰使。是旧无净州路，置路在仁宗以
后。领县一：

天山。下。本榷场。金大定十八年置县。元因之。

泰宁路。下。金泰州，属北京路。元初隶辽阳行省。延祐二年
改为泰宁府，四年升泰宁府为泰宁路。是年四月仍以泰宁路隶辽阳
省。后改隶中书省。领县一：

泰宁。下。延祐四年置。按金泰州属县一，为长春。其省并年分阙。

集宁路。下。金集宁县，属抚州。元初升为路。领县一：

集宁。下。本市场。金明昌三年置县。元因之。

应昌路。下。至元七年，斡罗陈万户及其妃襄加真公主请于上都东北三百里答儿海子本藩驻夏之地，建城邑以居，遂名其城为应昌府。二十二年，改为应昌路。至正初罢之，拨属鲁王马某沙王傅府。十四年复置，领县一：

应昌。下。

全宁路。下。元贞元年，襄家真公主请以应昌路东北七里驻冬之地，建城邑，名曰全州。大德元年，升全州为全宁府。七年，又升为全宁路。至正初罢之。十四年复置。领县一：

全宁。下。

宁昌路。下。延祐五年，置宁昌府。至治二年，升宁昌府为下路。增置一县。领县一：

宁昌。下。至治二年置。

沙井总管府。领县一：

沙井。丰州西北有沙井故城，驸马赵王分地。

保定路。下。金保州，又改顺天军，属中都路。太宗十一年，升顺天路总管府。至元十二年，改保定路。旧领清苑、满城二县。太宗十一年，析中山府之庆都来属。后又以行唐、唐县、曲阳、新安、博野隶之。户七万五千一百八十二，口十三万九百四十。领司一：

录事司。至元十二年置。

县八：清苑，中。附郭。满城，中。唐县，下。金隶中山府。后来属。庆都，下。金隶中山府。后来属。行唐，下。金隶真定府。后来属。曲阳，下。金隶中山府。元初改恒州，置元帅府，以阜平、灵寿、行唐、唐县隶之。元帅

府罢,仍为曲阳县,改属保定路。新安,下。金新安州附郭置渥城县。至元二
年,州、县俱废,改为新安镇,入归信县。四年,割入容城。九年,复置新安县,来
属。博野,下。金隶蠡州。至元三年,省入蒲阴县。十一年,复置,改属本路。

州七:

易州。中。金故州,属中都路。太宗十一年,改隶顺天府。至元
十年,隶大都路。二十三年,还隶保定。旧领易、涞水二县。元初析
涿州之定兴县来属。领县三:

易县,中。倚郭。元初存州废县。至元三年复置。涞水,下。定兴,下。
金析范阳县黄村,一名皇甫镇,置定兴县。本属涿州。后来属。

祁州。中。金故州,属河北西路。元初隶真定路。后改隶保定
路。旧领蒲阴、鼓城、深泽三县。太宗十年,升鼓城为军民万户所。
至元三年,以深州之束鹿县来属。领县三:

蒲阴,中。倚郭。金旧县。旧志至元三年置,误也。深泽,下。至元二
年并入束鹿县,三年复置。束鹿。中。

雄州。下。金故州,属中都路。旧领归信、容城、保定三县。太
宗十一年,析雄州三县隶顺天路。至元二年,省保定入霸州益津县,
归信、容城二县与涿州之新城县俱改隶大都路。十年,改本州隶大
都路。十二年,改隶保定路。二十三年,以本州隶保定路,复以归信、
容城、新城三县来属。领县三:

归信,下。容城,下。金已隶本州。旧志金隶安肃州,误也。新城。下。
金属涿州。太宗二年,升新泰州。七年,复为县,隶大都路。十一年,改隶顺天
路。至元二年,隶雄州。十年,改隶大都。二十三年,复来属。

安州。下。金故州,治高阳县,后徙治渥城县,属中都路。旧领
渥城、葛城、高阳三县。至元二年,省州与渥城入归信县。寻复置安
州,治葛城县。领县二:

葛城。下。依郭。金升高阳之葛城乡为县。高阳。下。元初改属河间
路,后隶本州。

遂州。下。金故州,领遂城一县,属中都路。至元二年省州与遂
城入安肃州为镇。后复置州,隶本路。

安肃州。下。金故州。属中都路。元初改隶保定路。旧领安肃一县,元初省。

完州。下。金永平县属中山府,又改完州。至元二年,降永平县。后复为完州。初隶真定路,改隶本路。

燕京河北道肃政廉访司

真定路。上。金真定府,属河北西路。元初,升真定路总管府。旧领中山府,赵、邢、洺、磁、滑、浚、卫、辉、祁、威、完十一州。后割磁、威隶广平,浚、滑隶大名,祁、完隶保定,邢录顺德,洺隶广平,卫辉自为一路。又以冀、深、晋、冀四州来属。旧领真定、藁城、平山、栾城、获鹿、行唐、阜平、灵寿、元氏九县。至元中,析行唐县隶保定路,以潞州之涉县来属。户十三万四千九百八十六,口二十四万六百七十。领司一:

录事司。

县九:

真定,中。倚郭。玉华宫在衙城之北,为睿宗神御殿,奉安御容。有新城镇。藁城,中。金故县。太祖十七年,升永安州,以无极、宁晋、新乐、平棘四县隶之。太宗七年,复为藁城县。栾城,下。元氏,中。获鹿,中。金故县,后升镇宁州。太宗七年,复为获鹿县。平山,下。灵寿,下。阜平,下。涉县。下。金隶潞州。元初升崇州,改隶真定。后废州,仍为涉县。至元二年,省入磁州。后复置。

府一:

中山府。金故府,属河北西路,领祁、完二州。太宗十一年,析二州隶顺天府。后为散府,隶真定路。旧领安喜、新乐、无极、永平、庆都、曲阳、唐县七县。永平升为完州,与庆都、曲阳、唐县俱改隶保定路。领县三:

安喜,中。新乐,下。无极。下。

州五:

赵州。中。金改宋赵州为沃州,属河北西路。元初仍为赵州。旧

志太祖十五年割所属栾城、元氏隶真定。按二县本隶真定路,旧志误也。领县
七:

平棘,中。宁晋,下。隆平,下。临城。中。柏乡,下。高邑,下。赞
皇。下。至元二年,并入高邑。七年,复置。

冀州。上。金故州,属河北东路。旧领录事司,信都、南宫、衡水、
武邑、枣强五县。元初析衡水隶深州,复置新河县。后又省录事司
入信都。领县五:

信都,中。倚郭。至元初,兴录事司俱省入本州。后复置。三年,省录事
司入之。南宫,上。枣强。中。武邑,中。新河。中。太宗四年,析南宫县
地置。

深州。下。金故州,属河北东路。元初,隶河间路,置元帅府。太
宗十年,改隶本路。旧领饶阳、安平、武强、束鹿、静安五县。后析安
平、饶阳、武强隶晋州,束鹿隶祁州,以冀州之衡水来属。领县二:

静安,中。倚郭。本下博县,宋改静安。衡水。下。

晋州。金鼓城县,属祁州。太祖十年,升为晋州。太宗十年,改
鼓城等处军民万户所。中统二年,复为晋州。领县四:

鼓城,中。倚郭。饶阳,中。安平,下。太祖十九年,为南平州行千户
总管府事,领饶阳一县。太宗七年,复改为县,隶深州。宪宗潜邸,隶鼓城军民
万户所。中统二年,仍为安平县,隶本州。武强。下。元初置东武州,领武邑、
静安。太宗六年,降州为县,隶深州。十一年,析属祁州。中统二年,改隶本州。

蠡州。下。金故州,属河北东路。元初,改隶真定路。旧领司候
司、博野一县。至元三年,俱省入本州。后复置博野县,改隶保定路。
十七年直隶中书省,二十一年还隶本路。

顺德路。下。金邢州,属河北西路。元初,置元帅府。后改安抚
司。中统三年,升顺德府。至元元年,以洺州、磁州来属。二年,析
洺磁自为一路,改本府为顺德路总管府。旧领邢台、唐山、内邱、平
乡、任、沙河、南和、钜鹿八县。宪宗五年,析平乡县道武镇置广宗
县。旧志作武道镇,误倒。户三万五百一,口十二万四千四百六十

五。领司一：

录事司。

县九：

邢台。中。倚郭。钜鹿。中。内邱。中。平乡。中。广宗。中。宋故县。金改宗城，属洺州。元初复为广宗。后省入平乡县。宪宗五年，复置，属本路。至元二年，又省入平乡。寻复置。沙河。下。南和。下。至元二年，省入沙河县。寻复置。唐山，下。至元二年省入内邱县。寻复置。任县。下。至元二年，省入邢台。寻复置。

广平路。下。金洺州，属河北西路。太宗八年，置邢洺路总管府，以邢、磁、威隶之。宪宗二年，改洺磁路，止领磁、威二州。至元十五年，改广平路总管府。旧领永年、广平、宗城、新安、成安、肥县、鸡泽、曲周、洺水九县。元初，省宗城入洺水县，新安入威州，又析洺水隶威州，成安隶磁州。户四万一千四百四十六，口六万九千八十二。领司一：

录事司。

县五：

永年，中。倚郭。曲周，中。肥乡，中。鸡泽，下。元初省入永年。后复置。广平。下。

州二：

磁州。中。金故州，属河北西路。太祖十年，升为滏源军节度使，隶真定路。太宗八年，仍为磁州，改隶邢洺路。旧领隶事司，滏阳、武安、邯郸三县。至元二年，省真定之涉县及成安县入滏阳，省武安县入邯郸。后复置武安、成安二县。至元三年，省录事司入滏阳。领县四

滏阳，中。倚郭。武安。中。元统二年，移石山寨巡检司于清水寨。邯郸，下。成安。下。

威州。中。金故州，属河北西路，治井陉县。太宗六年，改隶邢洺路，以洺水县来属。宪宗二年，徙州治于洺水。旧领洺水、井径、

威三县。至正间,省威县入本州。领县二:

洺水,中。倚郭。本隶洺州。定宗二年,改隶本州。宪宗二年,徙州治于此。井陉。下。宪宗二年,徙县治于天长镇。

彰德路。下。金彰德府,属河北西路。太宗四年,置彰德总帅计,领卫、辉二州。宪宗二年,降彰德为散府,与卫、辉二州并隶真定路。至元元年,复立彰德路总管府,领怀、孟、卫、辉四州。二年,又析怀孟为一路,卫辉为一路。旧领安阳、林虑、汤阴、临漳、辅岩五县。至元四年,升林虑为州。六年,并辅岩入安阳县。户三万五千二百四十六,口八万八千二百六。领司一:

录事司。

县三:

安阳,上。汤阴,中。临漳。中。

州一:

林州。下。金林虑县。后升林州。太宗七年,行县事。宪宗二年,复为州。至元二年,复为县,省辅岩县入之。六年,复为州,割辅岩入安阳县。

大名路。中。金大名府,属大名府路。元初因之,置大名路总管府。旧领元城、大名、魏县、冠氏、南乐、馆陶、夏津、朝城、清平、莘县十县。冠氏升为州,馆陶、朝城析隶濮州,夏津析隶高唐州,莘县析隶东昌路,清平析隶德州。以恩州之清河县来属。户六万八千六百三十九,口十六万三千六十九领司一:

录事司。

县五:

元城,中。倚郭。至元二年,并入大名县。后复置。大名,中。倚郭。太宗六年,立县治。宪宗二年,迁县治于府城内。至元九年,置县治于旧所。南乐,中。魏县,中。清河,中。金故县,属恩州。太宗七年,改属本路。

州三:

开州。上。金故州，属大名府路。旧领濮阳、清丰、观城、长垣四县。元初，析观城隶濮州。至元二年，又析大名路之长垣、东明来属。领县四：

濮阳，上。倚郭。东明，中。太宗七年，割隶大名路。至元七年来属。长垣，中。初隶大名路。至元二年来属。清丰。中。

滑州。中。金故州，属河北西路。元初，改隶大名路。领县二：

白马，上。倚郭。内黄。中。

浚州。下。金故州，属河北西路。至元二年，改隶大名路。旧领黎阳、卫县。后并黎阳入本州；升卫县为州，隶卫辉路。

怀庆路。下。金怀州，属河东南路，以与临潢府怀州同，改南怀州，后又去南字。元初因之。太宗六年，行怀孟州事。宪宗七年，改怀孟路总管府。中统二年，仍为州，隶真定路。至元元年，以怀孟隶彰德路。二年，复自为一路，以淇州隶之。三年，又以淇州隶卫辉路。延祐六年，以仁宗潜邸，改怀庆路。户三万四千九百九十三，口十七万九百二十六。领司一：

录事司。

县三：

河内，中。清化镇有庙学。修武，中。武陟。中。

州一：

孟州。下。金故州，属河东南路，以水患徙治今城。故城谓之下孟州，新城谓之上孟州。元初，治下孟州。宪宗八年，复徙上孟州。旧领司候司，河阳、济源、王屋、温县四县。至元三年，省王屋入济源，并司候司入河阳。领县三：

河阳，下。济源，下。太宗六年，升为源州。七年，复为县。温县。下。

卫辉路。下。金卫州，属河北东路。旧治汲县，以水患徙治于宜村新城，以胙城为倚郭县。宪宗元年，还州治于汲县。中统元年，升卫辉路总管府。户二万二千一百一十九，口十二万七千二百四十七。领司一：

录事司。中统元年置。

县四：

汲县，下。倚郭。新乡，中。获嘉，下。胙城。下。

州二：

辉州。下。金河平县，又改苏门县，升为辉州，属河北东路。元因之，改隶本路。旧领山阳县。至元三年，废山阳为镇，入本州。

淇州。下。本卫县之鹿台乡。宪宗五年，以大名、彰德、卫辉籍余之户，置为淇州。又置临淇县为倚郭。中统元年，隶大名路。至元三年，改隶卫辉路，省县入本州。

河间路。下。金河间府，属河北东路。至元二年，升河间路总管府。自河间路以下四路、七州，旧隶山东东西道宣慰司，至大二年改直隶中书省。旧领河间、肃宁二县。至元二年，割济南路之临邑来属。又析济南路之齐东，景州之宁津，陵州之青城来属。户七万九千二百六十八，口十六万八千五百三十六。领司一：

录事司。

县六：

河间，中。倚郭。肃宁，下。至元二年，废为镇，入河间县。后复置。齐东，下。金齐东镇。刘豫置夹河巡检司。金乱，大兵南下，城之。宪宗三年，置县，属河间路。四年，又属济南路。至元二年，仍隶本路。县管窎户郊外皆章邱、邹平地。宁津，下。金属景州。至元二年，改隶本路。临邑，下。金属济南府。太宗七年，改隶本路。宪宗三年，还属济南。至元二年，复属本路，析县南之新市入济阳。青城。下。太宗七年，析临邑、宁津地置，属济南路。中统间，改隶陵州。至元二年，改隶本路。

州六：

沧州。中。金故州，属河北东路。元初，改隶河间路。延祐元年，徙州治于长芦镇。领县五：

清池，中。乐陵，中。县治咸平镇，至正末迁治棣州旧城。南皮，下。无棣，下。至元二年，省入乐陵县，以县治入棣州。寻复置，又分其西界于故城置县，仍属本州，谓之西无棣县。**盐山**。下。至元二十五年，以沧州之军营城为沧溟县。其省、罢年分阙。

景州。中。金故州，又改观州，治东光县，属河北东路。元初，改隶本路。至元二年，复为景州。元初，徙治蓚县。旧领东光、阜城、将陵、吴桥、蓚、宁津六县。宪宗三年，升将陵为陵州，宁津改隶河间路。领县五：

蓚县，中。元初升为元州。后复置。**故城**，中。元初隶河间路。至元三年省为故城镇，入陵州。是年，复析陵州西南界置故城县来属。**阜城**，下。**东光**，下。**吴桥**。中。金升将陵县之吴川镇为县。

清州。下。金故州，属河北东路。太宗二年，升清宁府。七年，复为清州。旧领司候司、会川、兴济、靖海三县。至元二年，省司候司及靖海、兴济入会川县。后复置二县。领县三：

会川，中。**靖海**，下。**兴济**。下。

献州。下。金寿州，又改献州，属河北东路。旧领乐寿、交河二县。至元二年，省州及交河入乐寿，改隶河间路。未几，复置。领县二：

乐寿，中。附郭。**交河**。中。金析乐寿县置。

莫州。下。金故州，属河北东路。旧领任邱一县。至元中，复置莫亭县。领县二：

莫亭，下。倚郭。金析任邱地，置县。后省。至元中复置。**任邱**。下。至元二年。省入河间县。后复置。

陵州。下。金将陵县，属景州。宪宗三年，改隶河间府。是年，又升为陵州，隶济南路。至元二年，复为县。三年，仍为州，还隶本路，移建州治于旧治西北七里。

东平路。下。金东平府，属山东西路。太祖十五年，国王木华黎承制授严实东平行台。太宗二年，以实为东平路行军万户。实卒，子忠济嗣为万户行总管府事。至元五年，始以东平为散府。九年，

升下路总管府。户四万四千七百三十一，口五万一百四十七。领司
一：

录事司。

县六：

须城，下。倚郭。东阿，中。宋徙县治于金桥镇。阳谷，中。以水患，
宋徙县治于孟店。汶上，中。金太和八年，改汶阳县为汶上。寿张，下。金迁
县治于竹口镇。后复旧治。平阴。下。至元十三年迁今治。

东昌路。下。金博州，属山东西路。元初，改隶东平路。至元四
年，升为博州路总管府。十三年，改东昌路。旧领聊城、堂邑、博平、
茌平、高唐五县。至元七年，升高唐为州，直隶中书省，析大名路莘
县来属。二十六年，析堂邑属地置邱县。户三万三千一百二，口十
二万五千四百六。领司一：

录事司。

县六：

聊城，中。倚郭。初随博州隶东平路。至元四年，析为博州总管府治。十
三年，改东昌路总管府治。堂邑，中。宋以水患，徙城于旧治东十里。莘县，
中。博平，中。宋以水患徙县治于宽平镇，又割明灵砦隶清平。茌平，中。邱
县。下。本为平恩镇，隶曲周，后升为县。至元二年，省入堂邑。二十六年，宣
慰司言："差税词讼，距堂邑二百余里，往返不便。平恩有户二千七百，升县为
宜。"乃复置邱县隶本路。

济宁路。下。金济州，属山东西路。旧治钜野，后徙治任城。太
宗七年，割隶东平府。至元六年，还治钜野。八年升为济宁府，治任
城。寻仍治钜野。十二年，复置济州。是年，又以钜野为府治，济州
仍治任城为散州。十六年，升济宁府为路，置总管府。至正八年，迁
济宁路于济州。十一年，置中书分省于济宁。旧领任城、金乡、嘉祥、
郓城四县。后析任城县隶济州，嘉祥县隶单州。至元六年，复置钜
野县。八年，以济州之郓城、砀山、丰县来属。十二年，置肥城县。户

一万五百四十五，口五万九千八百十八。领司一：

　　录事司。

　　县七：

　　钜野，中。倚郭。金废县，分其地隶嘉祥、郓城、金乡三县。至元六年，复置。郓城，上。金以水患，徙治盘沟村。至元八年，复还旧治。肥城，下。至元十二年，以平阴辛镇寨东北十五里旧城置此县，以平阴县孝德等四乡隶之。金乡，下。旧隶济州。至元二年来属。砀山，下。金隶单州，又改隶归德府。后圮于水。宪宗七年，复置，改隶东平路。至元二年，省入单父县。三年，复置属济州。八年，改隶本路。虞城，下。金属归德府，后圮于水。宪宗二年，复置，改隶东平路。至元二年，省入单父县。三年，复置，属济州。八年，改隶本路。丰县。下。金属徐州。宪宗二年，改隶济州。至元八年，直隶本路。

　　州三：

　　济州。下。至元十二年，别立济州于任城，省县入州。十五年，迁济宁府于济州，以钜野行济州事。是年，复于钜野置济宁府，州仍如旧。二十二年，复置任城县，隶本州。领县三：

　　任城，下。倚郭。鱼台，下。金隶单州。太宗七年，改隶济州。至元三年，省入金乡县。三年，复置。八年，隶济宁府。十三年来属。沛县。下。金隶滕州。太宗七年，移滕州治此。宪宗二年，省州入县。至元二年，省入丰县。三年，复置。八年，隶济宁路。十三年，来属。

　　兖州。下。金故州，属山东西路。元初，改隶济州。宪宗二年，分隶东平路。至元五年，复属济州。十六年，隶本路。领县四：

　　嵫阳，下。曲阜，下。泗水，下。至元二年，省入曲阜。三年，复置。宁阳。下。至元二年，省入嵫阳。大德元年，复置。

　　单州。下。金故州，属南京路。元初，改隶济州。宪宗二年，属东平府。至元五年，复属济州。十六年，隶本路。旧领单父、成武、鱼台、砀山、楚邱五县。成武、楚邱改隶曹州，鱼台改隶济州，砀山改隶归德府。至元后，析济州之嘉祥县来属。领县二：

　　单父，下。倚郭。元初与单州并属济州。宪宗二年，隶东平府。后省入本州。至元二年，复置。三年，还属济州。后改隶本州。嘉祥。下。金属济州。

宪宗二年,隶东平府。至元二年,还属济州。后又改隶本州。旧治山口镇。后
迁横山之南。金大定中,徙治萌山,城之。

曹州。上。金故州,属山东西路。元初,隶东平路。至元二年,
直隶中书省。旧领济阴、定陶、东明三县。至元三年,析济南路禹城
来属,又析单州之成武、楚邱二县来属,改东明县隶开州。户三万七
千一百五十一,口十九万五千三百三十五。领县五:

济阴,上。成武,中。定陶,中。禹城,中。楚邱。中。金初隶曹州,
后改属归德府。又以限河不便,改属单州。元初,还隶本州。

濮州。上。金故州,属大名府路。元初,隶东平路。至元五年,
直隶中书省。旧领鄄城、范县。元初析开州之观城,恩州之临清来
属。至元三年,析东平路之馆陶,至元五年析东平路之朝城来属。户
一万九千一百四,口二万三千一百二十一。领县六:

鄄城,上。朝城,中。馆陶,中。有永济镇。临清,下。观城,下。范
县。下。旧志:原属东平府,至元二年来属。按此县金已属濮州,旧志误也。

高唐州。中。金高唐县,属博州。元初,隶东平路。至元七年,
升州,直隶中书省。置高唐县为州治,析东平路之夏津、武城来属。
户一万九千一百四,口二万三千一百二十一。领县三:

高唐,中。倚郭。夏津,中。武城。中。宋以卫河决,徙城于旧治东十
里。

泰安州。中。金故州,属山东西路。元初,隶东平路。至元五年,
直隶中书省。旧领奉符、莱芜、新泰三县。至元七年,析济南府之长
清来属。户九千五百四十,口一万七百九十五。领县四:

奉符,中。长清,中。莱芜,下。新泰。下。至元二年省入莱芜。三
十一年,复置。

德州。中。金故州,属山东西路。元初,隶东平路。旧领安德、
平原、德平三县。至元二年,析济南府之齐河,大名府之清平来属,
直隶中书省。户二万四千四百二十四,口十五万六千九百五十二。
领县五:

安德,中。治将冈。平原,下。齐河,下。清平,下。德平。下。

恩州。中。金故州，属大名府路。元初，隶东平路。至元七年，直隶中书省。旧领司候司，历亭、武城、清河、临清四县。元初，析清河隶大名府，武城隶高唐州，临清隶濮州。至元二年，又省司候司及历亭入本州。户一万五百四十五，口三万七千四百七十九。

冠州。金冠氏县，属大名府。元初，隶东平路。至元六年，升冠州，直隶中书省。户五千六百九十七，口二万三千四十。

山东东西道宣慰司。至大二年，以益都、济南、般阳三路，宁海一州，隶宣慰司，余并令直隶中书省。按河间、东平、东昌、济宁四路，曹、濮、高唐、泰安、德、恩、冠七州为山东西道，至大以前宣慰司兼辖山东东西道，以河间路为治所。《方舆胜览》：河间路领以山东东西道，可证也。刊本作河东山西道，乃字误。至大二年以后，宣慰司始专辖山东东路，移治益都路矣。又至正六年，改为山东东西道宣慰司都元帅府。

益都路。金益都府，属山东东路。太祖二十一年，李全以益都降，授全益都路行中书省。全败死扬州，其妻北还，仍为行省，传其子李璮。中统三年，璮反，伏诛，仍置益都路行中书省及益都路总管府。至元三年，罢行省。二十四年，移宣慰司治益都。旧领益都一府，潍、胶、密、莒、沂、滕、峄、博兴、登、莱、宁海、行泰安州、行淄州十三州。至元二年，析登、莱二州入般阳路，省行淄州入益都县，行泰安州入沂水县。三年，省益都府入本路。九年，析宁海州直隶中书省。旧领益都、临朐、寿光、博兴、监淄、穆陵、乐安七县。后穆陵并入临朐，博兴升州，又割淄州之高苑县来属。户七万七千一百六十四，口二十一万二千五百二。领司一：

录事司。

县六：

益都，中。倚郭。至元二年，省行淄州淄川县入之。淄川县置于颜神县，废为巡检司。县旧治北城，俗称东阳城，金移治南城，俗称南阳城。临淄，下。至元三年，并入益都。十五年，复置。临朐，下。金析临朐，置穆陵县。元省穆

陵，仍入临朐。至元二年，并入益都。二十五年，复置。高苑，下。宪宗七年，
省行长山县入之，本属行淄州，来属本路。乐安，下。寿光。下。

州八：

潍州。下。金潍州，属山东东路。元初，隶益都路。旧领司候司、
北海、昌邑、昌乐三县。宪宗三年，省司候司入北海。是年，省各州录
事司、司候司入倚郭县。至元三年，省昌乐县入北海，领县二：

北海，下。州治改。昌邑。下。

胶州。下。金胶西县，属密州。至元二十四年，旧志作太祖二十四
年，误甚。据《齐乘》改。于县置胶州，析莱州之即墨县、密州之高密县
来属。领县三：

胶西，中。州治所。即墨，下。高密。下。后至元三年，立潍川乡景芝
社巡检司。

密州。下。金故州，属山东东路。元初，隶益都路。旧领司候司、
诸城、安邱、高密、胶西四县。后胶西、高密二县析隶胶州。宪宗三
年，又省司候司入诸城县。领县二：

诸城，下。州治所，有中外二城。安邱。下。

莒州。下。金故州，属山东东路。元初，隶益都路。旧领司候司、
莒、日照、沂水三县。宪宗三年，省司候司入莒县。皇庆二年，析沂
水地，置蒙阴县。领县四：

莒，下。州治所。后至元间，参政马睦火以城大难守，截去西南北三面，
止修东北隅为今治。沂水，下。至元二年，省行泰安州泰安县入之。后至元二
年，立穆陵关巡检司。日照，下。蒙阴。下。皇庆二年，析沂水之龙寨镇置。
旧志：旧名新泰。中统二年，省入沂水。按新泰省入莱芜在至元二年，后复置，
旧志误也。

沂州。下。金故州，属山东东路。元初，隶益都路。领县二：

临沂，中。州治所。宪宗三年，省司候司入之。至正十六年，置河南廉访
司。费。下。治祚城。

滕州。下。金故州，属山东西路。元初，隶益都路。旧领滕、邹、
沛三县。至元初，析沛县入济宁路。领县二：

滕县,下。州治所。宪宗三年,省司候司入之。至正戊子,升徐州为路,割滕、峄、邳、宿四州隶之,迁滕县于薛城,割滕之西南四乡治之。东南六乡,州自治之。邹县。下。

峄州。下。金兰陵县,属邳州。元初,于县置峄州。至元二年,又省县入州。李璮为益都路行省,以其姻亲胡甲知沂州,峄州畏其逼,尽割州东二十里外与之,后遂因而不改。

博兴州。下。金博兴县,属益都府。元初,升为州。

山东东西道肃政廉访司

济南路。上。金济南府,属山东东路。元初,改济南路。旧领淄、陵二州。至元二年,析淄州隶淄莱路,陵州隶河间路,以滨、隶二州来属。户六万三千二百八十九,口十六万四千八百八十五。旧领历城、临邑、齐河、章邱、禹城、长清、济阳七县。至元二年,析临邑隶河间路,长清隶泰安州,禹城隶曹州,齐河隶德州,析淄州之邹平县来属。领司一:

录事司。

县四:

历城,中。倚郭。金末,土人阻水立县,号曰水寨。元初,始移置今县。章邱,上。邹平,上。济阳。中。新市镇,旧属临邑。至元二年,并入本县。拨户一千二百四十,置长官司,管抚下差税,直隶本路。曲阳镇,有庙学。

州二:

棣州。上。金故州,属山东东路。元初,滨棣自为一路。中统三年,改置滨棣路安抚使司。至元二年,与滨州俱隶济南路。旧领司候司,厌次、商河、阳信三县。元初,析沧州无棣县之半来属。其半仍属沧州。至元二年,省司候司入厌次县。领县四:

厌次,中。倚郭。商河,中。信阳,中。宋大中祥符间,与厌次县互易其地,元因之。无棣。下。元初,析无棣县半入沧州,以县之三乡来属。沧州亦有无棣县,故此县又称东无棣。

滨州。中。金故州，属山东东路。旧领司候司，渤海、利津、蒲台、沾化四县。至元二年，省司候司入沾化县，析蒲台县隶般阳路。领县三：

渤海，中。倚郭。利津。下。本渤海县之永利镇，金置县，元初因之。沾化。下。宋升招安镇为县，金改为沾化。

般阳路。下。金淄州，属山东东路。元初，隶济南路。中统四年，升淄州路，以淄、登、莱三州隶之，治淄州。至元二年，改淄莱路。二十四年，改般阳路。旧领淄川、长山、邹平、高苑四县。太宗在潜，置新城县。旧史本纪作至元十九年事。至元二年，析邹平隶济南路，高苑隶益都路，以滨棣路之蒲台县来属。户二万一千五百三十，口十二万三千一百八十五。领司一：

录事司。

县四：

淄川，中。倚郭。长山，中。新城，中。本长山县驿台镇。太宗以人民完聚，置县曰新城，以田镇、索镇隶之。至元十九年，并淄莱路田索二镇，仍于驿台立新城县。蒲台。中。本下县。至元二年，升中。

州二：

莱州。中。金故州，属山东东路。元初，隶益都路。至元元年，改隶本路。旧领录事司，掖、莱阳、即墨、胶水、招远五县。至元二年，省录事司入掖县。二十四年，析即墨县入胶州。领县四：

掖，中。倚郭。西田场有庙学。招远，下。本掖县地。金初，置青峰县。后改今名。莱阳。下。

登州。下。金故州，属山东东路。元初，隶益都路。至元元年，改隶本路。至正十一年，立山东分元帅府于本州。领县四：

蓬莱，下。州治所。黄县，下。福山，下。伪齐刘豫以登州之雨水镇为福山县，杨疃镇为栖霞县。栖霞。下。

宁海州。下。金故州，属山东东路。元初，隶益都路。至元九年，直隶中书省。户五千七百十三，口一万五千七百四十二。领县二：

牟平，中。州治所。文登。下。

河东山西道宣慰使司

大同路。上。金西京大同府，属西京路。元初因之。至元十九年罢。后复置。二十五年，改大同路总管府。至大元年，省宣慰司，以大同路隶中都留守司。司罢，复置宣慰司，隶中书省。旧领大同、云中、宣宁、怀安、天城、白登、怀仁七县。元初，析怀安、天城二县隶宣德府。至元二年，省云中入大同县。三年，置平地县。金大同府旧有宁边州、宁边县。至元中，分其地入武、朔二州。户四万五千九百四十五，口十二万八千四百九十六。领司一：

录事司。

县五：

大同中。倚郭。白登，下。至元二年，废为镇，隶大同县，寻复置。宣宁，下。平地，下。本平地寨。至元二年，省入丰州。二年复置。怀仁。下。

州八：

弘州。下。金故州，属西京路。元初因之。旧领司候司。襄阴、顺圣二县。金贞祐二年，置大宁县，旋废。至元中，析顺圣县隶宣德府，又省司候司及襄阴县入本州。

浑源州。下。金浑源县，属应州。后升为州，仍置浑源县及司候司。元初，改浑源县为恒阴。至元四年，司候司与县俱省入本州。

应州。下。金故州，属西京路。元初因之。领县二：

金城，下。州治所。山阴。下。至元二年，省入金城县。后复置。

朔州。下。金故州，属西京路。元初因之。旧领录事司，至元四年省入鄯阳县。领县二：

鄯阳，下。至正末，字罗帖木儿使其将姚伯颜不花截旧城西北，筑新城。马邑。下。金置固州。元初省。

武州。下。金故州，属西京路。元初因之。旧领司候司及宁远一县。至元二年,析宁边州之半来属。四年,司及宁远县俱省入本州。

丰州。下。金故州,属西京路。元初因之。旧领录事司及富民一县。至元四年,俱省入本州。

东胜州。下。金故州,属西京路。元初因之。旧领东胜一县。元初置录事司。至元二年,析宁边州之半来属。四年,省录事司及东胜县入本州。

云内州,下。金故州,属西京路。元初因之。旧领柔服、云川二县。元初,废云川县,置录事司。至元四年,省司及柔服县入本州。延佑六年,置南云县隶本州。其省罢年分阙。

河东山西道肃政廉访司

冀宁路。上。金太原府,属河东北路。太祖十三年,置太原路总管府。大德九年,以地震,改冀宁路。本隶中书省。至大元年,与晋宁路俱改隶肃政廉访司。旧领阳曲、太谷、平晋、清源、徐沟、榆次、祁县、文水、交城、孟县、寿阳十一县。金割寿阳县之西张寨置晋州,元初升孟县为州。至元二年,又省晋州入寿阳县。户七万五七千四百四,口十五万五千三百二十一。领司一:

录事司。

县十:

阳曲,中。倚郭。文水,中。平晋,下。祁县,下。旧隶宁州。至元二年,州废,隶本路。榆次,下。旧隶晋州,至元二年,隶本路。太谷,下。清源,下。金晋州治此县。州废,隶本路。寿阳,下。交城,下。徐沟,下。

州十四:

汾州,中。金故州,属河东北路。元初,置汾州元帅府,后罢。至元二年,复行州事。旧领西河、孝义、介休、平遥、灵石五县。元初,析灵石县隶霍州,仍置小灵石县。后省小灵石县入介休。领县四:

西河,中。孝义,下。至元三年,析温泉县之半置巡检司,隶本路。平遥,下。元初,改隶太原路。至元二年,仍属本州。**介休**。下。元初改隶太原路。
至元二年,仍属本路。

石州。下。金故州,属河东北路。元初,隶太原路。旧领司候司、
离石、方山、孟门、温泉、临泉、宁乡六县。至元二年,省温泉县入孝
义,升临泉县为临州。后司候司与孟门、方山二县俱省入离石。领
县二:

离石,下。倚郭。中统二年,省入本州。三年,复置。**宁乡**。下。太宗
九年,改隶太原府。定宗二年,改隶石州。宪宗九年,又隶太原府。至元三年,
仍属本州。

忻州。下。金故州,属河东北路。元初,隶太原路。太宗元年,
升为九原府。后复为州。按至元三年以崞、代、坚、台四州隶忻州,其时忻
为九原府,故有属州。领县二:

秀容,下。倚郭。至元二年,省入本州。四年,复置。**定襄**。下。

平定州。下。金故州,属河东北路。元初,隶太原路。旧领平定、
乐平二县。至元二年,省平定县入本州。领县一:

乐平。下。倚郭。至元二年,与平定县俱省入本州,立巡检司。七年,复
置。

临州。下。元初,徙治于旧城北四十里。金临水县,属石州。中统二
年,改临泉县,直隶太原路。三年,升为州。

保德州。下。本岚州地。宋置保德州。金因之,属河东北路。元
初,又析置芭州。宪宗七年,省倚郭保德县入本州。至元二年,省芭
州及隩州河曲县入之。三年,又以省入管州之岢岚州故地来属。四
年,析岢岚之地复隶管州。

崞州。下。金崞县,属代州。乃马真皇后称制三年,升为州。大
德元年,又升为隩州,巡检司为河曲县,至元二年,隩州与所属之河曲
县,均省入保德州为巡检司。大德元年,又复置河曲县。隶本州。后复省。

管州。下。金故州,属河东北路。元初,隶太原路。旧领静乐一
县。太祖十六年,省静乐入本州,并省岢岚州及岚州之楼烦县、宁化
州之宁化县入之。至元三年,析岢岚入保德州。四年,复隶本州。

代州。下。大德五年,兴屯田于太和岭,分山阴、雁门、马邑、鄯阳、洪济、金城、宁武为七屯。金故州,属河东北路。元初,隶太原路。旧领雁门、崞县、广武三县。元初,崞县升为州。中统四年,省雁门县入本州,省广武县入崞州。

台州。下。金升代州五台县为台州,元初因之。

兴州。下。金升岚州合河为兴州,元初因之。

坚州。下。金升代州繁崎县为坚州,元初因之。

岚州。下。金故州,属河东北路。至元二年,省入管州。五年,复置。

孟州。下。金升太原府孟县为孟州,元初因之。

晋宁路。上。金平阳府,属河东南路。元初,置平阳路总管府。大德九年,改晋宁路。旧领临汾、襄陵、洪洞、赵城、汾西、岳阳、浮山、和川、冀氏九县。赵城改隶霍州。至元三年,省和川、冀氏入岳阳县。四年,复置冀氏,并岳阳入之。后复改冀氏为岳阳县。旧志作猗氏,误。户十二万六百二十,口二十七万一百二十一。领司一:

录事司。

县六:

临汾,中。倚郭。襄陵,中。洪洞,中。浮山,下。后至元二年,立十八盘巡检司。汾西,下。岳阳。下。

府一:

河中府。金故府,属河东南路。宪宗在潜,置河解万户府。领河中府及解州府,置录事司。旧领河东、临晋、虞乡、猗氏、万泉、河津、荣河七县。至元三年,省虞乡入临晋,省万泉入猗氏,并录事司入河东,罢万户府,本府仍领解州。八年,解州直隶平阳路。十五年,复置万泉县。领县六:

河东,下。府治所。万泉,下。至元十四年,县尹皇甫祐改建新城,废旧治。猗氏,下。荣河,下。金升为河州。元初,复为荣河县。临晋,下。河津。下。

州九：

绛州。中。金故州，属河东南路，又升晋安府。元初。置绛州行元帅府。后罢元帅府，仍为绛州，隶平阳路。旧领录事司，正平、曲沃、稷山、翼城、太平、垣曲、绛、平水八县。至元二年，省录事司入正平县。平水，金徙置汾水之西，国初省入何县，阙。领县七：

正平，下。倚郭。太平，中。曲沃，下。翼城，下。金升翼州，下。元初，复为县。稷山，下。绛县，下。垣曲。下。至元二年，省入绛县。十六年，复置。

潞州。下。金故州，属河东南路。元初，为隆德府行都元帅府事。太宗三年，复为潞州，隶平阳路。旧领录事司，上党、壶关、屯留、长子、潞城、襄垣、黎城、涉八县。金末，升涉县为州。至元三年，复为涉县，析隶真定路，并隶事司入上党。领县七：

上党，下。倚郭。壶关，下。长子，下。潞城，下。屯留，下。至元三年，省入襄垣县。十五年，复置。襄垣，下。黎城，下。至元二年，并涉县、偏城等十三村入之。

泽州。下。金故州，属河东南路。以与北京泽州同，加南字，后又去南字。元初因之。旧领司候司，晋城、端氏、陵川、阳城、高平、沁水六县。至元三年，省司候司、陵川县入晋城，省端氏入沁水。后复置陵川县。领县五：

晋城，下。高平，下。阳城，下。沁水，下。陵川。下。

解州。下。至元二十九年，运使那海建运城，名凤凰城。金故州，属河东南路。元初，隶平阳路。旧领司候司，至元四年省入解县。领县六：

解，下。安邑，下。闻喜，下。夏，下。平陆，下。芮城。下。

霍州。下。金升平阳府霍县为霍州，元初因之。旧领赵城、汾西、灵石三县。后汾西改隶平阳府，又置霍邑为附郭县。领县三：

霍邑，下。倚郭。赵城，下。灵石。下。旧隶汾州，后改隶。

隰州。下。金故州，属河东南路，又改南隰州，后复去南字。元初因之。旧领隰川、大宁、仵城、永和、石楼五县。元初，以仵城本隰

州之仵城镇,仍省入隰川,蒲县本隰州属县,金兴定时升为蒲州,仍降为县来属。领县五:

隰川,中。州治所。大宁,下。至元三年,省入隰川。二十三年,复置。石楼,下。永和,下。蒲县。下。

沁州。下。金故州,属河东南路。元初,隶平阳路。旧领隶事司,铜鞮、武乡、沁源、绵上四县。至元三年,省录事司入铜鞮。十年,省绵上县入沁源。领县三:

铜鞮,下。倚郭。沁源,下。元初,改建县城,据紫金山之半。武乡。下。至元三年,省入铜鞮。后复置。

辽州。下。金故州,属河东南路,又改南辽州,后复去南字。元初因之。旧领辽山、榆社、和顺、仪城四县。至元三年,省仪城县入和顺。领县三:

辽山,下。倚郭。榆社,下。至元三年,省入辽山。六年,复置。和顺。下。至正十四年,达鲁花赤木不剌徙县城于旧治西南。

吉州。下。金故州,属河东南路。元初属平阳路。旧领司候司,十二乡、乡宁二县。中统二年,省司候司入十二乡。至元二年,省十二乡入本州。领县一:

乡宁。下。至元三年,省入本州。后复置。

中都开宁路。大德十一年六月,筑行宫于旺兀察都之地,建为中都。至大元年,置中都留守司,兼开宁路都总管府。是年十二月,置开宁县,以大同路隶中都留守司。四年,罢中都留守司,开宁路及所属开宁县均废。

岭北等处行中书省,领和宁路。

和宁路。上。始名和林,亦名哈剌和林。本乃蛮故地。太祖灭乃蛮,建四大斡儿朵于其地。二十年,分封诸子,以哈剌和林之地与少子拖雷。太宗始定都于此。七年,城和林,作万安宫。九年,营迦坚茶寒殿,在和林北七十余里。十年,营图苏胡迎驾殿,在和林北三十余里。鲁卜鲁克和林纪行书:宪宗三年,奉命至和林,为哈剌阙桼之都。有大街二:其一撒剌先人所住,中为市场;其一支那人居之,皆工匠。二街之外,为朝贵之大邸第。又佛堂十二,回回教寺二,基都教寺一。四围以土为城,开四门。傍城外有大离宫,内有殿,又有仓廪库。定宗、宪宗皆都之。世祖中统元年,迁都大兴,置和林宣慰司都元帅府。后又分都元帅府于金山之南,和林止设宣慰司。至元二十七年,复置和林等处都元帅府。大德二年,改和林宣慰司都元帅府。四年,以都元帅府并行宣慰司事。十一年,罢宣慰司都元帅府,置和林总管府。皇庆元年,改和林路总管府为和宁路总管府。

新元史卷四七

志第一四

地理二

　　辽阳等处行中书省，领路七、府一，属州十二，属县十。至元二十四年置。

　　辽阳路。上。金辽阳府，领辽阳、鹤野、宜丰、石城四县。后改为东京，领澄、复、盖、沈、贵德、来远六州，婆娑府一路。元初，澄州《事文类聚》：辽阳路有澄州。知澄州当废于大德以后。及所属临溟、析木二县，复州及所属永康、化成二县，贵德州及所属贵德、奉集二县，沈州、来远州，宜丰县、石城县俱废，以婆娑府、广宁府、盖州、懿州为四路，直隶中书省。至元六年，置东京总管府，降广宁路为散府，懿州路为州，以隶之。省鹤野县入辽阳。十五年，析广宁，仍自行路事。十七年，又以婆娑府来属。二十五年，改东京为辽阳路。后废婆娑府为巡检司。户三千七百八，口万三千二百三十一。壬子年抄籍数。

领县一：

　　辽阳。下。倚郭。至元六年，省警巡院及鹤野县入之。

州二：

　　盖州。下。金故州，属东京路。元初，升盖州路。至元六年，降为州，隶东京总管府，省所属熊岳、汤池、秀岩三县入建安。八年，又省建安县入本州。旧史《成宗纪》：元贞元年六月，盖州明山县蝗。旧志无明山，未知何时省并。

　　懿州。下。金故州，属北京路。元初，升懿州路。至元六年，降为州，隶东京总管府，省所领顺安、灵山二县及义州之同昌县入本州。至正二年，又升懿州为路，以兴中、义州属之。

广宁府路。下。金广宁府，属北京路。元初，置广宁行帅府事。后以地远，迁治临潢，改总管府。至元六年，以户口少，降为散府，隶东京路。十五年，复分为路，行总管府事。旧领广宁、望平、闾阳、钟秀金志无此县。据王圻《续文献通考》增。四县。广宁已废。至元六年，省钟秀县入望平。户四千五百九十五。至顺钱粮户数。领县二：

闾阳，下。初立千户所。至元十五年，以户口繁，复立行千户所。后改为县。望平。下。至元十五年，改为望平军民千户所。后复为县。

旧志广宁府路下有肇州。按《金史·地理志》，肇州属上京路，领县一：始兴。《寰宇通志》与《明一统志》均引元志：开元城西南曰宁远县，又西南曰南京，又南曰合兰府，又南曰双城，直抵伊丽王都。正西曰谷州，西北曰上京。上京之南曰建州，西曰滨州。又西曰黄龙府，金改为利涉军。又西曰信州，治信武县。北曰肇州，治始兴县。东曰永州，曰昌州，曰延州。东北曰哈州，曰奴儿干城。皆渤海、辽、金所建，元废。是肇州入元已废。世祖于阿八剌忽立城名曰肇州，特以肇州为城名，非置经制州也。旧史载之，非是。

山北辽东道肃政廉访司

山北辽东道开元等路宣慰司。元初置行中书省于北京路，又置开元路宣抚司隶北京行省。中统四年，罢开元路宣抚司。至元二年，罢北京行省，置山北辽东道开元等路宣抚司。十五年，改宣抚司为宣慰司。二十三年罢。是年七月，复置。至正十一年，罢海西辽东道巡防捕盗所，立镇宁州。

大宁路。上。金大定府，属北京路。元初为北京路总管府。旧领兴中府及义、瑞、兴、高、锦、利、惠、川、建、和十州。中统三年，割兴州及松山县属上都路。至元五年，并和州入利州，为永和乡。七年，兴中府降为州，仍隶北京，改北京为大宁路。二十五年，改武平路。后复为大宁路。旧领大定、长兴、富庶、松山、神山、惠和、金源、和众、武平、静封、三韩十一县。神山、静封二县久废。中统二年，省长兴县入大定，升三韩县为高州，升松山县为松州。户四万六千六，口四十四万八千一百九十三。壬子年数。领司一：

录事司。初置警巡院。至元二年改置录事司。

县七：大定，下。龙山，下。至元四年，改属利州。后复来属。富庶，下。至元三年，省入中兴州。后复置。和众，下。金源，下。惠和，下。武平。下。

州九：

义州。下。金故州，属北京路。至元七年，改隶婆娑府。后府废，仍隶本路。至正二年，改属懿州路。旧领宏政、开义、同昌三县。至元六年，省同昌县入懿州，宏政、开义二县省入本州。

又置兴中州。旧领兴中、永德、兴城、宜氏四县。元初，俱省入本州。至正二年，改隶懿州路。

瑞州。下。金故州，属北京路。元初因之。旧领瑞安、海阳、海滨三县。元初，俱省入本州。

高州。下。金三韩县，属大定府。中统二年，升为高州，隶大宁路。

锦州。下。金故州，属北京路。元初因之。旧领永乐、安昌、神水、兴城四县，元初俱省入本州。

利州。下。金故州，属北京路。元初因之，旧领阜俗、龙山二县。元初，省阜俗县入本州，龙山县改隶大宁路。

惠州，下。辽故州，属大定府。金皇统三年，废。元初，复置。

川州。下。辽故州，金废。元初复置。

建州。下。金故州，属北京路。元因之。旧领建平、永霸二县。元初，俱省入本州。

东宁路。本高丽西京。至元六年，高丽人崔坦等以西京府州县镇六十馀城来降。八年,置东宁府,兴高丽画慈悲岭为界。十三年,升东宁路总管府,设录事司,以静州、义州、麟州、威远镇隶婆娑府。二十七年,罢东宁路,悉归本路所属诸城于高丽。此事旧史遗之。据《高丽史》补。本路领司一:

录事司。

县二:土山,下。中和。下。

镇一:

归化镇。按洪福源之叛,高丽徙余民于海岛,西京遂为邱墟。至崔垣以西京内属,所献六十余城,以徙民之故,多湮废。然据《高丽史》所载,龙州、灵州、铁州等处守臣皆为垣等所杀;则诸州尚置官吏,不尽为废郡也。

崔垣等所献之六十馀城,其地名之可考者,曰:定远府,郭州、抚州、黄州、领安岳、三和、龙冈、咸从、江西五县,长命一镇。灵州、慈州、嘉州、辽隶显州。顺州、辽头下城,在显州东北。殷州、宿州、德州、领江东、永清、通海、顺化四县,宁远、柔远、安戎三镇。昌州、铁州、领定戎一镇。唐安市州,辽隶东京道。泰州、辽隶上京道,金移治长春州。价州、朔州、宣州、辽隶会州,领宁朔、席岛二镇。成州、辽头下城,领树德一镇。熙州、孟州、领三登一县,椒岛、根岛、宁得三镇。延州、领阳严一镇。云州。

沈阳路。金为沈州,属东京路。旧领乐郊、章义、辽滨、挹娄四县,因兵乱俱废。太宗四年,高丽人洪福源率西京都护龟州四十馀城来降,立镇守司以抚其众。六年,徙其众于辽阳,侨治辽阳故城。中统二年,改为安抚高丽军民总管府,三年,又立沈州,以高丽质子为安抚高丽军民总管,分领二千馀户,治沈州。元贞二年,并为沈州等路安抚高丽军民总管府,仍治辽阳故城,领总管五,千户二十四,百户百二十五。户五千一百八十。至顺钱粮户数。

总管府所辖者曰:新城州,辽城州,哥忽州,建安州,南苏州,木底州,盖羊州,代那州,沧藤州,磨米州,积利州,黎山州,延津州,安市州。以上十四州,并无城郭,是高丽降众,各以其酋长领之。

开元路。金会宁府,属上京路。旧领会宁、曲江、宜春三县,后俱废。太宗七年,即其地置开元、南京二万户府。至元四年,改辽东路总管府。二十三年,又改开元路,领咸平府。后析咸平为散府,俱隶辽东道宣慰司。至元二十七年,开元路宁远县饥。是本路有宁远一属,其省并年分阙。户四千三百六十七。至顺钱粮户数。

咸平府。金旧府,属咸平路。旧领平郭、铜山、新兴、庆云、清安、荣安、归仁、玉山八县,兵乱俱废。元初隶开元路。后改隶宣慰司。至正二年,降为咸平县。

合兰府水达达等路。金蒲与、合懒、恤品、曷苏馆、胡里改五路之地。元初设军民万户府五:一曰桃温,距上都四千里;一曰胡里改,距上都四千二百里,大都三千八百里;一曰斡朵怜;一曰孛苦江;分领混同江南北之地。其人皆水达达,无城郭,逐水草为居。户二万九百六。至顺钱粮户数。

河南江北等处行中书省,领路十一、府七、州一,属州三十四,属县一百八十三。

河南江北道肃政廉访司。

汴梁路。上。宋开封府,为东京,属京畿路。金为南京,属南京路。太宗五年,崔立以南京降,仍为南京路。至元二十五年,改汴梁路。旧领归德府,延、许、裕、唐、陈、亳、邓、汝、颍、徐、邳、嵩、宿、申、郑、钧、睢、蔡、息、庐氏行襄樊二十州。至元八年,升归德府直隶行省,割亳、徐、邳、宿四州隶之,升申州为南阳府,割裕、唐、汝、邓、嵩、庐氏行襄樊七州隶之。九年,废延州入延津县。三十年,升蔡州为汝宁府,直隶行省,割息、颍二州隶之。旧领开封、祥符、阳武、通许、太康、中牟、杞、鄢陵、尉氏、扶沟、陈留、延津、洧川、封邱十四县。至元初,析郑州之荥泽、原武二县,析曹州之兰阳县来属。户三万一十八，口十八万四千三百六十七。壬子年数.领司一：

录事司。旧设警巡院，至元十四年改录事司。

县十七：

开封，下。倚郭。祥符，下。倚郭。中牟，下。原武，下。鄢陵，中。荥泽，下，旧隶郑州，至元二年来属。封邱，中。金大定中，以河患，迁治新城。元初，又为河水所漮，复迁于故城。扶沟，下。阳武，下。杞，中。中统初，河决城北面，为水所圮，乃筑新城于河北岸置县。后又修故城，号南杞县。延津，下。兰阳，下。金析东明六乡为兰阳县，取首乡兰阳乡为名。旧隶曹州，至元初来属。通许，下。尉氏，下。太康，下。洧川，下。陈留，下。

州五：

郑州。下。金故州，属南京路。元初因之。旧领管城、荥阳、汜水、河阴、原武、密、荥泽七县。后析密县隶钧州，荥泽、原武二县隶开封府。领县四：

管城，下。倚郭。元初省司候司入之。荥阳，下。汜水，下。河阴。下。

许州。下。金故州，属南京路。元初因之。领县五：

长社，下。长葛，下。郾城，下。襄城，下。临颍。下。

陈州。下。金故州，属南京路。元初因之。领县五：

宛邱，下。西华，下。商水，下。至元二年，省南顿、项城入之。后复置。南顿，下。延祐二年，复商水镇为南顿县。项城。下。至大二年，复置。

钧州。下。金故州，属南京路。元初因之。至元二年，析郑州之密县来属。领县三：

阳翟，下。新郑，下。密县。下。

睢州。下。金故州，属南京路。元初因之。旧领襄邑、考城、柘城三县。元初，置仪封县于东明县之通安堡，隶本州。领县四：

襄邑，下。倚郭。考城，下。仪封，下。柘城。下。

河南府路。金河南府，属南京路。元初改河南府路。旧领洛阳、宜阳、永宁、登封、巩、偃师、孟津、新安、渑池九县。金升渑池县为韶州，至元八年仍为渑池县，改隶陕州。户九千五百二，口六万五千七百五十一。王子年数。领司一：

录事司。

县八：

洛阳，至正二十六年，罢洛阳嵩县宣慰司，嵩县当是至正间析洛阳县地置之。宜阳，下。永宁，下。登封，下。巩县，下。至正二十年，改立军州万户府。孟津，下。新安，下，偃师。下。

州一：

陕州。下。金故州，又改西安军，属河南路。元初，仍为陕州。旧领陕、灵宝、湖城、阌乡四县。至元二年，省湖城县入阌乡，降韶州渑池县来属。领县四：

陕县，下。灵宝，下。至元三年，省入陕县。八年，废虢州为虢略县，治灵宝。后复置灵宝县，以虢略为巡检司，并虢州之朱阳县入之。渑池。下。金韶州，置渑池司侯司。至元二年，省司侯司。八年，降州为县，隶本州。阌乡。下。

南阳府。金申州，属南阳路，以南阳县为治所。金志漏申州，不载。至元八年，升为南阳府，以唐、邓、裕、嵩、汝五州隶之。二十五年，改属汴梁路。后直隶行省。户六百九十二，口四千八百九十三。壬子年数。领县二：

南阳，下。倚郭。有三鸦巡检司。镇平。下。本阳管镇，金末置县。

州五：

邓州。下。金故州，属南京路。至元八年，改隶南阳府。旧领穰县、南阳、内乡、淅川、顺阳五县。金末析南阳县，置申州。元初，省淅川、顺阳二县入内乡县，升穰县之新野镇为县。旧设录事司，至元二年并入穰县。领县三：

穰县，下。倚郭。内乡，下。新野。下。

唐州。下。金故州，属南京路。至元八年，改隶南阳府。旧领泌阳、比阳、湖阳、桐柏四县。至元三年，以民力不及，废湖阳、比阳、桐柏三县。领县一：

泌阳。下。倚郭。元初废。至元九年，复置。大德五年，省入本州。至元十六年,知南阳府梁曾以唐、邓二州为襄阳府所夺,争之,复隶南阳府。唐、邓二州改隶襄阳府年分阙。

嵩州。下。金故州,属南京路。至元八年,改隶南阳府。旧领伊阳、福昌二县。后福昌改隶河南府。至元三年,省伊阳县入本州。领县一:

卢氏。下。至元二年,隶南京路。八年,隶南阳府。十一年来属。

汝州。下。金故州,属南京路。至元八年,改隶南阳府。旧领梁、郏城、鲁山、宝丰四县。至元三年,废郏城、宝丰入梁县。后复置郏县。领县三:

梁县,下。鲁山,下。郏县。下。

裕州。下。金故州,属南京路。至元八年,改隶南阳府。旧领方城、舞阳、叶三县。后即叶县行随州事,就置昆阳县为属邑。至元三年,罢州,并昆阳、舞阳二县入叶县。后复置舞阳县。领县三:

方城,下。倚郭。叶县,下。舞阳。下。

汝宁府。金蔡州,属南京路。至元七年,改隶汴梁路。三十年,行省平章政事伯颜言:"蔡州去汴梁远,凡事稽误,宜升散府。"遂升为汝宁府,直隶行省,以息、颍、信阳、光四州隶之。旧领汝阳、遂平、上蔡、西平、确山、平舆六县。至元七年,省遂平、平舆二县入汝阳。后复置遂平县。抄籍户口阙。至顺钱粮户数七千七十五。领县五:

汝阳,下。倚郭。元初废,后置。上蔡,下。西平,下。确山,下。遂平。下。

州四:

颍州。下。金故州,属南京路。至元三十年,改隶汝宁府。旧领汝阴、泰和、沈邱、颍上四县。至元二年,省四县及录事司入本州。后复置县三:

太和,下。沈邱,下。颍上。下。

息州。下。金故州,属南京路。中统三年废,四年复置。至元三年,罢息州安抚司,以其民隶南京路。至元三十年,改隶汝宁府,旧领新息、新蔡、真阳、褒信四县。至元三年,省四县入本州。后又置二县:

新蔡,下。至元四年置。真阳。下。

光州。下。宋故州,属淮南西路。至元十二年,归附,隶蕲黄宣慰司。二十二年,同蕲、黄等州直隶湖广行省。三十年,改隶汝宁府。领县三:

定城,下。固始,下。宋末兵乱,徙治无常。至元十一年,复旧治。光山。下。兵乱地荒,至元十二年复置县。

信阳州。下。宋信阳军,属京西北路。至元十四年,改信阳府,隶蕲黄宣慰司。十五年,降为州,属湖广行中书省。二十九年,改隶河南行省。三十年,来隶汝宁府。旧领罗山、信阳二县。至元二十年,以罗山当驲置要冲,徙州治此,而移县治于西南,号曰罗山新县。户三千四百一十四,口三万三千七百五十一。至元七年数。领县二:

罗山,下。倚郭。信阳。下。

归德府。宋应天府。金改归德府,属南京路。金亡,宋复取之。元初,与亳州之酂县同时归附,置京东行省。未几,罢。宪宗二年,置司、府、州、县官以抚定新附之民。至元八年,升为散府,直隶行省,以宿、亳、徐、邳四州隶之。旧领睢阳、宁陵、夏邑、虞城、谷熟、砀山六县。至元二年,析虞城、砀山二县属济宁府,并谷熟县入睢阳,酂县入永州,又降永州为永城县,与宁陵、夏邑二县俱隶本府。抄籍户数阙。至顺钱粮户二万三千三百一十七。领县四:

睢阳,下。倚郭。永城,下。夏邑,下。旧隶永州。至元二年,来属。未几,废。至元八年,复置,以砀山入之。宁陵。下。

州四:

徐州。下。金故州,属山东西路。至元二年降为下州。旧领彭城、萧、永固三县及录事司。至是省永固县入萧县,省彭城县、录事司入本州。领县一:

萧县。下。至元二年,并入徐州。十二年,复置。至正八年,升徐州为总管府,以邳、宿、滕、峄四州隶之。十三年,降为武安州,以所辖县隶归德府,峄、滕二州仍隶益都路。

宿州。中。金故州,属南京路。元初,废。中统三年,复置,改隶本府。旧领临淮、蕲、灵璧、符离四县及司候司。至元二年,省临淮、蕲、灵璧三县,并司候司入本州。四年,析灵璧县地入泗州。十七年,复置灵璧县来属,领县一:灵璧。下。

邳州。下。金故州,属山东西路。元初,废。中统三年,复置。至元八年,改隶本府。旧领下邳、兰陵、宿迁三县。元初以户少,省三县入本州。至元十二年,复置睢宁、宿迁两县,隶淮安路。十五年,复来属,领县三:

下邳,下。州治所。城北有黄墟城。宿迁,下。睢宁。下。

亳州。下。金故州,属南京路。宪宗二年,改隶归德府。旧领谯、酂、鹿邑、城父、卫真五县。后省城父县入谯,卫真县入鹿邑,酂县入永城。未几,复置城父。领县三:谯,下。鹿邑,下。城父。下。

襄阳路。下。宋襄阳府,属京西南路。至元十年,宋守将吕文焕以城降,改襄阳府为散府。十一年,升襄阳路总管府。旧领襄阳、邓城、宜城、谷城、南漳五县。元初,省邓城县入襄阳。至元十九年,割均、房二州,南阳府光化、枣阳二县来属。至顺钱粮户数五千九十。领司一:

录事司。

县六:

襄阳,下。倚郭。兵乱废,至元十四年复置。南漳,下。旧纪:至元十四年,均州复立南漳县。南漳改隶均州及省并年分均无考。宜城,下。谷城,下。光化,下。枣阳。下。

州二:

均州。下。宋故州,属京西南路。至元十二年,宋行均州事徐鼎以城降,改隶湖北宣慰司。十九年,来属本路。领县二:

武当,下。兵乱,侨治无常。至元十四年,复置。

郧县。下。宋郧乡县。至元十四年改。

房州。下。宋故州,属京西南路。至元十二年,知州李鉴以城降。

十九年,改隶襄阳路。领县二:

房陵,下。竹山。下。

蕲州路。下。宋故州,属淮南西路。至元十二年归附,置淮西宣抚司。十四年,改总管府,设录事司。户三万九千一百九十,口二十四万九千三百二十一。自此以后至德安府,皆用至元二十七年数。领司一:

录事司。

县五:蕲春,中。倚郭。蕲水,中。广济,中。宋嘉熙兵乱,徙治江中洲。归附后,复旧治。黄梅,中。嘉熙兵乱,侨治江中州。后复置。罗田。下。兵乱县废。至元十二年,复置。大德中,迁县治于官渡沙。

黄州路。下。宋故州,属京西北路。至元十二年归附。十四年,升为总管府。旧纪:至元十四年,置宣慰司。疑误。十八年,又置黄蕲州宣慰司,治黄州路。二十三年,罢宣慰司,直隶湖广行省。二十九年,复置淮西道宣慰司,以蕲州、黄州二路隶之。大德三年,罢淮西道宣慰司,蕲、黄二路改隶河南江北行省。户一万四千八百七十八,口三万六千八百七十九。领司一:

录事司。

县三:黄冈,中。州治所。黄陂,下。兵乱,侨治蕲州青山矶。归附,还旧治。麻城。下。兵乱,徙治什子山。归附,还旧治。

淮西江北道肃政廉访司。

庐州路。上。宋故州,属淮南西路。至元十三年,归附。十四年,升为总管府,隶淮西江北道。户三万一千七百四十六,口二十二万九千四百五十七。领司一:

录事司。

县三:合肥,上。倚郭。梁县,中。舒城。中。

州三：和州。中。宋故州，属淮南西路。至元十四年，置安抚司。明年，升和州路。二十八年，降为州，隶庐州路。旧设录事司，后省入历阳。领县三：

历阳，上。倚郭。含山，中。乌江。中。

无为州。中。宋无为军，属淮南西路。至元十四年，升无为路。二十八年，降为州，罢巢州为县隶之。领县三：

无为，上。倚郭。庐江，中。巢县。下。至元十四年，置镇巢府。二十三年，降为巢州。二十八年，复为县。

六安州。下。宋六安军，属淮南西路。至元十二年归附。二十二年，改隶黄蕲州宣慰司。二十八年，降为县，隶庐州路。后又升为州。领县二：

六安，中。英山。中。

安丰路。下。宋寿春府，又以安丰县为安丰军，并属淮南西路。至元十四年，改安丰路总管府。十五年，降为散府。二十八年，复升为路，降临濠府为濠州以隶之。至正十二年，置安丰分元帅府。户一万七千九百九十二，口九万七千六百一十一。领司一：

录事司。

县五：寿春，中。倚郭。安丰，下。霍邱，下。寿春、安丰、霍邱三县，宋隶寿春府。至元十八年，来属本路。元统二年，立准乡临水山巡检司。下蔡，下。与蒙城俱隶安丰府。二十八年，罢府，来属本路。蒙城。下。金属寿州。至元十八年，来属本路。

州一：

濠州。下。宋故州，属淮南西路。至元十三年归附，置安抚司，十五年，升为临濠府，二十八年，复为濠州，隶本路。旧领钟离、定远二县。至元二十八年，降怀远州为县，隶之。领县三：

钟离，下。倚郭。定远，下。怀远。下。宋为怀远军，领荆山一县。至元二十八年，以军为县，省荆山入之。

安庆路。下。宋安庆府,属淮南西路。至元十二年,宋将范文虎以城降。十三年,置安抚司。十四年,改安庆路总管府,属黄蕲州宣慰司。二十三年,罢宣慰司,直隶行省。旧领怀宁、宿松、望江、太湖、桐城五县。至元二年,析怀宁县境置灊山县。户三万五千一百六,口二十一万九千四百九十。领司一:

录事司。大德元年置。

县六:

怀宁,中。宿松,中。天历初,立铁柱于小孤山,号海门第一关。望江,下。太湖,中。桐城,中。宋末徙治枞阳,又徙于李阳河。元初,始还旧治。灊山。下。本怀宁县之清朝、玉照二乡地。宋立四寨,仍隶怀宁县。至元中,置野人原寨。至治间,始析置灊山县,以山为名。

淮东道宣慰使司。皇庆二年,改淮东淮西道宣慰使司为淮东道宣慰使司。

江北淮东道肃政廉访司。

扬州路。上。宋扬州,属淮南东路。至元十三年归附,置淮东都元帅府。十四年,改扬州路总管府。十五年,置淮东道宣慰司,本路属焉。十九年,省宣慰司,本路直隶行省。二十六年,改浙西道宣慰司为淮东淮西道宣慰司,仍治扬州路,升本路高邮府为散府,直隶宣慰司。户二十四万九千四百六十六,口一百四十七万一千一百九十四。领司一:

录事司。

县二:

江都,上。倚郭。泰兴。上。

州五:

真州。下。宋故州,属淮南东路。至元十三年,置真州安抚司。十四年,改真州路总管府。二十一年,降为州,隶扬州路。领县二:

扬子，上。倚郭。宋永正县。至元二十八年，改扬子县，移治新城，省录事司入之。六合。下。

滁州。下。宋故州，属淮南东路。至元十五年，改滁州路总管府。二十年，仍为州，隶扬州路。领县三：

清流，中。至元十四年，省录事司入之。来安，下。全椒。下。

泰州。上。宋故州，属淮南东路。至元十四年，改泰州路总管府。至二十一年，仍为州，隶扬州路。领县二：

海陵，上。倚郭。宋端平后，去县城五里别筑新城。后张士诚据之。如皋。下。

通州。中。宋故州，属淮南东路。至元十五年，改通州路总管府。二十一年，仍为州，隶扬州路。领县二：

静海，上。倚郭。海门。中。

崇明州。下。本通州海滨沙洲，宋建炎中有升州句容县姚、刘二姓避兵于沙上，其后遂称姚刘沙。宋嘉定中，置天赐监场。至元十四年，置崇明州。

淮安路。上。宋楚州。又升属县山阳县为淮安军，又改军为州。属淮南东路。至元十三年，置行淮东安抚司。十四年，改总管府。二十年，置淮安府路总管府，以临淮府，海宁、泗、安东三州隶之。二十七年，罢临淮府。旧领山阳、盐城、淮安、新城、淮阴、新城、清河、桃园七县。设录事司。至元二十年，省淮安、新城、淮阴三县入山阳县。户九万一千二十二，口五十四万七千三百七十七。领司一：

录事司。

县四：

山阳，上。宋淮安县。至元十二年，以本县马罗军寨为山阳县。十三年，淮安路归附，仍存淮安县。二十年，省淮安及新城县入之。盐城，上。桃园，下。本淮阳军之桃园镇，金置淮滨县，后废。至元中置桃园县。清河下。本泗州之清河口，宋置清河军，至元十五年改为县。

州三：

海宁州。下。宋故州，属淮南东路。金志亦有海州，后复为宋地。至元十二年，归附。十五年，升海州路，为总管府。又改为海宁府，旋降为州，隶淮安路。旧领录事司，朐山、东海、怀仁、沭阳四县。至元二十年，省东海县与录事司入朐山。领县三：

朐山，中。沭阳，下。赣榆。下。宋怀仁县，金改赣榆。

泗州。下。宋故州，属淮南东路。金志亦有泗州，后复为宋地。至元十三年，降为下州。旧领临淮、淮平、虹、灵璧、睢宁五县。至元十六年，析睢宁县属邳州。十七年，析灵璧县属宿州，以临淮府五河县来属。二十一年，省淮平县入临淮。二十七年，废临淮府，以盱眙、天长二县来属。领县五：

临淮，下。虹县，下。宋故县，金废。元初复置。五河，下。盱眙，上。宋招信军。至元十三年，行招信军安抚司事，领盱眙、天长、招信、五河四县。十四年，升招信路总管府。十五年，改临淮府。十七年，以五河县在淮北，改属泗州。二十年，并招信县入盱眙。二十七年，废临淮府入盱眙。天长。中。至正十五年，置淮东等处宣慰使司都元帅于本县。

州一，安东州。下。宋涟水军，后改安东州，属淮南东路。至元十二年，置安东分元帅府。后改隶准安路，领县一：

涟水。下。

高邮府。宋高邮军，属淮南东路。至元十四年，升为高邮路总管府。二十年，降高邮路为府，隶扬州路，后改为散府，隶宣慰司。旧领录事司及高邮、兴化二县。至元二十年，废安宜府为宝应县来属，又省录事司入高邮县。户五万九十有八。至顺钱粮户数。领县三：

高邮，上。倚郭。兴化，中。宝应。上。旧为宝应军。至元十六年，改为安宜府。二十年，废府为县，来属。

荆湖北道宣慰司。至正十一年，兼都元帅府。

山南江北道肃政廉访司

中兴路。上。宋为江陵府,属荆湖北路。至元十二年,归附。是年,置怀远、灵武二县,分处新民。未详何时裁并。十三年,改上路总管府,设录事司。天历二年,以文宗潜藩,改为中兴路。户一十七万六百八十,口五十九万九千二百二十四。领司一:

录事司。

县七:

江陵,上。公安,中。石首,中。松滋,中。枝江,下。潜江,下。旧治白洑。至元二十七年,水圮城,迁今治。监利。中。

峡州路。下。宋峡州,属荆湖北路。至元十三年,归附。十七年,升为峡州路。户三万七千二百九十一,口九万二千九百四十七。领县四:

夷陵,中。宋末随州迁治不常。归附后,还江北旧治。宜都,下。宋旧县。长阳,下。远安。下。至正初,达鲁花赤沙班迁县治于亭子山下。

安陆府。宋郢州,隶京西南路。至元十三年,归附。十五年,升为安陆府。隶宣慰司。户一万四千六百六十五,口三万三千五百五十四。领县二:

长寿,中。京山。中。兵乱,移治汉滨。至元十二年,还旧治。

沔阳府。宋复州,属荆湖北路。至元十三年,归附,升为复州路。十五年,改为沔阳府。户一万七千七百六十六,口三万九百五十五。领县二:

玉沙,中。倚郭。景陵。中。宋旧县。兵乱,徙治无常。归附后,还旧治。

荆门州。下。宋荆门军,属荆湖北路。至元十二年,归附。十四年,升为荆门府。十五年,迁府治于古城,降为州。户二万九千四百七十一,口一十六万五千四百三十五。领县二:

长林,上。当阳。中。

德安府。宋旧府,属荆湖北路。宋咸淳七年,徙治汉阳。至元十三年,归附,还旧治,隶湖北道宣慰司。十八年,罢宣慰司,直隶行省。为散府。三十年,改隶黄州路。后复隶宣慰司。旧领安陆、孝感、应城、云梦、应山五县。至元十五年,析应山县,隶随州。户一万九百二十三,口三万六千二百一十八。领县四:

安陆,下。孝感,下。宋建炎中迁县治于紫资寨。至元十六年,还旧治。应城,中。云梦,下。

州一:

随州。下。宋故州,属京西南路。至元十二年,归附。十三年,以兵乱,迁徙无常,即黄仙洞为州治。旧领随县。十五年,以德安府应山县来属。户一万五千九百六十六,口五万二千六十四。领县二:

随县,下。应山下。

新元史卷四八
志第一五

地理三

陕西诸道行御史台。大德三年罢，延祐二年复置。

陕西等处行中书省，领路三、府五、州十八，属州十一，属县七十九。

奉元路。上。金为京兆府，属京兆府路。宪宗三年，置从宜府于京兆。至元十五年，改京兆府为安西府。十六年，升安西府为安西路。皇庆元年，改为奉元路。旧领长安、咸宁、兴平、泾阳、临潼、蓝田、云阳、高陵、终南、栎阳、鄠、咸阳十二县。至元元年，省云阳县入泾阳。旧志：并耀州之云阳。案云阳，宋隶耀州，金隶京兆府。四年，省栎阳县入临潼。七年，又以盩厔县来属，省终南入之。户三万三千九百三十五，口二十七万一千三百九十九。壬子年数。领司一：

录事司。

县十一：

咸宁，下。长安，下。咸阳，下。兴平，下。临潼，下。至元四年，并栎阳县入之。蓝田，下。泾阳，下，至元元年，省云阳县入之。高陵，下。至正末，李思齐筑鹿台城于县西南二十五里。盩厔，下，金故县，隶凤翔府，后升为恒州。至元初，降为县来属。鄠县。下。金故县，隶凤翔府，后隶恒州。元初，升为州，增置柿林县。至元元年，复降鄠州为县，省柿林入之。

州五：

同州。下。金故州，属京兆府路。旧领冯翊、朝邑、白水、郃阳、澄城、韩城六县。元初，省冯翊县入本州。领县五：

朝邑，下。白水，下。郃阳，下。宋旧隶同州，金改隶祯州。至元初废祯州，仍隶本州。澄城，下。韩城，下。金贞祐三年，升为祯州。至元元年废，二年再置，六年降为韩城县。

华州，下。金故州，属京兆府路。旧领郑、华阴、下邽、蒲城、渭南五县。元初，省郑县入本州，至元十二年，复置郑州，后省并。年分阙。省下邽县入渭南。领县三：

华阴，下。蒲城，下。渭南。下。

耀州。下。金故州，属京兆府路。旧领华原、同官、美原、三原四县。至元元年，省华原县入州，复置富平县，省美原县入富平。领县三：

三原，下。富平下。宋故县，金省入美原。至元元年，复置。同官。下。

乾州。下。金故州，属京兆府路。旧领奉天、醴泉、武功、好畤四县。至元元年，省奉天县入本州。五年，复置奉天，省好畤入之，又析邠州之永寿来属。后又改奉天县为醴泉。领县三：

醴泉，下。至正初，改筑新城于城西三十里。武功，下。金以嫌显宗讳，改为武功武亭。元复。后废。至正四年，复置。永寿。下。至元十五年，徙县治于麻亭。

商州。下。金故州，属京兆府路。领县一：

洛南。下。

延安路。下。金延安府，属鄜延府路。元改延安路。旧领肤施、延川、延长、临真、甘泉、敷政、门山七县。元初析甘州之宜川来属，又省丹州入宜川县。户六千五百三十九，口九万四千六百四十一。壬子年数。领县八：

肤施，下。甘泉，下。宜川，下。元初，置司候司。至元六年，省入宜川。按金志，丹州县一：宜川。宋志，鄜州县一：宜川。宋志夺鄜州所属之四县，又夺丹州,误以宜川属鄜州也。旧志无丹州,以并丹州入宜川也。**延长**,下。**延川**,下。**安定**,下。本宋旧堡。宪宗二年,升为安定县。至元元年,析置丹头县。四年,并入本县。**安塞**,下。本金旧堡。宪宗二年,升为县。至治三年,徙县治于龙安镇。**保安**。下。金为保安州。至元六年,降为县。

州三:

鄜州。下。金故州,属鄜延路,旧领洛交、直罗、鄜城、洛川四县。至元四年,省鄜城入洛川,又省洛交、直罗入州。六年,废坊州,以中部、宜君二县来属。领县三:

洛川,下。**中部**,下。**宜君**。下。

绥德州。下。金故州,属鄜延路。旧领清涧一县,旧志:金领八县。误以城寨为县。十寨、一城、一堡。归附后,升米脂寨为县,省嗣武城入之,升怀宁寨为县,省绥平寨入之。至元四年,又省定戎寨入米脂,怀宁县入清涧,义合寨、绥德寨入本州。领县二:

青涧,下。**米脂**。下。

葭州。下。金故州,属河东北路。后改属鄜延路。旧领八寨、九堡。至元六年,省通泰堡、弥川堡入州,省太和寨入神木县,建宁寨入府谷县。领县三:

神木,下。元初,置灵州于古麟州之神木寨。至元六年,改灵州为神木县。**吴堡**,下。旧为吴堡寨。**府谷**。下。宋为府州。元初,建州治。至元六年,改为府谷县。

兴元路。下。宋为兴元府,属利州路。元初,改兴元路总管府。至正十五年,改兴元等处宣慰司都元帅府。旧领南郑、城固、褒城、西县四县。元初,以凤、金、洋三州来属,析本路所属西县隶沔州,以洋州西乡县隶本路。户二千一百四十九,口一万九千三百七十八。至元二十七年数。领县四:

南郑,下。宋析置廉水县。元初并廉水入之。**城固**,下。**褒城**,下。元徙治于山河堰东南五里。**西乡**。下。宋端平中县废,元复置。

州三:

凤州。下。宋故州，属秦凤路，后改隶利州路。元初，改隶兴元路。至元五年，以倚郭梁泉县省入本州。后至元二年，立留坝镇巡检司。

洋州。下。宋故州，属利州路。元初，改隶兴元路。旧领兴道、真符、西乡三县。元初，析西乡县隶兴元路。至元二年，并兴道、真符二县入本州。

金州。下。宋故州，属京西南路，后改隶利州路。元初，隶兴元路。旧领西城、汉阴、洵县、石泉、平利、上津六县。元初，俱省入本州。

陕西汉中道肃政廉访司。旧治安西路。延祐三年，徙治凤翔。

凤翔府。金故府，属凤翔府路。元初，属兴元路。寻置凤翔路总管府。至元九年，改为散府。旧领凤翔、宝鸡、虢、郿、盩屋、扶风、岐山、普润、麟游九县。元初，以郿、盩屋二县改隶安西路，虢、普润二县并废。户二千八十一，口一万四千九百八。壬子年数。领县五：

凤翔，下。扶风，下。岐山，下。宝鸡，下。有益门城，元末李思齐所筑。麟游。下。

邠州。下。金故州，属庆原路。元初，直隶行省。旧领宜禄、新平、淳化、永寿、三水五县。至元七年，省宜禄入本州，省三水入淳化县，永寿改隶乾州。领县二：

新平，下。淳化。下。

泾州。下。金故州，属庆原路。元初，隶都元帅府，又隶巩昌都总帅府，又隶平凉府，后直隶行省。旧领泾川、长武、良原、灵台四县。至元十一年，省良原县入灵台，长武县入泾川。领县二：

泾川，下。倚郭。灵台。下。至元七年，并入泾川。十一年，复置。

开成州。下。金为镇戎州，属凤翔路。元初为原州。镇戎州，本唐原州高县之地。至元十年，皇子西安王分治秦蜀，置开成府视上都，号为上路。至治三年，降开成州。旧领东山、三川二县，后改隶镇原州。置开成为附郭县。领县一：

开成。下。

州一：

广安州。下。金升宋东山寨为广安县，隶镇戎州，后废。至元十年，复置广安县。十五年，升为州，仍隶本路。开成路降州，广安州应直隶行省。无明文可证。仍依旧志，隶开成州之下。

庄浪州。下。本庄浪路。大德八年，降路为州。领县一：

庄浪。下。延祐六年，升庄浪巡检司为庄浪县，移巡检司于比卜渡。

巩昌等处总帅府。元初为巩昌路便宜都总帅府，统巩昌、平凉、临洮、庆阳、隆庆五府及秦、陇、会、环、金、德顺、徽、金洋、安西、河、洮、岷、利、巴、沔、龙、大安、褒、泾、邠、宁、定西、镇原、阶、成、西和、兰二十七州。至元五年，析安西州属脱思麻路。六年，析河州属吐番宣慰司。七年，省洮州入安西州。八年，析岷州属脱思麻路。十三年，置巩昌路总管府。十四年，复行便宜都总帅府事。是年，析隆庆府，利、巴、大安、褒、沔、龙等州隶广元路。二十年，又析泾、邠二州隶陕西汉中道宣慰司。帅府所统者：巩昌、平凉、临洮、庆阳四府，秦、陇、宁、定西、镇原、阶、成、西和、兰、会、环、金、德顺、徽、金洋十五州。二十一年，仍置便宜都总帅府。二十五年，改为宣慰使司兼便宜都总帅府。二十六年，行省言：“巩昌便宜都总帅府已升为宣慰司，以旧兼府事，别立散府，调官分治。”从之。

巩昌府。金为巩州，属临洮路。元初，改巩昌府。旧领陇西、通渭、定西、通西、安西五县。金升定西为州，析通西、安西隶之。至元十三年，以金之宁远寨置宁远县，伏羌寨置伏羌县，盐川镇置漳县。户四万五千一百三十五，口三十六万九千二百七十二。壬子年数。领司一：

录事司。

县五：

陇西，下。宁远，下。伏羌，下。通渭，下。宋通渭寨，金升渭县。漳县。下。宋名盐川寨，金为镇。至元十三年，置县。

平凉府。金故府，属凤翔路。元初，属巩昌帅府。旧领平凉、潘

原、崇信、华亭、化平五县。后省潘原县入平凉,化平县入华亭。领县三:

平凉,下。崇信,下。华亭。下。

临洮府。金故府,属临洮路。元初,隶巩昌帅府。泰定元年,更置临洮总管。旧领狄道、当川、康乐三县。元初,省当川、康乐二县入狄道。至元十三年,升渭原堡为渭源县。领县二:

狄道,下。渭源。下。

庆阳府。金故府,属庆原路。元初,隶巩昌帅府。旧领安化、彭原、合水三县。至元七年,并安化、彭原二县入合水。领县一。

合水。下。

秦州。中。金故州,属凤翔路。元初,隶巩昌帅府。旧领成纪、治坊、甘谷、清水、鸡川、陇城、秦安七县。至元七年,省鸡川、陇城二县入秦安,治坊县入清水,甘谷县入通渭。领县三:

成纪,中。清水,中。秦安。中。

陇州。中。金故州,属凤翔路。元初,隶巩昌帅府。旧领汧阳、汧源、陇安三县。至元七年省陇安县入汧源。延祐四年,又省汧源县入本州。领县一:

汧阳。下。

宁州。下。金故州,属广源路。元初,隶巩昌帅府。旧领安定、定平、真宁、襄乐四县。至元七年,省襄乐、安定、定平入本州。领县一:

真宁。下。

安定州。下。宋为定西城,属兰州。金为定西县,升为州,属秦凤路。元初,隶巩昌帅府。至正十二年,以地震,改安定州。十五年,又置军民安抚司。旧领通西、安西二县。至元三年,省二县入本州。

镇原州。下。金原州,属广源路。元初,改镇原州,隶巩昌帅府。旧领临泾、彭阳二县。元初,以镇戎州之东山、三川二县来属。至元七年,省四县俱入本州。

西和州。下。宋岷州,徙治于长道县之白石镇,改西和州,属秦凤路。元初,隶巩昌帅府。旧领祐川、大潭、长道三县。大潭、祐川,军兴久废。至元七年,省长道入本州。

环州。下。金故州,属庆原路。元初,隶巩昌总帅府。旧领通远一县,至元七年,省入本州。

金州。下。本宋兰州阌谷寨。金升为阌谷县,又置金州,以阌谷县为治所。至元七年,省县入本州。

静宁州。下。金为德顺州,属凤翔路。元初,隶巩昌帅府。旧领陇干、永洛、威戎、隆德、通边、治平六县。元初,省治平、永洛县二县入陇干。后复省陇干入本州。改为静宁州。领县一:

隆德。下。威戎、通边二县,金末已废。

兰州。下。金故州,属临洮路。元初,隶巩昌帅府。旧领定远、阿干二县。元初,置司候司。至元七年,省司候司入本州。至大中,以定远县改隶金州,后废入金州。领县一:

阿干。下。

会宁州。下。金会州,属临洮路。元初,隶巩昌帅府。至正十二年,以地震,改会宁州。旧领保川一县。金末,州陷于河西,侨治州西南百里会川城,名新会州。元初,迁于保川县,改保川县为西宁。至元七年,并县入州。

徽州。下。元初,置南凤州于凤州之河池县,又升永宁乡为县,析凤州之两当县,同隶南凤州。至元元年,改为徽。七年,省河池、永宁二县入本州。领县一:

两当。下。宋徙治于广乡镇。元因之。

阶州。下。宋故州,属秦凤路。元初,隶巩昌帅府。旧领福津、将利二县,至元七年,省入本州。新州治在柳树城,距旧城东八十里。

成州。下。宋故州,属秦凤路。元初,隶巩昌帅府。旧领同谷、栗亭二县。太宗十三年,宋成都将田世显来降,命迁于栗亭管民司事,不隶成州。析秦州之天水县来属。至元七年,省同谷、天水二县入本州。太宗十年,宋雷、李二将来降,命迁于成州,行金洋州事,隶巩昌帅府。旧志别立金洋州,误。此是行金洋二州事,非又置金洋州。

吐番等处宣慰司都元帅府。以下宣慰司三、宣抚司二,俱隶宣政院。

河州路。下。金河州,属临洮路。元初,置河州路军民总管府。旧领枹罕、宁河二县。元初,省枹罕入本州,升定羌城为定羌县,安乡关为安乡县。领县三:

定羌,下。安乡,下。宁河。下。

洮州路。下。金故州,属临洮路。元初,升洮州路,置元帅府。领县一:

可当。下。金故县,元初因之。金志阙。

贵德州。下。本金积石州西界之地。元初,置贵德州,隶宣慰司。后废。

积石州。下。宋积石军溪哥城。金升为州,属临洮路。元初置元帅府。

雅州。下。宋故州,属成都路。宪宗八年,攻拔其城,改隶马湖路。后改隶吐番宣慰司。领县五:

石山,下。泸山,下。百丈,下。荣经,下。严道。下。石山、严道二县,别隶六番招讨使司。

黎州。下。宋故州,属成都路。元初,隶马湖路,后改隶吐番宣慰司。领县一:

汉源。下。

十八族元帅府。

帖成河里洋脱元帅府。

当阳元帅府。以上属吐番宣慰司。

脱思麻路宣慰司都元帅府。本为元帅府。至元三年,以西安州来属。五年,又以岷州来属。大德十一年,升为宣慰司,以礼店文州万户府隶之。领州三:

西安州。宋故州,属秦凤路。至元三年,来属。

岷州。宋岷州,改西和州。元初,于祐川县故地置岷州。至元七年,来属。后置元帅府。

铁州。沿革阙。

礼店、文州蒙古汉儿军民元帅府。至元九年置。后改隶吐番宣慰司。大德十一年,以属吐番宣慰司不便,命仍隶脱思麻路。以上属脱思麻路宣慰司。

松潘、客叠、威、茂等处军民安抚司。至大二年,改为宣抚司,迁治茂州汶川县。

茂州。宋故州,属成都路。领县二:文山,下。汶川。下。

静州茶上必里溪安乡等二十六族军民千户所。

龙木头都留等二十二族军民千户所。

岳希蓬萝匐村二十二族军民千户所。

析藏军民万户府。以上属松潘等处宣抚司。

碉门、鱼通、黎、雅、长河西、宁远等处军民宣抚司。至元十九年,移成都宣慰司于碉门。大德二年,并土番碉门安抚司、运司,改为碉门、鱼通、黎、雅、长河西、宁远军民宣抚司。旧史《百官志》作安抚司,误。

鱼通路军民万户府。

碉门、鱼通等处管军守镇万户府。

长河西管军万户府。

朵甘思哈答李唐鱼通等处钱粮总管府。

亦思马儿甘军民万户府

朵甘思管军民万户府。

剌马儿刚等处招讨司。

奔不思招讨司。

奔不儿亦思刚百姓达鲁花赤。

唆尼招讨司。

征沔招讨司。

天全招讨司。

六番招讨司。以上属碉门渔通宣抚司。

乌思藏纳里迷古鲁孙等三路宣慰使司都元帅府。

乌思藏管蒙古军都元帅府。

纳里迷古鲁孙元帅府。

担里管军招讨使司。

沙鲁思管民万户。

搽里八管民万户。

速儿麻加瓦管民官。

撒剌管民官。

出密万户府。

嫠笼苔剌万户府。

思苔笼剌万户府。

伯木古鲁万户府。

汤卜赤八千户所。

加麻瓦万户府。

札由瓦万户府。

牙里不藏思八万户府。

迷儿万户府。以上属乌思藏宣慰司。

四川等处行中书省，领路十一、府二、属府三，属州三十九，军一，属县九十四。蛮夷土官，不在此数。

西蜀四川道肃政廉访司

成都路。上。宋为成都府路。元初置成都路总管府。至元十三年，设录事司。旧领嘉定、崇庆二府，眉、邛、黎、雅、威、茂、简、汉、彭、绵十一州。后嘉定自为一路，以眉、黎、雅、邛隶之。二十年，又析黎、雅属吐番招讨司，茂州属松潘等处安抚司，降崇庆为州，省隆州入仁寿县。旧领成都、华阳、郫、新都、温江、新繁、双流、灵泉、广都九县。至元二十年，析灵泉县隶简州，省广都县入双流，以仁寿、金堂二县来属。户三万二千九百一十二，口二十一万五千八百八十八。至元二十七年数。领司一：

录事司。

县九：成都，下。宋为府治所。至元十三年，以本县元管大城内西北隅，并入录事司。华阳，下。新都，下。郫县，下。温江，下。双流，下。新繁，下。仁寿，下。本宋隆州，领仁寿、井研二县。至元二十年，省隆州、井研入仁寿县来属。金堂。下。本宋怀安军，领金水、金堂二县。元初，升为怀州。至元二十年，省怀州、金水入金堂县来属。

州七：

彭州。下。宋故州，属成都府路。元初因之。旧领九陇、濛阳、崇宁三县。至元中，省九陇县入本州。领县二：

濛阳，下。崇宁。下。

汉州。下。宋故州，属成都府路。元初因之。旧领洛、什仿、绵竹、德阳四县。中统初，省洛县入本州。领县三：

什邡，下。德阳，下。至元八年，升为德州。十三年，仍为县，隶成都路。十八年来属。按旧纪：十八年以汉州德阳县属成都路。纪、志抵悟，未审孰是。绵竹。下。至元十三年，省入州。后复置。

安州。下。宋石泉军，属成都府路。中统五年，升为州。旧领石泉、神泉、龙安三县。是年，又省神泉、龙安二县入本州。领县一：

石泉。下。

灌州。下。宋永康军，属成都府路。后废为灌口寨。元初，复置灌州。至元十三年，省所属导江、青城二县入本州。

崇庆州。下。宋崇庆府，属成都府路。至元十二年，置总管府。二十年，降为崇庆州。旧领晋原、江原、新津、永康四县。至元二十年，省江原县入本州。领县三：

晋原，下。新津，下。永康。旧志漏此县。《明一统志》："本朝省永康入崇庆州"，可证。

威州。下。宋故州，属成都府路。旧领保宁、通化二县。至元十九年，省保宁县入本州。领县一：

通化。下。

简州。下。宋故州,属成都府路。旧领阳安、平泉二县。至元二十年,省阳安入本州。二十二年,又并成都府所属灵泉县入之。平泉县以地荒,亦废不置。

嘉定府路。下。宋嘉定府,属成都府路。至元十三年,升为路,置总管府。后罢。二十二年,复置。旧领龙游、夹江、犍为、峨眉、洪雅五县。二十五年,省洪雅县入夹江。领司一:

录事司。

县四:

龙游,下。夹江,下。峨眉,下。犍为。下。

州二:

眉州。下。宋故州,属成都府路。至元十四年,改隶嘉定府路。旧领眉山、彭山、丹棱、青神四县。至元二十年,省州治眉山县及丹棱县,并入本州。领县二:

彭山,下。青神。下。

邛州。下。宋故州,属成都府路。至元十四年,置安抚司,兼行州事。旧领临邛、火井、蒲江、依政、安仁、大邑六县。元初,省火井、安仁入大邑。至元二十一年,省州治临邛县及依政、蒲江二县入本州。领县一:

大邑。下。

广元路。下。宋为利州路端平,后地荒民散者十有七年。宪宗二年,命汪特格城利州。三年,置都元帅府。至元十四年,罢帅府,改为广元路总管府。十六年,以广元等路为四川北道,置宣慰司。十九年,罢,仍为总管府。旧领绵谷、葭萌、昭化、嘉川四县。至元十四年,省葭萌县入昭化,省嘉川入绵谷。户一万六千四百四十二,口九万六千四百六。至元二十七年数。领县二:

绵谷,下。昭化。下。

府一：

保宁府。下。宋为阆州，属利州路，以兵乱，移治大获山。宪宗八年，宋守将杨大渊降，置东川路元帅府。至元十三年，升保宁府。二十年，罢元帅府，改保宁路。后仍改为府，属本路。旧领阆中、苍溪、南部、新井、奉国、新政、西水七县。又置新得、小宁二州来属。后并二州入阆中县，又省奉国入苍溪县，新井、新政、西水入南部县。领县三：

阆中，下。倚郭。苍溪，下。南部。下。

州四：

剑州。下。宋为龙庆府，属利州路。至元二十年，改剑州。旧领普安、武连、阴平、梓潼、普成、剑门六县。武连、阴平二县久废。至元二十年，省普成、剑门二县入普安。领县二：

普安，下。梓潼。下。

龙州。下。宋为政州，又改龙州，属利州路。宪宗八年，宋守将王知府以城降。至元二十二年，省所属江油县入本州。

巴州。下。宋故州，属利州路。旧领化城、恩阳、曾口、难江、通江五县。至元二十年，省难江、恩阳二县入化城。领县三：

化城。下。曾口，下。通江。至元二十年，省通江入曾口县。二十九年，废新得州，又置通江县。

沔州。下。宋故州，属利州路。至元十四年，隶广元路。旧领略阳、长举二县。至元二十年，废褒州，置铎水县，迁州治于铎水，又降大安州为县来属，省所属长举县及兴元府之西乡县入略阳。领县三：

铎水，下。倚郭。本西县旧镇，世祖始以其地升为褒州，改镇为县。大安，下。略阳。下。沔州旧治略阳，元移治铎水县。

顺庆路。下。宋为顺庆府。属潼川府路。以兵乱，徙治青居山。宪宗八年，宋裨将刘渊以城降。中统元年，置征南都元帅府。至元四年，置东川路统军司。后改东川府。十五年，复改顺庆府。十六年,置四川东道宣慰司。十九年省所属流溪县入西充。户二千八百二十一,口九万五千一百五十六。至元二十七年数。领司一:录事司。

县二:

南充,下。至元二十年,并合州之汉初县入之。西充。下。

府一:

广安府。宋为广安军,又改宁西军,属潼川府路,后城大良平为治所。宪宗八年,宋守将蒲元圭以城降。至元十五年,废宁西军。二十年,置广安府。旧领和溪、新明、渠江、岳池四县。至元二十年,省和溪、新明二县入岳池。领县二:

渠江。下。倚郭。岳池。下。

州二:

蓬州。下。宋故州,属利州路。元初,置宣抚司都元帅府,后罢。至元二十年,又置蓬州路总管府。后复为蓬州。旧领蓬池、良山、仪陇、伏虞、营山、相如六县。至元二十年,省良山县入营山,并蓬池、伏虞二县入仪陇。领县三:

相如,下。倚郭。省金城寨入之。宋州治蓬池,至元二十年,蓬池省并,移治相如。仪陇,下。营山。下。

渠州。下。宋故州,属潼川府路,中统三年,置渠州路军民总帅府。至元十三年,置安抚司。二十年,罢安抚司为渠州来属。旧领流江、邻水、邻山、大竹四县。至元二十年,并邻水、邻山二县入大竹。领县二:

流江,下。至元二十六年,省入本州。后复置。大竹。下。

潼川府。宋故府,属潼川府路。兵后地荒。中统元年,置潼川都元帅府。至元十五年,置宣慰司。后仍为散府。旧领郪、中江、涪城、射洪、通泉、盐亭、铜山、飞鸟、东关、永泰十县。元初,增置安岳县。至元二十年,省涪城县入郪县,通泉县入射洪,铜山、飞鸟二县入中江,东关、永泰二县入盐亭。领县五:

郪县,下。倚郭。中江,下。射洪,下。宋末,县省。元初,复置。盐亭,下。安岳。下。宋普州,领安岳、乐至、安居三县,后州县俱废。元初,复置安岳县,并安居、乐至二县地入之。

州二:

遂宁州。下。宋为遂宁府,属潼川府路。兵乱,权治蓬溪。元初,改为州,旧领小溪、长江、蓬溪、青石、遂宁五县。至元十九年,并遂宁、青石二县入小溪,长江县入蓬溪。领县二:

小溪,下。蓬溪。下。宋末省,元复置。

绵州。下。宋故州,属成都府路。至元二十年,改隶潼川府。旧领巴西、彰明、魏城、罗江、盐泉五县。盐泉久废。至元二十年,省巴西、魏城二县入本州。领县二:

彰明,下。罗江。下。

永宁路。下。宋为泸州江安、合江二县之境。元初置西南番总管府。至元二十五年,改为永宁路。领县一:

定川。下。

州一:

筠连州。下。宋羁縻州筠州、连州。元初,合为一。州领县一:

腾川。下。

九姓罗氏党蛮夷长官千户所。元初立夷民罗氏党九人为总把。至元中,改为长官千户。

四川南道宣慰司。至元十六年置。

重庆路。上。宋为重庆府,属夔州路。以兵乱,迁治无常。至元十六年,置重庆路总管府。二十一年,升为上路,析忠、涪二州为属郡。二十二年,又以泸、合二州来属。旧领巴、江津、璧山三县。至元二十年,以南川县来属,废南平军入之。二十二年,省璧山县入巴县。后至元四年,又置垫江县。户二万二千三百九十五,口九万三千五百三十五。至元二十七年数。领司一:

录事司。

县四:

巴县，下。倚郭。江津，下。至元十六年，赐四川行省参政昝顺田民百八十户于江津县。南川，下。至十二年，省重庆府隆化县入之。垫江。下。

州六：

泸州。下。宋故州，属潼川府路。宋守将刘整以城归附。宋人复取之，改江安州，徙治江南。至元十六年，复改泸州，还故治。二十二年，来属重庆路。旧领潼川、合江、江安、纳溪四县。至元二十年，省泸川县入本州。领县三：

江安，下。纳溪，下。合江。下。宋治安乐故城，元升为合江州，移治神臂江南。至元二十八年，复为县。

忠州。下。宋为忠州，又升咸淳府，属夔州路。元初，仍为忠州。旧领临江、丰都、垫江、南宾、龙渠五县。龙渠县久废。至元中，省临江县入本州，省垫江县入丰都。领县三：

临江，下。南宾，下。丰都下。

合州。下。宋故州，属夔州路，后迁州治于钓鱼山。至元十五年，宋将王立以城降，复还旧治。二十二年，来隶重庆路。旧领录事司，石照、汉初、赤水、铜梁、巴川五县。至元二十年，省录事司及巴川县入铜梁，赤水县入石照，汉初县入顺庆路之南充；又省昌州及永昌、昌元二县入大足县来属。领县五：

铜梁，下。旧治在县北列宿坝，后移治涪江南岸东溪坝。元初，移今治，省巴江县入之。定远，下。本宋地名女菁平。至元四年，便宜都总帅汪良臣立寨于母章德山。五年，改为定远城，置武胜军，行和溪安抚司事。后复改定远州。二十四年，降为县。石照，下。《明一统志》：元省石照县入本州。其省入年分阙。大足，下。旧隶昌州，至元二十年，州废来属。昌宁，下。本昌元县。至元二十年，省入大足县。后复置今县。

涪州。下。宋故州，属夔州路，后移治三台山。元初，复旧治。旧领涪陵、宾化、乐温、武龙四县。宾化县久废。至元二十年，省涪陵、乐温二县入本州。领县一：

武龙。下。

资州。下。宋故州，属潼川府路。元初，省入简州。后复置。旧领盘石、宾阳、内江、龙水四县。盘石、宾阳、龙水三县久废。领县一：

　　内江。下。

　　珍州。下。宋故州，属夔州中。领县二：

　　乐源，下。绥阳。下。

　　绍庆路。下。宋绍庆府，属夔州路。至元二十八年，置总管府。泰定四年，绍庆路四洞酋何者等降，并命为蛮夷长官，仍设巡检司以抚之。户三千九百四十四，口一万五千一百八十九。至元二十七年数。领县二：

　　彭水，下。黔江。下。

　　绍熙路。下。宋绍熙府，元初废。至正初，置绍熙路总管府。领县四：

　　营怀，下。威远，下。资官，下。应灵。下。

　　怀德府宣抚司。至顺二年，四川行省招谕怀德府驴谷什用等四洞及生蛮十二洞内附。诏升怀德府为宣抚司以领之，诸洞各设长官司及巡检司。

　　领州四：

　　来宁州。下。

　　柔远州。下。

　　酉阳州。下。宋思州，又改酉阳州，元初因之。领县三：

　　务川，下。中水，下。宁夷。下。

　　服州。下。

　　石柱军民宣抚司。宋石柱安抚司，元初改宣抚司。

　　石耶洞军民府。本石柱宣抚司地，元初析置军民府。

　　邑梅沿边溪洞军民府。元初改并乡洞，置军民府。

　　夔州路。下。宋为夔州都督府。至元四年，置夔府路总帅府，戍开州。十五年，改夔州路总管府，以施、万、云安、大宁四州来属。二十二年,又以开、达、梁山三州来属。二十五年,析施州清江县地入本路。户二万二十四,口九万九千五百九十八。至元二十七年数。领司一:

录事司。

县二:奉节。下。巫山。下。

州七:

施州。下。宋故州,属夔州路。旧领清江、建始二县。至元二十二年,省清江县入本州。领县一:

建始。下。

达州。下。宋故州,属夔州路。至元十五年,隶四川东道宣慰司。二十二年,改隶夔州路。旧领通川、永睦、新宁、巴渠、东乡、明通六县。永睦、巴渠、明通、东乡四县,至元中并省。领县二:

通川,下。新宁。下。宋志作新兴,误。

梁山州。下。宋为梁山军,属夔州路。至元二十二年,改为州。领县一:

梁山。下。

万州。下。宋故州,属夔州路。旧领南浦、武宁二县。至元二十年,省南浦县入本州。领县一:

武宁。下。

云阳州。下。宋为云安军,属夔州路,又析置安义县,寻为云安监。至元十五年,置云安军。二十年,升云阳州,省云安监入之。

大宁州。下。宋为大宁监,属夔州路。至元二十年,升为州,省所属大昌县入之。

开州,下。宋故州,属夔州路。旧领开江、清水二县,元初,俱省入本州。

叙南等处蛮夷宣抚司。大德七年,改叙州宣抚司为叙南等处宣抚司。后至元三年,立横江巡检司。

叙州路。下。宋戎州,属潼川府路,后改叙州。宋末,城登高山为治所。至元十二年,宋将郭汉杰以城降。十三年,置安抚司,未几徙治三江口。罢安抚司,仍为叙州。十八年,升为路。二十二年,复置安抚司。二十三年,复为路,旧纪:降叙州为县,误。隶蛮夷宣抚司。领县四:

宜宾,下。有宪宗神御殿。庆符,下。南溪,下。宣化。下。宋旧县,后废为镇。元初,复置县。

州二:

富顺州。下。宋富顺监,属潼川府路。至元十二年,置富顺监安抚司。二十年,罢安抚司,置富顺州。

高州。下。宋为羁縻州,后属长宁军。熙宁八年,夷人得箇祥献十州,内有高州。至元十五年,云南行省遣使招谕内附。十七年,知州郭安复行州事。

马湖路。下。本马蛮地。宋时,蛮主屯于湖内。至元十三年内附。十九年,置总管府,迁于夷部溪口,濒马湖之南岸为府治。二十五年,以沐川等五寨析隶嘉定者,还隶本府。领州二:

长宁州。下。本羁縻州,宋政和中建为长宁军。至元十二年,守将黄立以城降。二十二年,设录事司,后与所属安宁县俱省入本军。泰定二年,又改军为州。

戎州。下。宋晏州,为羁縻州。熙宁八年,夷人得箇祥献。至元十三年,蛮夷部宣抚司遣使招谕。十七年,部长得兰纽来见,授大坝都总管。二十二年,升为戎州,州治在箐前。所领长官司六:

泥溪长官司

平夷长官司。

蛮夷长官司。

夷都长官司。

雷波长官司。

沐川长官司。以上六长官司,宋俱为马湖部落。后至元二年,并为三长官司。

镇安路。下。领州一：

上林州。下。

长官司三：

鹿林蛮夷长官司。

鹿长蛮夷长官司。

诸部蛮夷长官司。

上罗计长官司。领蛮地罗计、罗星，乃古夜郎境，为西南种族。宋设长宁军，十州族姓俱效顺，长宁晏奉高薛巩淯思峨等十州。各授以官。其后分姓他居，遂有上、下罗计之分。至元十三年，宣抚昝顺引本部夷酋得赖阿当归顺。授得赖阿当千户。十八年，黎州同知李奇以武略将军来充罗星长官。二十二年，夷人叛，诱诖罗星夷，行枢密院讨平之。

下罗计长官司。本唐珙州，领蛮地，与叙州、长宁军相接。至元十二年，长宁知军率之内附。十三年，昝顺引夷酋得颜箇诣行枢密院降，奏充下罗计蛮夷千户。二十二年，诸蛮皆叛，惟本部无异志。后复为珙州。

四十六囤蛮夷千户所，领豕蛾夷地，在庆符县南抵定川，唐羁縻定州之支江县也。至元十四年收附，宣慰使昝顺招抚腾串豕蛾昔霞等部。于庆符县侨置千户所，领四十六囤，曰：黄水口上下落骨，山落牟许满吴，么落财，么落贤，腾息奴，屯莫面，落搔，么落梅，么得辛，上落松，么得会，么得恶，落魂，落昧下村，落岛，么得亨，落燕，落得虑，么得了，么腾斛，许宿，么九色，落搔屯右，么得晏，落能，山落寡，水落寡，落得雷，么得具，么得渊，腾日影，落昧上村，赖扇，许焰，腾朗，周头，卖落炎，落女，爱答落，爱答速，么得奸，阿郎头，下得辛，上得辛，爱得娄，落鸥。

诸部蛮夷：

秦加大散等洞。以下各设蛮夷官。

斜崖冒朱等洞。

陇堤纣皮等洞。

石耶洞。

散毛洞。元初为柔远州。至元三十一年,散毛洞主覃顺来贡方物,升其洞为府。至正元年,降诏谕死可伐,散毛洞蛮覃全在叛,招降之,以为散毛誓崖等处军民宣抚使,置官属。按《百官志》有散毛洞安抚司,疑宣抚为字误也。

彭家洞。

黑土石等处。

市备洞。至元十七年,施州市备大盘散毛等洞款纳。

乐化兀都剌布白享罗等处。

洪望册德等族。

大江九姓罗氏。泰定三年湖广行省奏九姓长官招降叛蛮,当即罗氏也。

水西。

鹿朝。

阿永蛮部。至元二十一年,酋长阿泥入觐,自言阿永邻境乌蒙等蛮悉隶皇太子位,请依例附属。诏从其请隶官府。

师壁洞安抚司。至元二十八年,赐师壁洞安抚司、师壁镇抚所、师罗千户所印。至正十一年,师壁安抚司土官田驴什用、盘顺府土官墨奴什用降,立长官司四,巡检司七。

永顺等处军民安抚司。至大二年,以永顺保靖南渭安抚司改永顺等处安抚司。至正十一年,改宣抚司。按旧志以南渭州、保靖州属新添葛蛮,隶湖广行省,当是至大三年改永顺安抚司后之制。

阿者洞。延祐七年,慈利州贼结怀德府阿者洞驴各什用、谢甲洞巨仙什用、恩石洞没尔什用、安坝洞重达义等入寇。阿者洞、谢甲洞又隶怀德府,未审何时改属。

谢甲洞。至正十二年,向亚甲洞主墨得什用出降,立盘顺府。向亚甲即谢甲。

上安下坝。

阿渠洞。

下役洞。

驴虚洞。

钱满等处。

水洞下曲等寨。

必藏等处。

酌宜等处。

雍邦等处。

崖笋等处。

冒朱洞。

麻井柘歌等寨。

新附嵬罗金井。

沙溪等处。

庙窄洞。

新容米洞。至正十年，立四川容美洞军民总管府。容美即容米也。至大元年，唐伯圭言："十七洞之众，惟容米洞、冈吉洞、抽拦洞有兵一千余，皆不足惧，可分四道进兵：其一自红沙寨直趋容米坑珍昧惹谢加阿惹石驴等洞，其一从苦竹寨抵桑厨上桑厨抽拦洞，其一由绍庆至沙手摩大科阳蔓师大翁迦洞，其一征叉巴等洞兵接应，如此可平。"按伯圭所言，各洞，多旧志所无。今附载容米洞下，以资参考。

甘肃等处行中书省，领路七、州二，属州五。至元十八年，置行中书省。二十二年，罢，置宣慰司，隶宁夏行省。二十三年，复行省，罢宣慰司。

河西陇北道肃政廉访司。本为巩昌道。大德六年，移治甘州。至正三年，改河西陇北道。

甘州路。上。西夏改唐甘州为宣化府。元初，仍为甘州。至元元年,置甘肃路总管府。三年,置宣慰司。五年,罢宣慰司。旧纪作宣抚司,乃字误。八年,改甘州路总管府。户一千五百五十,口二万三千九百八十。至元二十七年数。

永昌路。下。宋为西凉府,西夏因之。太祖二十一年,克西凉府及所属槊罗、河罗等县。至元十五年以永昌王宫殿所在,置永昌路,降西凉府为州。领州一:

西凉州。下。

巡检司一:

古浪城巡检司。唐和戎城故地。

肃州路。下。宋为肃州。西夏因之。太祖二十一年,克肃州。至元七年,置肃州路总管府。户一千二百六十二,口八千六百七十九。至元二十七年数。

沙州路。下。宋为沙州。西夏因之。太祖二十二年,克沙州,隶拔都大王。至元十四年,复置沙州。十七年,升沙州路总管府。以贫民乞粮,须自于肃州路,往来甚远,故升沙州为路。领州一:

瓜州。下。宋为瓜州,西夏因之。西夏亡,州废。至元十四年,复立。二十八年,徙居民于肃州,但名存而已。

亦集乃路。下。在肃州东北五百里,城东北有大泽,西北俱沙碛。西夏立威福军。太祖二十一年,归附。至元二十三年,置总管府。旧领山丹、西宁二州,后并直隶行省。

宁夏府路。下。西夏为兴州,升兴庆府,又改中兴。太祖二十二年,西夏主李睍以城降。中统二年,置行省于中兴府。至元八年,立西夏中兴等路行尚书省。九年,改为行中书省。十年罢。二十四年,以中兴府隶甘肃行省。二十五年,置宁夏路总管府。三十一年,分

省按治宁夏。寻并归甘肃行省,领州三:按至元十二年,于中兴路改置
怀远、灵武二县,分处新民。省并年分阙。

灵州。下。宋为灵州,西夏改翔庆军,元初,仍立州。

鸣沙州。下。宋灵州鸣沙县,西夏因之。元初,升鸣沙州。

应理州。下。西夏为应理县。太祖二十一年,克应理县。后升
为州。

山丹州。下。宋为删丹县。西夏取之,置甘肃军。元初,为阿只
吉大王分地。至元六年,行山丹城事,讹删为山字。二十二年,升为
州,直隶行省。

西宁州。下。吐番青唐城。宋改为西宁州。元初,章吉驸马分
地。至元二十三年,置西宁州等处拘榷课程所。

兀剌海路。太祖二年,伐西夏,克兀剌海城。故城在龙骨山与山丹州接
界。

新元史卷四九
志第一六

地理四

云南诸路行中书省,领路四十二、府七,属府三,属州五十六,属县五十三。甸寨军民等府,不在此数。

云南诸路道肃政廉访司。治中兴路。至元二十七年,置云南行御史台。二十九年,徙行御史台于西川,设云南道肃政廉访司。三十年,复立行台。大德二年,罢,复置肃政廉访司。又至顺二年,置云南等处宣慰司都元帅府;旧志不书,当为元统后所罢。

中庆路。上。唐姚州。南诏蒙氏为善阐府。至大理段氏,以高智升领善阐牧,世有其地。宪宗三年,世祖征大理,收府八,善阐其一也。宪宗五年,置万户府十有九,分善阐为万户府四。至元七年,改为路。八年,分大理国三十七部为南北中三路,路设达鲁花赤并总管。十三年,置云南行中书省,分置州县,改善阐为中庆路。领司一:

录事司。

县三:

昆明,中,倚郭。宪宗四年,分其地立千户二。至元十二年,改善州,领昆明、官渡二县。二十一年,废州存县。寻又省官渡县入焉。富民,下。唐匡州。乌蛮酋些门些禾即其地筑马举笼城,号梨濮甸。至元四年,立梨濮千户所。十二年,改为富民县。宜良,下。唐匡州。蛮酋啰氏即其地筑啰哀笼城。宪宗六年,立宜良匡城及大池千户所,隶嵩盟万户府。至元十三年,升宜良州,领大池、匡地二县。二十一年,州罢为县,省二县入焉。

州四:

嵩盟州。下。旧志作嵩明,误脱盟字下半;《明一统志》可证。治沙札卧城。乌蛮车氏等居此,后为枳氏所夺,因名枳砘。汉人尝立长州,筑金城及阿葛城,与蛮盟,故又名其地曰嵩盟。蒙氏置长州。段氏改嵩盟郡。宪宗六年,置嵩盟万户府。至元十二年,复改长州。十五年,升嵩盟府。廿二年,降为州。领县二:

杨林,下。杂种蛮枳氏、车氏、斗氏、么氏所居。城东门内有石如羊,因名羊林。宪宗七年,立羊林千户所。至元十二年,改为杨林县。邵甸。下。治白邑村。车蛮、斗蛮旧名为东甸,土音以东为邵。宪宗七年,立邵甸千户。至元二十二年,改为县。

晋宁州。下。蒙氏改唐宁县为阳城堡部,段氏因之。宪宗七年,置阳城堡万户府。至元十二年,改晋宁州。旧领三县:晋宁、呈贡、归化。后并晋宁县入本州。领县二:

呈贡,下。世为乌白些门些莫徒阿茶麽五种蛮所居,号晟贡城。宪宗六年,立呈贡千户所。至元十二年,析诏营、切龙、呈贡、雌甸、塔罗、和罗忽六城及乌纳山立呈贡县。归化,下。旧为安江城,有吴氏居之,因名大吴龙,后为些莫徒蛮永偏所据,世隶善阐。宪宗六年,分隶呈贡千户。至元十三年,割大吴龙、安江、安溪立归化县。

昆阳州。下。南宁夷爨翫降,隋拜昆州刺史即此地,至唐没于南诏,其后大理以高氏治之,名巨桥城。宪宗并罗富等十二城,立巨桥万户府,至元十三年,改昆阳州,旧领三县:三泊、易门、河西,后并河西县入本州。领县二:

三泊,下。爨、獠所居之地,后为大理所有,以隶善阐。至元十三年,于那龙城置三泊县。易门。下。治市坪村。乌蛮酋绅磨由男所居之地。段氏时,高智升治善阐,以高福世守其地。至元四年,立浥门千户所。十二年,改为县。县西有泉曰浥源,讹为易门。

安宁州。下。唐安宁县。蒙氏以蛮酋苏阿褒治之,段氏以善阐酋孙氏为安宁城主。后袁氏、高氏互有其地。宪宗七年,隶阳城堡万户府。至元三年,置安宁千户所。十二年,改安宁州。旧领三县:

禄丰、罗次、大甫。后省大甫县入本州。领县二：

禄丰，下。旧为禄琫甸白村，乌爨蛮居之，以地瘴热，迁徙不常。段氏时，高智升子义胜治其地。至元十三年，割宁安千户所之禄琫、化泥、骥宗龙三处立禄丰县。因江中有石如甑，蛮语石为禄，甑为琫，讹为禄丰也。罗次。下。治压磨吕白村，本乌蛮罗部地。至元十二年，置罗次州，隶中庆路。二十四年，改为县，隶本州。

威楚开南等路。下。夷名俄碌赕。爨蛮筑城居之，城名威楚。蒙氏以此地属银生节度。段氏以银生属姚州，又名当箭睑，又改为白鹿郡，又为威楚郡。高升泰执大理国柄，封其侄量成于威楚，筑外城号德江城，传至裔孙长寿。宪宗三年，归附。六年，立威楚万户府。至元八年，改威楚路，置总管府。后改宣慰司，又仍为总管府。旧领威楚、定远、南宁三县。后省南宁县入定远，改嶍嘉千户为嶍嘉县。领县三：

威楚，下。倚郭。唐故县，为爨蛮所据。元初，立千户所。至元十五年，升为威州。立富民、净乐二县。二十一年，降为威楚县，并二县入之。定远，下。唐掌州。夷名直赕。蒙氏改牟州，以爨首抬萼守之，筑新城曰耐笼。高氏又命云南些莫徒茴夷羡徙二百户于黄逢穿。宪宗四年，立牟州千户所，黄蓬穿为百户。至元十二年，改定远州，黄蓬穿改南宁县。后改州为县，并南宁县入之。嶍嘉。下。

州四：天历二年，威楚路黄州土官哀放入贡，乃羁縻州。

镇南州。下。濮落蛮所居川名欠舍，中有城曰鸡和，蒙氏置石鼓县，又于沙却置俗富郡，即今州治也。大理时，欠舍、沙却之地俱为高氏所有。宪宗三年内附。七年，置欠舍千户、石鼓百户。至元二十二年，改欠舍千户为镇南州，立定边、石鼓二县。二十四年，省二县入本州。州属尚有安远一县，省并年分阙。

南安州。下。黑爨蛮所居寨名摩楚，大理时为高氏所据。宪宗立摩刍千户，隶威楚万户府。至元十二年，改为南安州，隶本路。领县一：

广通。下。夷名路睒。蒙氏立路睒县,大理时为高氏属地。其后宜州酋
些莫徒裔易哀等附之,至高长寿遂移居路睒,筑城曰龙戏新栅。宪宗七年,内
附,立路睒千户。至元十二年,改为广通县。

开南州。下。蒙氏为银生府,分十二甸,昔濮、和泥二种蛮所居。
后为金齿白蛮所据,蒙氏、段氏皆莫能复。中统三年,讨平之,以所
部隶威楚万户府。至元十二年,置为开南州。

威远州。下。其川有六,昔濮、和泥二种蛮所居。后为白夷酋阿
只步等所据。中统三年,讨平之。至元十二年,置为威远州,与开南
并隶威楚路。

武定路军民总管府。下。本狚鹿等蛮所居之地。至大理,使乌
蛮阿㓹治此,其裔孙法瓦浸盛,并纳洟肶共笼等地,以其远祖罗婺
为部名。宪宗四年内附。七年,置罗婺万户府。至元八年,并所隶
仁德、于矢二部入罗婺,为北路总管府。十一年,割出仁德、于矢二
部,改本路为武定。领县一:

南甸。下。本路所治蛮名瀼甸。又曰洟陬笼。至元二十六年置县。

州二:

和曲州。下。僰、獹诸种蛮所居名叵簹甸。蒙氏时,白蛮据其地。
至段氏,以乌蛮阿㓹并吞诸蛮聚落三十余处,分兄弟子侄治之,皆
隶罗婺部。宪宗六年,改叵簹甸曰和曲,至元二十六年,升为州。领
县一:

元谋。下。旧名华竹,又曰环州。至元十六年,改为县。

禄劝州。下。旧名洪农碌劝甸,易笼蛮所居。至元二十六年,置
禄劝州。领县二:

易笼,下。地名培场,有二水,合流绕城而东。蛮语洟为水,笼为城,故又
名易笼。罗婺部大酋居之,为群蛮会集之地。至元二十六年,置易笼县。石旧。
下。旧有四甸:曰掌鸠,曰法块,曰抹捻,曰曲蔽。后讹掌鸠为石旧。至元二十
六年,置县。

鹤庆路军民总管府。下。夷名其地为白鹤川及样共川,隶于越
析诏。蒙氏合六诏为一,于样共置统谋郡。宪宗三年内附,为鹤州。

七年,立二千户所,仍称统谋,隶大理万户府。至元十一年,罢统谋千户,复为鹤州。二十年,为燕王分地,隶行省。二十三年,升为鹤庆府。寻改为路。领县一:

剑川。下。夷名义督罗鲁城,一名剑川。昔浪穹诏与南诏战败,走保剑川,改称剑浪诏。后为南诏所并,置剑川节度。大理时,改为义督睑。宪宗四年,内附。七年,立义督千户所。至元十一年,罢千户,立剑川县。

云远路军民总管府。本南诏乞蓝夷地。元贞二年,云南省臣也先不花征乞蓝,拔瓦农、开阳二寨,其党苔刺率诸蛮来降,乞蓝悉平,以其地为云远路军民总管府。

彻里军民总管府。为倭泥、貉猓、蒲刺、黑角诸蛮杂居之地。世祖命兀良合觯伐交趾,经其地,悉降之。至元中,置彻里军民总管府,领六甸。按大德中,云南行省言:乞别立彻里军民宣抚司。泰定二年,又立车里军民总管府。疑废置不常,故罢而复立也。

广南西路宣抚司。宋特么道侬智高后裔居之。至元中,立广南西路宣抚司。旧领路城、上林、罗佐、安宁、富州五州。后析路城、上林、罗佐三州隶来安路。本路领州二:

安宁州,下。富州。下。

丽江路军民宣抚司。乌蛮么、些所居之地,为越析诏之属部。后隶南诏,置丽水节度。宋时,为蛮酋蒙醋醋所据,段氏莫能制。宪宗三年,世祖征大理,自卡头济金沙江,么、些酋拒守。四年春,讨平之,置茶罕章管民官。至元八年,置宣慰司。十三年,改丽江路,置军民总管府。二十二年,府罢,立宣抚司。领府一:

北胜府。旧为施蛮之地。南诏异牟寻取之,名北方赕,徙渼河白蛮及罗落、么、些诸蛮以实其地,号成偈赕,又改名善巨郡。大理段氏使高大惠治此郡,改名成纪镇。宪宗三年,其酋高俊内附。至元十五年,立为施州。十七年,改为北胜州。二十五年,升为府。云南行省言:"金沙江西通安兰五城,宜依旧隶茶罕章宣抚司,金沙江东永宁等处五城宜废，以北胜施州为北胜府。本府领州三：

顺州。下。夷名牛睒。南诏异牟寻徙诸浪人居之，与罗落、么、些蛮杂处。后罗落蛮首成斗族渐大，自为一部，迁于牛睒，至十三世孙自瞠，犹隶大理。宪宗三年，内附。至元十五年，改牛睒为顺州。

蒗渠州。下。夷名罗共睒，罗落、么、些三种蛮世居之。至元九年，内附。十四年，立宝山、蒗渠二县。十六年，改宝山、蒗渠二县为州。本属丽江路，后改属北胜府。

永宁州。下。夷名楼头睒，接吐番东徼，地名苔蓝。么、些蛮泥月乌逐出吐番，居此地。宪宗三年，其三十三世孙和字内附。至元十六年，改为州，属北胜府。

州四：

通安州。下。夷名三睒，为越析么些诏地，并于南诏，仆缫蛮居之，其后么、些蛮又据之，世属段氏。宪宗三年，其裔孙麦良内附。中统四年，以麦良为三睒管民官。至元九年，其子麦兀袭父职。十四年，改为通安州。

兰州。下。南诏狢蛮地，名罗眉川，段氏始置兰沧郡，以董庆者治之。后周氏疆盛。与董氏分为二部，以兰沧江为限。宪宗四年内附，隶茶罕章管民官。至元十二年，改兰州。

宝山州。下。么、些蛮地。其先自楼头徙此。世祖征大理，自卡头济江，围大匮等寨。其酋内附，名其寨曰察罕忽鲁罕。至元十四年，以大匮七处置宝山县。十六年，升州。

巨津州。下。濮、狢二蛮之地，名罗波九睒。后为么、些蛮所夺，又为蒙氏所并，属丽水节度。宪宗三年，内附。至元十四年，于九睒置巨津州，以桥为南诏、吐番来往之通津，故名。领县一：

临西。下。大理极边之地，夷名罗裒间。居民皆么、些二种蛮。至元十四年，立临西县，以西临吐番，故名。

东川府路。下。本大理国闷畔部。宪宗时，置万户。至元十五年，改军民府。二十八年，罢云南四州，置东川府。至元十一年，立云南邓、川、赵、姚四州。当是罢此四州，置东川府。

茫部路军民总管府。下。至元中,置。领州二:

益良州,下。强州。下。

孟杰路。下。泰定三年,八百媳妇蛮请官守,置木安、孟杰二府于其地。

木安路。下。泰定三年置。

普安路。下。南诏东边东爨乌蛮七部落居之。其后爨酋阿宋据其地,号于矢部,世为酋长。宪宗七年,内附,命为于矢万户。至元十三年,改普安路总管府。明年,更立招讨司。十六年,改宣抚司。二十二年,罢司为路。

曲靖等路管军总管府。唐为曲州、靖州。后没于南诏蒙氏,置石城郡。段氏因之。后为磨弥蛮酋所据。宪宗六年,内附。置磨弥部万户府。至元八年,改为中路。十三年,改曲靖路总管府。二十年,隶皇太子位下。二十五年,升宣抚司。二十八年,以曲靖路宣抚司改立管军总管府。领县一:

南宁。下。倚郭。唐为南宁州,治石城,后没于南诏蒙氏,改石城郡。段氏时,乌蛮酋据其地。宪宗三年,内附。六年,立千户所。至元十三年,升南宁州。二十二年,降为县。

州五:

陆凉州。下。南诏落温部蛮据其地。宪宗三年,内附,置落温千户所,隶于落蒙万户。至元十三年,改为陆凉州。领县二:

芳华,落温部之地,夷名忻歪,又名部封。元初,置千户。后改为县。河纳。下。治蔡村。蒙氏置陆郎县。元初,复并于落温部,置百户。至元中,改河纳县。

越州。下。旧为鲁望川,普么部蛮居其地。宪宗四年,内附。六年,置千户所。至元十二年,改越州。

罗雄州。下。旧为塔敝纳夷甸。相传盘瓠之裔,有罗雄者,前居

此甸。至其孙普恐,名其部曰罗雄。宪宗四年,内附。七年,隶普磨千户。至元十三年,析夜苴部为罗雄州。领县一:

亦佐。下。本夜苴部地。至元十三年,置县。

马龙州。下。夷名撒匡,僰剌蛮居之。后为纳垢蛮部所夺。至罗苴内附,置千户所。至元十三年,改为州。即马龙旧城也。领县二:

马龙,下。通泉。下。本通泉乡,纳垢蛮之孙易陬分居其地。元初,为易笼百户。后改为通泉县。

霑益州。下。唐为西平州,又改盘州。后没于南诏,为僰、剌二种蛮所居。磨弥部又夺之。元初,其孙普垢刖内附。宪宗七年,以本部隶磨弥万户府。至元十三年,改霑益州。领县三:

交水,下。治易陬笼城。磨弥部酋蒙提居之。后大理高氏逐其子孙,而有其地。宪宗五年,内附。至元十三年,立为县。后至元二年,与罗山、石梁并入巡检司。石梁,下。石梁山,本伍勒部酋世居其地。至元十三年,立为县。后并入巡检司。二十四年,复立。罗山下。夷名落蒙山,乃磨弥部东境。至元十三年,立为县。后并入巡检司。

澂江路。下。唐南宁、昆二州地。后没于南诏,名罗伽甸、么、些蛮居之,又为僰蛮所夺。蒙氏置河阳郡。大理段氏析为三部:曰强宗,曰休制,曰步雄。步雄部后居罗伽甸者,又号罗伽部。宪宗四年,内附。六年,置罗伽万户府。至元三年,改万户为中路。十六年,升为澂江路。领县三:

河阳,下。附郭。归附后为千户所。至元十六年,改河阳州。二十六年,降为县。江川,下。南诏徙曲旺蛮居此。段氏以些、么蛮子孙分管其地,名步雄部。宪宗时,其酋弄景内附,置千户所。至元十三年,改千户为江川州。二十年,降为县。又置双龙县,旋省。阳宗。下。么、些蛮居此,号强宗部。宪宗时,其酋卢舍内附,立为千户所。至元十三年,改为阳宗县。译言强为阳也。

州二:

新兴州。下。唐求州,为羁縻州。后没于南诏,置温富州。段氏徙些、么蛮居其地。元初,内附,置部傍、普舍二千户所。至元十三年,改部傍千户为休纳县,又于休纳置新兴州,隶澂江路。旧领休纳、普舍、研和三县,后省休纳县入本州。领县二:

普舍,下。强宗部蛮之裔长曰部傍,据普具龙城,次曰普舍,据普札龙城。后普舍孙苴刷内附,立普舍千户所。至元十三年,改为县,治普札龙城。研和。下。步雄部蛮居此。其孙龙钟内附,立百户,至元十三年,改为县。

路南州。下。夷名路甸,有城曰撒吕,黑爨蛮之裔落蒙所筑,因名落蒙部。宪宗时,内附,置落蒙万户府。至元七年,并落蒙、罗迦、末迷三万户为中路。十三年,分中路为二路,改罗迦为澂江路,落蒙为路南州。旧领弥沙、邑市二县。至元二十四年,并弥沙入邑市。领县一:

邑市。下。至元十三年,即邑市、弥歪二城立邑市县,弥沙等五城立弥沙县。后并弥沙入本县。

普定路。下。本普里部蛮。元初内附,置普定府。至元二十七年,斡罗思、吕国瑞赂丞相桑哥,请创罗甸宣慰司,奏言:招到罗甸国札哇并龙家、宋家、犵狫、苗人诸种蛮夷四万六千六百户。阿卜、阿牙来朝,为曲靖路宣慰司同知脱因及普安路官所阻。云南行省言:“罗甸即普里也,归附后改普定府,印信俱存,隶云南省三十余年,赋役如期。今创罗甸宣慰安抚司,隶湖南行省。斡罗思等擅以兵胁降普定土官矣资男、札哇、希古等,勒令同其入觐。邀功希赏。乞罢之,仍以其地隶云南。”从之。大德七年,改为路。是年,中书省臣言:“蛇节等作乱,普定知府容苴率众效顺。容苴没,其妻适姑亦能宣力戍行,乞令袭其夫职。仍改普定为路,隶曲靖宣慰司,以适姑为本路总管,佩虎符。”按旧志普定路直隶行省,不隶于宣慰司。未知何时所改。领州四:

永宁州。下。领慕役项岜下二寨长官司。

镇宁州。下。本荒服地。元初始置四州,隶本路。领十二营、康佐二寨长官司。

习安州。下。领宁谷、西堡二寨长官司。

安顺州。下。

仁德府。僰、刺蛮之地,号仲剖溢源部。后乌蛮名新丁者夺之,其后号新丁部，又讹新丁为仁地。或云蒙氏改为寻甸，段氏改仁德部。宪宗五年内附，明年立为仁地万户。至元十三年，改为仁德府。领县二：

为美，下。地名溢浦遥侣睒甸，即仁地之故部。至元二十四年，置县。归厚。下。地名易浪浦笼，旧属仁地部。至二十四年，置觉俸县。二十五年，改归厚县。

罗罗、蒙庆等处宣慰司都元帅府。至元十二年，置罗罗宣慰司。泰定四年，八百媳妇蛮请官守，改为罗罗、蒙庆等处宣慰司都元帅府。至正二年，罢。六年，复置八百宣慰司。

建昌路。下。唐隽州中都督府。后为蒙诏所据，立城曰建昌府，以乌、白二蛮实之。传至阿宗，娶落兰部建蒂女沙智。宪宗时，建蒂内附，以阿宗守建昌。至元十二年，析其地置总管府五、州二十三、建昌其一路也。本路领州九：

建安州。下。建昌路治所。元初，置千户二。至元十五年，割建乡城十四村及建蒂四村，置宝安州。十七年，改本千户为建安州。二十六年，并宝安州入之。

永宁州。下。在建昌之东郭，名偏城。蒙诏立建昌府，领建安、永宁二州。至元十六年，分建昌为二州：在城曰建安，在东郭曰永宁。领县一：

北社。此县旧志所无，《翰墨全书》有之。《明一统志》：元属永宁州，明初改为碧舍。

泸州。下。旧名沙城睑。段氏于热水甸立城曰浈笼，隶建昌。宪宗时内附，复叛。至元九年，平之。十五年，改浈笼为泸州。

礼州。下。唐苏祈县。后吐番、乌白蛮迭据其地，号笼么城。至元九年，平其地，置千户所。十五年，改为礼州。领县一：

泸沽。罗落蛮所居。后乌蛮据之。自号曰落兰部，或称罗落。其首蒲德遣侄建蒂内附。建蒂复叛杀蒲德自立。至元九年，平之，设千户所。十三年，升万户。十五年，改为泸沽县。

里州。下。蒙氏时,落兰部小酋阿都居此,因名阿都部。其后裔纳空随建蒂内附。中统三年,复叛。至元十年,其子耶吻效顺,隶乌蒙。十八年,置千户所。二十二年,同乌蛮叛,奔罗罗斯。二十三年,置军民总管府。二十六年,罢为州。

阔州。下。州治密纳甸,乌蒙之地。其酋仲由蒙之裔名科居此,以名为部号,后讹科为阔。至其三十七世孙麦罗内附。至元九年,设千户所。二十六年,改为州。

邛部州。下。唐邛部县,后没于蛮。至宋,封其酋为邛都王,治乌弄城。后么、些蛮据其地,又为仲由蒙之裔所夺。宪宗时,内附。中统五年,置邛部州安抚招讨使,隶成都元帅府。至元十年,改属罗罗斯宣慰司。二十一年,降为州。

隆州,下。唐会川县之西北境。蒙氏改会川为会同逻,立五睑,本州为边府睑。其后,睑主杨大兰于睑北垱上立城名大隆城,即今州治。至元十三年,内附。十四年,设千户所。十七年,改隆州。旧置撒里府,领礼州、邛部州、隆州,其改并年分阙。

姜州。下。本会州府龙纳城,罗落蛮世居之。乌蛮仲牟由之裔阿坛绎居闷畔部,其孙阿罗仕于大理段氏,夺龙纳而有之,以祖名名其部曰绎部。宪宗时内附。至元八年,为落兰酋建蒂所破。九年,讨平之。遂隶会川。后改属建昌。十五年,改为姜州。二十七年,复属闷畔部万户府。后又属建昌。

苏州。下。本邛都地。蒙氏隶建昌府。元初,内附,立苏州,属建昌路。领县一:

中县。下。县治在回头甸,本东门蛮沙麻之地。至元十年,内附。十四年,置中县。二十二年,降为县来属。此县旧志属建昌路,又无苏州一州。《明一统志》:苏州,明初尚因之,后改为宁番卫,中县属苏州。明初尚因而不废,旧志误也。

德昌路军民府。下。蒙氏时屈部蛮所居。至元九年,内附。十二年,置定昌路,以本部为昌州。二十三年,罢定昌路及德平路,置德昌军民府,治本州葛鲁城。领州四:

昌州。下。路治本州。乌蛮阿屈之裔。用祖名为屈部，其孙乌
则至元九年内附。十二年，改本部为州。兼领普济、威龙，隶定昌路。
二十三年，罢定昌路，并隶德昌。

德州。下。蒙氏时名吾越甸，城曰亦苴龙，所居蛮苴郎，以远祖
名部曰赪缇。宪宗时内附。至元十二年，置千户所。十三年，改为
德州，隶德平路。二十三年，改隶德昌。按德平路，当是入德州，二十三
年所罢。

威龙州。下。旧名巴翠部，领小部三：曰沙娲普宗，曰乌鸡泥祖，
曰娲诺龙蒲，皆猡鲁蛮种。至元十五年，合三部立威龙州。

普济州。下。旧名盱甸，猡鲁蛮所居。至元九年，随屈部内附。
十五年，于盱甸立定昌路。二十三年，路废。改隶德昌路。《翰墨全
书》：德昌路属下有苏州。《明一统志》：苏州属建昌路。今从《一统志》。

会川路。下。唐会川县，后没于南诏，立会川都督府，又号清宁
郡。至段氏，仍为会川府。至元九年，内附。十四年，置会川路，治
武安州，领州五：旧有通安州，省并年分阙。

武安州。下。本名龙泥城。南诏置清宁郡。大理高凌据此。至
元十四年，置管民千户所。十七年，改武安州。

黎溪州。下。蛮曰黎驱。讹为今名。蒙氏徙白蛮居之，后为罗
罗蛮所夺。至元九年，蛮酋阿夷内附，改为黎溪州。

永昌州。下。治故归依城。南诏置会同府。立五睑，徙张、王、
李、赵、杨、高、周、段、何、苏、龚、尹十二姓居之，以赵氏为府主，后
为王氏所夺。及高氏专大理之政，逐王氏，以其子高政治会川。宪
宗三年，征大理，高氏遁去。九年，故酋王氏孙阿龙率众内附。至元
八年，以其子阿禾领会川。十四年，置管民千户。十七年，改永昌州。

会理州下。旧号昔陀城，蛮酋罗于则据之。其祖名阿坛绛，遂名
曰绛部。后尽有四州之地，号蒙歪。宪宗八年，其孙亦芦内附，隶闷
畔万户府。至元四年，属落兰部。十二年，改隶会川路。十五年，置
会理州，仍隶会川。二十七年，复隶闷畔部万户府。大德四年，并闷畔

泗州、西州为一，置为磨州，其省并年分均阙。

麻龙州下。本麻笼城地，名棹罗能。乌蛮蒙次次之裔，居闷畔东川，后裔普恐迁苗卧龙，其孙阿麻内附。至元五年，为建蒂所并。十四年，立管民千户所，隶会川路。十七年，改为州。二十七年，割属闷畔部万户府。

柏兴府。旧为摩沙蛮之地。唐立昆明县。蒙氏改香城郡。至元十年，其盐井摩沙酋罗罗将猺鹿、茹库内附，十四年，置盐井管民千户所。十六年，改为闰盐州，以猺鹿部为普乐州，俱隶德平路。二十七年，并二州为闰盐县，立柏兴府，隶罗罗宣慰司。领县二：

闰盐，下。倚郭。蛮名贺头甸。金县。下。蛮酋利窦揭勒所居。至元十五年，立金州。后降为县。

临安广西元江等处宣慰司兼管军万户府。本为临安广西道军民宣抚司，改宣慰司年分阙。

临安路。下。唐为羁縻𣲘州，后没于南诏。蒙氏置通海郡都督府。段氏改秀山郡，复为通海郡。蛮酋互相侵夺，或隶善阐，或隶阿㑺。宪宗七年，内附，置阿㑺部万户府。至元八年，改为南路。十三年，又改临安路。领县二：

河西，下。蛮名休腊。唐初置西宗州。后没于南诏，为步雄部，阿㑺蛮又夺之。宪宗六年，内附。七年，立万户府，休腊隶之。至元十二年，改河西州，隶临安路。二十六年，降为县。蒙自。下。县境有山曰目则，汉语讹为蒙自。南诏以赵氏守其地。段氏时，阿㑺蛮居之。宪宗六年内附，继叛。七年，平之，立千户所。至元十三年，改蒙自县。

千户一：

舍资千户。阿㑺蛮所居地，名襄古，又曰部嫋踵甸。传至裔孙舍资，因以为名。内附后，隶蒙自千户。至元十三年，改蒙自为县，以其地近交趾，遂以舍资为安南道防送军千户，隶临安路。

州三：

建水州。下。治故建水城，蒙氏所筑。每夏秋，溪水涨溢如海，蛮谓海为惠，大为刷，故名惠刷。汉语曰建水。些么徒蛮所居。内附后,立千户所。至元十三年,改建水州,隶临安路。

石坪州。下。阿僰蛮所居之地。宋曰石坪县。至元七年,以为州,隶临安路。

宁州。下。唐为黎州。后没于蛮。地名浪旷,夷语旱龙也。步雄部蛮些么徒据之。后属爨蛮阿几,以浪旷割与宁部酋豆圭。宪宗四年,宁部酋内附,置宁部万户府。后改宁海府。至元十三年,改宁州,隶临安路。旧领三县:通海、嶍峨、西沙。西沙,宁部蛮所居,其裔孙西沙筑城于此,因名西沙龙。宪宗四年,其酋普提内附,居此为万户。至元十三年,置西沙县。二十六年,以隶宁州。至治二年,并入本州。领县二:

通海,下。倚郭。元初,立通海千户所,隶善阐万户府。至元十三年,改通海部,隶宁海府。二十七年,府罢,直隶临安路。后改隶宁州。嶍峨。下。旧为嶍峨蛮所居,后阿僰蛮酋夺之。至其孙阿次内附,立为千户所。至元十三年,改为州,领邛川、平甸二县。二十六年,降为县,并二县入之,隶临安路。又改隶宁州。

阿迷万户府。元初,隶南路总管府。大德中,直隶临安广西元江等处宣慰司。按《翰墨全书》临安路有阿迷州、王弄州。阿迷州,当由万户改之。王弄州,当由王弄山大、小二部改之。其建置、省并年分俱阙。千户所二:

纳楼。

茶甸。

广西路。下。唐为羁縻州,东爨乌蛮等部所居之地。蒙氏析为师宗、弥勒二部。宪宗七年,内附,隶落蒙万户府。至元十二年,籍二部为军,立广西路。十八年,复为民。至元中,置广南西宣抚司,其省罢年分阙。领州三:

师宗州。下。爨蛮师宗据匿弄甸,号师宗部。至元中,以本部为千户总把,领阿宁、豆勿、阿卢、豆吴四千户,属广南西路。后改置师宗州。

弥勒州。下。宋时些么徒蛮之裔据其地,号弥勒部。至元中,以本部为千户总把,领吉输、裒恶、步笼、阿欲四千户,属广南西路。后改置弥勒。

维摩州。下。元初立维摩千户所，隶阿迷万户府。至元中，以本部为千户总把，领维摩、屈中二千户。后改维摩州。

元江路。下。蒙氏为银生节度属地，徙白蛮苏、张、周、段等十姓戍之，又开威远等处置威远睑。后为和泥所据。又为些么蛮阿㑩诸部所有。宪宗四年，内附。七年，复叛。至元十三年，遥置元江府以羁縻之。二十五年，命云南王讨平之，割罗槃、马笼、步日、思摩、罗丑、罗陀、步腾、步竭、台威、台阳、设栖、弥陀十二部于威远，立元江路。其属地曰：

马笼部千户所。因马笼山立山寨，阿㑩蛮所居。元初，立千户所，属宁州万户。至元十三年，改隶元江万户。二十五年，属元江路。

步日部。蒙氏立此甸，徙白蛮居之，名步日睑。

溪处甸军民副万户府。元初置，隶云南行省。后属元江路。

亏容甸部。旧为铁容甸。

思陀甸部。旧为官桂思陀部。元初，置和泥路，隶云南行省。后属元江路。

落恐甸军民万户府。旧为伴溪落恐部。元初立万户府，隶云南行省。后属元江路。

罗槃部。

思摩部。

罗丑部。

罗陀部。

步腾部。

步竭部。

台威部。

台阳部。

设栖部。

弥陀部。

案版寨。

罗必甸。

带良甸。

普甸。

部目甸。

落甸。

带洋甸。

他郎。

因远。

不通。

沙财。

泥大。

带思。

奚泥伽。

乌尤。

罗配。

法处。

七十门二处。

大甸。

越甸。

兀好滞。

带来普胜侣也构甸。

部目司摩。

带思带良甸。

因远罗必甸。

带违带羊撒里甸。

马龙马郎沙则尼甸。

罗尼罗初不甲甸。

大理金齿等处宣慰司都元帅府。中统四年置。

大理路军民总管府。上。唐姚州,治叶榆洱河蛮。后蒙舍诏皮罗阁并蒙嶲诏、越析诏、浪穹诏、邆睒诏、浪施诏,合五诏为一,号南诏,治大和城。至阁罗凤,号大蒙国。至异牟寻,又迁于羊苴乖城,即今府治,改号大礼国。后段氏有其地,更为大理国。宪宗三年,收附。六年,置上下二万户府。至元七年,并二万户为大理路。领司一:

录事司。宪宗七年,立中千户,属大理万户。至元十一年,罢千户,立录事司。十二年,升理州。二十一年,复为录事司。

县二:

太和,下。附郭。唐开元末,皮罗凤据其地。宪宗七年,于城内外立上、中、下三千户。至元二十六年,改中千户为录事司,上、下二千户立县。云南。下。唐为云南州,又改匡州。后张仁果据之,号白子国。蒙氏、段氏并为云南州,又称品甸。宪宗七年,立品甸千户所。至元十一年,复为云南州。后降为县。

府二:

永昌府。蒙氏、段氏皆为永昌府。宪宗七年,分永昌之永平县立千户所。至元十一年,置永昌州。十五年,升为府,隶大理路府。领县一:

永平。下。蒙氏为胜湘郡。至元十一年,改立千户所。后又为县。

藤冲府,蛮名越睒。爨、骠、峨昌三种蛮居之。唐置羁縻州。蒙氏取越睒,置软化府,又改腾冲府。宪宗三年,府酋高救内附。至元十一年,改藤越州,又立藤越县。十四年,改腾冲府。十二五年,省顺江州及藤越、越甸、古涌三县按越甸,至元中置。古涌置县年分阙。入之,隶大理路。

州三:

邓川州。下。夷有六诏,邆睒其一也。唐置邆睒州,治大厘城。蒙氏改德原城,隶大理。段氏因之。宪宗三年,内附,置德原千户所。至元十一年,改为邓川州。领县二:

浪穹,下。蛮名弥茨,乃浪穹诏所居之地。后其首铎罗望为南诏所侵,移保剑川,更称浪剑。贞元中,南诏灭之,以浪穹、施浪、邓睒总三浪为浪穹州。宪宗七年,内附,立浪穹千户所。后改为浪穹州。至元十一年,降为县,与凤羽县俱隶本州。凤羽。下。蒙氏细奴逻兴，有凤翔于此，故名。至元十一年，置县。

蒙化州。下。为罗罗摩及僰蛮之地。后蒙氏细奴逻筑城居之，号蒙舍诏，改称南诏，改蒙舍城为阳瓜州。段氏改开南县。宪宗七年，立千户所。至元十一年，置蒙化府。十四年，升为路。二十年，降为州，隶大理路。

赵州。下。罗落蛮所居。蒙氏立十睑，赵州睑其一也。皮罗阁置赵郡，阁罗凤改为州。段氏又改天水郡。宪宗七年，置赵睑千户所。至元十一年，改为州，又于白崖睑立建宁县隶本州。二十五年，省建宁入本州。

姚安路军民总管府。唐故州。蒙氏改为弄栋府。段氏又改姚州。宪宗三年，内附。七年，置统矢千户所、大姚堡千户所。至元十二年，罢统矢，置姚州，隶大理路。天历间，升姚安路总管府。领县一：

大姚。下。蛮名大姚堡。宪宗七年，立千户所。至元十一年，改为县。

十二关防送千户所。本云南县楚场地。至正间，因地僻险，立千户所。

蒙怜路军民府。至元二十七年，从云南行省请，以蒙怜甸为军民总管府领只迷甸、金井甸。

蒙莱路军民府。本蒙莱甸，与蒙怜路同时置。领邦毛甸金齿等处宣抚司。其地在大理西南，土蛮凡八种，曰：金齿、白夷、白僰、峨昌、骠、缥渠、罗比、苏。自汉以来，不与中国通。蒙氏取其地为大理属部。及段氏时，金齿诸蛮浸盛。中统初，金齿、白夷诸酋各遣子弟入朝。二年，立安抚司以统之。至元八年，分金齿、白夷为东西两路安抚使。十二年，改西路为建宁路，东路为镇康路。十五年，改安抚为宣抚，置六路总管府。二十三年，罢两路宣抚司，并入大理金齿等处宣抚司。

柔远路。其地曰怒江，曰普坪睑，曰申睑僰寨，曰乌摩坪。中统初，僰酋阿八思入朝。至元十三年，与茫施、镇康、镇西、平缅、麓川俱立为路，隶宣抚司。后并于麓川路。

茫施路。其地曰怒谋,曰大枯睒,曰小枯睒。即《唐书》所谓茫施蛮也。中统初,内附。至元十三年,置为路。领甸五:

大固甸。

鹅林甸。

石甸。

孟茫甸。

罗必思甸。

镇康路。其地曰石睒,黑僰所居。中统初,内附。至元十三年,置为路。领湾甸。蛮名细睒。

镇西路。其地曰于赖睒,曰渠兰睒,白夷所居,中统初,内附。至元十三年,置为路。领甸二。甸名阙。

平缅路。其地曰骠睒,曰罗必,四庄,曰小沙摩弄,曰骠睒头,白夷所居,中统初,内附。至元十三年,置为路。至正十五年,改平缅宣抚司。

麓川路。其地曰大市茫,曰睒头附赛,曰睒中弹吉,曰睒尾福禄培,皆白夷所居。中统初,内附。至元十三年,置为路。至顺元年,复置麓川路军民总管府。其何时省罢,无考。

南睒。其地曰阿赛睒,白夷、峨昌所居。至元初,内附。至元十五年,隶宣抚司。金齿六路、一睒,岁赋金银各有差。

顺宁府。本蒲蛮地各庆甸。泰定间,内附。泰定四年,置顺宁府,直隶宣抚司庆甸。下。与府同置。

州一:

宝通州。下。

　　乌撒乌蒙宣慰司。在本部巴的甸。乌撒者，蛮名也。所辖部六，曰：乌撒部、阿头部、易溪部、易娘部、乌蒙部、闷畔部。其东西又有芒布、阿晟二部。乌撒之裔折怒始强，尽有诸部之地。宪宗征大理，累招不降。至元十年，始附。十三年，置乌撒路。十五年，为军民总管府。二十一年，改宣抚司。二十四年，升乌撒乌蒙宣慰司。大德四年，立乌撒乌蒙等郡县。《翰墨全书》：乌蒙路有阿都、奚娘二县，东川府有淄都、乌撒二县。当是大德四年所置，其省并年分阙。后至元元年，乌撒、乌蒙又改隶四川行省。

　　木连路军民府。

　　蒙光路军民府。

　　木邦路军民府。旧名孟都，又名孟邦。至元二十六年，置总管府。领三甸。

　　孟定路军民府。旧名景摩。至元二十六年，置总管府。领三甸。

　　孟昌路军民府。至顺二年，与孟定路并置。孟定路，当是至元后裁罢。谋粘路军民府。领孟陵甸。

　　南甸路军民府。旧名南宋。至元二十六年，置总管府。领甸三：怒江甸，余二甸阙。

　　歹罗甸路军民府。领甸五：

　　满东甸。

　　蒙忙甸。

　　木倒甸。

　　大都甸。

　　益当甸。

　　陋麻甸军民官。

　　云龙甸军民府。领甸四：

　　忙兀甸。

　　忙吉剌甸。

　　忙牙甸。

　　忙蓝甸。

缥甸路军民府。后至元元年,置缥甸散府。

二十四寨达鲁花赤。

孟隆路军民府。本吾仲蛮地。泰定三年,奉方物来献,置孟隆路。

木朵路军民府。至元三十年,以金齿木朵甸户口增殖,立下路总管府,赐其长两珠虎符。泰定三年,置木朵路。当是已废复置。

领甸九:

木礼甸,木朵甸,小花甸,木揽甸,孟住甸,歹鲁甸,歹罗甸,罗落甸,木茅甸。

何罗拉木多等处军民官:

木楼府。

大姑等处。

云南金齿孟定各甸军民官:

孟定甸。

银沙罗甸。

孟佉甸。

景新甸。

九索带火甸。

思摩甸。

都目甸。

不里侣也构甸。

沙则泥大甸。

阿都甸。

木倒甸。

孟绫甸。

木麓甸。

震浓甸。

蒲阿思。

大部马二十四寨。

广甸。

甸尾。

银生罗茫。

必畔。

茫部奚。

八纳等部。

和能等部。

孟爱等甸军民府。至元三十一年,其酋长遣子入朝,置军民总管府。

蒙兀路。

通西军民总管府。大德元年,蒙阳甸酋纳款,遣其弟阿不剌等献方物,恳请岁贡银一千两及置驲传,置通西军民府。

木来府。至元二十九年,置散府,用其土人马列知府事。泰定三年,置木来州。当是已废复置。按自木连路以下,当俱隶乌撒乌蒙宣慰司。

邦牙等处宣慰司。至元中,于蒲缅王城置邦牙宣慰司。未几罢。后至元四年复立。至正二年罢。

建都宁远都护府。至元十一年置。

吕告蛮部安抚司。至元十七年,有安抚使王阿济。

蒙样刚等甸军民官。元贞二年复置。初置及裁置年分阙。

银沙罗甸等处军民府。天历二年,置银沙罗甸等处宣慰司都元帅府。至顺二年,改军民总管府。

者线蒙庆甸军民府。至顺二年,与银沙罗甸并置。

孟并孟广者样等甸军民官。至顺二年置。

芦传路军民总管府。至顺二年置。

傀罗府。元统元年置。

穆由甸军民官。后至元元年置。

范陵甸军民官。后至元元年置。

老告军民总管府。至正四年置。

老了耿冻路军民总管府。至正七年置。

新元史卷五○
志第一七

地理五

江浙等处行中书省,领路二十二、府一、州二,属州二十四,县九十六。陆站一百八十处,水站八十二处。

江南浙西道肃政廉访司。

杭州路。上。宋杭州,属浙西路。宋高宗南渡都之,为临安府。至元十三年,平宋,置两浙大都督府,又置浙西宣慰司于临安。未几,罢大都督府,立行尚书省。十五年,改杭州路总管府。二十一年,徙江淮行省于杭州,改江浙行省。二十三年,复徙行省于杨州。二十六年,仍徙杭州。本路旧领钱塘、仁和、余杭、临安、新城、富阳、盐官、于潜、昌化九县。后升盐官县为州。户三十六万八百五十,口一百八十三万四千七百一十。至元二十七年钞籍。领司二:

左、右录事司。宋迁都杭州,设九厢。元至元十四年,分为四隅录事司。泰定二年,并为左、右二司。元统二年,复立杭州四隅录事司。

县八:

钱塘,上。仁和,上。与钱塘分治城内。余杭,中。临安,中。有青山务。新城,中。富阳,中。于潜,中。昌化。中。有窄口巡检司。

州一:海宁州。中有硖石务。宋盐官县。元贞元年,升为州。天历二年改海宁州。

湖州路。上。宋湖州，属浙西路。至元十三年，升湖州路总管府。旧领乌程、武康、归安、安吉、长兴、德清六县。后升长兴县为州。户二十五万四千三百四十五。钞籍阙，用至顺钱粮数。领司一：

录事司。旧设东西南北四厢。至元十三年，立总督四厢。十四年，改录事司。

县五：

乌程，上。归安，上。与乌程皆为倚郭。安吉，中。德清，中。武康。中。

州一：

长兴州。中。宋故县。元贞元年，升为州。

嘉兴路。上。宋嘉兴府，属浙西路。至元十四年，升嘉兴路总管府。旧领嘉兴、海盐、华亭、崇德四县。后升华亭县为府，升海盐、崇德县为州。户四十二万六千六百五十六，口二百二十四万五千七百四十二。领司一：

录事司。旧置厢官。至元十四年，改录事司。

县一：

嘉兴。上。倚郭。有风泾白牛务、魏塘务。

州二：

海盐州。中。有澉浦务。宋海盐县。元贞元年，升为州。

崇德州。中。宋崇德县。元贞元年，升为州。

平江路。上。宋平江府，属浙西路。至元十三年，升平江路总管府。二十一年，徙浙西宣慰司于本路。旧领吴、长洲、昆山、常熟、吴江、嘉定六县。后升昆山、常熟、吴江、嘉定俱为州。户四十六万六千一百五十八，口二百四十三万三千七百。领司一：

录事司。

县二：

吴县，上。倚郭。长洲。上。倚郭。

州四：

昆山州。中。宋昆山县。元贞元年，升为州。皇庆二年，徙州治于太仓。

常熟州。中。宋常熟县。元贞元年，升为州。

吴江州。中。宋吴江县。元贞元年，升为州。

嘉定州。中。宋嘉定县。元贞元年，升为州。

常州路。上。宋常州，属浙西路。至元十四年，升常州路总管府。旧领晋陵、武进、无锡、宜兴四县。后升宜兴县为府，无锡县为州。户二十万九千七百三十，口一百二万一十一。领司一：

录事司。

县二：

晋陵，中。倚郭。武进。中。倚郭。

州二：

宜兴州。中。宋宜兴县。至元十五年，升宜兴府。二十年，仍为县。二十一年，复升为府，仍置宜兴县隶之。元贞元年，降为州，省宜兴县入本州。

无锡州。中。宋无锡县。元贞元年，升为州。

镇江路。下。宋镇江府，属浙西路。至元十三年，升镇江路总管府。户十万三千三百一十五，口六十二万三千六百四十四。领司一：

录事司。

县三：

丹徒，中。倚郭。丹阳，中。金坛。中。

建德路。上。宋建德府，属浙西路。至元十三年，置建德府安抚司。十四年，改建德路总管府。户十万三千四百八十一，口五十万四千二百六十四。领司一：

录事司。

县六：

建德，中。倚郭。有神泉监，宋置以铸铜钱，后废。元复置，后又废。淳安，中。遂安，下。桐庐，中。分水，中。寿昌。中。有西坞寨。

松江府。宋华亭县，为嘉兴府属县。至元十四年，升为华亭府，仍隶嘉兴路。十五年，改松江府，直隶行省。户十六万三千九百三十一。至顺钱粮数。领县二：

华亭，上。倚郭。至元十五年置。上海。上。本华亭县地，名华亭海，宋时商贩云集，又曰上海市，至元二十八年，置上海县。

江阴州。上。宋江阴军，属浙西路。至元十二年，依旧置军，行安抚司事。十四年，升为江阴路总管府。二十八年，降为州，隶常州路。后直隶行省。旧领江阴一县，省入本州。户五万三千八百二十，口三十万一百七十七。

浙东道宣慰司都元帅府。旧治婺州。大德六年，移治庆元。

庆元路。上。宋庆元府，属浙东路。至元十三年，置宣慰司。明年，改为庆元路总管府。至治三年，复庆元路，未知何时省罢。旧领鄞、慈溪、奉化、象山、定海、昌国六县。后奉化、昌国二县俱升为州。户二十四万一千四百五十七，口五十一万一千一百五十三。领司一：

录事司。

县四：

鄞县，上。倚郭。有小溪镇巡检司，本唐之光溪镇。象山，中。慈溪，中。定海。中。

州二：

奉化州。下。宋奉化县。元贞元年，升为奉化州。

昌国州。下。宋改唐翁山县为昌国县。至元十四年，升为州，仍置昌国县隶之，后省县入本州。

衢州路。上。宋衢州，属浙东路。至元十三年，升衢州路总管府。户十万八千五百六十七，口五十四万三千六百六十。领司一：

录事司。

县五：

西安，中。倚郭。龙游，上。有陈村营。至元中立。江山，下。宋改礼
贤县。元初，复旧名。有任山营，在仙霞关。常山，下。宋改唐常山县为信安。
元仍复旧名。有草萍营，至元二十一年立。开化。中。

浙东海右道肃政廉访司。

婺州路。上。宋婺州，属浙东路。至元十三年，升婺州路总管府。
旧领金华、东阳、义乌、兰溪、永康、武义、浦江七县。后升兰溪县为
州。户二十二万一千一百一十八，口一百七万七千五百四十。领司
一：

录事司。

县六：

金华，上。倚郭。东阳，上。义乌，上。永康，中。武义，中。浦江。
中。

州一：

兰溪州。宋兰溪县。元贞元年，升为州。

绍兴路。上。宋绍兴府，属浙东路。至元十三年，改绍兴路总管
府。至正十六年，移江南行御史台治绍兴。旧领会稽、山阴、嵊、诸
暨、上虞、余姚、萧山、新昌八县。后升余姚、诸暨二县为州。户一十
五万一千二百三十四，口五十二万一千五百八十八。领司一：

录事司。

县六：

山阴，上。倚郭。会稽，中。倚郭。上虞，上。萧山，中。嵊县，上。
宋改剡县为嵊县，取四山为嵊之义。新昌。中。宋以枫桥镇置义安县，又改新
昌。

州二：

余姚州。下。宋余姚县。元贞元年,升为州。

诸暨州。下。宋诸暨县。元贞元年,升为州。

温州路。上。宋温州,又升瑞安府,属浙东路。至元十三年,置温州路总管府。旧领永嘉、瑞安、乐清、平阳四县。后升瑞安、平阳二县为州。户十八万七千四百三,口四十九万七千八百四十八。领司一:

录事司。

县二:

永嘉,上。倚郭。乐清。下。

州二:

瑞安州,下。宋瑞安县。元贞元年,升为州。

平阳州。下。宋平阳县。元贞元年,升为州。

台州路。上。宋台州,属浙东路。至元十三年,置安抚司。十四年,改台州路总管府。旧领临海、黄岩、天台、仙居、宁海五县。后升黄岩县为州。户十九万六千四百一十三,口一百万三千八百三十三。领司一:

录事司。

县四:

临海,上。倚郭。仙居,上。宁海,上。天台。中。

州一:

黄岩州。下。宋黄岩县。元贞元年,升为州。

处州路。上。宋处州,属浙东路。至元十三年,升处州路总管府。户十三万二千七百五十四,口四十九万三千二百九十二。领司一:

录事司。

县七:

丽水,中。倚郭。龙泉,中。有俨山寨。松阳,中。遂昌,中。青田,中。缙云，中。庆元。中。

江东建康道肃政廉访司。大德八年，徙治宁国。

宁国路。上。宋宁国府，属江南东路。至元十四年，升宁国路总管府。户二十三万二千五百三十八，口一百一十六万二千六百九十。领司一：

录事司。旧立四厢。至元十四年，改录事司。

县六：

宣城，上。倚郭。南陵，中。泾县，中。宁国，中。旌德。中。太平。中。

徽州路。上。宋徽州，属江南东路。至元十四年，升徽州路总管府。旧领歙、休宁、绩溪、黟、祁门、婺源六县。后升婺源县为州。户一十五万七千四百七十一，口八十二万四千三百四。领司一：

录事司。旧设四厢。至元十四年，改置录事司。二十九年，罢。

县五：

歙县，上。倚郭。休宁，中。有五城务。祁门，中。黟县，下。绩溪。下。有西坑寨，置镇守营。

州一：

婺源州。下。宋婺源县。元贞元年，升为州。惠洽乡有巡检司。

饶州路。上。宋饶州，属江南东路。至元十四年，升饶州路总管府。十九年，改隶隆兴行省。旧领鄱阳、余干、浮梁、乐平、德兴、安仁六县。后升乐平、浮梁、余干三县俱为州。户六十八万二百三十五，口四百三万六千五百七十。领司一：

录事司。旧设三厢，至元四年改置。

县三：

鄱阳，上。倚郭。德兴，上。安仁。中。

州三：

余干州。中。宋余干县。元贞元年，升为州。

浮梁州。中。宋浮梁县。元贞元年，升为州。

乐平州。中。宋乐平县。元贞元年，升为州。

江南诸道行御史台。

集庆路。上。宋江宁府，又改建康府，属江南东路。至元十四年，改建康路。十五年，立江淮行中书省，后徙于杭州，改江浙行省。二十三年，徙江南行御史于建康。天历二年，以文宗潜邸，改建康路为集庆路。旧领上元、江宁、溧阳、溧水、句容，后升溧水、溧阳二县俱为州。户二十一万四千五百三十八，口一百七万二千六百九十。领司一：

录事司。

县三：

上元，中。倚郭。江宁，中。倚郭。句容。中。

州二：

溧水州。中。宋溧水县。元贞元年，升为州。

溧阳州。中。宋溧阳县。至元十四年，改为溧州。十五年，；升为溧州府。十六年，改溧阳路，领录事司并溧阳县。二十八年，罢路，止存溧阳县。元贞元年，升为州。

太平路。下。宋太平府，属江南东路。至元十四年，升为太平路总管府。户七万六千二百二，口四十四万六千三百七十一。领司一：

录事司。旧设四厢。至元十四年，改置。

县三：

当涂，中。倚郭。芜湖，中。繁昌。下。

池州路。下。宋池州，属江南东路。至元十四年，升池州路总管府。户六万八千五百四十七，口三十六万六千五百六十七。领司一：

录事司。

县六：

贵池，下。倚郭。青阳，下。建德，下。铜陵，下。石埭，中。东流。
下。

信州路。上。宋信州，属江南东路。至元十四年，升为信州路总
管府。旧领上饶、玉山、弋阳、贵溪、铅山、永丰六县。后升铅山县为
州，直隶行省。户四十三万二千二百九十，口六十六万二千二百一
十八。领司一：

录事司。

县五：

上饶，中。倚郭。玉山，中。弋阳，中。有宝丰场，宋之旧县，后裁。
元置榷场。贵溪，中。永丰。中。

广德路。下。宋广德军，属江南东路。至元十四年，升为广德路
总管府。五万六千五百一十三，口三十三万九千七百八十。领司一：

录事司。至元二十八年罢。

县二：广德，中。倚郭。建平。中。

铅山州。宋铅山县，属信州。至元二十九年，升为州，直隶行省。
割上饶县之乾元、永乐二乡，弋阳之新政、善政二乡来属。户二万六
千三十五，口阙。

福建等处行中书省，领路八、属州二、属县四十六。

福建闽海道肃政廉访司。

福州路。上。宋福州，属福建路。至元十五年，为福州路总管府。
十七年，置福建行省于本路。是年，徙于泉州。十八年，复徙于本路。

十九年，又回泉州。二十二年，罢行省，置福建道宣慰司。后罢宣慰司，复立行省于本州。大德二年，又置宣慰司都元帅府，罢行省，隶江浙行省。至正十六年，复置福建等处行中书省。本路旧领闽、侯官、福清、连江、古田、永泰、长溪、永正、闽清、宁德、怀安、长乐、福安十三县。后升长溪县为福宁州，析宁德、福安隶之，又升福清县为州。户七十九万九千六百九十四，口三百八十七万五千一百二十七。领司一：

录事司至元十五年，行中书省于府城十二厢，分四隅，置录事司。十六年，并其二，置东西二司。二十年，复并为一。

县九：

闽县，中。倚郭。侯官，中。倚郭。怀安，中。古田，上。闽清，中。长乐，中。连江，中。罗源，中。永福。中。

州二：

福清州。下。宋福清县。元贞元年，升为州。

福宁州。上。宋长溪县。至元二十三年，升为州。领县二：

宁德，中。福安。中。

建宁路。下。宋建宁府，属福建路。至元十六年，改建宁路总管府。户一十二万七千二百五十四，口五十万六千九百二十六。领司一：

录事司。

县七：

建安，中。倚郭。瓯宁，中。倚郭。浦城，中。建阳，中。宋建阳县，又改嘉禾。元复旧名。崇安，中。松溪，下。政和。下。

泉州路。上。宋泉州，属福建路。至元十四年，置行宣慰司，兼行征南元帅府事。十七年，改为行中书省，置泉州路总管府。是年，又徙泉州行省于隆兴。大德元年，以福建平海等处行中书省治泉州，后罢。户八万九千六十，口四十五万五千五百四十五。领司一：

录事司。至元十五年，置南北二司。十六年，并为一。

县七：

晋江，中。倚郭。南安，中。惠安，下。同安，下。永春，下。安溪，下。德化。下。

兴化路。下。宋太平军，寻改兴化军，属福建路。至元十四年，升兴化路总管府。户六万七千七百三十九，口三十五万二千五百三十四。领司一：

录事司。

县三：

莆田，中。倚郭。至元十一年，割左右两厢属录事司。仙游，下。兴化，下。宋析莆田县地置兴化，移军治于此县。后复徙治莆田。

邵武路。下。宋邵武军，属福建路。至元十三年，升为邵武路总管府。户六万四千一百二十七，口二十四万八千七百六十一。领司一：

录事司。

县四：

邵武，中。倚郭。光泽，中。泰宁，中。建宁。中。

延平路。下。宋南剑州，属福建路。至元十五年，升为南剑路总管府。延祐元年，改南剑路为延平路。户八万九千八百二十五，口四十三万五千八百六十九。领司一：

录事司。

县五：

南平，中。倚郭。宋剑浦县。延祐元年，改为南平。尤溪，中。沙县，中。顺昌，中。将乐。中。

汀州路。下。宋汀州，属福建路。至元十五年，升为汀州路总管

府。户四万一千四百二十三,口二十三万八千一百二十七。领司一:

录事司。

县六:

长汀,中。倚郭。宁化,中。清流,下。宋旧县。绍定中废。至元中,复置。连城,下。宋莲城。至元中,改为连城。上杭,下。武平。下。

漳州路。下。宋漳州,属福建路。至元十八年,升为漳州路总管府。旧领龙溪、漳浦、龙岩、长泰四县。至治间,以龙溪、漳浦、龙岩三县地僻远难治,析其地置南胜县,后改南靖。户二万一千六百九十五,口十万一千三百六。屯田一百五十顷。领司一:

录事司。

县五:

龙溪,下。倚郭。漳浦,下。龙岩,下。长泰,下。南靖。下。

江西等处行中书省,领路十、州,属州十三,属县七十六。

江西湖东道肃政廉访司。

龙兴路。上。宋隆兴府,属江南西路。至元十二年,置行都元帅府及安抚司。十四年,改元帅府为江西道宣慰司,本路为总管府,置行中书省。十五年六月,并隆兴省于福建,其宣慰司,除额设员数外,余并罢去。七月,复以塔出等行中书省于赣州。十六年,移赣州行省还隆兴。十七年,又并泉州行省于隆兴。十九年,并江西、福建行省为一,罢宣慰司,隶皇太子位。十一月,以袁州、饶州、兴国军复隶隆兴省。二十一年,改隆兴路为龙兴路。二十七年,移行省于吉州。后复还本路。旧领南昌、新建、奉新、丰城、分宁、靖安、武宁、进贤八县。后升丰城县为富州,析武宁、分宁二县隶宁州,又以武宁还隶本路。户三十七万一千四百三十六,口一百四十八万五千七百四十四。至元二十七年钞数。领司一:录事司宋分置九厢。至元十三年废城内六厢,置录事司。

县六：

南昌，上。倚郭。至元二十年，割录事司所领城外二厢、东西两关来属。新建，上。倚郭。进贤，中。奉新，中。靖州，中。武宁。中。至元二十三年，置宁州，领武宁、分宁二县。大德五年，改武宁县隶本路。

州二：

富州。上。宋丰城县，隶隆兴府。至元二十三年，升为州。

宁州。中。至元二十三年，于武宁县置宁州，武宁为倚郭县。大德八年，析武宁，直隶本路。徙州治于分宁。领县一：

分宁。宋属隆兴府。至元二十三年，改隶宁州。

吉安路。上。宋吉州，属江南西路。至元十四年，升吉州路总管府。皇庆元年，改为吉安路。旧领庐陵、吉水、安福、太和、龙泉、永新、永丰八县。后升吉水、安福、太和、永新四县俱为州。至顺间，又析永新州地置永宁县。户四十四万四千八十三，口二百二十二万四百一十五。领司一：

录事司。

县五：

庐陵，上。倚郭。永丰，上。万安，中。龙泉，中。永宁，下。本永新县地。至顺间，分置永宁县。

州四：

吉水州。中。宋吉水县。元贞元年，升为州。

安福州。中。宋安福县元贞元年，升为州。

太和州。下。宋太和县。元贞元年，升为州。

永新州。下。宋永新县。元贞元年，升为州。

瑞州路。上。宋瑞州，属江南西路。至元十四年，升瑞州路。旧领高安、上高、新昌三县。后升新昌县为州。户十四万四千五百七十二，口七十二万二千三百二。领司一：

录事司。至元十四年置。

县二：

高安，上。倚郭。上高。中。至正九年，罢本县长官司。

州一：

新昌州。下。宋太平兴国六年，析高安县地置新昌县。元贞元年，升为州。

袁州路。上。宋袁州，属江南西路。至元十三年，置安抚司。十四年，改总管府，隶湖南行省。十九年，改隶江西行省。旧领宜春、分宜、萍乡、万载四县。后升萍乡县为州。户十九万八千五百六十三，口九十九万二千八百一十五。领司一：

录事司。至元十三年，置兵马司。十四年，改录事司。

县三：

宜春，上。倚郭。分宜，上。万载。中。

州一：

萍乡州。中。宋萍乡县。元贞元年，升为州。

临江路。上。宋临江军，属江南西路。至元十三年，隶江西行都元帅府。十四年，升临江路总管府。旧领清江、新淦、新喻三县。后升新淦、新喻二县为州。户十五万八千三百四十八，口七十九万一千七百四十。领司一：

录事司。宋隶都监司。至元十三年，置兵马司。十五年改。

县一：

清江。上。倚郭。

州二：

新淦州。中。宋新淦县。元贞元年，升为州。

新喻州。中。宋新喻县。元贞元年，升为州。

抚州路。上。宋抚州，属江南西路。至元十四年，升抚州路总管府。户二十一万八千四百五十五，口一百九万二千二百七十五。领司一：

录事司。至元十四年,废宋三厢立。

县五：

临川,上。崇仁,上。金溪,上。宜黄,中。乐安,中。

江州路。下。宋江州,属江南西路。至元十二年,置江东西宣抚司,治江州。十三年,改为江西大都督府,隶扬州行省。十四年,罢都督府,置江州路总管府,隶龙兴行都元帅府。后置行中书省,本路直隶焉。十六年,改隶黄蕲等路宣抚司。二十二年,复隶行省。至正十六年,又改为宣慰司都元帅府。户八万三千九百七十七,口五十万三千八百五十二。领司一：

录事司。宋都监司。至元十二年,立兵马司。十四年改。

县五：

德化,中。瑞昌,中。彭泽,中。湖口,中。德安。中。

南康路。下。宋南康军,属江南东路。至元十四年,升南康总管,隶江淮行省。二十二年,改隶江西行省。旧领星子、都昌、建昌三县。后升建昌县为州。户九万五千六百七十八,口四十七万八千三百九十。领司一：

录事司。

县二：

星子,下。本路治所。都昌。下。

州一：

建昌州。下。宋建昌县。元贞元年,升为州。

赣州路。上。宋赣州,属江南西路。至元十四年,升赣州路总管府。旧领赣、安远、雩都、虔化、信丰、龙南、瑞金、兴国、会昌、石城十县。后升虔化县为宁都州,析龙南、安远二县隶之。升会昌县为州,析瑞金县隶之。户七万一千二百八十七,口二十八万五千一百四十八。领司一：

录事司。至元十五年立。

县五：

赣县，上。州治所。兴国，中。信丰，下。雩都，下。石城。下。元贞元年，以石天隶宁都。其复隶赣州年分阙。

州二：

宁都州。下。宋虔化县。后改宁都县。元贞元年，升为州。领县二：

龙南，下。以县在龙滩之南，故名。至元二十四年，并入信丰县。至大二年，复置。安远。下。至元二十四年，并入会昌县。至大二年，复置。

会昌州。下。宋会昌县。元贞元年，升为州。旧志：大德元年升宁都、会昌为州，并隶赣州路。大德乃元贞之误。

建昌路。下。宋建昌军，属江南西路。至元十四年，升为建昌路总管府。旧领南城、南丰、新城、广昌四县。后升南丰县为州，直隶行省。户九万二千二百二十三，口五十万三千三十八。领司一：

录事司。至元十四年，割南城置录事司。

县三：

南城，中。新城，中。广昌。中。

南安路。下。宋南安军，属江南西路。至元十四年，升南安总管府。十五年，析大庾县城之四坊，置录事司。十六年，废。户五万六百一十二，口三十万三千六百六十六。

领县三：

大庾，中。倚郭。南康，中。上犹。下。宋上犹县，又改南安。至元十六年，改永清。后复为上犹。

南丰州。下。宋南丰县，隶建昌军。至元十九年，升为州，直隶江西行省。户二万五千七十八，口一十二万八千九百。

广东道宣慰使司都元帅府。至元十五年置。

海北广东肃政廉访司。至元三十年,治广州。

广州路。上。宋广州,属广南东路。至元十三,内附。十五年,
置广州路总管府。三十年,升为上路。旧领南海、番禺、增城、怀集、
清远、东莞、新会、香山八县,后怀集析属贺州。户十七万二百一十
六,口一百二万一千二百九十六。领司一:

录事司。至元十六年置,以州之东城、西城、子城并番禺、南海二海县在
城民户隶之。

县七:

南海,中。倚郭。番禺,下倚郭。东莞,中。增城,中。香山,下。新
会,下。清远。下。宋清县。元改清远。

韶州路。下。宋韶州,属广南东路。至元十三年,内附。十五年,
置韶州路总管府。分曲江县城西厢地及城外三厢置录事司。二十
九年,罢录事司。三十年,分赣州行院官一员。旧领曲江、乐昌、翁
源、仁化、乳源五县。翁源析属英德州。户一万九千五百八十四,口
一十七万六千二百五十六。领县四:

曲江。中。延祐五年,并翁源县入之。乐昌,下。仁化,下。乳源。
下。

惠州路。下。宋惠州,属广南东路。至元十六年,升惠州路总管
府,置录事司。至元二十九年,罢录事司。户一万九千八百三,口九
万九千一十五。领县四:

归善,下。倚郭。博罗,下。海丰,下。河源。下。

南雄路。下。宋南雄州,属广南东路。至元十五年,升南雄路总
管府,置录事司。二十九年,罢录事司。户一万七百九十二,口五万

三千九百六十。领县二：

保昌，下。倚郭。至元二十七年，降南雄州为保昌县。按保昌宋旧县，非因降改，殆省本州入保昌也。其复为南雄州，未知何时。始兴。下。

潮州路。下。宋潮州，属广南东路。至元十六年，升潮州路总管府。二十三年，复以江西等处行院副使兼广东道宣慰使司，镇潮州。旧领梅州。延祐四年，以梅州隶广东宣慰司。户六万三千六百五十，口四十四万五千五百五十。领司一：

录事司。至元二十一年置。

县三：

海阳，下。倚郭。潮阳，下。揭阳。下。

德庆路。下。宋德庆府，属广南东路。至元十四年，广西宣慰司以兵收附，改隶广西道。十七年，置德庆路总管府。二十九年，仍改隶广东道。户一万二千七百五，口三万二千九百九十七。领县二：

端溪，下。倚郭。龙水。下。

肇庆路。下。宋肇庆府，属广南东路。至元十六年，广西宣司收附，改隶广西道。十七年，置为下路总管府。二十九年，改隶广东道。户三万三千三百三十八，口五万五千四百二十九。领县二：

高要，中。倚郭。四会。中。

英德州。下。宋英德府，属广南东路。至元十三年，收附。十五年，置英德路总管府。二十七年，罢总管府，并所属真阳、浛光二县为英德州。《翰墨全书》：元管真阳、浛光二县，今为新民员州。大德四年，复升为路，置真阳、涵光、翁源三县。延祐元年，复降为州，并真阳、含光入之。领县一：翁源。大德五年置。延祐元年，并入曲江。其复立年分阙。

梅州。下。宋故州，属广南东道。至元十六年，升梅州路总管府。二十三年，降为州，属潮州路。延祐四年，改为散州，直隶宣慰司。户

二千四百七十八,口一万四千八百六十五。领县一:

程乡。下。

南恩州。下。宋故州。至元十三年,升南恩总管府。十九年,降
为散州。户一万九千三百七十三,口九万六千八百六十五。领县二:

阳江,下。阳春。下。

封州。下。宋故州。至元十三年收附。明年复叛,广西宣慰司
定其乱,遂隶广西道。十七年,置封州路总管府。二十九年,降为散
州,仍属东道,户二千七十七,口一万七百四十二。领县二:

封州,下。开建。下。

新州。下。宋故州,属广南东路。至元十六年,升新州路。十九
年,降为散州。户一万一千三百一十六,口六万七千八百九十六。领
县一:

新兴。下。

桂阳州。下。宋桂阳县,属连州。至元十九年,升为散州,析连
州阳山县来属,为蒙古斛忽都忽郡王分地。旧隶湖南道宣慰司,后
复隶广东道。户六千三百五十六,口二万五千六百五十五。领县一:

阳山下。

连州。下。宋故州,属广南东路。至元十三年,置安抚司,直隶
行中书省。十七年,罢安抚司,升为连州路,隶湖南道。二十九年,
改隶广东道。元贞元年,降散州。户四千一百五十四,口七千一百
四十一。领县一:

连山。下。

循州。下。宋故州,属广南东路。至元十三年,升为循州路。二
十三年,降散州。户一千六百五十八,口八千二百九十。领县三:

龙川,下。兴宁,下。长乐。下。

新元史卷五一
志第一八

地理六

湖广等处行中书省,领路三十二、府二、州十三、安抚司十五、军三,属州十五,属县一百四十二。蛮夷土官府州县等,不在此数。

江南湖北道肃政廉访司。

武昌路。上。宋鄂州,属荆州北路。至元十一年,归附,置安抚司。十四年,置湖北宣慰司,改安抚司为鄂州路总管府。十八年,移宣慰司于潭州。十九年,本路直隶行省。大德五年,以鄂州为世祖亲征之地,改武昌路。户一十一万四千六百三十二,口六十一万七千一百一十八。至二十七年抄籍数。领司一:

录事司。至元十三年置。

县七:

江夏,中。倚郭。咸宁,下。嘉鱼,下。蒲圻,中。崇阳,中。通城,中。武昌。下。宋武昌县,升为寿昌军,后复为县,又再为军。至元十四年,升散府。大德五年,裁府,仍改县为武昌。

岳州路。上。宋岳州,属荆湖北路。至元十三年,升岳州路总管府。旧领巴陵、华容、平江、临湘四县。元贞元年,升平江为州。户一十三万七千五百八,口七十八万七千七百四十三。领司一:

录事司。

县三：

巴陵，上。倚郭。临湘，中。华容。中。

州一：

平江州。下。宋平江县。元贞元年，升平江县。

常德路。上。宋常德府，属荆湖北路。至元十二年，置安抚司。十四年，改常德路总管府。十五年，置荆湖北道宣慰司于本路。未几罢。旧领武陵、桃源、龙阳、沅江四县。元贞元年，升桃源、龙阳为州，又析沅江县隶龙阳。户二十万六千四百二十五，口一百二万六千四百二。领司一：

录事司。

县一：

武陵。上。

州二：

桃源州。中。宋桃源县。元贞元年，升为州。

龙阳州。下。宋龙阳县，改辰阳，又复旧。元贞元年，升为州。领县一：

沅江。下。

澧州路。上。宋澧州，属荆湖北路。至元十四年，置安抚司。十四年，改澧州路总管府。延祐三年，又改为安定军民府。旧领澧阳、安乡、石门、慈利四县。元贞元年，升慈利为州。户一十万九千九百八十九，口一百一十一万一千五百四十三。领司一：

录事司。

县三：

澧阳，上。倚郭。至正十六年，倪文俊陷澧阳，元帅孙毅迁县治于新城。石门，上。安乡。下。

州一：

慈利州。中。宋慈利县。元贞元年，升为州。

土州二：

安定州。

柿溪州。

辰州路。下。宋辰州，属荆湖北路。至元十四年，升辰州路总管府。户八万三千二百二十三，口一十一万五千九百四十五。领县四：

沅陵，中。辰溪，下。卢溪，下。叙浦。下。

土州二：

上溪州。

施容州。二州皆溪洞地，元初置。

沅州路。下。宋沅州，属荆湖北路。至元十二年，置沅州安抚司。元贞元年，升沅州路总管府。户四万八千六百三十二，口七万九千五百四十五。领县三：

卢阳，下。黔阳，下。麻阳。下。

兴国路。下。宋兴国军，属江南西路。至元十四年，升为兴国路总管府。旧隶江西行省。至元三十年，改隶湖广。户五万九百五十二，口四十万七千六百一十六。领司一：

录事司。至元十七年置。

县三：

永兴，下。倚郭。大冶，下。通山。下。

汉阳府。下。宋汉阳军，属荆湖北路。至元十年，宋守将王仪以城降。十四年，升为府。至元二十九年，割湖广省之汉阳隶河南省。其还隶本省年分阙。户一万四千四百九十二，口四万八百六十六。领县二：

汉阳至元二十年，升中县。有阳罗堡。至元十六年，改隶鄂州路。寻复旧。

汉川。下。旧治大赤。至正二十二年，移治长城乡。《翰墨全书》："汉阳、汉川二县,俱隶岳州路。"至元十二年,取岳州。十四年,已置汉阳府,不容隶岳州为县。今不取。

归州。下。宋故州,属荆湖北路。至元十二年,置安抚司。十四年,升归州路总管府。十六年,降为州。至正十五年,改隶四川行省。户七千四百九十二,口一万九百六十四。领县三:

秭归,下。倚郭。巴东,下。兴山。下。

靖州路。下。宋靖州,属荆湖北路。至元十二年,置安抚司。元贞元年,沅州升为路,以靖州隶之。延祐四年,升靖州路总管府。后至元四年,以湖广行省元领新化洞,古州潭溪、龙里,洪州诸洞来属。九年,罢总管府,改立靖州军民安抚司。户二万六千五百九十四,口六万五千九百五十五。领县三:

永平下。会同,下。通道。下。

湖南道宣慰司都元帅府。至元十五年,置治衡州。十八年,移治潭州。至正十年,以宣慰使司兼都元帅府。

岭北湖南道肃政廉访司。

天临路。下。宋潭州,属荆湖南路。至元十三年,置安抚司。十四年,改潭州路总管府。十六年,迁行省于鄂州,湖南道宣慰司治潭州。天历二年,以潜邸所幸,改天临路。旧领长沙、湘潭、益阳、湘阴、醴陵、浏阳、攸、衡山、安化、湘乡、宁乡、善化十二县。元贞元年,升醴陵、浏阳、攸、湘乡、湘潭、益阳、湘阴并为州。户六十万三千五百一,口一百八万一千一十。领司一:

录事司宋置兵马司。至元十四年改。县五:

长沙,上。倚郭。善化,上。倚郭。衡山,上。宋改属衡州,后又属潭州,元初因之。后又改属衡州。宁乡,上。安化。下。

州七:

醴陵州。中。宋醴陵县。元贞元年,升为州。

浏阳州。中。宋浏阳县。元贞元年,升为州。元初迁州治于居仁镇。

攸州。中。宋攸县。元贞元年,升为州。

湘潭州。下。宋湘潭县。元贞元年,升为州。

益阳州。中。宋益阳县。元贞元年,升为州。

湘阴州。下。宋湘阴县。元贞元年,升为州。

衡州路。上。宋衡州,属荆湖南路。至元十三年,置安抚司。十四年,改衡州路总管府。旧领衡阳、茶陵、耒阳、常宁、安化、酃六县。至元十九年,升茶陵、常宁、耒阳为州。后至元二年,分衡阳界置新城县。户一十万三千三百七十三,口二十万七千五百二十三。领司一:

录事司。宋立兵马司,分城中民户为五厢。至元十三年改置。

县四:

衡阳,上。倚郭。安仁,下。酃县,下。宋隶茶陵军。元初改隶本路。新城。下。旧为衡阳东乡,后析置。

道州路。下。宋道州,属荆湖南路。至元十三年,置安抚司。十四年,改道州路总管府。户七万八千一十八,口一十万九百八十九。领司一:

录事司。

县四:

营道,中。倚郭。宁远,中。江华,中。元统二年,立涛塘巡检司。永明。下。旧治在潇水南。元初移今治。元统二年,立白面墟巡检司。

永州路。下。宋永州,属荆湖南路。至元十三年,置安抚司。十四年,改永州路总管府。户五万五千六百六十六,口一十万五千八百六十四。领司一:

录事司。

县三：

零陵，上。倚郭。东安，上。祁阳。中。

郴州路。下。宋郴州，属荆湖南路。至元十三年，置安抚司。十四年，改郴州路总管府。户六万一千二百五十九，口九万五千一百一十九。领司一：

录事司。宋置兵马司。至元四年改。

县六：

郴阳，中。倚郭。宋郴县。至元十三年，改郴阳县。宜章，中。永兴，中。兴宁，下。宋资兴县，后改兴宁。桂阳，下。桂东。下。宋析桂阳置桂东县，治上犹寨。

全州路。下。宋全州，属荆湖南路。至元十三年，置安抚司。十四年，改全州路总管府。户四万一千六百四十五，口二十四万五百一十九。领司一：

录事司。宋置兵马司。至元十五年改。

县二：

清湘，上。倚郭。灌阳。下。

宝庆路。下。宋邵州，升宝庆府，属荆湖南路。至元十二年，置安抚司。十四年，改宝庆路总管府。至正十一年，置湖南元帅府，分府宝庆。户七万二千三百九，口一十二万六千一百五。领司一：

录事司。

县二：

邵阳，上。倚郭。新化。中。

武冈路。下。宋武冈军，属荆湖南路。至元十三年，置安抚司。十四年，改武冈路总管府。户七万七千二百七，口三十五万六千八百六十三。领司一：

录事司。宋置兵马司。至元十五年改。

县三：

武冈，上。倚郭。宋旧县，后废。元复置。**新宁**，下。宋废武冈县，置新宁于水头江北。元因之。**绥宁**。下。宋莳竹县，属邵州。后改隶本路。

桂阳路。下。宋桂阳军，属荆湖南路。至元十二年，置安抚使。十四年，改桂阳路总管府。户六万五千五十七，口一十一万二千二百四。领司一：

录事司。

县三：

平阳，上。临武，中。蓝山。下。

茶陵州。下。宋茶陵县，属衡州，后升县为军，复为县。至元十九年，升为州。户三万六千六百四十二，口一十七万七千三百二。

耒阳州。下。宋耒阳县，属衡州。至元十九年，升为州。户二万五千三百一十一，口一十一万一千。

常宁州。下。宋常宁县，属衡州。至元十九年，升为州。户一万八千四百三十一，口六万九千四百二。

广西两江道宣慰使司都元帅府。至元十四年，置广西道宣抚司。是年，改宣慰司。元贞元年，并左右两江宣慰司为广西两江道宣慰司，仍分司邕州。至正二十三年，改广西等处行中书省。

岭南广西道肃政廉访司。

静江路。上。宋静江府，属广南西路。至元十五年，升静江路总管府。至正二十三年，置广西等处行中书省。户二十一万八百五十二，口一百三十五万二千六百七十八。领司一：

录事司。

县十：

临桂，上。倚郭。兴安，下。灵川，下。理定，下。宋迁治上津驲。元初又迁治上权塘。义宁，下。修仁，下。荔浦，下。阳朔，下。宋旧县。《宋史·地理志》漏之。永福，下。古县。下。

南宁路。下。宋邕州，属广南西路。至元十三年，置安抚司。十六年，改邕州路总管府，兼左右两江溪洞镇抚。泰定元年，改南宁路。旧领丹行等处长官司，后废。户一万五百四十二，口二万四千五百二十。领司一：

录事司。

县二：

宣化，下。武缘。下。

梧州路。下。宋梧州，属广南西路。至元十四年，置安抚司。十六年，改梧州路总管府。户五千二百，口一万九百一十。领县一：

苍梧。下。

浔州路。下。宋浔州，属广南西路。至元十三年，置安抚司。十六年，改浔州路总管府。户九千二百四十八，口三万八十九。领县二：

桂平，下。平南。下。宋属龚州，绍兴中州废，以县隶本州。

柳州路。下。宋柳州，属广南西路。至元十三年，置安抚司。十六年，改柳州路总管府。户一万九千一百四十三，口三万六百九十四。领县三：

柳城，下。倚郭。旧治龙江。元初移治龙江东。马平，下。宋柳州，治马平。元初徙治柳城。洛容。下。

庆远南丹溪洞等处军民安抚司。宋为庆远府，属广南西路。至元十三年，置安抚司。十六年，改庆远路总管府。大德元年，并南丹州安抚司为庆远南丹溪洞等处军民安抚司。户二万六千五百三十七，口五万二百五十三。领县六：

宜山，下。忻城，下。天河，下。思恩，下。河池，下。荔波。下。宋荔波州。元初，降为县。

土州四：

南丹州。宋元丰三年置，管辖诸洞蛮酋。元初置安抚司，后并入庆远。旧领丹平等处蛮夷长官司，后废。

东兰州。宋兰州，命士人韦氏为知州。元初，改东兰州。

那州。蛮徭所居，旧名那地。宋置那州。元初因之。

地州。宋故州，又析置孚州，后省。元初因之。

平乐府。宋昭州，属广南西路。大德五年，升为平乐府。户七千六十七，口三万三千八百二十。领县四：

平乐，下。倚郭。恭城，下。立山，下。龙平。下。

郁林州。下。宋故州，旧治兴业县，后徙治南流，属广南西路。至元十四年，仍行州事。户九千五十三，口五万一千五百二十八。领县三：南流，下。倚郭。兴业，下。博白。下。

容州。下。宋故州，属广南西路。至元十三年，置安抚司。十八年，改容州路总管府。大德五年，降散州。户二千八百九，口七千八百五十四。领县三：

普宁，下。北流，下。陆川。下。

象州。下。宋故州，属广南西路。至元十三年，置安抚司。十五年，改象州路总管府。大德五年，降散州。户一万九千五百五十八，口九万二千一百二十六。领县三：

阳寿，下。来宾，下。武仙。下。

宾州。下。宋故州，属广南西路。至元十三年，置安抚司。十六年，改宾州路总管府。大德五年，降散州。户六千一百四十八，口三万八千八百七十九。领县三：

岭方，下。倚郭。上林，下。宋旧属邕州，后来属。迁江。下。

横州。下。宋故州，属广南西路。至元十三年，置安抚司。十六年，改横州路总管府。大德五年，降散州。户四千九百四十八，口三万一千四百七十六。领县二：

宁浦，下。倚郭。永淳。下。宋永安县，后改永淳。

融州。下。宋故州，属广南西路。至元十四年，置安抚司。十六年，改融州路总管府。二十三年，降散州。户二万一千三百九十三，口三万九千三百三十四。领县二：

融水，下。怀远。下。

藤州。下。宋故州，属广南西路。至元十三年，仍行州事。户四千二百九十二，口一万一千二百一十八。领县二：

镡津，下。倚郭。岑溪。下。

贺州。下。宋故州，属广南东路，后改属西路。至元十三年，仍行州事。户八千六百七十六，口三万九千二百三十五。领县四：

临贺，下。倚郭。富川，下。桂岭，下。怀集。下。宋属广州。至元十五年，改隶本州。

贵州。下。宋故州，属广南西路。元初因之。旧领郁林县，大德九年废县，止行州事。户八千八百九十一，口二万八百一十一。

田州上思等处宣抚使司都元帅府

左右两江溪洞。至元二十八年，置左右两江宣慰司都元帅府。元贞元年罢。

思明路。宋思明州，属邕州永平寨。至元二十三年，置思明路。户四千二百二十九，口一万八千五百一十。领土州七：

上思州。宋故州，属邕州，迁隆寨。元初，改隶本路。泰定元年，黄胜许致仕，其子志熟袭为上思州知州。

志明州。宋故州，属迁隆寨。元初，改隶本路。

禄州。宋故州，属邕州永平寨。元初，改隶本路。领县一：

武黎。

西平州。宋故州，属永平寨。元初，改隶本路。

思明州。宋故州,属永平寨。元初,改隶本路。天历二年,思明州
土官黄思永贡方物。

上石西州。宋故州,属永平寨。元初,改隶本路。

下石西州。宋分石西州为上、下二州。元初,改隶本路。

江州。宋故州,属古万寨。元初,改隶本路。领县一:

罗自。《翰墨全书》思明路有忠州,领县一:宁福,又有遇隆州。当为大德
后所省并。

太平路。宋平岭南,于左右二江溪洞立五寨,其一曰太平寨,与
古万、迁隆、永平、横山四寨各领洞溪州县,属邕州。元初,仍为五
寨。后废,置太平路于丽江,以控制左江溪洞州县。户五千三百一
十九,口二万二千一百八十六。领县四:

陀陵,宋旧名骆陀县,后改名,隶古万寨。崇善,宋旧县,隶古万寨。永
康,宋旧县,隶迁隆寨,后开为州。罗阳。宋名福川县,后改隶迁隆寨。

土州十六:

太平州。旧名瓠阳,为西原农峒地。唐波州。宋为太平州,隶
太平寨。元初,改隶本路。

思诚州。本西原地。宋分上思诚、下思诚二州。至元中,并为
一,隶太平寨。元初,改隶本路。

安平州。旧名安山,亦唐波州地。宋置安平州,隶太平寨。至
元十四年,知州李惟屏以所属溪洞来附。

养利州。宋故州,隶太平寨。

万承州。旧名万阳。唐置万阳、万杉二州。宋省为一州,隶太
平寨。

左州。旧名左阳。宋故州,隶古万寨。

全茗州。旧名连冈谷,西原地。宋置州,隶邕州。

镇远州。旧名古陇,宋置州。

思同州。旧名永宁,为西原地,宋置州。

茗盈州。宋故州。泰定三年,全茗州土官许文寇茗盈州。

龙英州。宋龙英洞,隶太平寨。元初,升为州,省上怀思州入之。

结安州。旧名营周,亦西原地。宋置结安洞,隶太平寨。元初,升为州。

结伦州。宋结伦洞,隶太平寨。元初,升为州。

都结州。宋都结洞,隶太平寨。元初,升为州。

上、下冻州。旧名冻江,宋置冻州,隶太平寨。元初,分上冻、下冻二州,隶本路。寻合为一,改隶龙州。

田州路军民总管府。宋田州,隶邕州横山寨。元初,升田州路。户一千九百九十一,口一万六千九百一。领县一:

上林。

土州七:

上隆州。宋故州,隶横山寨。元初,改隶本路。

恩诚州。宋故州,隶横山寨。元初,改隶本路。

归德州。宋故州,隶横山寨。元初,改隶本路。

果化州。宋故州,隶横山寨。元初,改隶本路。

泗城州。宋故州,隶横山寨。元初,改隶本路。

向武州。宋故州,隶横山寨。元初,改隶本路。领县一:

富劳。

都康州。宋故州,隶横山寨。元初,改隶本路。

军民府一:

思恩军民府。宋隶邕州迁隆镇。元初,改隶本路。

利州,宋故州,隶邕州横山寨。元初,改隶本路。

奉议州。宋故州,隶广西行省无抚司。元初,隶广西两江道宣慰司。

龙州。宋故州,隶太平寨。元初,改太平路。大德中,升为龙州万户府。王圻《续通考》田州路下有思恩府,功饶、怀德、婪凤、兼下、隆武、龙归、朝归、辰等州,罗波、船带、唐兴、强山、咸德、永宁、都阳、古带、南海、武林、顺阳、华阳等县。与《翰墨全书》合,疑亦大德后所裁并。

来安路军民总管府。宋来安军。至元十三年,知来安军李维屏、知来安军兼知冻州事岑从义降，升为来安路。《续通考》来安路有程县、上林长官司、安隆长官司、罗博州、侯州、龙川州、安德州、归仁州、乐归州、顺隆州、昭假州、训州、路城州。《翰墨全书》又有七源州、唐兴州、回城州。延祐六年，来安路总管岑世兴叛，据唐兴州。

镇安路军民总管府。宋镇安洞，置右江军民宣抚司。元初，改为镇安路。至元十八年，召镇安州岑从毅入觐。二十九年，从毅始降，以老疾，诏其子斗荣袭佩虎符，为本路军民总管。

海北海南道宣慰司都元帅府。

海北海南道肃政廉访司。至元三十年，置。后罢。大德三年，复置。

雷州路。下。宋雷州，属广南西路。至元十五年归附，置安抚司。十七年，为海北海南道宣慰司治所，改安抚司为雷州路总管府，隶宣慰司。户八万九千五百三十，口一十二万五千三百一十。领县三：
海康，中。徐闻，下。遂溪。下。

化州路。下。宋化州，属广南西路。至元十五年，置安抚司。十七年，改化州路总管府。户一万九千七百四十九，口五万二千三百一十七。领县三：
石龙，下。吴川，下。石城。下。

高州路。宋高州，属广南西路。至元十五年，置安抚司。十七年，改高州路总管府。户一万四千六百七十五，口四万三千四百九十三。领县三：
电白，下。茂名，下。信宜。下。

钦州路。下。宋钦州，属广南西路。至元十五年，置安抚司。十七年，改钦州路总管府。户一万三千五百五十九，口六万一千三百九十三。领县二：

安远，下。倚郭。灵山。下。宋钦州治此。元初，徙治安远。

廉州路。下。宋廉州，属广南西路。至元十七年，升廉州路总管府。户五千九百九十八，口一万一千六百八十六。领县二：

合浦，下。倚郭。石康。下。

乾宁军民安抚司。宋琼州，属广南西路。至元十五年，隶海北海南道宣慰司。元统二年，以潜邸所幸，改乾宁军民安抚司。户七万五千八百三十七，口一十二万八千一百八十四。领县七：

琼山，下。倚郭。澄迈，下。临高，下。文昌，下。乐舍，下。会同。下。至元二十九年，敕以海南新附四州洞寨五百一十九、民二万余户置会同、定安二县，隶琼州。按王圻《续通考》，至元三十年析乐含县置会同，二十九年析琼山置定安。疑误也。定安。下。天历二年，升为南康州。

南宁军。宋昌化军，又改南宁军，属广南西路。至元十五年，隶海北海南道宣慰司。户九千六百二十七，口二万三千六百五十二。领县三：

宜信，下。昌化，下。感恩。下。

万安军。下。宋万安州，改为军，属广南西路。至元十五年，隶海北海南道宣慰司。户五千三百四十一，口八千六百八十六。领县二：

万安，下。倚郭。陵水。下。

吉阳军。下。宋朱崖军，后废为县，又复为吉阳军，属广南西路。至元十五年，隶海北海南宣慰司。户一千四百三十九，口五千七百三十五。领县一：

宁远。下。

八番顺元等处宣慰司都元帅府。《经世大典》：顺元诸蛮，又名亦奚卜薛。至元十五年，罗殿国主罗阿察、河中府方蕃主韦昌盛皆纳土。十六年，西八番等同卧龙番主龙昌顺、大龙番主龙延三、小龙番主龙延万、武盛军番主程延随、遏蛮军番主龙罗笃、太平番主石延贤、永顺军番主洪延畅、静海军番主卢延陵皆来降。其部曲有龙文貌、龙文求等，朝廷立八番宣慰司以统之。至元十六年，潭州行省招降西南诸番洞寨一千六百二十有六、户十万一千一百六十有八，西南五番千一百八十六寨、户八万九千四百，又西南番三百一十五寨、大龙番三百六十寨。二十二年，改隶西川行省。二十六年，置八番、罗甸二宣慰司，隶四川行省。是年，改隶湖文行省。二十八年，复隶四川。是年，析八番洞蛮隶湖广。二十九年，又以罗甸宣慰司隶云南。是年，合八番、罗甸二宣慰司都元帅府为一，改八番顺元等处宣慰司都元帅府。三十年，复改隶湖广行省。至治二年，置八番军民安抚司，改长官所二十有八为州县。

罗番遏蛮军安抚司。唐番酋龙应召之后，世据罗番。至元十六年，归附。

程番武胜军安抚司。唐末程元龙平溪洞，世据程番。至元十六年，归附。

金石番太平军安抚司。唐番酋石宝之后。至元十六年，归附。

卧龙番南宁州安抚司。唐番酋龙德寿之后。至元十六年，归附。

小龙番静蛮军安抚司。唐番酋龙方灵之后。至元十六年，归附。

大龙番应天府安抚司。唐番酋龙昌宗之后。至元十六年，归附。

洪番永盛军安抚司。至元十六年，归附。

方番河中府安抚司。唐番酋方德恒之后，以征讨九蛮授土官。

至元十六年，归附。

卢番静海军安抚司。唐番酋卢君聘之后。至元十六年，归附。
以上二十一年并授安抚使怀远大将军，佩虎符。

韦番蛮军民长官。唐番酋辛四海之后。按大小龙番合为一部，故曰
八番方番之长。韦氏又析其族，分设长官与卢番同。

木爪犵狫蛮军民长官。元初，番酋石朝玺归附，设长官司。木爪
犵狫，亦作水东犵狫。此金石番之分族。

卢番蛮军民长官。又作签卢番。

定远府。至元二十九年，析卢番安抚司西北境，置八番宣慰司；
抚定光兰诸州洞蛮，置安远府。领桑州。至元二十七年，桑州总管黄布
蓬，那州长罗光寨安，郡州长闵光过内附。

章龙州。

必化州。宋宝化州，讹必化。

小罗州。

思同州。《翰墨全书》有安庆州、东溱州、曾州、知山州、那州、郡州、洪池
州、龙里州。

朝宗县。

上桥县。又作上马桥。唐番首方定远授土官，历宋，至元初因之。

新安县。

麻峡县。

小罗县。

章龙县。

岛山县。

华山县。

都云县。

罗博县。《翰墨全书》又有会朝县、必际县、鸭水县、高县、伯沟县、龙里
县。疑大德后所裁并。

管番民总管府。至元二十一年，罢西南番安抚司，置总管府。二

十五年,改隶四川行省。按番族甚多,八番设安抚司,又别立定远府及管民总管府以统之。领:

小程番。以下各设蛮夷长官。

独塔等处。

客当客地。又作各营各迪。

天台等处。

梯下。

党兀等处。

勇都、朱砂、古筑等处。《翰墨全书》:"金竹府所辖蛮夷长官曰:勇都朱砂古筑等处,大小化等处,浴甲洛屯等处,低当低界等处,百眼佐等处,独石寨,重州,阿孟州,上龙州,峡江州,罗赖州,乘州,向州,阿岛州,罗邦州。"多为管番民官总管府辖地,附著以备参考。

大小化等处。

洛甲洛屯等处。

低当低界等处。

独石寨。

百眼佐等处。至治二年,百眼等处蛮夷长官司言:康佐寨王等杀巡检王忠以叛,宣慰司讨平之。

罗来州。

那历州。

重州。宋勋州,废为重州长官司。

阿孟州。

上龙州。本桑州上隆寨,元初置上龙州,后降为长官司。

峡江州。

罗赖州。木爪犵狫地。

桑州。至元二十九年,斡罗斯招抚桑州生苗,诣关贡献。

白州。

北岛州。

罗那州。

龙里等寨。

六寨等处。

帖犵狫等处。

木当三寨等处。

山斋等处。即山寨之譌。

羡塘带灾等处。

都云桑林独立等处。

六洞柔远等处。

竹古弄等处。至元二十七年，金竹府土官言：招降竹古弄、古鲁花等处三十余寨。

中都云板水等处。

金竹府。唐蛮酋金密定，授金竹寨土官。至元二十六年，改四川金竹寨为金竹府。二十七年，置金竹府大隘等处四十二寨蛮夷长官。二十九年，金竹知府朦驴言："招谕平岱山斋寨主，今有百眼佐阿冒谷各营各迪等久欲内附。"诏从之。

都云军民府。至元二十八年，洞蛮烂土立定云府。后至元元年，平伐都云定云酋长等来降，即其地复立宣抚司。《翰墨全书》：都云定云安抚司所辖军民官，曰万朝平坝焦溪江水望城等处，吴黎当溪等处，中都云板水等处，大洞干真等处，李殿李稍等处，上都云等处，八千寨楼等处，丹竹杨西等处，上官溪厓斗厓尾铜鼓等处，黎波重端等处，周色竹明等处，上水洞等处，平珠平驼等处，所辖蛮夷长，曰安化洞长官，安化中州等处，卯雄中团等处，曰安化下州只隆思丹归仁各丹五寨长官，曰铜人大小江等处古州八万等处，容江八黄等处，十利合水等处，新化等处，宝安等处，湖耳洞提溪等处，省溪等处，务溪等处，董寨等处，万灰等处，平岳溪等处，施溪等处，武龙潭溪皮林铜左五开赖寨地西七洞邦厓等处。其中都云板水、李殿李稍等地名，已见上下文，附著以备参考。

万平等处。

南宁丹州。至元二十九年，谕平伐等部诏书：南顺丹州北怀金竹。旧志州误竹。

陈蒙烂士等处。至元二十六年，中下烂士等处洞长忽带等，以洞三百寨一百一十来降。二十八年,改陈蒙洞为陈蒙州。二十九年,置陈蒙烂土军民安抚司。

　　李稍李殿等处。

　　阳安等处。

　　八千蛮。

　　恭焦溪等处。

　　都镇。又作都镇马乃等处。

　　平溪等处。

　　平月。

　　李厓。

　　阳并。

　　卢山等处。

　　乖西军民府。皇庆元年置。二年,又隶播州宣抚司。

　　上都云等处。《明一统志》:上都云等处、中都云板水等处,并元置。

　　顺元等路军民安抚司。至元二十年,讨平四川九溪十八洞,大处为州,小为县,分立总管府,听顺元路宣慰司节制。宣慰司改安抚司年分阙。二十八年,改隶湖广行省。

　　雍真乖西葛蛮等处。唐蛮酋杨立信之后。皇庆元年,改乖西等处军民府,隶播州宣慰司。

　　葛蛮雍真等处。大德五年,葛蛮雍真土官宋隆济叛。七年,讨平之。

　　曾竹等处。大德七年,顺元同知宣抚事宋阿重,尝为曾竹蛮夷长官,以其叔宋隆济叛,上言宜深入乌撒、乌蒙。至水东,招木楼苗,擒隆济以献。

　　龙平寨。王圻《续文献通考》作把平塞,《明一统志》同。

　　骨龙等处。《经世大典》作龙骨长官。蛮酋宋国,以征南功,授土官。

　　底寨等处。唐蛮酋蔡氏,以讨黑羊功授底寨土官,子孙世据其地。宋隆济反,达鲁花赤也思干避于底窝扬苦寨,即底寨。

　　茶山百纳等处。

　　纳坝紫江等处。唐紫蘦县,后讹江。至元二十九年,安抚使宋子贤招谕平伐大瓮眼、紫江、皮陵、潭溪、九堡等处蛮夷，皆降。

　　磨波雷波等处。

　　漕尼等处。

　　青山远地等处。至元二十六年，青山苗以不莫台卑包等三十三寨内附。

　　木窝普冲普泥等处。

　　武当等处。

　　养龙坑宿征等处。唐番酋蔡崇隆，以征九洞革老，授养龙土官。

　　骨董龙里清江木楼瓮眼等处。

　　高桥青塘鸭水等处。

　　落邦札佐等处。大德五年，犵狫阿㹟寨，去落邦札佐长官司十里。

　　平迟安得等处。

　　六广等处。

　　贵州等处。

　　施溪样头朵泥等处。宋丹川县。

　　水东寨。

　　市北洞。

　　平月。

　　中曹百纳等处。又作中嶆。旧志管番民总管府下，复出中嶆百纳及底窝紫江瓮眼纳八二处，今删。

　　龙里寨。《明一统志》：“龙里长官司与湖耳洞、亮寨、欧阳、新化、中林验洞、赤溪湳洞六长官司，均元置，隶思州宣抚司。”湖耳等四寨，均见思州安抚司下，惟中林验洞不见旧志。

　　思州军民安抚司。宋思州。元置安抚司，原辖：乐敦洞、上黎平、水从、潭溪、八丹、洪州、曹滴、古州、新化、湖耳、亮寨、欧阳十二长官司。至元十八年，改安抚司为宣慰司，兼管内安抚使，自龙泉坪徙司治于清江。二十一年，省宣慰司，以思、播二州隶顺元路宣慰司。后复置。二十九年，改思州宣慰司为军民安抚司，领婺川县。宋务川县,所属蛮夷洞官曰:明溪甘细瓮甸古州八万龙团横坡得明地野新坑欧阳。

镇远府婺州楠木洞。至元二十一年,白厓洞、楠木洞蛮侵辰州,讨平之,立为一府、九州,镇远府当置于此时。白厓为施溶州,亦此时。

古州八万洞。宋镇远州。至元十八年,置镇远沿边溪洞招讨司。二十年,立总管府,以五开洞属之。至治二年,府废,五开洞改为上黎平长官司。

偏桥中寨。宋蛮酋安崇诚,以功授偏桥长官司。至元二十年,来附。

野鸡坪德胜寨。

偏桥四甲等处。

思印江等处。元初,蛮酋张恢以功授印江长官司。

石千等处。

晓爱泸洞赤溪等处。又作赤溪湳洞。

卑带洞大小田等处。

黄道溪。宋丹阳县。元为鸡坪黄道溪地。

省溪坝场等处。

金容金远等处。镇远府附郭。元初,置镇安县。寻又改安夷县。后改金容金远及杨溪公俄两长官司。

台蓬若洞住溪等处。思州附郭。

洪安等处。

葛章葛商等处。

平头著可通达等处。

溶江芝子坪等处。

亮寨。

沿河。

龙泉平。思州旧治龙泉平,及火,其城移治清江。至元十七年,敕安抚事还旧治。蛮酋张坤元,以功授龙泉坪长官司。

祐溪。

水特姜。

杨溪公俄等处。镇远府附郭。

麻勇洞。

恩勒洞。

大万山苏葛办等处。元初，蛮酋田谷以功授大万山长官司。

五寨铜人等处。

铜人大小江等处。初隶都云都定安抚司，后改隶思州。

德明洞。

乌罗龙干等处。唐蛮酋杨通禄，以功授乌罗长官司。

西山大洞等处。

秃罗。

浦口。

高丹。宋蛮酋何永寿，以功授高丹洞长官司。

福州。

永州。

迤州。

銮州。

程州。

三旺州。

地州。

忠州。

天州。

文州。

合凤州。

芝山州。

安习州。

茆薙等团。

荔枝安化上中下蛮。

曹滴等洞。

洛卜寨。

麦著土村。亦日麦著黄洞。

衙迪洞。

会溪施容等处。

感化州等处。

契锄洞。

腊惹洞。

劳岩洞。

驴迟洞。

来化州。

客团等处。

中古州。

乐墩洞。后至元四年,古潭溪龙里洪州诸洞三百余处洞民六万余户,分隶清州、中古州、洪州,均隶思州安抚司。龙里则隶管民总管府。至治二年,置中古州乐墩洞长官司。

上里坪。即上黎平。至元二十年,立古州八万军民总管府。至治二年,改总管府为上黎平长官司。

洪州泊李等洞。《明一统志》:洪州泊里与潭溪蛮夷长官司、八丹蛮夷长官司,俱宋置军民长官司,元因之。

张家洞。

朗溪洞。

旋秉前江等处。至元二年置。

提溪等处。

石阡等处。元初,蛮酋杨九龙,以功授石阡副长官司。

欧阳寨。

新化。

湖耳洞。

溶江芝子平茶。

溶汉芝麻子平。《翰墨全书》又有晓隘坡德明上甲寨德牙松明洞小江西庄寨毛栅等处,金容金洞等处,葛安葛齐等处。

沿边溪洞宣慰使司。宋蛮酋田二凤,以功授沿边溪洞军民宣抚司,子孙世袭其职。元初改宣慰司。

播州军民安抚司。宋播州安抚司,本隶四川省。至元十六年,改播州为播南路。二十八年,从播州万户杨汉英之请,以播州等处管军万户杨汉英为绍庆、珍州、南平等处宣慰使,行播州军民宣抚使,播州等处管军万户。二十九年,改隶湖广行省,领播州军民都镇抚司。播州宣慰使杨鉴降明,所领安抚司二:曰草塘,曰黄平。是黄平、草塘二处俱设安抚司。旧志略。所领长官民事六:曰真州,即珍州,曰播州,曰余庆,曰白泥,曰容山,曰重安。惟重安不见旧志。

播川县。附郭。宋鼎山县。至元十五年,以鼎山仍隶播州。十六年改鼎山为播川县。

黄平府。至元二十八年置。至治三年,罢播州长官所,徙其民隶黄平府。

平溪上塘罗骆家等处。

水车等处。

石粉罗家永安等处。

锡乐平等处。

白泥等处。元初,蛮酋杨正宝,以功授泊泥司副长官。

南平綦江等处。宋以南川县铜佛顶地,置南平军。

珍州思宁等处。唐之播川镇。后改镇为珍州。至正未,改为真州。

水烟等处。

溱洞涪洞等处。宋废溱州溱溪寨。

洞天观等处。

葛浪洞等处。

赛坝垭黎焦溪等处。

小孤单张倒柞等处。

乌江等处。

旧州草塘等处。

恭溪杳洞水囤等处。

平伐月石等处。

下坝。

寨章。

横坡。

平地寨。

寨劳。

寨勇。

上塘。

寨坦。

哆奔。

平模。

林种密秀。

沿河祐溪等处。元初，蛮酋张坤义以功授沿河祐溪长官司。

余庆州。唐蛮酋毛巴，以功授余庆州刺史，子孙世有其地。

容山等处。《翰墨全书》：洪溪马峡等处，清江、中平、三都、望浦、仁怀、古磁，俱隶播州军民安抚司。

新添葛蛮军民安抚司。唐蛮酋宋景阳以功授大万谷落总管，子孙世有其地。至元二十八年来降，置安抚司。大德元年，授葛蛮驿券一。南宋时，蛮酋宋永高攻麦新城蛮，克之，改曰新添城，别号新添，为遏蛮军。后又讹为葛蛮。

南渭州。宋羁縻州，属荆湖路。元初属新添葛蛮安抚司。

落葛谷鸥桥等处。自落葛谷鹅等处至麦傲，《翰墨全书》皆为八番顺元宣慰司所属。

昔不梁骆拓密约等处。又作骆杯密约。有洛白河，骆拓即洛白。

乾溪吴地等处。

哝耸古平等处。宋隆济作乱，自贵州至新添界哝耸波瓮城都朵等处，都朵又作都桑。

都镇马乃等处。

坪普乐重墺等处。又作落重顿。

落同当等处。又作落重同。

独禄。

三陂地蓬等处。

小葛龙洛邦到骆豆虎等处。

罗月和。

麦敖。

大小田陂带等处。

都云洞洪安画剂等处。

谷霞寨。至大三年,谷霞寨主洛卜傍来降。

刺客寨。

吾狂寨。至大三年,吾狂寨主的鹛来降。

必郎寨。

谷底寨。

都谷部寨。至大三年,都谷部寨主只验来降。

犵猪寨。《明一统志》:犵猪寨,亦元置,并隶平越指挥司。

平伐等处军民安抚司。大德元年,平伐九寨来降,立长官司。至大三年,升军民安抚司。后至元元年,复改宣慰司。三年,又为安抚司。

安刺远。

思楼寨。元贞初,宣慰使呼鲁国图招降思楼、浴暮、梅求诸蛮。

浴暮寨。

梅求望怀寨。

甘长。

桑州郎寨。

永县寨。

平里县寨。

锁州寨。

双隆寨。

思母寨。

归仁寨。

各丹洞。自各丹至光州，《翰墨全书》为永顺、保静、南渭三州安抚司所属蛮夷军民长官。

木当寨。

雍郎、客都等处。

雍门犵狫等处。

栖求等处。

伴客蛮娄水等处。又作仲家娄水。

乐赖、蒙囊、吉利等处。

华山谷津等处。

青塘、望怀、甘长、不列、独良等处。

光州。宋功州，声转为光州。至元三十年，光州蛮光龙等入贡，授蛮夷长官。

者者寨。

安化思云等洞。

北遐洞。

茅难、思风、北郡、都变等处。《翰墨全书》属永顺等三州安抚司。必证县。

潘乐盈等处。

诚州富盈等处。

赤畲洞。

罗章特团等处。

福水州。

允州等处。

钦村。

硬头三寨等处。

颜村。

水历吾洞等处。

顺东六龙图。

推寨。

橘叩寨。

格慢等处。

客卢寨。

地省等处。

平魏。

白厓。唐以宋沱洞、乌引洞、芦荻洞、村望洞、白厓洞五寨，命田氏世官其地。宋因之。至元二十一年，升为施溶州。后仍为白厓长官司。

雍门、客当、乐赖、蒙囊、大化、木瓜等处。

嘉州。

分州。

平砵。大德元年，平砵六洞蛮及十部洞蛮皆来降。二年立平砵石洞三蛮夷长官司，设土官二十四员。

洛河洛脑等处。

宁溪。

瓮除。

麦穰。

孤顶得同等处。

邑瓮。

陂控州。

南平。

独山州。至大三年，独山州土官蒙天童款附，置独山州窖洞木洞都谷部等处诸军民司。

木洞。

瓢洞。

窖洞。

大青山骨计等处。

百佐等处。

九十九寨蛮。

当桥山齐朱谷列等处。

虎列谷当等处。

真除杜珂等处。

杨坪杨安等处。

棣甫都城等处。

杨友阆。

百也客等处。

阿落传等寨。

蒙楚。

公洞龙木。

三寨猫犵剌等处。

黑土石。

洛滨洛咸。

益输沿边蛮。

割和寨。

王都谷浪寨。

王大寨。

只蛙寨。

黄平下寨。

林拱章秀拱江等处。

密秀丹张。丹张即前单张，各郎西即前葛浪洞，草堂即前草塘，恭溪、焦溪、林种俱见前。疑诸地前属播州，后属平伐，遂重复如此。

林种拱帮。

西罗剖盆。

杉木笃。

各郎西。

恭溪、望城、崖岭等处。

孤把。又名孤把当。

焦溪笃住等处。

草堂等处。

上桑置。

下桑直。元初置桑直县安抚司，至正末废。

米坪。

今其平尾等处。

保靖州。宋羁縻州，元因之。

特团等处。

西北地附录。太祖长子术赤、次子察合台及太祖孙旭烈兀分封之地，为西北三藩。称笃来帖木儿、月祖伯、不赛因位下者，文宗至顺三年《经世大典》成书，据当时藩王位下载其封地，故不称术赤诸王。旧志采自《经世大典》，今因之。其地名与《经世大典图》互有出人，则纂修《大典》者之疏也。

笃来帖木儿位下。察合台大王五世孙。

途鲁吉。《经世大典图》在可失哈耳北，阿力麻里西南。本西突厥之地，后属西辽。太祖灭西辽，以其地封察合台。

柯耳鲁。《大典图》在阿力麻里西北，本突厥三姓叶护葛逻普之地。太祖六年，其酋阿尔思兰来降。后帖木耳驸马封其子沙哈普于其地。

畏兀儿地。本高昌地，唐置交河郡，又为回鹘所据，后自号畏兀儿。太祖六年，其亦都护来朝，置达鲁花赤监之。

哥疾宁。城名。《大典图》作嘎自尼。唐漕国之鹤悉那城。后为货勒自弥属城。太祖十六年，取之。

可不里。城名。《大典图》在哥疾宁城东，货勒自弥属地。

巴达哈伤。城名，亦部落名。本西辽地。哲别克西辽，其酋将遁入巴达克山，即此地。

忒耳迷。城名。本唐之喝密。《图》货勒自弥属地。太祖十五年，自将大军攻下之。

不花剌。城名。唐安国地。本西辽属部，后为货勒自弥所并。太祖十五年，取之。

那黑沙不。城名。唐那色波国地。太祖十七年，驻兵此地。英宗以后元人称其地曰咳而什。葛葛儿克汗建宫殿于其地。国语称宫殿曰咳尔什。

的里安。城名。《大典图》作的安里，在不花剌、柯提之间。

撒麻耳干。城名。本唐康国地，后为回纥所据，货勒自弥复取之。太祖十六年，攻拔其城。宪宗置阿梅河等处行尚书省，治此。后为驸马帖木儿都城，东有养夷沙鹿梅牙、塞蓝、塔什干，西有渴石、迭里迷诸城，皆隶焉。

忽毡。地名。《大典图》在察赤南，撒麻耳干东。本唐俱战提国地。太祖十五年，征货勒自弥，使别将攻克忽毡。

马耳亦囊。城名。

可失哈耳。城名。本西辽属地，太祖十三年取之。

忽炭。城名。《图》在倭赤之西，可失哈耳之东南。本兀丹部，又曰斡端。至元中，置宣慰司都元帅府。未几罢。

柯提。城名。《大典图》在货勒自弥东南，为货勒自弥旧部。

兀提剌耳。《图》在撒麻耳干之北。城名。蒙古人称为卯危巴里克，译言恶城，以攻城多伤士卒。

巴补。城名。《大典图》在忽毡东。

讹迹邗《大典图》作讹迹，即旧史本纪之养吉干。

倭赤。城名。

苦叉。亦作曲先。元初置曲先荅林元帅府。

柯散。城名。《大典图》在察赤西，本宁远国之渴塞城。唐置休循州都督府。

阿忒八失。《大典图》在亦剌八里西南，又曰浑八升。

八里茫。《大典图》在倭赤北，屠寄说茫为沙之误字，八里沙即八剌沙衮，西辽都城。

察赤。唐石国地，又名塔什干。太祖十五年，征西域，攻拔其城。

也云赤。城名。《大典图》在亦剌八里西。

亦剌八里。城名。《大典图》在阿力麻力西南。

普剌。城名。

也迷里。城名。《大典图》在普剌东北。定宗潜邸在此。

阿力麻里。城名。《大典图》在苦叉北。至元八年，北平王南木合建幕庭之地。

合剌火者。本火州治。至治间，地入察合台后王。至顺元年，复立总管府。

鲁古尘。《图》在合剌火者之东，他古新之西。唐柳中县，又曰柳陈城。

别失八里。《图》在鲁古尘之北，本回鹘五城，为畏兀儿地。宪宗置行尚书省。至元二十年，改立宣慰司元帅。后为察合台后王属地。

他古新。城名。《大典图》在鲁古东北。

仰吉八里。

古塔巴。

彰八里《大典图》在别失八里之西，由此而西为古塔巴，又西仰吉八里。

月祖伯大王位下。术赤五世孙。

撒耳柯思。部族名。太祖十六年，命速不台征其部落，取之。《大典图》在阿兰、阿思之南。

阿兰、阿思。部族名。亦名阿速。太祖十六年，速不台取其地。

钦察。部族名。

斡罗斯。部族名。详外国列传。

不里阿耳。部族名，亦城名，又作布尔嘎尔。《大典图》在钦察东北。唐波腊国。太祖十六年，速不台征其部族。后拔都西戎，始城之。

撒吉剌。部族名，亦城名。斡罗斯之属地。

花剌子模。部族名。又作货勒自弥。详外国列传。

赛蓝。城名。本西突厥地。先为海都分地，又属拔都后王。后为驸马帖木儿所取。

巴耳赤邘。城名。一曰八儿真。太祖十五年，术赤攻拔其地。

毡的。城名。一名郑成。太祖征西域，术赤分兵取毡的、养吉干。

不赛因大王位下。旭烈兀四世孙。

八哈剌因。地名。沈曾植说：当作哈剌八因。

怯失。地名。《大典图》与八哈剌因，隔海东西相对。

八吉打。即报达。详列传。

孙丹尼牙。哈儿班答大王所筑都城。

忽里模子。地名。大德中，合赞大王遣使来朝，浮海归。其登陆处为忽普谟斯，即此地。

可咱隆。城名。《大典图》在失罗子西。先为法而斯部属地。

设剌子。法而斯之都城。一名石罗子。

泄剌失。城名。《大典图》在设剌子东。

苦法。

瓦夕的。城名。与苦法均为报达属城。

兀乞八剌。城名。《大典图》在毛夕里东南，报达属城。

毛夕里。本一小国。中统三年旭烈兀大王灭之。

设里汪。地名。《大典图》在兀乞八剌东，一名失儿湾。太祖十六年，者别攻拔其城。按《大典图》误，当作兀乞八剌东北，当次于巴耳打阿、打耳班之下，不当介于毛夕里、罗耳之间。

罗耳。国名。旭烈兀灭之。

乞里茫沙杭。城名。报达属城。宪宗七年，旭烈兀克之。

兰巴撒耳。城名。《大典图》在乞里茫沙东，又曰伦白塞耳，本木剌夷堡。宪宗六年，降于旭烈兀。

那哈完的。城名。又曰你诃温多。唐阿眛国城都。

亦思法杭。城名。本货勒自弥属城，为波斯旧都。

撒瓦。

柯伤。

低廉。地名。又曰低楞。木剌夷堡。旭烈兀平木剌夷，其部众负崄自守，至哈而班答始取之。

胡瓦耳。

西模娘。城名。《图》在塔米设之南，撒里牙之东，即辽之仙门国。

阿剌模忒。城名。本木剌夷属堡，旭烈兀攻降之。

可疾云。城名。又曰憨颜。货勒自弥属地。太祖十五年，大将哲别攻拔之。

阿模里。《大典图》直里海正南，为马三德兰部之会城。

撒马牙。本马三德兰部属城。

塔米设。达拔里斯单部属城。

赞章。城名。《大典图》在可斯费音西北。

阿八哈耳。城名。

撒里茫。本毛夕耳部属城。旭烈兀征报达道,破此城。

朱里章。本货勒自弥属城。

的希思丹。地名。

巴耳打阿。本阿而俺部都城。

打耳班。地名。译言门。波斯筑城乞儿吉思山之要隘,打耳班其通行之门。者别、速不台讨钦察等部,即取道于此。

巴某。城名。《大典图》失载。又曰八米俺。太祖追札剌勒哀丁道,攻此城,皇孙阿秃干中流矢卒。城破。夷为平地。

塔八辛。城名。《大典图》失载。

不思忒。本昔义斯单部之会城。

法因。本木剌夷之属城。

乃沙不因。太祖十六年,皇子拖雷攻拔其城。

撒剌哈西。城名。太祖十六年,拖雷克之。

途思。本货勒自弥属城。太祖十二年,拖雷克之。

巴瓦儿的。城名。

麻里兀。又曰马鲁。为呼拉商属部四大城之一。其三曰弥沙不儿,曰巴里黑,曰哈烈。

塔里干。城名。本唐之咀剌健国。又曰塔思寒。太祖十六年,亲征攻拔其城。

巴黑里。城名。唐之缚喝国地。

吉利吉思、撼合纳、谦州、益兰州等处。吉利吉思者,初以汉地女四十人与乌思之男结婚此地。乞利译言四十,吉思译言女子也。相传乃蛮部始居此。元初,析其民为九千户。其地长一千四百里,广半之。昂可剌为吉利吉思之附庸,因水名其地。昼长夜短,日没爻羊胛熟,东方已曙。乌斯亦以水为名。撼合纳,译言布囊也,地形似之。至元中,徙兀连、撼合结、吉利吉思三部人于肇州。谦州,又曰欠欠祝,或曰汪汗始居此地。益兰州。益兰者,译言蛇。初其地见一巨蛇穴中出,饮河水,故名之。至元七年,刘好礼为吉利吉思、撼合纳、谦州、益兰州等处断事官,以益兰州为治所。

征东行中书省,领招讨司二、劝课使五。至元二十年,置征东行中书省。大德三年,改镇东行中书省。五年,复为征东行中书省。未几罢。至大元年,复置。皇庆元年,又罢。《方舆胜览》:镇东行中书省,领安抚高丽总管府、渖州高丽总管府、耽罗国军民安抚司。按高丽总管府并于渖州高丽总管府,改属辽阳行省。旧志征东行省下,复列渖阳等路高丽军民总管府,一路隶于两省,误甚矣。耽罗安抚司,后改总管府,大德五年,与五道税课使皆罢。

征东招讨司。

庆尚州道劝课使。

东界交州道劝课使。

全罗州道劝课使。

忠清道劝课使。

西海道劝课使。

耽罗国招讨司。其贡赋,每岁进毛施布百匹。后改为军民都达鲁花赤总管府。二十一年,又改为军民安抚司。三十一年,还隶高丽国。大德四年,复置耽罗总管府。五年,改军民万户府。是年,高丽王昛请罢耽罗总管府,隶本国,置万户府如合浦镇边事例。从之。

新元史卷五二
志第一九

河渠一

河防　　至正河防记

　　至元十七年,世祖以学士都实为诏讨使,佩虎符,寻河源于万里之外。都实既受命,道河州,至州东六十里之宁河驿。驿西南有山,曰杀马关,行一日至巅。西上愈高,四阅月始抵河源。是冬,还报,并图其城传位置以闻。其后,翰林学士潘昂霄从都实之弟曰阔阔出者得其说,撰为《河源志》。临川朱思本又从八里吉思家,得帝师所藏梵字书,而以华文译之,与昂霄所志,互有详略。旧史采《河源志》,而以思本之说注其下,参差不一。

　　按河源在吐蕃朵甘思西鄙,有泉百余泓,沮洳散涣,弗可逼视,方可七八十里,履高山下瞰,灿若列星,故名火敦淖尔。火敦,译言星宿;淖尔,译言海子也。思本曰:河源在中州西南,直四川马湖蛮部之正西三千余里,云南丽江宣抚司之西北千五百余里,帝师撒思加地之西南二千余里。水从地涌出如井。其井百余,东北流百余里,汇为大泽,曰火敦淖尔。群流奔辏,近五七里,汇二巨泽,名阿剌淖尔。自西而东,连属吞噬,行一日,迤逦东汇成川,号忝宾河。又二三日,有水西南来,名亦里出,水与赤宾河合。又三四日,有水南来,名忽阑水。又有水东南来,名耶里术。水合流入赤宾河,其流寖大,始名黄河,然水犹清。思本曰:忽阑河源,出自南山,其地大山峻岭,绵亘千里,水流五百余里,注耶里出河。

耶里出河源，亦出自南山，西北流五百余里，始与黄河合。又一二日，歧为八九股，名耶孙斡伦，译言九渡，通广五、七里，可度马。又四五日，水浑浊，土人抱革囊，骑过之。自是两山夹束，广可一里、二里或半里，其深叵测。朵甘思东北有大雪山，最高，番语腾乞里塔，即昆仑，山腹至顶，皆雪，冬夏不消。自九渡水至昆仑，行二十日。"思本曰：自浑水东北流二百余里，与怀里火图河合。怀里火图河源自南山，水正北偏西流八百余里，与黄河合。又东北流百余里，过郎麻哈地。又正北流百余里，乃折而西北流二百余里，又折而正北流百余里，又折而东流，过昆仑山下。番名亦耳麻不剌山。其山高峻非常，山麓绵亘五百余里，河随山足东流，过撒思加阔即、阔提地。

河行雪山南半日，又四五日，至地名阔即及阔提，二地相属。又三日，地名哈剌别里赤尔，四达之冲也，多寇盗，有官兵镇之。近北二日，河水过之。思本曰：河过阔提，与西八思今河合。亦西八思今河源自铁豹岭之北，正北流凡五百余里，与黄河合。雪山以西，人鲜少，吐番部落多处山南。山不穹峻，水亦散漫，兽有髦牛，野马、狼、狍、羱羊之类。其东，山益高，地益渐下，岸狭处，狐可越而过之。行五六日，有水西南来，名纳邻哈剌，河译言细黄河也。思本曰：哈剌河自白狗岭之北，水西北流五百余里，与黄河合。又两日，有水南来，名乞里马出河。二水合流入河。思本曰：自哈剌河与黄河合，正北流二百余里，过阿以伯站，折而西北流，经昆仑之北二百余里，与乞里马出河合。乞里马出河源自威、茂州之西北，岷山之北，水北流，即古当州境，正北流四百余里，折而西北流，又五百余里，与黄河合。

河水北行，转西流，过雪山北，一向东北流，约行半月，至贵德州，地名必赤里，始有州治官府。州隶吐蕃等处宣慰司，司治河州。又四五日，至积石州，即后世所误认之小积石山，非《禹贡》导河之积石。五日，至河州安乡关。一日，至打罗坑。东北行一日，洮河水南来入河。思本曰：自乞里马出河与黄河合，又西北流，与鹏赞河合。折而西北流三百余里，又折而东北流，过西宁州、贵德州、马岭凡八百余里，与邈水合。又东北流，过土桥站古积石州来羌城、廓州构米站界都城凡五百余里，过河州与野庞河合。又东北流百余里，过踏白城银川站，与湟水、浩亹河合。又东北流百余里，与洮河合。以上皆番地。

又一日，至兰州，过北卜渡，至鸣沙河，过应吉里州。正东行，至宁夏府南。东行，即东胜州，隶大同路。自发源至汉地，南北涧溪，细流旁贯，莫知纪极。山皆石，至小积石方林木畅茂。世言河九折，彼地有二折，乞里马出河一折也。贵德州二折也，过此始入小积石。思本曰：自是迳兰州，又东北流，至宁夏府。出塞过游牧地，凡八百余里。过丰州西受降城，折而正东流，过游牧地古天德军中受降城、东受降城，凡七百余里。折而正南流，过大同路云内州、东胜州，与黑河合。又正南流，过保德州、葭州及兴州境，又过临州，凡千余里，与保德州乞那河合。又南流三百里，与延安河合。又南流三百里，与汾河合。又南流二百里，过河中府，遇潼关与太华大山绵亘，水势不可复南，乃折而东流。大概河源东北流，所历皆西番地，至兰州凡四千五百余里，始入中国。又东北流过沙漠地，凡二千五百余里，始入河东境内。又南流至河中，凡千八百余里。通计九千余里。盖旧史所述如此。

至我大清乾隆间平西域，始知葱岭为河之初源，都实所访星宿海及重出之源耳。然河为中国患千有余年，世祖欲穷其源委，以施疏导之方，勤民之至意也。今撮其大要，载于篇首，以备一代之掌故云。

自河徙而南，冲决之患，至元而日甚。其治河之法，凡物料工程轮运，以至叠埽修堤之事，皆沿袭宋金旧法，承用百年，著为条格者也。

河防之令九：

一，每岁选旧部官一员，沿河上下，兼行户、工部事，督令分治都水监及京府州县守涨，从实规措，修固堤岸。如所行事务，有可久为例者，即关移本部，仍候安流，就便检覆。次年春，工物料讫，即行还职。

一，分治都水监及勾当河防事务，并驰驿。

一，州县提举管勾河防官，每六月一日至八月终，各轮一员守涨，九月一日还职。

一，沿河兼带河防知县官，虽非涨月，亦轮上提控。一应沿河州县,若规措有方,能御大患,及守护不谨,以致堤岸疏虞者,具以奏闻。

一,河桥埽兵,遇天寿圣节及元日、清明、冬至、立春俱给假一日。祖父母、父母吉凶二事,并自身婚娶,俱给假三日。妻子吉凶二事,给假二日。其河水平安月分,每月朔给假一日。若水势危险,不用此令。

一,沿河州府遇河防危险之际,若兵力不足,劝率水手人户协济救护至,有干济或难迭办须当进暂差夫役者,州府提控官与都水监及巡河官同为计度,移下司县,以远近量数差遣。

一,河防军疾疫须医治者,都水监移文近京州县,约取所须药物并从官给。

一,河埽堤岸遇霖雨水涨暴变时,分都水司与都巡河官往来提控,官兵多方用心固护,无致为害,仍每月具河埽平安申覆尚书省工部呈阅。

一,除滹沱、漳、沁等河有埽兵守护外,其余大川巨浸如有卧著冲刷危险等事,并仰所管官事约量差夫作急救护,其卢沟河行流去处,每遇泛涨,当该县官与崇福埽官司一同协济防护,差官一员系监勾之职或提控巡检。

每岁守涨河防之制六:

一,开河。宜于上流相视地形,审度水性,测望斜高,于冬月记料,至次年春兴役开挑,须涨月前终毕。待涨水发随势去隔堰水入新河,又须审势疏导。假如河势丁字正撞堤岸,剪滩截嘴,撩浅开挑费功不便,但可解目前之急,亦有久而成河者,如相地形,取直开挑,先须铃㝵谓上下平岸口也分水势,以解堤岸之危。若欲全夺大势,更于对岸抛下木石修刺,于刺影水势渐以木石铃固河口,因复填实,损而复修,至坚固不摧塌,则新河迤逦畅流,旧河自然淤实。

一,闭河。先行检视旧河岸口,两岸植立表杆,次系影水浮桥,使役夫得于两岸通过。于上口下撒星桩,抛下木石镇压狂澜,然后两岸各进草纸三道、土纸两道,又于中心拖下席袋土包。若两岸进纸，至近合龙门时，得用手持土袋土包抛下，兼鸣罗鼓以敌河势。既闭后，于纸前卷拦头压埽于纸上，修压口堤。若纸眼水出，再以胶土填塞牢固，仍设边检以防渗漏。

一，定平。先正四方位置，于四角各立一表，当心安置水平。其制长二尺四寸，广二寸五分，高二寸。先立桩于下，高四尺，纂在内，桩上横坐水平。两头各开小池，方一寸七分，深一寸三分，注水于中，以取平。或中心又开池者，方深同，身内开槽子，广深各五分，令水通过两头池子内，各用水浮子一枚，方一寸五分，高一寸二分，刻上头，侧薄只厚一分，浮于池内，望两头水浮之首，参直遥对立表处，于表身画记，即知地形高下。

一，修砌石岸。先开掘槛子嵌坑，若用阔二尺，深二丈，开与地平。顺河先铺线道板一，次立签桩八，各长二丈，内打钉五尺入地，外有一丈五尺。于签桩上，安跨塌木板六，每留三板，每板凿二孔中间。撒子木六，于撒子木上匀铺秆草束。先用整石修砌，修及一丈。后用荒石再砌一丈。一例高五尺。第二层，除就签桩外，依前铺塌木板、撒子木、秆草，再用石段修砌，高五尺。第三层，亦如之，高一丈。功就，通高二丈。

一，卷埽。其制亦昉于竹楗石菌，今则布薪刍以卷之，环竹绹以固之，绊木以系之，挂石以坠之，举其一二以称之，则曰奠_{音混}。奠既下，又填以薪刍，谓之盘簟。两奠之交，或不相接，则包以网子索，塞以秆草，谓之孔塞盘簟。孔塞之费，有过于埽奠者。盖随水去者太半故也。其奠最下者，谓之扑崖草，又谓之入水埽。奠之最上者，谓之争高埽。河势向著，恐难固护，先于堤下掘坑卷埽以备之，谓之卷埽。叠二三四五而卷者，以沙壤疏恶，近水即溃，必借埽力以捍之也。下奠既朽，则水刷而去，上奠压之，谓之实垫。又卷新埽以压于上，俟定而后止。凡埽去水近者，谓之向著。去水远者，谓之退背。水入埽下者，谓之紧刷。若暴水涨溢，下埽既去，上埽动摇，谓之埽喘。

一，筑城。_{此非河事，以水圮近河，州县亦或用之。}城高四十尺则加厚二十尺。其上斜收，减高之半。若高增一尺，则其下亦加厚一尺，上收亦减其半。若高减，则亦减之。开地深五尺，其广视城之厚。每身一十五步，栽永定柱一，长视城之高，径一尺至一尺二寸。夜义柱各二。每筑高二尺，横用经木一。瓮城至马面之类，准此。他如工程之限，输运之直，与夫合用物料之多寡，皆综核详密，品式粲然，为都水司奉行之条例云。

世祖中统以前，河患无可考。至元九年七月，卫辉路新乡县河决北岸五十余步。八月，北岸又决八十二步，去广盈仓仅三十步。遣都水监丞马良弼偕本路官相视，金丁夫修筑之。二十三年十月，河决开封、祥符、陈留、杞、太原、通许、鄢陵、扶沟、洧川、尉氏、阳武、延津、中牟、原武、睦州十五处，金南京民夫二十万四千三百二十三人分筑堤防。二十五年正月，河决襄邑，又决太康、通许、杞三县，陈、颖二州皆水，命本道宣慰司督修堤之役。二十九年三月，敕都水监二十八年，丞相完泽奏置都水监于京师，岁以官一、令史二、奏差二、壕寨官二，分监于汴治决河。分视黄河河堤堰。

元贞二年九月，河决杞、封邱、祥符、宁陵、襄邑五县。大德元年七月，河决杞县蒲口，遣尚书耶怀、御史刘赓与廉访使尚文相视，筹长久之计。文上言："长河万里，湍猛东注，盟津以下，地平土疏，荡徙不常，失禹故道，流患中土。治得其当，则力省而患迟，失之则功费而患速。今陈留抵东西百有余里，南岸故河口十一，巳塞者二，自涸者六，通水者三，岸高于水六七尺或四五尺。北岸高于水，仅三四尺，或高下与水等。大较南高于北，约八九尺，堤安得不决，水安得不北也。蒲口今决千有余步，迅快东行，得河旧渎，行二百里，至归德，复会正流。若强加湮遏，上决下溃，终究无成。揆之今日河北郡县顺水之性，远筑长堤以御泛滥。归德、徐、邳听民避冲决，图所安，量给淤田，俾为永业。他决视此。即救患之良策也。蒲口不塞便。"议上，山东长吏争言，若不塞蒲口，河北良田必尽化鱼鳖之区，廷议从之，命河南行省官董其役，凡修七堤二十有五处，总三万九千九十二步，用苇束四十万四千，径尺桩二万四千七百二十，役民夫七千九百余人。明年，蒲口复决。自是，修筑之役无岁无之。

至大二年七月，河决封邱县。三年十一月，河北河南道廉访司言：

黄河决溢，千里蒙害。浸城郭，漂室庐，坏禾稼，百姓已罹其毒，然后访求修治之法。而且众议纷纭，互陈利害，当事者疑惑不决，必须上请。比至议定，其害滋大，所谓不预已然之弊。大抵黄河伏槽之时，水势似缓，观之不足为害，一遇霖潦，湍浪迅猛。自孟津以东，土性疏薄，崩溃决溢，可翘足而待。

近岁颖、亳之民，幸河北徙，有司不能远虑，失于规画，使陂泺尽为陆地。东至杞县三汊口，播河为三。官吏建言，相次湮塞南北二汊，使三河之水合而为一。下流既不通畅，自然上溢。由是观之，是自夺分泄之利也。故上下溃决，为害日甚。今水势趋下，有复入钜野、梁山之意。苟不为远计，不出数年，曹、濮、济、郓蒙害必矣。

今之所谓治水者，议论虽多，并无良策。水监之官，既非精选，知河之利害者，百无一二。虽每年累驿而至，名为巡河，徒应故事。问地形之高下，则懵不知。访水势之利病，则非所习。乃或妄兴事端，劳民动众，阻违水性，翻为后患。

为今之计，莫若于汴梁置都水分监，妙选廉干、深知水患之人，专任其事。可疏者疏之，可增者增之，可防者防之。职掌既专，则事功可立。较之河已决溢，民已被害，然后卤莽从事以劳民者，不可同日而语矣。

中书省下其议于都水监。先是省臣奏升都水监为正三品，添设二员，铸分监印，巡视御河，就令提点黄河之事。至是，本监议："为御河添官铸印，兼提点黄河，若分监在彼，则有妨御河公事。况黄河已有拘该官司正官提调，莫若使分监者以十月往，与各处官司巡视缺坏，会计工程，俟年终分监新官至，则交割代还，庶不相误。"

工部言："大德九年，黄河决徙，逼近汴梁，几至浸没。本处官吏权宜开薰盆口，分入巴河，以杀其势，遂使正河水缓，并趋支流。缘巴河旧隘，不足吞伏。明年急遣萧都水等闭塞，而其势愈大，卒无成功。致连年为害,南至归德,北至济宁,尽患沦胥。欲为经久之计,非用通知古今水利之人专任其事,终无补益。河南宪司所言详悉,都水监止援旧例议拟未合。如量设专官,精选廉干、深知地形水势者,任以河防之职,往来巡视,以时疏塞,庶可除异日之患。"省议乃令都水分监专治河防,任满交代云。

延祐元年八月,河南行省言:"黄河涸出之地,水泊污地,多为势家所据,忽遇泛溢,水无所归。由此观之,非河侵人,人自侵水。拟差知水利都水监官偕行,廉访司相视,可以疏辟堤障,未至泛溢,先加修治,用力少而成功多。又汴梁路睢州诸处,决口数十,内开封县小黄村计会月堤一道,所拟不一,宜委行省官与本道宪司、都水分监官及州县正官,亲历按验,从长讲议。"由是遣太常丞郭奉政、前都水监丞边务、都水监卿朵儿只、河南行省石右丞、本道廉访副使站木赤、汴梁路判官张承恩,上至河阴,下至陈州,与拘该州县官沿河相视。开封县小黄河口,测量比旧减六尺,陈留、通许、太康旧有蒲苇之地,后以塞西河、塔河诸口,以便种植,故他处连年溃决。

公议:"治水之道,惟当顺其性之自然。黄河迁徙不常,每岁泛溢两岸,时有冲决。强为闭塞,已及农时,科桩金,发丁夫,动至数万,所费不可胜纪,民不堪命。盖自治之法,惟宜顺水疏泄。今相视上抵河阴,下抵归德,夏水盛涨,甚于常年,以小黄河口分泄之故,并无冲决,此其明验也。若将小黄村河口堵闭,必移患于邻封。决上流南岸,则汴梁被害。决下流北岸,则山东可忧。事难两全,当遗小就大。详视陈州,最为低洼被水之地。今岁麦禾不收,民饥特甚,请免陈州差税,赈其饥民。陈留、通许、太康县被灾之家,依例取勘赈恤。其小黄村河口仍旧通流,筑月堤及障水堤以资抵捍。别难拟议。"中书省题之,依议施行。

至五年正月,河北河南道廉访副使奥屯言:"近年河决杞县小黄村口,滔滔南流,莫能御遏,陈、颍濒河膏腴之地浸没大半,百姓流亡。今水迫汴城,远无数里,倘值霖雨水溢,仓卒何以为计。方今农隙,宜为讲究,使水归故道,达于江、淮,不惟陈、颍之民得遂其生,亦可除汴梁异日之患。"于是大司农下都水监移文分监修治,自六年十一月一日兴工,至七年三月九日工毕,北至槐疙疸两旧堤,南至窑务汴堤,通长二十里二百四十三步。创修护城堤一道,长七千四百四十三步。堤下广十六步,上广四步,高一丈,六尺为一工。计工二十五万三千六百八十,用夫八千四百五十三,除风雨妨工,三十日毕。内流水河沟,南北阔二十步,水深五尺。修堤阔二十四步,上广八步,高一丈五尺,积十二万尺,取土稍远,四十尺为一工,计三万工,用夫万人。每步用大桩二,计四十,各长一丈三尺,径四寸。每步草束千,计二万束,签桩四,计八十桩,各长八尺,径三寸。大船二,梯镢绳索备焉。

是年七月,荥泽县塔海庄河决,未几,开封县苏村及七里寺复决二口。本省平章政事站马赤亲率本路官及都水分监并工修筑。至治元年正月兴工,条堤岸四十六处,计工一百二十五万六千四百九十四,用夫三万一千四百一十三。八年,河决原武县,浸灌数属,其工役案牍无征莫得而详焉。

泰定二年,御史姚炜以河屡决,请立行都水监于汴梁,仍令沿河州县知河防事。从之。是年,睢州河决。三年,郑州阳武县又决,漂民房一万六千余家。五年,兰阳县河又决。

至顺元年六年,曹州济阴县魏家道口河决。先是,堤将溃,济阴县防河官与县尹郝承务差募民夫创修护水月堤,又以水势大,复筑月堤于北。功未竟,水忽泛溢,新旧三堤俱决。明日,外堤复坏,湍流迅猛,有蛇出没于中,所上桩工,一埽无遗。缺口东西五百余步,深二丈余。外堤缺口,东西四百余步,又磨子口护水堤,低薄不足御水,东西长一千五百步。乃先筑磨子口,七月十六日兴工,二十八日工毕。郝承务言:"魏家道口砖堌等村缺口,累下桩土,冲决不存,堤周回皆泥淖,人不可居,又无取土之处。且沛郡安乐等堡,去岁旱灾,今复水涝,民皆缺食,难于差金。其不经水村堡,先巳遍差补筑黄家桥、磨子口诸处堤堰,似难重役。请俟秋凉水退,金夫修理,庶苏民力。计冲坏新旧堤七处,共一万二千二百十六步,下广十二步,上广十四步,高一丈二尺,计用夫六千三百人,桩九百九十,苇箔一千三百二十,草束一万六千五,六十尺为一工,无风雨妨工,度五十日可毕。"

郝承务又言:"九月三日兴工,连日风雨,辛马头、孙家道口堤又坏,计工役倍于元数,添差二千人同筑。二十六日,元与武成、定陶二县分筑魏家道口八百二十步工竣。其辛马头孙家道口之缺口,南北阔一百四十步,内水地五十步,深者二丈,浅者亦不下八九尺,补筑七日工竣。又创筑月堤一道,斜长一千六百二十七步,内武城、定陶分筑一百五十步,实筑一千四百七十七步。惟埙头魏家道口外堤未筑,以冬寒土冻,俟来春补筑焉。"

是年,遣太禧宗禋院都事盖苗行视河道。苗还言:"河口淤塞,今不治,异日必为中原大患。"都水监难之,事遂寝。不及十五年,而白茅堤之口决。

至正四年正月,河决曹州,雇民夫一万五千八百人筑之。五月,大霖雨,平地水深二丈,河暴溢,决白茅堤,曹、濮、济、兖皆水。十月,议筑黄河堤堰。六年,以河决,立河南、山东等处行都水监,专治河防。九年三月,河北决。五月,白茅河东注沛县,遂成巨浸。是年冬,帝命集群臣廷议,言人人殊,惟监察御史余阙言:

禹河自大伾而下,酾为二渠,皆东北流。自周定王时,河始南徙。讫于汉,而禹之故道始失。自瓠子再决,而其流为屯氏诸河。其后河入千乘,偶合于禹所治河,由是而讫东都。至唐,河不为患者千数百年。赵宋时,河又南决。至于南渡,乃由彭城合汴、泗东南以入淮,而汉之故道又失。

尝考中国之地,西南高而东北下,故水至中国而入海者,一皆趋于东北。古河自龙门即穿西山,踵趾而入大陆,地之最下者也。河之行于冀州,北方也,数千年而徙千乘。自汉而后,千数百年而徙彭城。然南方之地,本高于北,故河之南徙也难,而其北徙也易。自宋南渡至今,殆二百年,而河旋北,乃地势使然,非关人力也。

比者河北破金堤,逾丰沛,曹、郓诸郡大受其害,天子哀民之垫溺，乃疏柳河，欲引之南，工不就。今诸臣集议，多主浚河故道，复引河以南入彭城，筑堤起曹南讫嘉祥，东西三百里，以障河之北流，则渐可以导之使南。

嗟乎！谚有之曰：不习为吏，眎巳成事。今所谓南流故道者，非河之故道也。使反于大禹北流之故道，由汉之千乘以入海，则国家将无水患千余年，如东汉与唐之时，而又何必障而排之，使南乎？

今庙堂之议，非以南为壑也。其虑以为河之北，则会通之漕废。不知河即北，而会通之漕不废。何也？漕以汶，而不以河也。河北流，则汶自彭城以下必微微。则吾有制而治之，亦可以行舟以漕粟，所谓浮于汶达于河者是也。阙特防钜野，而使河不妄行。俟河复千乘故道，然后复相水之宜而修治之。此千古之明鉴，非一人之私言也。

十年四月，以军士五百人修白茅河堤。十二月，命大司农秃鲁、工部尚书成遵行视决河，议其疏塞之法以闻。十一年春，遵等自济宁、曹、濮、大名行数千里，掘井以量地形之高下，测岸以究水势之深浅，以为河之故道不可复，其议有八。时右丞相脱脱复相，锐于任事。都漕运使贾鲁以治河二策进：其一，修筑北堤，以制横溃，则用工省；其一，疏塞并举，挽河复故道，其功数倍。脱脱韪鲁后策。及遵兴秃鲁至，力陈不可。脱脱不听，以其事属鲁。迁鲁为工部尚书，总治河防使。发汴梁、大名十三路民夫十五万，庐州等处十八翼军二万，自黄陵冈南达白茅，放于黄堌、哈只等口，又自黄陵西至杨青村合于故道，凡二百八十里百五十四步有奇。命中书右丞玉枢虎儿哈等率卫军以镇之。自四月兴工，至十一月，水土工毕，诸埽诸堤成，河复故道，南汇于淮，又东入于海。帝遣使者报祭河伯，召鲁还京师，论功超拜荣禄大夫、集贤大学士，赐脱脱世袭达剌罕，命翰林学士承旨欧阳元撰河平碑，以旌劳绩。元治河三大役：曰蒲口，曰小黄村，曰白茅堤。当时名臣多谓宜顺水势，勿埋塞，其言率迂不可用。脱脱黜成遵，从贾鲁，挽河复故道，尤为不世之功。欧阳元作《至正河防记》，载其施功次第详矣。用附著左方，俾治河者有考焉。

　　治河一也，有疏，有浚，有塞，三者异焉。酾河之流，因而导之，谓之疏。去河之淤，因而深之，谓之浚。抑河之暴，因而扼之，谓之塞。疏浚之别，有四：曰生地，曰故道，曰河身，曰减水。河身地有直有纡，因直而凿之，可就故道。故道有高有卑，高者平之以趋卑，高相就，则高不壅，卑不潴，虑夫壅生溃，潴生埋也。河身者，水虽通行，身有广狭。狭难受水，水溢悍，故狭者，以计辟之。广难为岸，岸善崩，故广者以计御之。减水河者，水放旷，则以制其狂，水堕突，则以杀其怒。

　　治堤一也，有创筑、修筑、补筑之名，有刺水堤有截河堤，有护岸堤，有缕水堤，有石船堤。

　　治埽一也，有岸埽、水埽，有龙尾、栏头、马头等埽。其为埽台及推卷、牵制、薶挂之法，有用土、用石、用铁、用草、用木、用栈、用绠之方。

　　塞河一也，有缺口，有豁口，有龙口。缺口者，已成川。豁口者，旧常为水所豁，不退则口下于堤，水涨则溢出于口。龙口者，水之所会，自新河入故道之漈也。

　　此外不能悉书，因其用功之次第而就述于其下焉。

　　其浚故道，深广不等，通长二百八十里百五十四步而强。功始自白茅，长百八十二里。继自黄陵冈至南白茅，生地十里。口初受，广百八十步，深二丈有二尺，已下停广百步，高下不等，相折深二丈及泉。曰停、曰折者，用古算法，因此推彼，知其势之低昂，相准折而取匀停也。南白茅至刘庄村接入故道十里，通折垦广八十步，深九尺。刘庄至专固百有二里二百八十步，通折广六十步，深五尺。专固至黄固，垦生地八里，面广百步，底广九十步，高下相折，深丈有五尺。黄固至哈只口，长五十一里八十步，相折停广垦六十步，深五尺。乃浚凹里减水河，通长九十八里百五十步。凹里村缺河口生地，长三里四十步，面广六十步，底广四十步，深一丈四尺。自凹里生地以下旧河身至张赞店，长八十二里五十四步。上三十六里，垦广二十步，深五尺。中三十五里，垦广二十八步，深五尺。下十里二百四十步，垦广二十六步，深五尺。张赟店至杨青村，接入故道，垦生地十有三里六十步，面广六十步，底广四十步，深一丈四尺。

其塞专固缺口，修堤三重，并补筑凹里减水河南岸豁口，通长二十里三百十有七步。其创筑河口前第一重西堤，南北长三百三十步，面广二十五步，底广三十三步，树植桩橛，实以土牛、草苇、杂梢相兼，高丈有三尺。堤前置龙尾大埽。言龙尾者，伐大树连梢系之堤旁，随水上下，以破啮岸浪者也。筑第二重正堤，并补两端旧堤，通长十有一里三百步。缺口正堤长四里。两堤相接旧堤，置桩堵闭河身，长百四十五步，用土牛、稍土、草苇相兼修筑。底广三十步，修高二丈。其岸上土工修筑者，长三里二百十有五步有奇，高广不等，通高一丈五尺。补筑旧堤者，长七里三百步，表里倍薄七步，增卑六尺，计高一丈。筑第三重东后堤，并接修旧堤，高广不等，通长八里。补筑凹里减水河南岸豁口四处，置桩木、草土相兼，长四十七步。

于是塞黄陵全河，水中及岸上修堤，长三十六里百三十六步。其修大堤剌水者二，长十有四里七十步。其西复作大堤剌水者一，长十有六里百三十步。内创筑岸上土堤，西北起李八宅西堤，东南至旧河岸，长十里百五十步，颠广四步，趾广三之，高丈有五尺。仍筑旧河岸至入水堤，长四百三十步，趾广三十步，颠杀其六之一，接修入水。

两岸埽堤并行。作西埽者，夏人水工，征自灵武。作东埽者，汉人水工，征自近畿。其法以竹络实以小石，每埽不等，以蒲苇线腰索径寸许者从铺，广可一二十步，长可二三十步。又以曳埽索绚径三寸或四寸，长二百余尺者衡铺之。相间复以竹苇麻檾大纤，长三百尺者为管心索，就系绵腰索之端于其上，以草数千束，多至万余，匀布厚铺于绵腰索之上，彙而纳之。丁夫数千，以足踏实。推卷稍高，即以水工二人立其上，而号于众，众声力举，用小大推梯，推卷成埽，高下长短不等。大者高二丈，小者不下丈余。又用大索，或互为腰索，转致河滨。选健丁操管心索，顺扫台立踏，或挂之台中铁猫大

橛之上，以渐缒之下水。埽后掘地为渠，陷管心索渠中，以散草厚
覆，筑之以土，其上覆以土牛、杂草、小埽梢土，多寡厚薄，先后随
宜。修叠为埽台，务使牵制土下，缜密坚壮，互为犄角，埽不动摇。日
力不足，火以继之。积累既毕，复施前法，卷埽以厌先下之扫，量浅
深，制埽厚薄，叠之多至四埽而止。两埽之间，置竹络，高二丈或三
丈，围四丈五尺，实以小石、土牛。既满，系以竹缆。其两旁并埽，密
下大桩，就以竹络大竹腰索系于桩上。东西两埽及其中竹络之上，
以草土等筑为埽台，约长五十步或百步。再下埽，即以竹索或麻索
长八百尺或五百尺者一二，杂厕其余管心索之间。俟埽入水之后，
其余管心索如前蒴挂，随以管心长索远置五七十步之外，或铁猫，
或大桩，曳而系之，通管束累日所下之埽，再以草土等物通修成堤。
又以龙尾大埽，密挂于护堤大桩，分析水势。其堤长二百七十步，北
广四十二步，中广五十五步，南广四十二步。自颠至趾，通高三丈八
尺。

其截河大堤，高广不等，长十有九里百七十七步。其在黄陵北
岸者，长十里四十一步。筑岸上土堤，西北起东西故堤，东南至河
口，长七里九十七步，颠广六步，趾倍之二强二步，高丈有五尺，接
修入水。施土牛，小埽梢草杂土，多少厚薄，随宜修叠。及不竹络，
安大桩，系龙尾埽，如前两堤法。唯修叠埽台，增用白阑小石，并埽
上及前洴修埽堤一，长百余步，直抵龙口。稍北，栏头三埽并行，大
堤广与刺水二堤不同。通前列四埽，间以竹络，成一大堤，长二百八
十步，北广百一十步，其颠至水面高丈有五尺，水面至泽腹高二丈
五尺，通高三丈五尺。中流广八十步，其颠至水面高丈有五尺，水面
至泽腹高五丈五尺，通高七丈。并创筑缕水横堤一，东起北截河大
堤，西抵西刺水大堤。又一堤，东起中刺水大堤，西抵西刺水大堤。
又一堤，东起中刺水大堤，西抵西刺水大堤。通长二里四十二步，亦
颠广四步，趾三之，高丈有二尺。修黄陵南岸，长九里六十步。内创
岸土堤，东北起新补白茅故堤，西南至旧河口，高广不等，长八里二
百五十步。

　　乃入水作石船大堤。盖由是秋八月二十九日乙巳，道故河流，先所修北岸西中刺水及截河三堤犹短，约水尚少，力未足恃。决河势大，南北广四百余步，中流深三丈余，益以秋涨，水多故河十之八。两河争流，近故河口，水刷岸北行，洄漩湍急，难以下埽。且埽行或迟，恐水尽涌入决河，因淤故河，前功随堕。鲁乃精思入故河之方，以九月七日癸丑，逆流排大船二十七艘，前后连以大桅或长桩，用大麻索、竹絙绞缚，缀为方舟。又用大麻索、竹絙，用船身缴绕上下，令牢不可破，乃以铁猫于上流硾之水中。又以竹絙绝长七八百尺者，系两岸大橛上，每絙或硾二舟或三舟，使不得下，船腹略铺散草，满贮小石，以合子板钉合之。复以埽密布合子板上，或二重或三重，以大麻索缚之急。复缚横木三道于头桅，皆以索维之，用竹编笆，夹以草石，立之桅前，约长丈余，名曰水帘桅。复以木楂柱，使帘不偃仆。然后选水工便捷者，每船各二人，执斧凿，立船首尾，岸上捶鼓为号，鼓鸣，一时齐凿，须臾舟穴，水入，舟沉，遏决河。水怒溢，故河水暴增。即重树水帘，令后复布小扫土牛白阑长稍，杂以土草等物，随以填垛。继之以石船下诣实地，出水基趾渐高，复卷大埽以压之。前船势略定，寻用前法，沉余船，以竟后功。昏晓百刻，役夫分番甚劳，无少间断。船堤之后，草埽三道并举，中置竹络盛石，并埽置桩，系缆四埽及络，一如修北截水堤之法。第以中流水深数丈，用物之多，施工之大，倍他堤。距北岸才四五十步，势迫东河，流峻若自天降，深浅叵测。于是先卷下大埽约高二丈者，或四或五，始出水面。修至河口一二十步，用工尤艰。薄龙口，喧豗猛疾，势撼埽基，陷裂欹倾，俄远故所。众议沸腾，以为难合，然势不容已。鲁神色不动，机解捷出，进官吏工徒十余万人，日加奖谕，辞旨恳至，众皆感激赴功。十一月十一日丁巳，龙口遂合，决河绝流，故道复通。

　　又于堤前通卷栏头埽各一道，多者或三或四。前埽出水，管心大索系前埽，硾后阑头埽之后，后埽管心大索亦系小埽，硾前栏头埽之前，后先羁縻，以锢其势。又于所交索上，及两埽之间，压以小石白阑土牛，草土相半，厚薄多寡，相势措置。

埽堤之后。自南岸复修一堤，抵已闭之龙口，长二百七十步。船堤四道成堤，用农家场圃之具曰辘轴者，穴石立木如比栉，蓲前埽之旁。每步置一辘轴，以横木贯其后，又穴石，以径二寸余麻索贯之，系横木上，密挂龙尾大埽，使夏秋潦水、冬春凌澌，不得肆力于岸。此堤接北岸截河大堤，长二百七十步，南广百二十步，颠至水面高丈有七尺，水面至泽复高四丈二尺。中流广八十步，颠至水面高丈有五尺，水面至泽腹高五丈五尺，通高七丈。仍治南岸护堤埽一，通长一百三十步，南岸护岸马头埽三道，通长九十五步，修筑北岸隁防，高广不等，通长二百五十四里七十一步。

白茅河口至板城，补筑旧堤，长二十五里二百八十五步。曹州板城至英贤村等处，高广不等，长一百三十三里二百步。稍冈至砀山县，增培旧堤，长八十五里二十步。归德府哈只口至徐州路三百余里，修完缺口一百七十处，高广不等，积修计三里二百五十六步。亦思剌店缕水月堤高广不等，长六里三十步。

其用物之凡，桩木大者二万七千，榆柳杂稍六十六万六千，带稍连根株者三千六百，蘪秸蒲苇杂草以束计者七百三十三万五千有奇，竹竿六十二万五千，苇席十有七万二千，小石二千艘，绳索小大不等五万七千，所沉大船百有二十，铁缆三十有二，铁猫三百三十有四，竹篾以斤计者十有五万，硾石三千块，铁钻万四千二百有奇，大钉三万三千二百三十有二。其余若木龙、蚕橼木、麦秸、扶桩、铁叉、铁吊、枝麻、搭火钩、汲水、贮水等具，皆有成数。

官吏俸给，军民衣粮、工钱，医药、祭祀、赈恤、驿置马乘及运竹木、沉船、渡船、下桩等工，铁、石、竹、木、绳索等匠佣资，兼以和买民地为河，并应用杂物等价，通计中统钞百八十四万五千六百三十六锭有奇。

鲁尝有言："水工之功，视土工之功为难；中流之功，视河滨之功为难；决河口，视中流又难；北岸之功，视南岸为难。用物之性，草虽至柔，柔能狎水，水渍之生泥，泥与草并，力重如碇。然维持夹辅，缆索之功实多。"盖由鲁习知河事，故其功之所就如此。

是役也,朝廷不惜重费,不吝高爵,为民辟害。脱脱能体上意,不惮焦劳,不恤浮议,为国拯民。鲁能竭其心思智计之巧,乘其精神胆气之壮,不惜劬瘁,不畏讥评,以报君相知人之明。宜悉书之,使职史氏者有所考证也。

新元史卷五三
志第二〇

河渠二

通惠河 阜通七坝　金水河　双塔河　积水潭
白河　御河　会通河 兖州闸
扬州运河　镇江运河 练湖
济州河 胶莱河

　　元之运河,自通州至京师为通惠河,自通州至直沽为白河,自
临清至直沽为御河,自东昌须城县至临清为会通河,自三汊口达会
通河为扬州运河,自镇江至常州吕城堰为镇江运河,南逾江淮,北
至京师,为振古所无云。

　　通惠河,一名阜通河,又名坝河,上源出于白浮、瓮山诸泉。先
是,中统三年,郭守敬面奏:"中都旧漕河,东至通州,引玉泉水以通
舟,岁可省雇车钱六万缗。"从之。迨至元二十八年,守敬复建言:
"疏凿通州至都漕河,改引浑水溉田,于旧闸河踪迹导清水,上自昌
平县白浮村引神山泉,西折而南合双塔、榆河、一亩、马眼、玉泉诸
水,绕出瓮山后,汇为七里泺,东入西水门,贯积水潭,东南出文明
门,东至通州高丽庄入白河,总长一百六十里一百四步。塞清水口
二十处,闸坝十处,共二十座,节水以通漕运,诚为便益。"帝览奏喜

曰："当速行之。"于是复置都水监，以守敬领之。首事于至元二十九年春，告成于三十年秋，赐名通惠河。凡役军一万九千二百二十八，工匠五百四十二，水手三百一十九，没官囚奴一百七十二，计二百八十五万，用钞一百五十二万锭。工兴之日，命丞相以下皆亲操畚锸为之倡。置闸之处，往往于地中得旧时砖石，人皆叹服。船既通行，公私便之。

其坝闸之名曰：广源闸；西城闸二，上闸在和义门外西北一里，下闸在水门西三步；海子闸，在都城内；文明闸二，上闸在丽正门外水门东南，下闸在文明门西南一里；魏村闸二，上闸在文明门东南一里，下闸西去上闸西去上闸一里；籍东闸二，在都城东南王家庄；郊亭闸二，在都城东南二十五里银王庄；通州闸二，上闸在通州西门外，下闸在通州南门外；杨尹闸二，在都城东南三十里；朝宗闸二，上闸在万亿库南百步，下闸去上闸百步。又筑阜通七坝，潭沟坝九，王村坝二，郑村坝一，西阳坝三，郭村坝二，千斯坝一，通州石坝一。宋本《都水监厅事记》，通州新坝作常庐坝。以大都至通州地势相悬高下四丈，故多为闸坝，以资蓄泄焉。

元贞元年，工部言："通惠河创造闸坝，所费不资，全在守者上下照看修治，今拟设提领三员，管领人员专巡护之事。其西城闸改名会川，海子闸改名澄清，魏村闸改名惠和，籍东闸改名庆丰，郊亭闸改名平津，通州闸改名通流，河门闸改名广利，杨尹闸改名溥济。"

大德六年，漕司言："岁漕百万，全藉船坝夫力。自冰开发运，至河冻时止，计二百四十日，日运粮四千六百余石。所辖船夫一千三百余人，坝夫七百二十人，占役昼夜不息。今年水涨决坝堤六十余处，虽经修毕，恐霖雨冲圮，走泄运水。点视河堤，量加修筑，计深沟坝一万五千一百五十二工，王村坝七百七十三工，郑村坝一千一百二十五工，西阳坝一千二百六十二工，郭村坝一千九百八十七工，千斯坝下一处一万工，总用工三万二千三百四十。"议上，中书省如所请。

至大四年，中书省臣言："通州至大都运粮河闸，始务速成，故皆用木,岁久木朽,一旦俱败,然后致力,将恐不胜其劳。今为永固计,宜用砖石,以次修治。"从之。至泰定四年,工始竣。

天历三年,中书省臣言:"世祖时开挑通惠河,全籍上源白浮、一亩等泉之水以通漕运。今诸寺观及权势之家,私决堤堰,灌田安硙,致河淤浅妨漕事,乞禁之。"诏:"白浮、瓮山直抵大都运粮河堤堰,诸人毋挟势偷决。"大司农、都水监严禁之。

凡通惠河之上源,曰金水河,出于宛平玉泉山,流至义阳门南水门入京城。至元二十九年,中书右丞马忽速言:"金水河所经运石大河及高良河西河,俱有跨河跳槽,今已损坏,请新之。"从之。至大四年,敕引金水河注于光天殿西花园石山前旧池,置闸四,以节水势,工成,役夫匠二十九,工二千七百二十三。

曰双塔河,出昌平县孟村一亩泉,经双塔店而东,至丰善村,合榆河,入通惠河,至元三年,巡河官言:"双塔河时将泛溢,不早为备,恐至溃决。"都水监乃差夫修治,凡合闭水口五处,用工二千一百五十五。

曰白浮、瓮山。白浮泉水,在昌平县界,西折而东,经瓮山湖,自西水门入都城。大德七年,瓮山等处看闸提领言:"自闰五月,昼夜雨不止,六月九日,山水暴发,漫流堤,冲上决水口。"都水监自九月二十一日兴工,至十月工竣,实役军夫九百九十三人。十一年三月,白浮、瓮山河堤崩三十余里,编荆笆为水口,以泄水势。计笆口十一处,四月兴工,十月工竣。皇庆元年,都水监言:"白浮、瓮山堤,多低薄崩陷处,宜修筑。"来春二月入役,八月工竣,总修长三十七里二百十五步,计工七万三千七百七十。延佑元年,都水监言:"自白浮、瓮山下至广源闸堤堰,多淤,源泉不能通流。"会计工程,差军夫千人疏瀹之。泰定四年八月,山水泛溢,冲决瓮山诸处笆口。自八月二十六日兴工修筑,九月十二日工竣。役军夫二千人,实役九万工,四十五日。

其西北诸泉之水汇于都城内者,为积水潭,一名海子,以石甃其四围。延佑六年,都水监计会前后,与旧石岸相接。用石三百五,各长四尺，宽二尺六寸，厚一尺，用工三百五，役丁夫五十，石工十九。至治三年，大都河道提举司言："海子南岸东西道路，当两城要冲，金水河浸润于上，海子冲啮于下，且道狭，多泥淖，车马难行，如以石砌之，实长久之计。"从之。

金水河，又谓之隆福宫前河。至治二年，敕：金水河在世祖时濯手有禁，今则洗马者有之，比至秋疏涤，禁诸人毋得污秽。

白河，源出塞外，经漷州为潮河川，南流至通州潞县，合榆、浑诸水，亦名潞河，又东南至香河县，又过武清县，达于静海县，至直沽入海。

至元三十年九月，漕司言："通州运粮河，全仰白、榆、浑三河之水合流，舟楫之行有年矣。今岁新开闸河，分引浑、榆二河上源之水，故自李二寺至通州三十余里，河道浅涩。今春夏天旱，有水深二尺处，粮船不通，改用小料船搬载，淹延岁月，致亏粮数。先是，都水监相视白河，自东岸吴家庄前，就大河西南，斜开小河二里许，引榆河合流至深沟坝下，以通漕舟。今丈量，自深沟、榆河上湾，至吴家庄龙王庙前白河，西南至坝河八百余步。及巡视，知榆河上源筑闭，其水尽趋通惠河，止有白佛、灵沟子母二小河水人榆河，水浅不能胜舟。拟自吴家庄就龙王庙前闭白河，于西南开小渠，引水自坝河上湾入榆河，庶可漕运。又深沟乐岁五仓，积贮新旧粮七十余万石，站车挽运艰缓。访视通州城北通惠河积水，至深沟村西水渠，去乐岁、广储等仓甚近。拟自积水处由旧渠北开四百步，至乐岁仓西北，以小料船载甚便。"中书省议，从之。

大德五年五月，中书省言："自杨村至河西务河堤三十五处，用苇一万九千一百四十束，军夫二千六百四十人，度三十日工毕。"都水监言："分官自濠寨至杨村历视坏堤，督军夫修筑，以霖雨水溢，故工役倍元料，自寺洵口北至蔡村、清口、孙家务、辛庄、河西务堤，就用元料苇草，修补卑薄，创筑月堤。其杨村两岸相对出水河口四处，苇草不敷，令军夫采刈，至九月工竣。惟杨村堤岸随修随圮，盖为用力不固，徒烦工役，其未修者俟来春水涸兴工。"

延祐六年十月，中书省言："漕运粮储及南来商贾舟楫，皆由直沽达通惠河。今岸崩泥浅，不早疏浚，有碍舟行，必致物价腾贵。都水监职专水利，宜分官一员以时巡视，遇有颓圮浅涩，随宜修筑。如功力不敷，有司差夫助役，怠事者究治。"敕下都水监施行。

至治元年正月，漕司言："夏运海粮一百八十九万余石，转漕往返，全藉河道通便。今小直沽汊河口潮汐往来，淤泥壅积七十余处，漕运不能通行，宜移文都水监疏浚。"工部议："农作方兴，兼民多艰食，若不差军助役，民力有所不逮。"枢密院言："军人不敷。"省议："方东作之时，若差民丁，恐妨岁事。其令大都募民夫三千人，日给佣钞一两、糙粳米一升，委正官验日支给，令都水监及漕司督其役"从之。

泰定三年三月，都水监言："河西务菜市湾水势冲啮，与仓相近，将来为患。宜于刘二总管营相对河东岸，截河筑堤，改水道与旧河合，可杜水患。"四年正月，省臣奏准，枢府差军五千，大都路募夫五千人，日支糙粳米五升、中统钞一两，都水监工部委官与前卫董指挥同监役。三月十八日兴工，六月十一日工竣。

天历二年三月，漕司言："元开刘二总管营相对河，北旧河运粮过远，乞复浚旧河便。"四年，遣兵部员外郎邓衡、都水监丞阿里、漕使太不花等督军七千浚治。三年，又募民夫三千人助役，兵部改委辛侍郎监之。是年，浚漷州运河，至入通惠河。

御河，出辉州苏门山，经新乡汲县而东，至大名路浚州淇水入之，名为御河。经凡城县东北，流入济宁路馆陶县西，与漳水合，又东北至临清县，与会通河合。从河间路交河县北入清池县界，永济河入之。又北至清州静海县，会白河入于海。

至元三年七月，都水监言："运河二千余里，漕公私物货，为利甚大。自兵兴以来，失于修治，清州之南、景州之北，颓缺岸口三十余处，河流淤塞。至癸巳年，朝廷役夫四千修筑，乃复行舟。今又三十余年，无官主领。沧州地分，水面高于平地，全藉堤防。其园圃之家掘堤作井，深至丈余或二丈，引水灌园。复有濒河居民，就堤取土，渐至缺坏，走泄水势，不惟有妨粮运，或致漂没田庐。其长芦以北、索家马头以南，水内暗藏桩橛，尤为行舟之患。"工部议以滨河州县佐贰之官兼河防事，沿河巡视，修补堤堰，拔去桩橛，仍禁居民毋穿堤作井，七年，武清县河溢，金民夫浚之，历八十日工竣。

至大元年六月，左翼屯田万户府言："五月十八日，水决会川县孙家口岸约二十余步，南流灌本管屯田。已移河间路、武清县、清州有司，发丁夫修筑。"于是，枢密院亦檄河间路左翊屯田万户府，差军并工筑塞。十月，大名路浚州言："七月十一日连雨至十七日，清、石二水溢李家道口。询之社长，称水源自卫辉路汲县东北，连本州淇门西旧黑荡泊、溢流出岸，漫黄河古堤，东北流入本州齐贾泊，复入御河。窃计今岁水施逆行，乃下流漳水涨溢遏绝，以致如此，实非人力可胜。又七月十二日，御河水骤涨三尺，十八日复添四尺，其水逆流，明是下流壅遏，乞差官巡治。"

延祐二年七月，沧州言："往年景州吴桥县御河水溢，冲决堤岸。万户千奴恐伤淇河屯田，差军筑塞旧泄水郎儿口，故水无所泄，浸民庐及已熟田数万顷。及七月四日，河决吴桥县柳斜口东岸三十余步，千户移僧又遣军堵塞郎儿口，水壅不泄，必致漂荡张管、许河、孟村三十余村。本州摘官相视，移文约会开放。不从。"四年五月，都水监始遣官与河间路官相视郎儿口下流故河，至沧州约三十余里，及减水故道名曰盘河。应增浚故河，决积水，由沧州城北达滹沱河以入于海。泰定元年九月，都水遣官督丁夫五千八百九十一人。是月兴工，至十月工竣。

会通河，起东昌路须城县安民山之西南，由寿张西北至东昌，又西北至临清，达于御河。

至元十七年，江南平，置汶泗都漕运司，控引江、淮，以供亿京师。自东阿至临清二百里，舍舟而陆车运至御河，役民一万三千二百七十六户。经茌平县,地势卑,夏秋霖潦,道路不通,公私病之。于是寿张县尹韩仲晖、太史院令史边源相继言开河置闸,引汶水达于御河,较陆运利相什佰。诏廷臣议之。二十五年,遣都漕运副使马之贞偕源按视地势,之贞等图上可开之状。丞相桑哥奏言:"安民山至临清,为渠二百六十五里。若开浚之,为工三百万,当用钞三万定,米四万石,盐五万斤。其陆运夫一万三千户复罢为民,其赋入及刍粟之估,为钞六万八千定,费略相当。然渠成,亦万世之利,请来春浚之。"从之。二十六年春正月,诏出楮币一百五十万缗,米四百石,盐五万斤以为佣直,征旁县丁夫三万,以断事官忙哥速儿、礼部尚书张孔孙、兵部郎中李处选等董其役。建闸三十有一,度高低,分远迩,以节蓄泄,以六月辛亥工竣,凡用工二百五十一万七百四十有八,赐名会通河,置提举司职河渠事。元初,遏汶入洸,以益漕,汶始与洸、泗、沂合,犹未分于北。至元二十年,自济宁新开河,分汶、泗诸水西北流至须城之安民山,入济水,故渎以达于海,而犹未通于御河。至是,又自安民山西南开河直达临清,而泗、汶诸水始通于御河焉。

二十七年,以霖雨岸崩,河淤浅,中书省臣奏,拨放罢输运站户三千,专供挑浚之役。是后,岁委都水监官一人,佩分监印,率令史、奏差、濠寨官巡视,且督工,易石闸,以工之缓急为先后。至泰定二年,始克毕事云。

会通镇闸三、土坝二,在临清北。头闸,至元三十年建。中闸,南至隘船闸三里,元贞二年至大德二年建。隘船,南至李海务闸一百五十二里,延祐元年建。李海务,南至周家店闸十二里,元贞二年建。周家店,南至七级闸十二里,大德四年建。

七级闸二:北闸,至南闸三里,大德元年建;南闸,至阿城闸十二里,元贞二年建。

阿城闸二:北闸,至南闸三里,大德三年建;南闸,至荆门北闸十里,大德二年建。

荆门闸二:北闸,至荆门南闸二里半,大德二年建;南闸,至寿张闸六十三里,大德六年建。

寿张闸,南至安山闸八里,至元三十一年建。安山闸,南至开河闸八十五里,至元二十六年建。开河闸,南至济州闸一百二十四里。

济州闸三:上闸南至中闸三里,大德元年建;中闸,南至下闸二里,至治元年建;下闸,南至赵村铺六里,大德七年建。

赵村闸,南至石佛闸七里,泰定四年建。石佛闸,南至辛店十三里,延祐六年建。辛店闸,南至师家店闸二十四里,大德元年建。师家店闸,南至枣林闸十五里,大德二年建。枣林闸,南至孟阳泊闸九十五里,延祐五年建。孟阳泊闸,南至金沟闸九十里,大德八年建。金沟闸,南至隘船闸十二里,大德十年建。

沽头闸二:北隘船闸,南至大闸二里,延祐二年建;南闸至徐州一百二十里,大德十一年建。徐州三汊口闸入盐河,南至土山闸十八里,泰定三年建。

然惠通河以汶、泗二水为上源,故又于兖州立闸堰约泗水西流,堽城立闸堰,分汶水入河南,会于济州,以六闸搏节水势。

至元二十七年,运副马之贞言:"至元十二年,丞相伯颜访问自江淮达于大都河道。之贞乃言宋、金以来汶、泗通河道。郭都水按视,可以通漕。二十年,中书省奏委兵部李尚书等开凿拟修石闸十四。二十一年,省委之贞与尚监察等同相视,拟修石闸八、石堰二。除已修毕外,有石闸一、石堰一、堽城石堰一,至今未修。"之贞又言:"据汶河堽城二闸、一堰,泗河兖州闸堰,济州城南闸,乃会通河上源之喉襟。去岁堽城汶河土堰、兖州泗河土堰冲决,宜移文兖州、泰安州金夫修筑。又被水冲坏梁山一带堤堰,走泄水势,通入旧河,致新河水小,粮船滞涩,乞移文断事等官转下东平路修筑,上流拨属江淮漕司,下流属之贞管领。若已后新河水小,直下济州监闸官并泰安、兖州、东平修理。据兖州石闸一、石堰一、堽城石闸一,合用材物已行措置完备,乞移文江淮漕司修筑。其泰安州、梁山一带堤岸,济州闸等处,虽拨属江淮漕司,今后如水涨冲决堤堰,仍乞照会东平、济宁、泰安,如承文字,亦仰奉行。"中书省依所议行之。

延祐元年二月，中书省言："江南行省起运诸物，皆由会通河以达于都，为其河浅涩，大船充塞于中，阻碍余船不得往来。每岁台、省差人巡视。据差官言，始开河时，止许行百五十料船，近年权势之人并富商大贾贪嗜货利，造三四五料或五百料船，以致阻滞官民舟楫。如于沽头置小石闸一，止许行百五十料船便。臣等议，宜依所言，中书及都水监差官于沽头置小闸一，又于临清相视宜置闸处，亦置小闸一，禁约二百料之上船，不许入河行运。"从之。

至治三年四月，都水分监言："会通河沛县东金沟、沽头诸处，地形高峻，旱则水浅舟涩，省部已准置二滚水坝。近延祐二年，沽头闸上增置隘闸一，以限巨舟，每经霖雨，则三闸月河、截河土堰，尽为冲决。自秋摘夫刈薪，至冬水落，或来岁春初修治，工夫浩大，动用丁夫千百，束薪十万有余，数月方完，劳费万倍。又况延祐六年雨多水溢，月河、土堰及石闸雁翅日被冲啮，土石相离，深及数丈，其工倍多，至今未完。若运金沟、沽头并隘闸三处现有之石，于沽头月河内修一所堰闸，更将隘闸移置金沟闸月河或沽头闸月河内，水大则大闸俱开，使水道动流，小则闭金沟大闸，上开隘闸，沽头则闭隘闸，而启正闸行舟。如此岁省修治之费，又可免丁夫冬寒入水之苦，诚为一劳永逸。"会验监察御史亦言："延祐初，元省臣尝请置隘闸以限巨舟，臣等议从之。至梭板等船，乃御河、江、淮行驶之物，宜遣出任其所之，于金沟、沽头两闸中置隘闸二，各阔一丈，以限大船。若欲于通惠、会通河行运者，止许一百五十料，违者罪之，仍没其船。其大都、江南红头花船，一体不许来往。"部议从之。

泰定四年，御史台臣言："巡视河道，自通州至真、扬，会集都水分监及沿河州县官民，询考利弊，不出两端：一曰壅决，一曰经行。自世祖屈群策，济万民，疏河渠，引清、济、汶、泗，立闸节水，以通江、淮、燕蓟，实万古无穷之利也。惟水性流变不常，久废不修，旧规渐坏，虽有智者，不能善后。辄有管见，倘蒙采录，责任都水监谨守勿失，能事毕矣。不穷利病之源，频岁差人巡视，徒为烦扰，无益。于是都水监元立南北隘闸。各阔九尺，二百料下船梁头八尺五寸，可以入闸。愚民嗜利无厌，为隘闸所限，改造减舱添仓长船至八九十尺，甚至百尺，皆五六百料，入至闸内，不能回转，动辄浅搁，盖缘隘闸之法，不能限其长短。宜于隘闸下岸立石则，遇船入闸，必须验量，长不过则，然后放入，违者罪之。”中书省下都水监，委濠寨官与济宁路、东昌路委官相视，如所议行之。

扬州运河，亦名盐河，北至三汊口，达于会通河。至元二十七年，江淮行省奏加疏浚。

延祐四年，两淮运司言：“盐课甚重，运河浅涩无源，请浚之。”明年，中书省移河南行省，委都事张奉政及宣慰司、运司、州县仓场官集议：河长二千三百五十里，有司差濒河有田户佣夫修一千八百六十九里，仓场盐司协济有司修四百八十二里。运司言：“近岁课额增多，船灶户日贫，宜令有司通行修治，省减官钱。”中书省议准：诸色户内顾觅丁夫万人，日支盐粮钱二两，计用钞二万定，以盐司盐课及减驳船款下协济。

练湖，在镇江，为运河之上源。运河自镇江，南至常州吕城坝。

至治三年，中书省臣言：“镇江运河全藉练湖之水，官司漕运供亿京师，及商贾贩载、农民往来，其舟楫莫不由此。宋时专设人员，以时修浚。若运河浅阻，开放湖水一寸，则可添河水一尺。近年淤浅，舟楫不通，凡有官物，差民运递，甚为不便。镇江至吕城坝，长百三十里，计役民五百十三人，六十日可毕。又用三千人浚练湖，九十日可毕。一夫日支粮三升、中统钞一两。行省、行台分官监督。合行事宜，依江浙行省所拟。”敕从之。于是江浙行省委参政董中奉董其役。

董中奉言：“练湖，运河非一事也。宜仿假山诸湖农民取泥之法，用船千艘，船三人，以竹篰捞泥，日可三载，月计九万载，三月计通取二十七万载，就用其泥增筑湖堤。自镇江城外程公坝至常州武进县吕城坝，河长一百三十一里一百四十六步，河面阔五丈，底阔三丈,深四尺,与见有水二尺,共积深六尺。于镇江、常州、江阴州、溧阳州田多上户内均差夫役。若浚湖与开河二役并兴,卒难办集。宜先开运河,工毕就浚练湖。"中书省议从之。泰定元年正月,各监工官沿湖相视,上湖沙冈黄土,下湖荄根丛杂,泥坚硬不可篑取。又两役并兴,相去三百余里,往来监督劳费,甚愿先开运河,期四十七日工毕,次浚练湖,期二十日工毕。

是年二月,省臣奏:"开浚运河、练湖,重役也,应依行省议,仍许便宜从事。"其后各监工官言:"分运河作三坝,依元料深阔丈尺开浚,已于三月七日积水行舟。"又任奉议指划元料,增筑湖坝,共增阔一丈二尺,平面至高底滩脚,共量斜高二丈五尺。依中堰西石砬东旧堤卧羊滩修筑,如旧堤已及所料之上。中堰西石砬至五百婆堤西上增高土一尺,有缺补之。五百婆堤至马林桥堤水势稍缓,不须修治。归勘任水监元料,开运河夫万五百十三人,六十日毕,浚练湖夫三千人,九十日毕,人日支钞一两、米三升,共该钞万八千十四定二十两,米二万七千二十一石六斗,实征夫万三千五百十二人,共役三十二日,支钞八千六百七十九定三十六两,米万三千十九石五斗八升,视原料省半焉。

运河开未久,旋废不用者,曰济州河,曰胶莱河。济州河,至元十七年,姚演建议开济州泗河入大清河,至利津入海。阿合马等议从之,命阿八赤董其役。十八年十二月,遣奥鲁赤、刘都水及通算学者一人,给宣差印,往济州,定开河夫役。令大名、卫州新军助其工。然海口沙淤,船出入不便。既而右丞麦术丁奏:"阿八赤所开河,益少损多,敕候漕司忙古觯至议之。海道便,则阿八赤河可废。"未几,忙古觯自海道运粮至,济州河遂废。

胶莱河,亦名胶东河,在胶州东北,分南北流,南流自胶州麻湾口入海,北流至掖县海仓口入海。至元十七年,姚演建议开新河,凿地三百余里,起胶西县陈村海口西北,至掖县海仓口,以达直沽。然海沙易壅,又水潦积淤,功讫不就。二十二年,以劳费不赀,罢之。

新元史卷五四
志第二一

河渠三

浑河　　濡沱河　冶河　　滦河
吴松江　淀山湖　四川江堰
盐官州海塘　诸路水利

浑河，又名卢沟河，其上流为桑乾河，发源于太原之天池，伏流至朔州马邑县，浑泉涌出，曰桑乾泉，东流自奉圣州入宛平界，至都城四十里东麻峪，分为二派：一自通州高丽庄入白河，一南流至武清县合御河入于海。

太宗七年八月，河决牙梳口，刘冲禄言："率水夫二百余人已依期修筑，恐水涨不时冲决，或贪利之人盗决溉灌，请禁之。"廷议命冲禄领其事，盗决者以违制论。如遇修筑之役，其丁夫物料于应差处调发。

至大二年十月，河决左都威卫营西大堤，没左右二卫及后卫屯田麦。三年二月，中书省下左右卫后卫及大都路督修，至五月工毕。

皇庆元年二月，东安州言："河决黄埚堤十七所。"同知枢密院塔失帖木儿奏："浑河决坏屯田，已发军士五百人筑决口。臣等议：治水有司事也。宜命中书省檄所属董其事。"从之。是年六月，霖雨，浑河堤决二百余步，发民丁刘杂草筑之。

延祐元年六月，河决武清县刘家庄左卫，差军士七百人与东安州民夫同修决口。二年正月，大雨，河决。三年，中书省议："浑河决堤堰，没田禾，军民蒙害，既已奏闻。差官相视，上自石径山金口，下至武清县界旧堤，长三百四十八里，中间因旧堤修筑者四十九处，应修补者十九处。创修者八处，宜疏通者二处，计工三十八万一百，役夫三万五千，九十六日可毕。如通筑则劳费太甚，宜分三年筑之。"从之。七年四月，营田提举司言："去岁十二月，屯户巡视广赋屯北河堤二百余步将崩，恐来春水涨，浸漫为患。"都水监季濠寨官，会营田提举司、武清县，督民夫筑之，凡用工五万三千七百二十二。

至治元年五月，运河再决。泰定元年七月，河又决。

金口河者，金时自大都西麻峪村，分引浑河。穿南山而出，谓之金口河。

至元二年，都水少监郭守敬言："其水可以溉田。兵兴，典守者惧有所失，因以大石塞之，若按视故道，使水得通流，上可以致西山之利，下可以广京畿之漕。"又言："当于金口西，预开减水口，西南还大河，令其深广。以防涨水突入之患。"朝廷韪其议而未行。二十八年，有言浑河自麻峪口行舟可至寻麻林，遣守敬相视，回奏不能通舟楫。

大德二年，浑河水发，都水监闭金口闸板以防之。五年，河溢，水势汹涌，守敬恐冲没南北二城，又将金口以上河身，用土石尽塞之。盖守敬已知前议之不可用矣。

至正二年正月，中书参议孛罗帖木儿、都水监傅佐建言："起自通州南高丽庄，直至西山石峡铁板，开古金水口一百二十里，凿新河一道，深五丈，广二十丈，放西山金口东流，合御河，按引海运至大都城内输纳。"是时，脱脱为右丞相，奏而行之。廷臣多言其不可，右丞许有壬言尤力。脱脱排群议不纳，遂以正月兴工，至四月工毕，起闸放金口水，流湍迅急，须臾冲决二十余里，都人大骇。脱脱急令塞之。是役也，毁民庐舍坟墓无算，又劳费不赀，卒以无功。御史纠孛罗帖木儿、傅佐之罪,俱论死。

滹沱河,出山西繁畤县泰戏山,东流经真定路真定、藁城、平山诸县,又东北抵宁晋县境,入卫河。

延祐七年十一月,真定路言:"真定县城南滹沱河,北决,浸近城。闻其源本微,与冶河不相通,后二水合,势遂迅猛,屡坏大金堤为患。本路达鲁花赤哈散于至元三十年奏准,引冶河自为一流,滹沱水势十减三四。至大元年七月,水溢漂南关百余家,冶河口淤塞,复入滹沱。自后,岁有冲决之患。略举大德十年至皇庆元年,节次修堤,用卷埽苇草二百余万,官备佣直百余万定。及延祐元年三月至五月,修堤二百七十余步。近年米价翔贵,民匮于食,有丁夫正身应役,单丁须募人代替,佣直日不下三五贯,前工未毕,后役迭至。

延祐二年,本路总管马思忽尝开治河,已复湮塞。今岁霖雨,水溢北岸数处,浸没田庐。其河元经康家村南流,后徙于村北。数年修筑,皆于堤北取土,故南高北低,水愈趋下侵啮。西至木方村,东至护城堤,约二千余步,比来春修治,田桩梢筑土堤,亦非经久之计。若浚木方村南枯河引水南流,闸闭北岸河口,下至合头村北与本河合,如此去城稍远,庶无水患。"都水监议截河筑堤,阔千余步,新开之岸,止阔六十步,恐不能御千步之势。莫若于北岸阙坏低薄处,比元料增夫力,苇草卷埽补筑,便拟均料各州县上中户,价钞及仓米于官钱内支给。中书首依所议行之。

至治元年三月,本路又申前议,竣木方村南旧渎,导水东南流,至合头村入本河。都水监言:"治水者,行其无事也。截河筑堤一千余步,开掘老岸,阔六十步,长三十里,霖雨之时,水拍两岸,所开河止阔六十步,焉能容纳?上咽下滞,必致溃决,徒糜官钱、劳民力非善策也。若顺其自然,增添物料,如法卷埽,修筑坚固,诚为官民便宜。"省议从之。

泰定四年八月,中书省奏:"本路言滹沱源自五台诸山,至平山县王母村山口下,与平定州娘子庙石泉冶河合,夏秋霖雨水涨,弥漫城郭,宜自王子村平安村开河,长四里余,接鲁家湾旧涧,复开二百余步,合入冶河,以分其势。又木方村南岸故道,疏浚三十里,北岸下桩卷埽,筑堤捍水东流。今岁储材,九月兴工,十一月工竣。物料佣值,官为供给,庶几力省工多,永免旷日之患。工部议,二河并治,役重民劳,应先开冶河,如本路民夫不敷,可于顺德路差募,如侵碍民田,官酬其直。"后真定路又言:"闰九月以后,天寒地冻,难于兴工,宜俟来春开浚。"奏上,诏如所请。

冶河,出井陉县山中,经平山县西门外,又东北流十里入滹沱河。

元贞元年正月,丞相完泽等言:"往年先帝尝命开真定冶河,已发丁夫。适先帝升遐,以聚众罢之。今宜遵旧制,卒其事。"从之。

皇庆元年七月,冶河龙花、判官庄诸处堤坏,都水监与本路官议:自平山县西北,改修滚水石堤、下修龙塘堤,东南至水碾村,开河道一里,又至蒲吾桥西,开河道一里,疏其淤淀,筑堤分上流入旧河,以杀水势。又议于栾城县北圣母堂冶河东岸,开减水河,以去真定水患。省议俱从之。

滦河,源出金莲川,由松亭北,经迁安东、平州西,至滦州入海。

至元二十八年,敕姚演浚滦河挽舟而上,漕运上都。寻遣郭守敬相视,以难于施工而罢。

大德五年六月,大霖雨,滦河与肥、洳二水并溢水入城,官民庐舍漂荡殆尽。中书省委吏部员外郎马之贞与都水监官修之。东西二堤,计用工三十一万一千五百,钞八千八十七定十五两,桩木等价钞二百十四定二十六两。

延祐四年六月,上都留守司言:"城南御河西北岸为河水冲啮,渐至颓坏,恐水涨,漂没民居。请调军供役,庶可速成。"敕曰:"今维其时,宜发军速为之。"于是虎贲司发三百人供其役。

泰定三年七月,右丞相塔失帖木儿等奏:斡耳朵思住人营盘,为滦河走凌冲坏,应筑护水堤,请敕枢密院发军一千二百人修之。

从之。

吴松江，受太湖诸水，东汇淀山湖以入海，潮汐淤沙，湮塞河口。宋人置撩洗军以疏导之。世祖取江南，罢散军人，又任势豪租占田荡，淤垫益甚。

至治三年，江浙行省言，嘉兴路高治中、湖州路丁知事同本管正官体究旧浚通海故道，及新生沙涨应开河道五十处，内常熟州九处，昆山州十处，嘉定州三十五处，其松江府各属应浚河渠，华亭县九处，上海县十四处。上海、嘉定连年旱涝，皆缘河口淤塞，旱则无以灌溉，涝则不能流泄，累致凶歉，官民俱困。至元三十年以后，两经疏浚，稍获丰稔。比年又复壅塞，势家租占愈多。上海县岁收官粮十七万石，民粮三万余石，延祐七年灾伤五万八千七百余石，至治元年灾伤四万九千余石，二年十万七千余石，水旱连年，殆无虚岁。近委人相视，讲求疏浚之法，其通海大江，未易遽治，旧有河港联络官民田土之间、藉以灌溉者，今皆填塞，必须疏通，以利耕稼。欲令有田民户自为整治，而工役浩大，民力不能独举。由是议，上海、嘉定河港，宜令本处管军、民、官、站、灶、僧、道诸色有田者，以多寡出人，备粮修治，州县正官督役。其豪势租占田荡者，并当除辟。民间粮税权免一年，官租减半。华亭、昆山、常熟州河港，比上海、嘉定缓急不同，从各处正官督有田之家，备粮并工修治，既阴阳家言：癸亥年通土有忌，预为咨呈可否。

至泰定元年十月兴工，旭迈杰等奏请依所议行之，命脱颜答剌罕诸臣同提调，监察左丞朵儿只班及前都水少监董其役。

淀山湖，与太湖相通，东流入海。

至元末，参知政事梁德珪言："忙古觯请疏治淀山湖，因受曹总管金而止。张参议等相随言之，识者咸以为便。臣等议，此事可行无疑。请选委巡行官相视，会计合同军夫。"帝从之。既而平章政事帖哥言："民夫足用，不须调军。"帝曰："有损有益，其均齐并科之。"

未几，世祖崩，成宗即位。帖哥又言其事，且建议用湖田粮三万石,以募民夫四千、军四千隶于都水防田使司,职掌收捕海贼,修治河渠等事。帝命伯颜察儿与枢密院同议,并召宋降臣范文虎及朱清、张瑄询之。瑄等言:"亡宋屯守河道,用手号军,大处千人,小处不下三四百人,隶巡检司管领。文虎言:"差夫四千,非动摇四十万户不可,若令五千军屯守,就委万户一员,事或可行。"枢府韪文虎言,奏行之。

四川江堰,凡一百三十有二处,岁治堤防役民兵多者万余人,少者犹千人或数百人。役例七十日,不及七十日,虽竣不得休息。不役者,日出钞三贯为佣直。岁费不下七万贯,官民俱困。

元统二年,四川肃政廉访司佥事吉当普巡视,得要害之处三十有二,余悉罢之。与灌州州判张宏议,甃以石。宏出私钱,试为小堰。堰成,水暴涨而堰不动。遂决计行之。

至元元年七月兴工,先从事于都江堰。少东为大小钓鱼,又东跨二江为石门,以节北江之水,又东为利民台,又东南为侍郎、杨柳二堰,其水自离堆分流入于南江。

南江东至庙角,又东至金马口,又东过大安桥,入于成都,俗名大皂江,江之正源也。又东为虎头山、斗鸡台。台有水则,以尺画之,凡十有一。水及其九,其民喜,过则忧,没则困。又书"深淘滩,高作堰",相传为秦守李冰所教云。又东为离堆,又东至三石洞,酾为二渠。其一自上马骑东流入成都,古之外江也。

南江自利民台有支流,东南出万工堰,又东为骆驼堰,又东为碓口堰,鹿角之北涯,有渠曰马坝,东流至成都,入于南江。渠东行二十余里,水决其南涯四十有九处。乃自其北涯凿二渠,与杨柳渠合,又东与马灞渠合,自金马口之西凿二渠,合金马渠,东南入于新津江,罢蓝淀、黄水、千金、白水、新兴至三利十二堰。

北江三石洞之东为外应、颜上、五斗诸堰,其水皆东北流于外江。外江东至崇宁,亦为万工堰。堰之支流,自北而东,为三十六洞,过清白堰东入彭、汉之间。而清白堰水溃其南涯。乃疏其北涯旧渠,直流而东,罢南涯之堰及三十六洞之役。

他如嘉定之青神,有堰曰鸿化,则授成于长史,应期功毕。成都之九里堤,崇宁之万工堰,彭之堋口、丰洞诸堰,未及施功,则使长史于农隙为之。诸堰,都江及利民台之役最大,侍郎、杨柳、外应、颜上、五斗次之,鹿角、万工、骆驼、碓口、三利又次之。都江居大江中流,故以铁万六千斤铸大龟,贯以铁柱,置堰下以镇。诸堰皆甃以石,范铁以关其中,取桐油,和石灰,杂麻枲,而捣之使熟,以苴罅漏。岸善崩者,密筑碎石以护之。所至或疏旧渠以导其流,或凿新渠以分其势。遇水之会,则为石门,以时启闭。五越月,工竣。吉当普以监察御史召,省台上其功,诏学士揭傒斯撰碑文以旌之。

盐官州海塘,去海岸三十里。旧有捍海塘二,后又添筑咸塘。大德三年,塘岸崩,中书省遣礼部郎中游中顺,与本省官相视,以虚沙难于施力,议筑石塘。又以劳费甚,不果,延祐中,盐官州海溢,累坏民居,陷地三十余里,行台、行省官共议于州城北门外添筑土塘,再筑石塘,东西长四十三里,又以潮汐河涨而止。

泰定四年六月,海溢,盐官州告灾,乃遣使祀海神,与有司视形势所便,复议筑石塘捍海。诏曰:"筑塘是重劳吾民也,其增石囤捍御,庶天其相之。"

先是,致和元年,江浙行省建议作篷簁,实以石,鳞次叠之,以御海潮。已而皆沦于海。乃改造石囤,以救一时之急焉。未几,杭州路又言:"八月以来,秋潮汹涌,水势愈大,见筑沙地塘岸,东西八十余步,造木柜石囤以塞其要处。本省左丞相脱欢等议,安置石囤四千九百六十,以资抵御。计工物,用钞七十九万四千余定,粮四千余石,接续兴修。"中书省议遣户部尚书李家奴、工部尚书李嘉宾、枢密院属卫指挥青山、副使洪灏、宣政院佥事南哥班与行省左丞相脱欢及行台、行宣政院、庸田使司,会议修治之策。合用军夫,除戍守州县关津外,酌量差拨,从便支给口粮。合役丁力,附近有田之民及僧、道、也里可温、答迭儿等户内点金。凡工役之时,诸人毋或沮坏,违者罪之。既而李家奴等以已置石囤,不曾崩陷,是已略见成效,乃东西接垒十里,其六十里塘下旧河,就取土筑塘,以备崩坏焉。

天历元年,都水庸田司言:"八月十四日,祈请天妃入庙。十五日至十九日,海岸浮沙东西长七里余,南北广或三十步,或数十百步,渐见南北相接。西至石囤,已及五都,修筑捍海塘与盐塘相接。石囤东至十一都六十里塘,东至大尖山嘉兴、平湖三路所修海口。自八月一日,探海二丈五尺。至十九日探之,先二丈者今一丈五尺,先一丈五尺者今一丈。西自六都仁和县界赭山、雷山为首,添涨沙涂,已过五都四都,盐官州廊东西二都,沙土流行,水势俱浅。二十七日至九月四日大泛,本州岳庙东西,水势俱浅,涨沙东过钱家桥海岸,元下石囤木植,并无颓圮,水息民安。"诏改盐官州曰海宁州。

诸路水利之可考者。中统三年,中书左丞张文谦荐邢台郭守敬习水利,征诣行在。守敬面陈六事:其一,引玉泉水及开蔺榆河,已见前。其二,顺德达活泉引为三渠,灌城东之地。其三,顺德沣河东至古任城,失其故道,没民田一千三百余顷。若开河,自小王村合漳沱入御河,可通舟楫,其田亦可耕种。其四,磁州东北漳、滏二水合流处,开引河,由滏阳、邯郸、洺州、永年,下经鸡泽,入沣河,可溉田三千余顷。其五,怀孟沁河虽已通渠灌溉,尚有漏堰余水,与舟河相合,开引东流,至武陟县,北合御河,可溉田千余顷。其六,黄河自孟州西,开引河,经新旧孟州中间,顺河古岸下至温县,南入大河,其间亦可溉田二千余顷。帝喜曰:"成吾国家之务者,其斯人乎!"并依所奏行之。

至元元年,守敬从文谦行省西夏。其濒河五州,皆有古渠。在中兴州者,一名唐东渠,长袤四百里,一名漫延渠,长袤二百五十里。他州渠十,长袤各二百里,支渠大小六十有八。计溉田可九万余顷。兵乱后,皆淤废。守敬因古道疏浚之。更立闸堰。役不逾时,诸渠皆通利。二年,守敬入为都水少监,奏言:"臣向自中兴还,顺河而下,四昼夜至东胜,可通漕运。又查泊兀郎海,古渠甚多,皆应修理。"帝并韪之。元一代治水利者,咸推服守敬,以为不可及云。

其后,学士虞集建畿辅水利议,谓:"京师之东,濒海数千里,北极辽海,南滨青、徐、崔苇之场也,海潮日至,淤为沃壤。用浙人之法,筑堤扞水为田,听富民愿得官者,合其众分授以地。官定其畔以为限制,能以万夫耕者,授以万夫之田,为万夫之长,千夫、百夫亦如之,察其惰者而易之。一年勿征也。三年视其成,以地之高下定额于朝廷,以次渐征之。五年有积蓄,命以官,就所储给以禄。十年佩之符印,以传子孙,如军管之法,则东西民兵数万,可以近卫京师,外御岛夷、宽东边之运,以行疲民,遂富民得官之志,而获其用。江海游食盗贼之类,亦有所归。

至正十二年,丞相脱脱当国,遂仿集之议,奏:"京圻近水地,召募江南人耕种,岁可收粟麦百余万石。不烦海运,京师足。"上从之。于是西自西山,南自保定、河间,北抵檀、顺,东至迁民镇,凡系官地及原管各处屯田,悉从分司农司立法佃种。合用工价、牛具、农器、谷种,给钞五百万锭。命悟良合台、乌古孙良桢并为大司农卿。又于江南召募能种水田及修筑围堰之人,各一千。为农卿降空名,添设职事敕牒十二道,募农夫一百名者,授正九品;二百名,正八品;三百名,正七品;就令管领所募之人。所募农夫,每名给钞十定。未几,中原盗起,脱脱亦罢斥,其建置卒无成效。

后至元五年,洛磁路言:"洺州城内井泉咸苦,居民饮之多疾,有死者。请疏浚旧渠,置闸坝,引滏水。分灌洺州城濠,以济民用。计会渠东西长九百步,阔六尺,深三尺,役四百七十五工,民自备器用。岁二次放闸,不妨漕事。"中书省议从之。

广济渠者,在怀孟路,引沁水以达于河。先是,中统二年,提举王允中、大使杨端仁奉诏开渠。修石堰长一百余步,高一丈三尺。石斗门桥,高二丈,长十四步,阔六步。渠四道,计六百七十里,经济源、河内、河阳、温、武陟五县。渠成,民甚利之,赐名广济渠。三年八月,中书省臣忽鲁不花等奏:"广济渠司言,沁水渠成,今已验工分水,恐久远权豪侵夺。"乃下诏依本司所定水分,已后毋许侵夺。

至大三年,怀庆路同知阿合马言:"天久旱,秋谷种不入土。近访问耆老,咸称丹水浇灌山田,居民深得其利。有沁水亦可溉田,中统间王学士亦为天旱,奉诏开此渠,募自愿人户于沁口古迹,置分水渠口,开渠四道,历温、陟入河,约五百余里,渠成名曰广济渠。设官提调,遇旱则官为斟酌,验工多寡,分水浇灌,济源等处五县民田三千余顷咸受其赐。二十余年后,因豪家截河起堰,立碾磨,壅水势。又经霖雨,渠口淤塞。河渠司旋亦革罢,有司不为整顿,因致废坏。今五十余年,分水渠口及旧渠迹,均尚可考。若蒙依前浚治,引水溉田,于民大便。"寻据孟州等处申言:"旧日沁水筑土堰,遮水入广济渠,岸北虽有减水河道,不能吞伏,后值霖雨,荡没田禾,以此堵闭。今若枋口上连土岸,置立石堰,复还本河,又从减水河分杀其势,如此庶不为害。"工部牒都水监相视施行。

三白渠,在京兆路。太宗十一年,梁泰奏请修三白渠堰,比之旱地,其收数倍。帝从之。仍敕泰佩元降金符,充宣差,规措三白渠,以郭时中副之,置司于云阳县。所用田户及牛畜,敕塔海绀不于军前应副。

洪口,在奉元路。至治元年十月,陕西屯田府言:"年例八月差水户,自泾阳县西仲山下截河筑堰,改泾水入白渠,下至泾阳县北白公斗,分为二限,并平石限,盖五县分水之要所。北限入三原、栎阳、云阳,中限入高陵,南限入泾阳,浇官民田七万余亩。近至大三年,陕西行台御史王琚言:泾阳洪口展修石渠,为万世之利。计展修八十五步。用石十二万七千五百尺,石工二百人,丁夫三百人,金火匠二人,火焚水淬,日凿石五百尺,二百五十日工毕。延祐元年二月兴工,石性坚厚,凿至一丈,水泉涌出。乃续展十七步,石积二万五千五百尺,增夫匠百人,日凿六百尺,一百四十二日工毕。"

天历元年六月,泾水溢洪口堰及小龙堆尽圮。水入泾,白渠内水浅。屯田府以为言。陕西行省议:"洪口自秦汉至宋,一百二十激,经由三限,分浇五县民田七万余顷。验田出夫千六百人,自八月一日修堰，至十月放水溉田，以为年例。近奉元亢旱，人相食，流亡疫死者十七八，差役不能办集。今修堰，除见在户依例差役，其逃亡之家合出夫数，宜令泾阳县近限水利户添差一人，官日给米一升，并工修筑。"中书省依所议行之。

泾渠，宋名丰利渠，移古白渠口上五十余步。

元至元中，立屯田府。大德八年，泾水暴涨，渠堰坏，屯田总管府夹谷伯颜帖木儿与泾源尹王琚疏导之。编荆作囤，贮之以石，复填以草，叠为堰，岁时修筑，未尝废圮。

至大元年，王琚为西台御史，建言于丰利渠上移北二百余步，更开石渠五十一丈，阔一丈，深五尺，方一尺为一工，用十五万三千工。自延祐元年兴工，五年渠成，名为御史渠。

至正三年，御史宋秉元言：渠积年坎取淤土，叠于岸，岸益高，送土不易，请开鹿巷以便夫役。延议从之。三十年，行省左丞相帖里帖木儿遣都事杨钦修治，凡溉田四万五千余顷。

古郑渠，东北行，合冶谷、清谷、浊谷诸水，迳富平、蒲城以注于洛白渠，东南行，循泾水，迳高陵、临潼以注于渭。郑渠湮已久，后世所谓白渠者，引水出中山口，亦非汉白渠之旧。元渠本宋之丰利渠，更移北二百余步，愈非旧白渠矣。

新元史卷五五
志第二二

百官一

　　世祖命刘秉忠、许衡定官制,以中书省管政事,枢密院管兵,御史台司纠劾,又设行省、行台,使内外均其轻重,以相维系,立法之善,殆为唐宋所不及。然上自中书省,下逮郡县亲民之吏,必以蒙古人为之长,汉人、南人贰之。终元之世,奸臣恣睢于上,贪吏掊克于下,痛民蠹国,卒为召乱之阶甚矣。王天下者,不可以有所私也。至一事而分数官,一官而置数员,秩位滥于遥授,事权隳于添设,率大德以后之所增益,不尽为世祖旧制也。《元典章》之内外文武职品,与旧史亘有同,今亦附著下方,备参考云。

　　太师、太傅、太保为三公。正一品。太祖十二年,以木华黎为太师,后又以耶律秃花为太傅。太宗时,耶律阿海为太师,耶律秃花为太傅,石抹明安为太保,皆崇以位号,无专职。世祖至元元年,以刘秉忠为太保。至成宗以后,始三公并建。《元典章》:太师府、太傅府、太保府参军,俱正五品。又有太尉,大司徒、司徒,大司徒,秩从一品。余品秩无考。至元十九年,罢司徒府。或置或不置;其置者,或开府或不开府。大德十一年,又置太子太师、少师、太傅、少傅、太保、少保,寻并罢。

　　中书省:中书令一员。太宗二年,立中书省,以耶律楚材为中书令。自世祖以后,为皇太子兼官。中统三年,以皇子燕王守中书令。至元十年,立燕王为皇太子,仍兼中书令。大德十一年,以皇太子领中书令。延祐三年，以皇太子行中书令。至正十三年，命皇太子领中书令。

右丞相、左丞相各一员。正一品。《元典章》：中书左、右丞相，均从一品。未详何时改正一品。元初官制，中书令正一品，左、右丞相从一品。居令之次，令缺则总省事，佐天子理万机。

平章政事四员。从一品。贰丞相，凡军国重事，无不由之。

右丞、左丞各一员。正二品。副丞相裁成庶务，号左右辖。

参知政事二员。从二品。参决大政，其职亚于丞。

参议中书省事。正四品。典左右司文牍，为六曹之管辖。

左司：郎中二员，正五品。员外郎二员，正六品。都事二员。正七品。掌吏礼房之科有九，一曰南吏，二曰北吏，三曰贴黄，四曰保举，五曰礼，六曰时政记，七曰封赠，八曰牌印，九曰好事。知除房之科有五，一曰次品，二曰常选，三曰台院选，四曰见缺选，五曰别里哥选。户杂房之科有七，一曰定俸，二曰衣装，三曰羊马，四曰置计，五曰田土，六曰太府监，七曰会总科。粮房之科有六，一曰海运，二曰攒运，三曰边远，四曰赈济，五曰事故，六曰军匠。银钞房之科有二，一曰钞法，二曰课程。应办房之科有二。一曰饮膳，二曰草料。

右司：郎中二员，员外郎二员。都事二员。品秩同前。掌兵房之科有五，一曰边关，二曰站赤，三曰铺马，四曰屯田，五曰牧地。刑房之科有六，一曰法令，二曰弭盗，三曰功赏，四曰禁治，五曰枉勘，六曰斗讼。工房之科有六，一曰攒造军器，二曰常课段匹，三曰岁赐，四曰营造，五曰应办，六曰河道。

照磨一员，正八品。掌磨勘左右司钱谷出纳、营缮料例，凡数计、簿籍之事，皆领之。

管勾一员，正八品。掌纳四方文移，邮递之程期，曹司之承受。

架阁库管勾二员，正八品。掌庋藏省府帐籍案牍。

至正元年，吏兵刑分为二库，户工分为二库，各设管勾一员。

又蒙古架阁库管勾一员，回回架阁库管勾一员。品秩同前。

太宗二年始置左、右丞相，以粘合重山、镇海为之。

世祖中统元年，立行中书省于燕京，置中书丞相一员，平章政事二员，参知政事一员。二年，增置右丞相二员，左丞相二员，平章政事四员，右丞一员，左丞二员，参知政事二员。三年，增左右丞为四员。

至元二年，增置丞相五员，不分左、右。四年，复省为右丞相一员，左丞相一员。七年，立尚书省，中书省增置左丞相一员，平章政事以下如故；尚书省置平章政事一员，同平章事一员，参知政事三员。九年，罢尚书省，左丞相仍省为一员，平章政事三员，左、右丞各一员，参知政事二员。二十三年，定省台院部官，中书省除令外，左、职丞相各一员，平章政事二员，左、右丞各一员，参知政事二员。二十四年，复立尚书省，置尚书平章政事二员，尚书右丞、左丞各一员，参政政事二员；中书省左、右丞缺不置。二十五年，尚书省置右丞相一员，中书省罢左丞相不置。二十八年，罢尚书省，专任一相，增中书平章政事为五员，一员为商议省事。三十年，又增平章政事一员，置右丞二员，一员为商议省事。

元贞元年，改商议省事为平章军国重事。从一品。

大德三年，复置左丞相。七年，诏中书省设官，自左右丞相以下，平章二员，左右丞各一员，参知政事二员，定为八府。

至大二年，再立尚书省，置尚书省左、右丞相各一员，平章政事三员，左、右丞各一员，参知政事二员；中书省增平章政事为五员，右丞二员，左丞三员。四年，尚书省并入中书省，尚书省丞相以下诸官并罢；中书省左、右丞相为四员，参知政事三员。

至顺元年，定平章政事为四员，右丞一员，左丞一员，参知政事二员。三年，以燕铁木儿专权，专任一相，不设左丞相。自后，左丞相或置或不置。

元统三年，命右丞相伯颜独长台司。

后至元五年，加右丞相伯颜为大丞相。八年，命脱脱为右丞相，复置左丞相。

至正七年，置议事平章四员。十二年，以贾鲁为添设左丞，悟良合台为添设参知政事,又以杜秉彝为添设参政,哈麻为添设右丞。十四年,以吕思诚为添设左丞。二十七年,以蛮子为添设第三平章,帖里帖木儿为添设左丞相。

参议中书省事,中统元年始置一员,至元二十二年累增至六员,大德元年省为四员。其治曰参议府、左右司,中统元年置,后改给事中、中书舍人、校正等官。至元九年,仍设左右司,并为一司。十五年,分置两司。至大二年,并左右司为一。四年,仍分置如旧制。

照磨,中统元年置二员,至元八年省为一员。

管勾,中统元年置二员,至元三年省为一员。

架阁库管勾,至元三年始置二员,其后增置员数不一,至顺初定为二员。

断事官,正三品。元初职任最重,以御位下及中宫、东宫诸王各投下怯薛丹等人为之。中统元年,十六位下置三十一员。至元六年,十七位下置三十四员。七年,十八位下置三十五员。二十八年,分立两省断事官,随省并置。二十九年,十八位下置三十六员,并入中书省。三十一年,复增二员。后定置,自御位下及诸王位下共四十一员。

经历一员,从七品。

知事一员。从八品。

客省使。正五品。使四员,正五品。副使二员,正六品。掌直省舍人、宣使等选举差遣之事。

检校官四员,正七品。掌检校左右司、六部公事程期、文牍稽失之事。

至元九年,置客省使二员,一员兼通使,一员不兼。二十八年,置中书省检校官二员,考核户工部文案疏缓者。大德元年,增置使四员,副使二员,检校官四员。至元七年,置直省舍人二员,后增置三十三员,掌给使差遣之役,无品级,与宣使等。至大二年,置尚书客省使、副各一员,尚书省罢,应与同罢。

详定使司:正三品。使二员,正三品。副使二员,正四品。掌书记二员。正七品。掌详定四方献言,择其善者以闻于上。至正十七年置,以中书官提调之。

吏部:尚书三员,正三品。侍郎二员,正四品。郎中二员,从五品。员外郎二员。从六品。掌官吏选授调补之政令,及勋封爵邑之制,考课殿最之法。中统三年,以吏户礼为左三部,尚书二员,侍郎二员,郎中四员,员外郎六员。至元二年,吏礼自为一部,尚书三员,侍郎仍二员,郎中仍四员,员外郎三员。三年复为左三部,吏部仍设考功郎中、员外郎、主事正七品。各一员。五年,又合为吏礼部,尚书仍二员,侍郎、郎中、员外郎各一员。七年,始分六部,吏部尚书一员,侍郎一员,郎中二员,员外郎二员。八年,复为吏礼部,尚书、侍郎、郎中各一员,员外郎二员。十三年,分置吏部,尚书增置七员,侍郎三员,郎中二员、员外郎四员。十九年,尚书减为二员,侍郎一员,郎中一员,员外郎二员。二十一年,增尚书一员。案旧史本纪:二十一年,升六部尚书为二品,未知何时复降三品。二十三年,定六部尚书、寺郎、郎中、员外郎各二员。二十八年,增尚书为三员,主事三员。大德元年,增吏部尚书一员。至大二年,增郎中、员外郎、主事各一员。四年,罢增置之员,如旧制。后至元三年,考功郎中、员外郎、主事各设一员。至正元年,置司绩一员,正七品。掌考察百官行止,以凭叙用。

户部:尚书三员,侍郎二员,郎中二员,员外郎三员。品秩同前。掌天下户口、钱粮、田土之政令,及贡赋之出纳,金币之转通,府藏之委积。中统元年,以吏户礼为左三部尚书。至元二年,分立户部,尚书三员,侍郎、郎中四员,员外郎三员。三年,复为左三部。五年又分为户部,尚书一员,侍郎、郎中各一员,员外郎二员。七年,增尚书一员,侍郎、郎中一员。十三年,又增尚书一员。十九年,郎中、员外郎俱增至四员。二十一年,省泉府司入户部。至元十六年,置泉府司。《元典章》:泉府大卿,从二品;泉府司富藏库使,从七品。二十三年,六部尚书、侍郎、郎中、员外郎定以二员为额。明年,以户部所掌繁剧,增尚书二员。大德五年,省尚书一员、员外郎一员置主事八员,至大二年,增侍郎、员外郎各一员。四年,罢增置之员,如旧制。至正元年,设司计官四员,依至元二十八年例添设二员。正七品。共属附见于后。《元典章》:户部尚书规措应昌运粮事,正三品。

都提举万亿宝源库,掌宝钞、玉器。都提举一员,正四品。提举一员,正五品。同提举一员,从五品。副提举一员,从六品。知事一员,从八品。提控案牍一员。《元典章》:宝源总库有达鲁花赤一员,从五品。至元二十五年,置分万亿库为四库:曰宝源、广源、绮源、赋源。

都提举万亿广源库,掌香药、纸札等物。置官同上。提控案牍二员。

都提举万亿绮源库,掌诸色段匹。置官品秩同前。惟提举增一员。提控案牍三员,后省二员。《元典章》万亿储支纳一员,从七品。

都提举万亿赋源库,掌丝线、布帛等物。置官。品秩同前。提控案牍二员,后省一员。

四库照磨兼架阁库。管勾一员,从九品。至元二十八年置。

提举富宁库,掌万亿宝源库出纳金银之事。提举一员,从五品。同提举一员,从六品。副提举一员,从七品。至元二十七年置。

诸路宝钞都提举司,掌交钞公事。达鲁花赤一员,正四品。都提举一员,正四品。副达鲁花赤一员,正五品。提举一员,正五品。同提举一员,从五品。副提举二员,从六品。知事一员,从八品。照磨一员。从九品。至元七年,案旧纪宪宗癸丑,立交钞提举司,与志不合。立交钞提举司。正五品。至元八年罢。十三年又置行户部于大名,掌印造交钞。二十四年,改诸路宝钞都提举司,升正四品,增副达鲁花赤、提控案牍各一员。后定置各员,又增提控案牍一员。

宝钞总库,达鲁花赤一员,从五品。大使一员,从五品。副使三员。正七品。至元二十五年,改元宝库为宝钞库。正六品。二十六年,升从五品。本纪:二十五年,升宝钞总库永盈库为从五品。未详孰误。永盈库,二十六年罢,以所领币帛入太府监及万亿库。增大使、副使诸员。

印造宝钞库,达鲁花赤一员,正七品。大使一员,从七品。副使二员。正八品。中统四年,始置大使。从八品。至元二十四年,升从七品,增达鲁花赤一员。后定置诸员。

烧钞东、西二库,达鲁花赤各一员,正八品。大使各一员,从八品。《元典章》作正八品。副使各一员。从九品。至元元年,昏钞库始置监钞昏钞官,用正九品印。二十四年,分立烧钞东西二库,置达鲁花赤等员。二十八年,罢大都烧钞库,各路昏钞令行省官监烧。《元典章》:行省烧钞库大使,正九品。

诸路宝泉都提举司,至正十年置,其属曰鼓铸局,秩正七品。曰永利库,秩从七品。掌鼓铸铜钱、印造宝钞。

行用六库。中统元年,立中都行用库,提领一员,从七品。大使一员,从八品。副使一员,从九品。《元典章》:大都平准十行用库大使,从九品。至元二十四年,大都改置库者三:曰光熙,曰文明,曰顺承。二十六年,又置三库:曰健德,曰和义,曰崇仁。皆因城门之名为名。

大都宣课提举司,掌诸色课程,并领京城各市。提举二员,从五品。同提举一员,从六品。副提举一员,从七品。提控案牍一员。至元十九年,并大都旧城两税务为大都税课提举。《元典章》:大都税课提举,从五品,乃至大以前官制。至大元年,改宣课提举司。其属曰:

马市猪羊市,提领一员,从七品。大使一员,从八品。副使一员,从九品。至元三十年置。

牛驴市果木市,设官同前。

鱼蟹市,大使一员,副使二员。至大元年置。

煤炭所,提领一员,从八品。大使一员,从九品。副使一员,至元二十二年置。

大都酒课提举司,掌酒醋榷酤之事。提举一员,从五品。同提举二员,从六品。副提举一员,从七品。提控案牍二员。至元八年置。廿八年,省同提举一员、副提举一员。《元典章》:鸳鸯泊仓粮酒务,从五品;泥河仓粮酒务大使,龙兴酒务大使,俱从九品。

钞纸坊,提领一员,正八品。大使一员,从八品。副使二员。从九品。中统四年置,用九品印,止设大使、副使各一员。至元二十七年,升正八品，增提领、副使各员。

印造盐茶等引局，掌印造腹里行省盐、茶、矾、铁等引，大使一员，从八品。副使一员。从九品。元二十四年置。

京畿都漕运使司，秩正三品。运使二员，正三品。《元典章》：京畿都漕运使司达鲁花赤，正三品。同知二员，正四品。副使二员，正五品。判官二员，正六品。经历一员，正七品。知事一员，从八品。提控案牍兼照磨一员。正九品。掌凡漕运之事。中统元年，立军储所。至元二十七年，改储峙提举司为军储所，乃别立一官，非中统元年所置者。四年，改漕运河渠司。旧纪至元元年立漕运司，十五年罢，以其事隶行中书省。与志彼此互异，未详孰误。至元二年，改漕运司。十二年，改都漕运司。秩正五品。十九年，改京畿都漕运使司。秩正三品。二十四年，内外分立两运司。京畿都漕运司之额如旧，止领京仓出纳粮斛及新运粮提举司攒运公事，省同知、判官、知事各一员。延祐六年，增同知、副使、判官各一员。后定置正官各二员，首领官四员。后至元二年，增提调官、运副、运判各一员。九年，增海道巡防官二员，经正七品印，相副官二员。

新运粮提举司，秩正五品。达鲁花赤一员，正五品。都提举一员，正五品。同提举二员，从六品。副提举一员，从七品。吏目一员，管站车二百五十一辆。至元十六年置。延祐三年，改为京畿运粮提举司。

京师二十二仓：秩正七品。万斯北仓，中统二年置。万斯南仓，至元二十四年置。千斯仓，中统二年置。永平仓，至元十六年置。永济仓，至元四年置。惟亿仓，既盈仓，大有仓，并皇庆元年置。屡丰仓，积贮仓，并皇庆元年增置。以上十仓，各仓置监支纳一员，正七品。大使二员，从七品。副使二员。正八品。丰穰仓，广济仓，并皇庆元年置。广衍仓，至元二十九年置。大积仓，至元二十八年置。既积仓，盈衍仓，并至元二十六年置。相因仓，中统二年置。顺济仓，至元二十九年置。以上八仓，各置监支纳一员，大使二员，副使二员。通济仓，中统二年置。庆贮仓，至元四年置。丰实仓，置年缺。以上三仓，各置监支纳一员，大使一员，副使一员。

通惠河运粮千户所，秩正五品。中千户一员，正五品。中副千户二员。正六品。至元三十一年置。

都漕运使司，秩正三品。运使二员，正三品。同知二员，正四品。副使二员，正五品。运判三员，正六品。经历一员，从七品。知事一员，从八品。提控案牍二员，内一员兼照磨，正九品。掌御河上下至直沽、河西务、李二寺、通州等处漕运。至元二十四年，立置总司于河西务，置分司于临清。其属仓七十有五：

河西务十四仓：秩正七品。永备南仓，永备北仓，广盈南仓，广盈北仓，充溢仓，以上五仓，各置监支纳一员，正六品。《元典章》：永备仓提点，从五品。大使二员，从六品。副使二员。正七品。崇墉仓，大盈仓，大京仓，大稔仓，足用仓，丰储仓，丰积仓，恒足仓，既备仓，以上九仓，各置监支纳一员，大使一员，副使一员。《元典章》：万盈、广积、永备、景运、平盈五仓，副使俱正七品。永盈仓副使，从七品。大有、忙安、广盈、和籴、新城、丰州、广盈，平地县平济，云内州广贮八仓，监支纳俱正八品。大有、和籴、忙安、丰州、广盈、云内州广贮，静州广贮，新州广盈，东胜州大盈，平地县平济十仓，大使俱正九品。丰储仓大使，从九品。

通州十三仓：秩正七品。有年仓、富有仓、广储仓、盈止仓、及秭仓、乃积仓、乐岁仓、庆丰仓、延丰仓，以上九仓各置监支纳一员、大使二员、副使二员。足食仓、富储仓、衍仓、富及衍仓，以上四仓，各置监支纳一员、大使二员、副使一员。

河仓十七，用从七品。印馆陶仓，旧县仓、陵州仓、傅家池仓，以上四仓，各置监支纳一员、从七品。大使一员、从八品。副使一员。秦家渡仓、尖冢西仓、尖冢东仓、长芦仓、武强仓、夹马营仓、上口仓、唐宋仓、唐村仓、安陵仓、四柳树仓、淇门仓、伏恩仓，以上十三仓，各置监支纳一员、从八品。大使一员、从九品。副使一员。

直沽广通仓，秩正七品。大使一员。从七品。荥阳等纲凡三十，曰：济源、陵州、献州、白马、滏阳、完州、河内、南宫、沂莒、霸州、东明、获嘉、盐山、武强、胶水、东昌、武安、汝宁、修武、安阳、开封、仪封、蒲台、邹平、中牟、胶西、卫辉、浚州、曹濮州，每纲皆设押纲官二员，计六十员，秩正八品。每编船三十只为一纲。船九百余只，运粮三百余万石，纲官以掌选正八品为之。

檀景等处采金铁冶都提举司，秩正四品。提举一员，正四品。同提举一员，正五品。副提举一员，从六品。《元典章》作从七品。掌各冶采金炼铁之榷税。中统初，置景州提举司，管景州、滦阳、新匠三冶。至元十四年，又置檀州提举司，《元典章》：檀州采金都提是举司达鲁花赤，正五品。管双峰、暗峪、大峪、五峰等冶。大德五年，并为檀景等处都提举司。大德元年，罢顺德、彰德、广平等路五提举司，立都提举司二，升正四品，设官四员，直隶中书户部。卫辉路提举司隶于广平彰德都提举司，真定铁冶隶于顺德都提举司。事见本纪，旧志遗之。河东山西济南莱芜等处冶提举司及益都金总管府，其设置省并均不可考。又至元十九年立铁冶总管府，罢提举司，是否由总管府改都提举司，简册无征，不能臆断矣。《元典章》宣德云州等处、银冶等场都提举正四品，檀州采金都提举司达鲁花赤正五品，棋阳彰德济南高山汴梁等处、太原大同徐邳州景州溧阳等处、顺德等处、檀州等处、泰安州莱芜等处、广平等处、卫辉仓谷辽阳路安平山等处、易州紫荆关十七所铁提举司提举，俱从五品；以上同提举，俱从六品；宣德云州等处银冶提举司，从六品。

大都河间等路都转运盐使司，秩正三品。使二员，正三品。同知一员，正四品。副使一员，正五品。运判二员，正六品。经历一员，从七品。知事一员，从八品。照磨一员。从九品。掌榷办场灶盐货。太宗二年，始立河间税课所。六年，改盐运司。十二年，改提举盐榷所。六皇后称制二年，又改提举沧清盐使所。定宗四年，又改提举盐榷沧清盐使所。宪宗二年，改河间课程所为提举沧清深盐使所。中统元年，改立宣抚司，提领沧清深盐使所。四年，改为转运司。至元二年，以刑部侍郎右三部郎中兼沧清深盐使司。寻改立河间都转运盐使司，又立沧清深三盐司。十二年，改为都转运使司。十九年，以户部尚书行河间等路都转运使司事。寻罢，立大都芦台越支三叉沽盐使司。二十三年，改为河间等路都转运使司。二十五年，复立芦台、越支、三叉三盐使司。二十七年，改令户部尚书行河间等路都转运使司事。二十八年，改河间等路都转运司。大德五年，并大都三盐运司入河间。延祐六年，颁分司印。

盐场二十二所，曰：利国场、利民场、海丰场、阜民场、阜财场、益民场、润国场、海阜场、海盈场、海润场、严镇场、富国场、兴国场、厚财场、丰财场、三叉沽场、芦台场、越支场、石碑场、济民场、惠民场,每场置司令一员,从七品。司丞一员。从八品。

山东东路都转运盐使司,使二员,同知一员,副使一员,运判一员,经历一员,知事一员,照磨一员。太宗二年,立益都课税所。六年,改山东盐运司。中统三年,命课税隶.山东都转运司。四年,诏以中书左右部兼诸路都转运司。至元二年,改立山东转运司。十二年,改山东都转运使司。按旧纪,山东盐课都转运为都转运盐使司在八年,改山东转运使司为都转运使司兼济南酒税醋课在二十五年,与志互异。《元典章》各处转运盐使司正四品,乃大德以前之官制。延祐五年,颁分司印,罢胶莱盐司所属各场。至元十九年,立山东滨乐安及胶莱莒密盐使司。

盐场十九所:永利场、宁海场、官台场、丰国场、新镇场、丰民场、富国场、高家港场、永阜场、利国场、固堤场、王家冈场、信阳场、涛洛场、石河场、海沧场、行村场、登宁场、西由场,各场设司令一员,司丞一员,管勾一员。

河东陕西等处都转运盐使司,使二员,同知一员,副使一员,运判二员,经历一员,知事一员,照磨一员。太宗二年,立平阳府征收税课所。中统二年,改置转运司及提举解盐司。至元二年,罢运司,命赴制国用使司输课。寻复置转运司。二十二年,改立陕西都转运司,兼办诸色税课。二十九年,置盐运司,专掌盐课,解盐司亦罢。延祐六年,更为河东陕西等处都转盐运使司,案旧纪,改陕西盐课都转运司为都转盐使司,在至元八年,与志互异。直隶省部,颁分司印二。其属:

解盐场,管勾一员。正九品。同管勾一员。从九品。

河东等处解盐管民提领所,正提领一员,从八品。副提领一员。从九品。

安邑等处解盐管民提领所,正提领一员,副提领一员。二提领所,均延祐六年置。至元四年,立开元等路转运司,其省罢年分未详。《元典章》广东盐课都提举,正五品。

礼部：尚书三员，侍郎二员，郎中二员，员外郎二员。品秩同前。
掌礼乐、祭祀、朝会，燕享、贡举之政，及符印、简册之制。中统元年，
以吏户礼为左三部尚书。至元二年，分立吏礼部，尚书三员，侍郎二
员，郎中四员，员外郎四员。七年，别立礼部，尚书三员，侍郎一员，
郎中二员，员外郎四员。明年，又合为吏礼部。十三年，又别为礼部。
二十三年，定尚书、侍郎、郎中、员外郎各二员。元贞元年，复增尚书
一员，会同馆主事二员。至大二年，增侍郎、郎中各一员。其属附见于
后：

左三部照磨所，秩正八品。照磨一员。正八品。掌左三部钱谷计
帐之事。

侍仪司，秩正三品。使四员，正三品。引进使知侍仪事二员，正四
品。典簿一员。从七品。掌朝会、即位、册后、建储、上尊号及外国朝
觐之礼。至元八年，置左右侍仪奉御二员，礼部侍郎知侍仪事一员，
引进使知侍仪事一员，左右侍仪使二员，左右直侍仪使二员，副使
二员，佥事二员，引进副使、侍仪令、丞、奉班都知、《元典章》：侍仪司
丞、奉班都知，俱正七品。尚衣局大使各一员。十二年，省左侍仪奉御，
通曰左右侍仪，省引进副使及侍仪令、尚衣局等。十三年，并侍仪司
入太常寺。二十年，复置。大德十一年，升秩正三品。至大二年，增
典簿一员。延祐七年，定置侍仪使四员。《元典章》：左右侍仪副使，正六
品。后又定置引进使、知侍仪事二员。属官：承奉班都知一员，正七
品。通事舍人十六员，从七品。侍仪舍人十四员。从七品。

法物库，秩从五品。掌大礼法物。提点一员，从五品。大使一员，
从六品。副使一员，从七品。直长二员，正八品。

拱卫直都指挥使司，正三品。达鲁花赤一员，正三品。都指挥使
四员，正三品。副指挥使二员，从三品。佥事二员，正四品。经历一员，
从七品。知事一员。从八品。掌控鹤六百余户及仪卫之事。至元三年，
立拱卫司。置都指挥使一员，副使一员，钤辖一员，正六品。提控案
牍一员。九年，长拱卫司为拱卫直都指挥使司。旧纪至元十七年，改拱
卫司为都指挥使，疑误。十六年，升正三品，降虎符，增置达鲁花赤，隶

宣徽院。十九年，降正四品，仍收其虎符。二十五年，改隶礼部。元
贞元年，复升正三品。案旧纪：至元五年，隶宣徽院。九年，升拱卫司为拱卫
直都指挥使司。大德九年，升正三品。俱与志互异。皇庆元年，置经历一
员。二年，改钤辖为佥事。至顺元年，拨隶侍正府，定置诸员。其属：

控鹤百户所，秩正七品。色目百户十三员，汉百户十三员，总十
三所。

仪从库，秩从七品。掌收仪仗。大使一员，从七品。副使一员。从
八品。

仪凤司，秩从三品。大使五员，从三品。副使四员，从四品。《元典
章》作正五品。经历一员，从七品。知事一员。从八品。掌供奉祭飨之
乐工。中统元年，立仙音院。复改为玉宸院。置乐长，正四品。乐副，
正五品。乐判，正六品。各一员。八年，改隶宣徽院。二十年，改仪凤
司，仍隶宣徽院。置大使、副使各一员，判官三员。按旧纪：二十一年，
以仪凤司隶卫尉院，志不载。二十五年，改隶礼部，省判官。三十一年，
置达鲁花赤一员，副使一员。大德十一年，升玉宸乐院。秩从三品。置
院使、副使、佥事、同佥、院判。至大四年，复为仪凤司。秩正三品。延
祐七年，降从三品，改仪凤卿为仪凤大使，定置诸员。其属：

云和署，秩从五品。署令二员，署丞二员，管勾二员，协音一员，
协律一员。掌乐工调音律及部籍更番之事。至元十二年置。秩正七
品。按旧纪二十三年，省入教坊司，不知何时复置。至大二年，拨隶玉宸乐
院。皇庆元年，升从六品。二年，升从五品。署令以下品秩，旧志缺。署
令当为从五品，丞从七品。管勾从八品。《元典章》仅载安和署令从七品，丞从
八品，当是皇庆以前之官制。皇庆二年，令、丞皆升秩矣。

安和署，秩从七品。署令二员，从七品。署丞二员，从八品。管勾二
员，协音一员，协律一员。至元十三年，置。秩正七品。二十五年，罢。
二十七年，复置。皇庆二年，升从五品。

常和署。秩正六品。管回回乐工。皇庆元年，置管勾司。秩正七
品。延祐三年，改常和署。署令一员，署丞二员，管勾二员。

天乐署，秩从五品。管河西乐工。至元十七年，置昭和署。从

六品。大德十一年，升正六品。至大四年，改天乐署。皇庆元年，升从五品。署令二员，署丞二员，管勾二员，协音一员，协律一员。

广乐库，秩从九品。掌乐器。皇庆元年，置大使一员、副使一员。

教坊司，秩正四品。达鲁花赤一员，正四品。大使三员，正四品。副使四员，正五品。知事一员，从八品。《元典章》：教坊司判，从八品；管勾，从九品。掌承应乐人及管领兴和等署五百户。中统二年置。秩从五品。五年，隶宣徽院。至元十二年，升正五品。十六年，并入拱卫司。后复置。十七年，改提点教坊司。秩正四品。二十五年，改隶礼部。大德八年，升正三品。延祐元年，改提点教坊司事为大使。七年，复降正四品。其属：

兴和署，秩从六品。署令二员，署丞二员，管勾二员。

祥和署，至大四年，增置官属，同。

广乐库。秩从九品。大使一员，副使一员。

会同馆，秩从四品。礼部尚书领会同馆事一员，正三品。大使二员，从四品。副使二员，从六品。提控案牍一员，掌引见诸番蛮夷峒官之来朝者。至元九年置。二十五年，罢为四宾库。二十九年，改四宾库复为会同馆。元贞元年，以礼部尚书领馆事。遂为定制。其属：

收支诸物库，从九品。大使一员，副使一员。至元二十九年，以四宾库改置。

铸印局，秩正八品。掌凡刻印、销印之事。大使一员，副使一员，直长一员。至元五年置白纸坊，秩从八品。掌造诏旨、宣敕纸札。大使一员，从八品；副使一员。至元九年，置掌薪司，秩正七品。司令一员，正七品；司丞二员，正八品。大德八年置。

兵部：尚书三员，侍郎二员，郎中二员，员外郎二员。品秩同前。掌郡邑、邮传、屯牧之政，凡兵站、屯田之籍，官私刍牧之场，及远人之归化者，悉以任之。中统元年，以兵刑工为右三部，置尚书二员，侍郎二员，郎中五员，员外郎五员。至元元年，兵刑自为一部，尚书四员，侍郎三员，郎中五员，员外郎五员。三年，并为右三部。五年，复析为兵刑部,尚书二员,省侍郎二员,郎中如故,员外郎一员。七年,分六部,刑部尚书一员,侍郎一员,郎中、员外郎各一员。明年,又合为兵刑部。十三年,复析为兵部。二十三年,定尚书、侍郎、郎中、员外郎以二员为额。至大四年,罢通政院,以其事归兵部,增尚书一员、员外郎一员。十一月,又增置侍郎、郎中各一员。其属F附见于后:

陆运提举司,秩从五品。提举二员,从五品。副提举一员,从七品。吏目一员。掌两都陆运粮斛之事。至元十六年,置运粮提举司。《元典章》新旧运粮提举司,俱从五品。延祐四年,改今名。海王庄、魏家庄、七年庄、腊八庄四所,各设提领一员,用从九品印。

管领随路打捕鹰房民匠总管储。秩从三品。达鲁花赤一员,从三品。总管一员,从三品。副总管二员,正四品。经历、从七品。知事从八品。各一员,提控案牍一员。初,太祖以随路打捕鹰房民户七千余户拨隶旭烈兀大王位下,中统二年置总管府,至元十二年阿八合大王奏归朝廷,隶兵部。

管领本投下大都等路打捕鹰房诸色人匠都部总管府。秩正三品。达鲁花赤一员,正三品。总管一员,正三品。同知一员,正五品。副总管一员,从五品。知事一员,从八品。提控案牍一员。掌哈赞大王位下事。大德八年,置官吏皆王选用。至大四年,省并衙门,以哈儿班答大王别无官属,存总管府不废。其属:

东局织染提举司,秩从五品。达鲁花赤一员,从五品。提举一员,从五品。副达鲁花赤一员,从七品。副提举一员,从七品。提控案牍一员。

随路诸色民匠打捕鹰房等户都总管府。秩正三品。达鲁花赤一员,正三品。总管一员,正三品。同知一员,正五品。经历一员,知事一员,提控案牍兼照磨一员,掌别吉大营盘事及管领大都路打捕鹰房等户。至元三十年置。秩从三品。延祐四年,升正三品。

管领本位下打捕鹰房民匠等户都总管府。秩正三品。达鲁花赤一员,总管一员,副达鲁花赤一员,同知一员,副总管一员,判官一员,从六品。经历一员,知事一员,提控案牍兼照磨一员,掌别吉大营盘城池阿哈探马儿一应差发、薛彻干定王位下事。泰定元年置。

刑部:尚书三员,侍郎二员,郎中二员,员外郎二员。品秩同前。掌刑名法律,凡大辟之按覆,系囚之详谳,孥收产没之籍,捕获功赏之格,悉以任之。中统元年,以兵刑工为右三部,别置郎中、员外郎各一员,专署刑部。至元二年,析置兵刑部,尚书四员,侍郎二员,郎中四员,员外郎五员。三年,复为右三部。七年,始置刑部,尚书一员,侍郎一员,郎中一员,员外郎二员。八年,改为为兵刑部。十三年,又为刑部。二十三年,定六部尚书、侍郎、郎中、员外郎各二员。大德四年,增尚书一员,主事三员。至正十二年,增尚书侍郎、郎中、员外郎各一员。其属:

司狱司,司狱一员,正八品。狱丞二员,正九品。初以右三部照磨兼管刑部狱。大德七年,始置专官。

司籍所,提领一员,同提领一员。至元二十年,改大都等路断没提领所为司籍所,隶刑部。

工部:尚书三员,侍郎二员,郎中二员,员外郎二员。品秩同前。掌百工之政,凡营造之程式,材物之给受,铨注局院司匠之官,悉以任之。中统元年,置右三部,尚书、郎中五员,员外郎五员,内二员专署工部事。至元二年,分立工部,尚书四员,侍郎三员,郎中四员,员外郎五员。三年,复为右三部。七年,始置工部,尚书二员,侍郎二员,郎中三员,员外郎五员。二十三年,定工部尚书、侍郎、郎中、员外郎各二员。明年,又增尚书二员。二十八年,省尚书一员,增主事五员,置司程官四员。正七品。其属附见于后:

右三部照磨一员。从七品。

左右部架阁库,秩正八品。管勾二员,正八品。掌六部文卷簿籍架阁之事。中统元年,左右部各置。二十三年,并为左右部架阁库。

诸色人匠总管府。秩正三品。达鲁花赤一员,正三品。总管一员,正三品。同知二员，正五品。副总管二员，从五品。经历一员，从七品。知事一员，从八品。《元典章》：诸色人匠总管府，照磨兼管勾承发架阁，正九品。提控案牍一员。掌百工之技艺。至元十二年，置总管、同知、副总管各一员。十六年，置达鲁花赤一员，增同知、副总管各一员。二十八年，省同知。三十年，省副总管。后定置诸员。其属：

梵像提举司。秩从五品。提举一员，从五品。《元典章》工部大仓提举，从五品。同提举一员，从六品吏目一员。掌绘佛像及土木刻削之工。至元十二年，置梵像局。从七品。延祐三年，升提举司。

出蜡局提举司，秩从五品。提举一员，副提举一员，从七品。吏目一员。掌出蜡铸造之工。至元十二年，置局。从七品。延祐三年，升提举司。

铸泻等铜局。秩从七品。大使一员，从七品。副使一员。从八品。掌铸泻之工。至元十年，置官三员。二十八年，省管勾一员。

银局。秩从七品。大使一员，从七品。直长一员。正八品。掌金银之工。至元十二年置。

镔铁局。秩从七品。大使一员。掌镂铁之工。至元十二年置。

玛瑙玉局。秩从八品。直长一员。从八品。掌琢磨之工。至元十二年置。

石局。秩从七品。大使一员，管勾一员。掌攻石之工。至元十二年置。

木局。秩从七品。大使一员，直长一员。掌攻木之工。至元十二年置。

油漆局。副使一员，用从七品印。掌髹漆之工。至元十二年置。《元典章》：怯怜口皮局、貂鼠局、羊山玛瑙局提举，俱从五品。

诸物库。提领一员，从七品。副使一员。从八品。掌诸物之出纳。至元十二年置。

管领随路人匠都提领所。提领一员，从七品。大使一员，从七品。俱受省檄掌工匠之词讼。至元十二年置。

诸司人匠总管府。秩正三品。达鲁花赤一员，总管一员，副达鲁

花赤一员，同知一员，副总管一员，经历一员，知事一员，提控案牍
一员。掌两都金银器皿及符牌等十四局事。至元十四年置。二十
四年，以八局隶工部及金玉府，止领五局、一库，掌毡毯等事。《元典
章》：仪銮器物、金丝子、犀象牙、木，大都银器皿局大使，俱从五品。上都诸色
人匠金银器皿，宣德等处打码磁，保定、云南、南宫三织染局提举，俱正六品。
其属：

收支库，秩正九品。大使一员。掌出纳之事。

大都毡局。秩正七品。大使、正七品。副使正九品。各一员。管人
匠一百二十五户。

大都染局。秩正九品。大使一员。管人匠六十三户。

上都毡局。秩正七品。大使、副使各一员，管人匠九十七户。

隆兴毡局，大使、副使各一员。管人匠一百户。

剪毛花毯蜡布局。大使、副使各一员。管人匠一百十八户。

提举右八作司。秩正六品。同提举一员，提举一员，副提举一员，
吏目一员。掌出纳内府漆器、红瓮、捎只等，并都城局院造作镔铁、
铜、钢、输石，东南简铁，两都支持皮毛、杂色羊毛、生熟斜皮，马牛
等皮、骔尾、杂行沙里陀等物。中统元年，置提领八作司。秩正九品。
至元二十五年，改提举八作司，升正六品。二十九年，分左右两司。
大德二年，以八作司旧制八员，令分左右二司，减去二员。上都八作
提举司注品秩与大都八作司同。据此知左右八作司直隶大都留守司，不应隶
上都也。

提举左八作司。秩正六品。置官同上。掌出纳内府毡货、柳器等
物。《元典章》：诸路金玉人匠总管府达鲁花赤、总管，俱正三品；副达鲁花赤、
副总管，俱正四品；同知、正五品。

诸路杂造总管府。秩正三品。达鲁花赤一员，总管一员，同知事
员，副总管一员，知一一员，提控案牍一员。至元元年，改提领所为
提举司。十四年，又改工部尚书行诸路杂造局总管府。其属：

帘纲局。大使、副使各一员。受省札。至元元年置。

收支库。大使、副使各一员。至元三十年置。

茶迭儿局总管府。秩正三品。达鲁花赤一员,总管一员,同知一员,提控案牍一员。掌诸色人匠造作等事。宪宗置。至元十六年,设总管一员。二十七年诸司局。用从七品印。提领一员,相副官二员。中统三年置。

收支库。提领一员,大使、副使各一员。掌造作出纳之物。

大都人匠总管府。秩从三品。达鲁花赤一员,总管一员,同知一员,经历一员,提控案牍一员。至元六年置。其属:

绣局,用从七品印,大使、副使各一员。掌绣造段匹。

纹锦总院,提领一员,大使、副使各一员。掌织造段匹。

涿州罗局,提领一员,大使一员。掌织造纱罗段匹。

尚方库,提领一员,大使、副使各一员。掌出纳丝金颜料等物。《元典章》:异样、文锦两局,钞局,罗绫锦织染两局,提举俱从五品。

随路诸色民匠都总管府。秩正三品。达鲁花赤一员,总管一员,同知一员,副总管一员,经历一员,知事一员,提控案牍一员。照磨一员。掌仁宗潜邸诸色人匠。延祐六年,拨隶崇祥院。后又属将作院。至顺三年,改隶工部。其属:

织染人匠提举司。秩从七品。达鲁花赤一员,从五品。提举一员,从五品。同提举、从六品。副提举从六品。各一员,吏目一员。至大二年置。

杂造人匠提举司。秩从七品。置官同上。

大都诸色人匠提举司。秩从五品。达鲁花赤一员,提举一员,同提举、副提举各一员,吏目一员。

大都等处织染提举司。秩从五品。达鲁花赤一员,提举一员,副提举一员,吏目一员。管阿难答王位下人匠一千三百九十八户。

收支诸物库。秩从七品。提领一员。大使、副使各一员。

提举都城所。秩从五品。《元典章》:都城所有达鲁花赤一员,从五品。提举二员,从五品。同提举、从六品。副提举从七品。各二员,照磨二员,吏目一员。掌修缮都城内外仓库等事。至元三年置。其属:

左右厢,官四员,用从九品印。至元十三年置。

受给库。秩正八品，提领一员，大使、副使各一员。掌京城内外营造木石等事。至元十三年置。

符牌局，秩正八品。大使一员，正七品。副使一员，正八品。直长一员。掌造虎符等。至元十七年置。

旋匠提举司。秩从五品。提举一员，从五品。副提举一员。从七品。至元九年置。

撒答剌欺提举司。秩正七品。提举一员，从七品。副提举一员，正八品。提控案牍一员。初为组练匠提举司。至元二十四年，以札马剌丁率匠人成造撒答剌欺与丝䌷，同局造作，改为撒答剌欺提举司。

别失八里局，秩从七品。大使一员，秩从七品。副使一员。从八品。掌织造御用领袖纳失失等段。至元十三年置。

忽丹八里局。大使一员。给从七品印。至元三年置。

平则门窑场。提领一员，大使、副使各一员。给从六品印。至元十三年置。

光熙门窑场。提领一员，大使、副使各一员。给从八品印。至元二十五年置。

大都皮货所。提领一员，大使、副使各一员。用从九品印。至元二十九年置。

通州皮货所。提领一员，大使、副使各一员。用从九品印。延祐六年置。

晋宁路织染提举司。秩正六品。提举一员，正六品。照略案牍一员。其属：

提领所一，系官织染人匠局一，云内人匠东西局二，本路人匠局一。河中府、襄陵、翼城、潞州、隰州、泽州、云州等局七。每局设提领、从七品。副提领从八品。各一员，云州、泽州止设提领一员。

冀宁路织染提举司。秩正六品。提举一员，正六品。同提举、正七品。副提举各一员，照略案牍一员。

真定路织染提举司，品秩置官同上。其属：

开除局。大使、副使各一员,照略案牍一员。

真定路纱罗兼杂造局。大使一员,从七品。副使一员。从八品。

南宫、中山织染提举司。各设提举、同提举、副提举一员,照略案牍一员。

中山刘元帅局。大使一员,从七品。副使一员。从八品。

中山察鲁局,大使一员,副使一员。

深州织染局。大使一员,副使一员,照略案牍一员。

深州赵良局。大使一员,副使一员。

弘州人匠提举司。提举一员,同提举、副提举各一员,照案牍一员。《元典章》:弘州寻麻林人匠提举司,同提举正七品。

纳纳失、毛段二局。院长一员。按纳失失、毛子旋二局,《元典章》均有大使、副使,与旧志不同。

云内州织染局。大使一员,副使一员,照略案牍一员。

大同织染局,大使一员,副使一员,照略案牍一员。

朔州毛子局。大使一员。

恩州织染局,大使、副使各一员,照略案牍一员。

恩州东昌局,提领一员。

保定织染提举司。提举一员,同提举、副提举各一员,照略案牍一员。

大名人匠提举司。提举一员,同提举、副提举各一员,照略案牍一员。《元典章》:大名织染局提举司达鲁花赤,正六品。

永平路纹锦等局提举司。提举一员,同提举、副提举各一员,照略案牍一员。

大宁路织染局,大使一员,副使一员,照略案牍一员。

云州织染提举司。提举一员,同提举、副提举各一员,照略案牍一员。

顺德路织染局。大使、副使各一员,照略案牍一员。

彰德路织染人匠局,大使一员,副使一员,照略案牍一员。

怀庆路织染局。大使、副使各一员,照略案牍一员。

宣德府织染提举司。提举一员，同提举、副提举各一员，照略案牍一员。

东圣州织染局。院长一员，局副一员。

宣德八鲁局。提领一员，副使一员。

东平路疃局。直长一员。

兴和路寻麻林人匠提举司。提举一员，同提举、副提举和一员，照略案牍一员。

阳城天城织染局。提领一员，副使一员，照略案牍一员。

巡河提领所。提领二员，副提领一员。《元典章》：绫锦纹绣、大同织染、弘州锦院、玛瑙、朔州毛子镔铁、云内州织染、唐像、出蜡、石局、铜局、大都毡局、别失八里人匠、彰德熟皮甸皮人匠、银局、塑局、大都染局、中山真定杂造等，麻纳失失、缯山毛子旋正员，各局大使三百户下，一百户上，俱从七品。织染局、纹绣局，将作院、帘绫锦杂造别失八里人匠、平阳系官杂造、寻麻林纳失失、弘州锦院、上和大都中山真定铁局、怀孟深州大名路恩州织染局，各局副使俱从八品。上都毡、出蜡、彰德人匠、大同织染、顺德织染、浮梁磁、唐像各局，副使俱正九品。

中书分省。至正十一年，置中书分省于济宁，以松寿为参知政事。十二年，中书右丞玉枢虎儿吐华等开分省于彰德。十四年，升济宁分省参政为平章政事。是后，尝置右丞。十五年，彰德分省增左右丞二员。十七年，以平章答兰等分省陵州，平章臧卜分省冀宁。二十三年，罢冀宁分省。二十七年，以添设平章蛮子分省保定，左丞相也速分省山东，沙蓝答里仍中书左丞相分省大同。又置分省于冀宁、真定二处。

行中书省。秩从一品。国初，有征伐之事，皆称行省，未有定制。至元元年，始分立行中书省，皆以省官出领其事。其后嫌于外重，改为行中书省。凡军国重事，无不领之，与都省相为表里。至元二十四年，改行尚书省，寻如旧。至大二年，又改行尚书省。二年，复如旧。凡十省，每省丞相一员，从一品。平章二员，从一品。右丞一员，左丞一员。俱正二品。参知政事二员，从二品。甘肃、岭北二省各减一员。郎中二员，从五品。员外郎二员，从六品。都事二员。从七品。旧制：参知政事之下，有佥省、同佥。大德九年，罢，不置。丞相或置不置，以慎于择人，故往往缺焉。其属：

检校所。检校一员。正七品。

照磨所。照磨一员。从八品。

架阁库。管勾一员。正八品。

理问所。理问二员，正四品。副理问二员，从五品。知事一员，提控案牍一员。

都镇抚司。都镇抚一员，副都镇抚一员。

河南江北等处行中书省。至元五年，诏参政阿里金行省事于河南等路，立省。二十八年，以河南江北系要冲之地，宜于汴梁立省，以控治之，遂移行省于汴梁路。

江浙等处行中书省。至元十三年，置江淮行省，治扬州。二十一年，迁于杭州。二十二年，割江北诸路隶河南，改江浙行省。

江西等处行中书省。至元十四年置。十五年，并入福建行省。十七年，仍置省于龙兴府，福建自为行省。二十年，并泉州行省入福建，治泉州。二十二年，并福建于江西。二十三年，又以福建并入江浙。

湖广等处行中书省。至元十一年，伯颜伐宋，行中书省事于襄阳。寻以别将分省鄂州，为荆湖等路行中书省。十三年，徙治潭州。十八年，复徙鄂州。

陕西等处行中书省。中统元年，以商挺领秦蜀五路四川行省事。三年，改立陕西四川行中书省，治京兆。至元三年，移利州。十七年，复还京兆。十八年，分省四川。二十一年，仍合为陕西四川行省。二十三年，四川置行省，本省所辖惟陕西诸路。

四川等处行中书省。至元三年置，治成都。十年罢。二十三年，复置。

辽阳等处行中书省。至元二十四年置,治辽阳路。

甘肃等处行中书省。中统二年,立行省于中兴。十年罢。十八年,复立。二十二年,复罢。二十三年,置甘肃行省于甘州。三十一年,分省按治宁夏,寻并之。

岭北等处行中书省。大德十一年,置和林等处行中书省。皇庆元年,改岭北行省,治和宁路。

云南等处行中书省。至元十一年置,治中庆路。

征东等处行中书省。至元二十年,命高丽王置省,典征日本军事,师还而罢。大德三年,复置。既而王言其不便,罢之。至治元年,复置。以高丽王领行省丞相,得奏选属官,治沈阳府。

淮南江北等处行中书省。至正十二年置,治扬州,设平章二员,右丞、左丞各一员,参知政事二员,及首领属官共二十五员。平章一员兼提调淮南王府事。至正中置行省凡六,其设置惟淮南江北一省可考,作并无征。

福建等处行中书省。至正十六年置,治福州。十八年,右丞朵歹分省建宁,参政讷都赤分省泉州。二十八年,又置福建江西等处行中书省,山东行中书省。至正十七年,置广西行中书省、至正二十三年,置胶东行省。二十三年置,治莱阳。

新元史卷五六
志第二三

百官二

枢密院。秩从一品。掌兵事之机密及宫禁宿卫、军官选授简阅之政令。知院六员，从一品。同知四员，正二品。副使二员，从二品。佥院二员，正三品。同佥二员，正四品。院判二员，正五品。参议二员，正五品。经历二员，从五品。都事四员，正七品。承发兼照磨二员，正八品。架阁库管勾一员，正九品。同管勾一员，从九品。中统四年，置枢密副使二员，佥书院事一员。至元七年，置同知院事一员，院判一员。二十三年，定台、省、部、院官，枢密院除枢密院使外，同知枢密院事一员，副使、佥枢密院事各一员，院判一员。二十八年，置知院一员，增院判一员，又以中书平章商量院事。大德十年，增知院二员，同知五员，副使五员，佥院五员，同佥三员，院判二员。至大三年，增知院至七员，同知二员，副使二员，佥院二员，同佥一员，院判二员。罢议事平章。延祐四年，以分镇北边，增知院一员。五年，增同知一员。后定置诸员如上。至正七年，置议事平章二员。十五年，添置佥院一员、院判一员。

客省使。秩从五品。大使二员，从五品。副使二员。从六品。掌选举差遣之事。至元十四年，置大使一员。十六年，增一员。二十一年，置副使一员。延祐五年，增一员。天历元年，又增一员。寻定置大使、副使各二员。

断事官。秩正三品。掌决军府之狱讼。至元元年，置断事官二员。

寻省。八年,复置,增二员。十九年,又增一员。二十年,又增二员。大德十一年,又增四员。后定置断事官八员、经历一员。从七品。《元典章》:枢密院断事官知事,从八品。

右卫。秩正三品。掌宿卫扈从兼屯田。都指挥使三员,正三品。副使二员。从三品。佥事二员,正四品。经历二员,从七品。知事二员、照磨一员。俱从八品。中统三年,置武卫。至元元年,改为侍卫亲军,分左右翼,置都指挥使。八年,改为左、右、中三卫。二十年,增都指挥使一员,副使一员。二十一年,置佥事二员。大德十一年,增都指挥使二员,副使一员。至大元年,增都指挥使三员,副使一员。四年,省都指挥使五员,副使二员。后定置诸员如上。《元典章》各卫奥鲁官从五品,副官正六品。其属:

镇抚所。镇抚二员。正五品。

行军千户所十。秩正五品。达鲁花赤十员,正五品。副达鲁花赤十员,从五品。千户十员,正五品。副千户十员,从五品。弹压二十员,正八品。百户二百员,正七品。知事一员,从八品。

弩军千户所一。达鲁花赤一员,千户一员,弹压二员,百户十员。

屯田左右千户所二。达鲁花赤二员,千户二员,弹压二员,百户四十员,教官二:无品级。蒙古字教授一员,儒学教授一员。掌屯卫行伍。耕战之暇,使学习国文,通晓书记。初由枢府选举,后归吏部。

左卫。品秩同前。都指挥使二员,副使二员,佥事二员,经历二员,知事二员,照磨一员。至元八年,置副指挥使一员。十六年,增副都指挥使一员。二十年,置佥事一员。二十二年,增佥事一员。二十四年,增都指挥使、副都指挥使一员。大德十一年,增都指挥使五员,副使二员,佥事二员。至大四年,省都指挥使六员,副都指挥使二员。后定置诸员。其属:

镇抚所。镇抚二员。

行军千户所十。达鲁花赤十员,千户十员,副千户十员,弹压二十员,百户二百员,知事十员。

弩军千户所一。达鲁花赤一员,千户一员,弹压二员,百户十员。

屯田左右千户所二。达鲁花赤一员,千户二员,弹压二员,百户四十员,教官二:蒙古文字教授一员,儒学教授一员。

中卫。品秩同前。都指挥使三员,副都指挥使二员,金事二员,经历二员,知事二员,承发架阁照磨一员。至元八年,置都指挥使一员,副都指挥使一员。二十年,增副使一员。二十一年,置金事二员。二十三年,增都指挥使一员。大德十一年,增都指挥使二员,副使三员。至大元年,增都指挥使三员。后定置诸员如上。其属:

镇抚所。镇抚二员。

行军午户所十。达鲁花赤十员,副达鲁花赤十员,千户十员,弹压二员,百户二百员,知事十员。

弩军千户一。达鲁花赤一员,千户一员,弹压二员,百户十员。

屯田左右千户所二。达鲁花赤二员,千户二员,弹压二员,百户四十员,教官二:蒙古字教授一员,儒学教授一员。

前卫。品秩同前。都指挥使三员,副使二员,金事二员,经历一员,知事二员,承发架阁照磨一员。至元十六年,以侍卫亲军置前、后二卫。是年,置都指挥使一员,副都指挥使二员。十八年,增都指挥使二员。二十年,置金事一员。大德十一年,增都指挥使五员,副使一员,金事三员。至大四年,省都指挥使五员,副使一员,金事三员。后定置诸员如上。其属:

镇抚所。镇抚二员。

行军千户所十。达鲁花赤十员,副达鲁花赤十员,千户十员,副千户十员,弹压二十员,百户二百员。

弩军千户一。达鲁花赤一员,千户一员,弹压二员,百户十员。

屯田千户所二。达鲁花赤二员,千户二员,弹压二员,百户四十员。门尉二:正六品。平则门尉一员,顺承门尉一员。教官二:蒙古字教授一员,儒学教授一员。

后卫。品秩同前。都指挥使三员,副都指挥使二员,金事二员,经历二员,知事二员,照磨一员。至元十六年,置都指挥使二员,副使二员。后又增副使一员。十八年,增都指挥使二员。二十年,置佥事二员。大德十一年,增都指挥使五员,佥事二员。至大四年,省都指挥使五员,副使一员,副使二员,佥事二员。后定置诸员如上。其属:

镇抚所。镇抚二员。

行军千户所十。达鲁花赤十员,副达鲁花赤十员,千户十员,副千户十员,弹压二十员,百户二百员。

弩军千户所一。达鲁花赤一员,千户一员,弹压二员,百户十员。

屯田千户所一。达鲁花赤一员,千户一员,弹压二员,百户四十员,教官二:蒙古字教授一员,儒学教授一员。

武卫亲军都指挥使司。秩正三品。掌修治城隍及京师内外工役,兼大都屯田。达鲁花赤一员,正三品。都指挥使三员,副使二员,佥事二员,经历二员,知事二员,照磨一员。至元二十六年,枢密院官暗伯奏:以六卫六千人,塔剌海、勃可所镇大都屯田三千人,近路迤南万户府一千人,总一万人,立武卫,设官五员。按中统二年有武卫亲军都指挥使,似非至元时始置此官。二十五年,改虎贲司为武卫司,又似别为一官。均无从考订。元贞、大德间,累增都指挥使四员。至大三年,省都指挥使四员,副指挥使一员。后定置诸员如上。其属:

镇抚所。镇抚二员。

行军千户所七。达鲁花赤七员,副达鲁花赤七员,千户七员,副千户七员,百户一百四十员,弹压十四。

屯田千户所六。达鲁花赤六员,千户六员,百户六十员,弹压六员,教官二:蒙古字教授一员,儒学教授一员。

隆镇卫亲军都指挥使司。品秩同前。掌屯军徼巡盗贼于居庸关南、北口。都指挥使三员,副使二员,佥事二员,经历二员,知事二员,承发兼照磨一员。睿宗在潜邸,立南、北口屯军徼巡盗贼,各设千户所。至元二十五年,以南、北口上千户领之。至大四年,升万户府,分钦察、唐兀、贵赤、西域、左右阿速诸卫军三千人并南北口、太和岭旧隸汉军六百九十三人屯驻东西四十三处,置隆镇上万户府以领之。皇庆元年,升万户府为隆镇卫,置都指挥使三员,副使二员,佥事二员。延祐二年,又以哈儿鲁军千户所并隸之。四年,置色目经历一员。至治二年,置爱马知事一员。后定置诸员如上。其属:

镇抚所。镇抚二员。

北口千户所。秩正五品。达鲁花赤一员,正五品。千户一员,正五品。百户七员。从六品。

南口千户所。达鲁花赤一员,千户一员,百户一员,弹压一员。

白羊口千户所。达鲁花赤一员,千户一员,百户二员,弹压一员。

碑楼口千户所。达鲁花赤一员,千户一员,百户一员,弹压一员。

古北口千户所。达鲁花赤一员,千户一员,百户六员,弹压一员。

迁民镇千户所。达鲁花赤一员,千户一员,百户六员,弹压一员。

黄花镇千户所。达鲁花赤一员,千户一员,百户六员,弹压一员。

芦儿岭千户所。达鲁花赤一员,千户一员,百户六员,弹压一员。

太和岭千户所。达鲁花赤一员,千户一员,百户六员,弹压一员。

紫荆关千户所。达鲁花赤一员,千户一员,百户六员,弹压一员。

隆镇千户所。达鲁花赤一员,千户一员,百户八员,弹压一员。

左、右翼屯田万户府二。秩从三品。分掌斡端、别十八里遣归汉军及大名、卫辉之新附军并迤东回军,合为屯田万户府。达鲁花赤各一员,从三品。万户各一员,从三品。副万户各一员,正四品。经历

各一员,知事各一员,提控案牍各一员。至元二十六年置。延祐五年,隶詹事院,并入卫率府。后改隶枢密院。其属:

镇抚所。镇抚各二员。从五品。

千户所八。达鲁花赤八员,千户八员,副千户八员,百户五十九员,弹压十六员。

千户所四。达鲁花赤四员,千户四员,副千户四员,百户五十二员,弹压八员。

左卫率府。秩正三品。率使三员,正三品。副使二员,从三品。金事二员,正四品。经历一员,从七品。知事一员,从八品。照磨一员。从八品。至大元年,拨河南行省万户府精锐汉军为东宫卫军,立卫率府,设官十一员。延祐五年,改为中翊府。又改为御临亲军指挥司。又以御临,古无此官,改为羽林。六复隶东宫,仍为左卫率府。其属:

镇抚所。镇抚二员。

行军千户所十。达鲁花赤一员,千户十员,副千户十员,百户二百员,弹压二十员。

弩军千户所一。达鲁花赤一员,千户一员,百户十员,弹压一员。

屯田千户所三。达鲁花赤三员,千户三员,百户六十员,弹压三员,教官三员:蒙古文教授一员,儒学教授一员,阴阳教授一员。

右卫率府。品秩同前。率使二员,副使二员,金事二员,经历二员,知事二员,照磨一员。延祐六年,以詹事秃满迭儿所管怯那儿万户府及迤东女直两万户府、右翼屯田万户府兵,合为右卫率府。其属:

镇抚所。镇抚二员。

千户所五。千户五员,百户四十五员,弹压二员,教官一:儒学教授一员。

河南淮北蒙古军都万户府。秩正三品。都万户一员,正三品。副都万户一员,从三品。经历一员,知事一员,提控案牍一员。至元二十四年,以四万户奥鲁赤改为蒙古军都万户府,设府官四员,奥鲁

官四员。大德七年,改为河南淮北蒙古军都万户府。延祐四年,罢奥鲁官、副镇抚等员,定置诸员如上。其属:

镇抚二员。从五品。

元贞元年,立西川蒙古军都元帅府,隶枢密院,未知何时裁并。

八撒儿万户府。秩从三品。万户一员,从三品。副万户一员,正四品。经历、知事、提控案牍各一员。其属:

镇抚一员。

千户所十翼。达鲁花赤十员,千户十员,副千户十员,百户七十二员,弹压十员。

札忽儿台万户府。万户一员,副万户一员,经历、知事、提控案牍各一员。其属:

镇抚一员。

千户所七翼。千户七员,百户三十八员,弹压七员。

脱烈都万户府。万户一员,副万户一员,经历、知事、提控案牍各一员。其属:

镇抚一员。

千户所九翼。千户九员,百户六十二员,弹压九员。

和尚万户府。万户一员,副万户一员,经历、知事、提控案牍各一员。其属:

镇抚一员。

千户所六翼。达鲁花赤四员,千户六员,副千户四员,百户四十七员,弹压六员。

炮手千户所一翼。千户一员,百户六员,弹压一员。

哨马千户所一翼。达鲁花赤一员,千户一员,副千户一员,弹压二员,百户九员,奥鲁官二员,从五品。

右阿速卫亲军都指挥使司。掌宿卫城禁,兼管潮河、苏沽两川屯田,供给军储。达鲁花赤一员,都指挥使三员,副使二员,佥事二员,经历二员,知事二员,承发架阁照磨一员。至元九年,初立阿速拔都达鲁花赤。二十三年,遂名为阿速军。至大三年,改立右阿速

卫亲军都指挥司,置达鲁花赤三员,都指挥使三员,副使二员,金事二员。四年,省达鲁花赤三员。后定置诸员如上。其属:

行军千户所。千户七员,百户九员。

把门千户一员,门尉一员。从六品。

本投下达鲁花赤二员,长官一员,副长官一员。

庐江县达鲁花赤一员,从六品。主簿一员。正九品。

教官:儒学教授一员。

左阿速卫亲军都指挥使司。达鲁花赤一员,都指挥使三员,副使二员,金事一员,经历二员,知事二员,照磨一员。其属:

镇抚二员。

本投下达鲁花赤二员,长官二员。

镇巢县达鲁花赤二员,主簿一员。

围宿把门千户所十三翼。千户二十六员,百户一百三十员,弹压十三员。

教官:儒学教授一员。

回回炮手军匠上万户府。秩正三品。达鲁花赤一员,正三品。万户一员,正三品。副万户一员,从三品。经历、知事、提控案牍各一员。至元十一年,置炮手总管府。十八年,立为都元帅府。二十一年,改为万户府。后定置诸员如上。其属:

镇抚二员。

千户三翼。达鲁花赤三员,千户三员,副千户三员,百户三十二员,弹压三员。

唐兀卫亲军都指挥使司。总领河西军二千人,以备征讨。都指挥使三员,副使二员,金事二员,经历、知事、照磨各一员。至元十八年,置都指挥使二员,副使二员。二十二年,增都指挥使二员,金事一员。大德五年,增都指挥使二员。至大元年,增都指挥使一员。四年,省都指挥使三员,副使一员。后定置诸员如上。其属:

镇抚二员,奥鲁官一员,正五品。副奥鲁官一员。正六品。

二千户所九翼。千户九员,副千户九员,百户七十五员,弹压九员,奥鲁官正副各九员。

门尉三:建德门一,和义门一,肃清门一。

教官二:蒙古文教授一员,儒学教授一员。

贵赤卫亲军都指挥使司。达鲁花赤一员,都指挥使二员,副使二员,佥事二员,经历、知事各二员,照磨一员。至元二十四年,置都指挥使二员,副使二员,佥事二员。二十九年,置达鲁花赤一员,都指挥使四员,副使三员。至元三十一年,罢贵赤卫屯田总管府,当是改都指挥司为总管府。后又改为都指挥司。其年分不可知矣。后定置诸员如上。其属:

镇抚所。镇抚二员。

千户所八翼。达鲁花赤八员,千户十六员,百户八十员,弹压八员,门尉二员。

延安屯田打捕总管府。秩从三品。管析居、放良人户,并兀里吉思田地蒙古人户。达鲁花赤一员,从三品。总管一员,从三品。同知一员,从四品。经历、知事各一员。至元十八年置。二十五年,改隶安西省。后复隶枢密院。其属:打捕屯田官十二员。正九品。

大宁、海阳等处屯田打捕所。秩从七品。掌北京、平滦等路析居、放良、不兰奚等户。达鲁花一员,从七品。长官一员。至元二十年,置总管府。元贞元年,罢为屯田打捕所。教官:蒙古文教授一员,儒学教授一员。

忠翊侍卫亲军都指挥使司。都指挥使三员,副使二员,佥事二员,经历、知事各二员,照磨一员。至元二十九年,始立屯田府。大德十一年,立为大同等处指挥使司。至大四年,皇太后修五台寺,改隶徽政院。延祐元年,改中都威卫使司。至治元年,改为忠翊侍卫亲军都指挥使司,改录枢密院。后定置诸员如上。其属:

镇抚二员。

行军千户所十翼。达鲁花赤十员,副达鲁花十员,千户十员,副千户十员,百户二百六员,弹压二十员。

弩军千户所一翼。达鲁花赤一员,千户一员,百户十员,弹压十员。

屯田左右手千户所二翼。达鲁花赤二员，千户二员，百户四十员，弹压四员。

西域亲军都指挥使司。达鲁花赤一员，都指挥使二员，副使二员，佥事二员，经历、知事各二员，承发架阁兼照磨一员。元贞元年立，设官十一员。大德十一年，增都指挥使二员，又增指挥使三员，副都指挥使二员，佥事二员。至大四年，省都指挥使五员、副使二员、佥事二员。后定置诸员如上。其属：

镇抚二员。

行军千户所。千户十三员，百户二十九员。

把门千户二员，百户八员，门尉一员。

教官：儒学教授一员。

宗仁蒙古侍卫亲军都指挥使司。都指挥使三员，副使二员，佥事二员，经历、知事各二员，照磨一员。至治二年，右丞相拜住奏：先脱别铁木叛时，没入亦乞列思人一百户，与今所收蒙古子女三千户、清州彻匠二千户，合为行军五千。请立宗仁卫以统之。其属：

镇抚二员。

蒙古军千户所十翼。千户二十员，百户一百员，弹压十员。

屯田千户所。千户四员，百户四十员，弹压四员。教官二：儒学教授一员，蒙古教授一员。

山东河北蒙古军大都督府。秩从二品。掌各路军民科差征进及调遣总摄军马公事。大都督三员，从二品。同知一员，从三品。副都督一员，从四品。经历一员，从六品。都事二员，从七品。承发兼照磨一员。正八品。至元二十一年，罢统军司，立蒙古军都万户府。大德七年，改山东河北蒙古军都万户府。延祐五年罢。天历二年，改立为大都督府。定置诸员如上。其属：镇抚二员。元贞元年，立蒙古军都元帅府于西川，径隶枢密院。当是因兵事暂置。

左手万户府。万户一员，从三品。副万户一员，正四品。经历一员，从七品。知事一员，从八品。提控案牍一员。从八品。其属：

镇抚一员。从五品。

千户九翼。千户十一员,百户七十四员,弹压十一员。

右手万户府。万户一员,副万户一员,经历一员,知事一员,提控案牍一员。其属:

镇抚一员。

千户九翼。千户九员,百户六十三员,弹压九员。

拔都万户府。达鲁花赤一员,万户一员,副万户一员,经历一员,知事一员,提控案牍一员。其属:

镇抚一员。

千户六翼。千户七,百户四十一员,弹压五员。

哈达万户府。达鲁花赤一员,万户一员,经历一员,知事一员,提控案牍一员。其属:

镇抚一员。

千户八翼。千户八员,百户二十四员,弹压八员。

蒙古回回水军万户府。达鲁花赤一员,万户一员,副万户一员,经历、知事、提控案牍各一员。其属:

镇抚二员。

千户八翼。达鲁花赤二员,千户六员,百户四十六员,弹压九员。

玘都哥万户府。达鲁花赤一员,万户一员,副万户一员,经历、知事、提控案牍各一员。初隶都府,七千户翼。延祐三年,枢密院奏改立万户府。属官:

镇抚二员。

千户七翼。千户九员,百户三十五员,弹压八员,

哈必赤千户翼。千户一员,百户四员,弹压一员。直隶大都督府。

洪泽屯田千户赵国宏翼。达鲁花赤一员,千户一员,副千户一员,百户十四员,弹压二员。直隶大都督府。

左翊蒙古侍卫亲军都指挥使司。都指挥使三员,副使二员,金

事二员,经历、知事各二员,承发架阁兼照磨一员。至元十八年,以蒙古侍卫总管府依五卫之例为指挥使司,设官十二员,奥鲁官二员。大德七年,奏改为左翼蒙古侍卫亲军都指挥使司。至大四年,增置指挥使一员。延祐五年,罢奥鲁官。其属:

镇抚二员。

千户所七翼。千户七员,副千户七员,知事七员,弹压七员,百户六十二员。教官二:蒙古文教授一员,儒学教授一员。

右翊蒙古侍卫亲军都指挥使司。都指挥使三员,副使二员,佥事二员,经历、知事各二员,承发架阁兼照磨一员。至元十七年,以蒙古侍卫总管府依五卫例为指挥使司,设官十二员,奥鲁官二员。大德七年,奏改为右翊蒙古侍卫亲军都指挥使司。至大四年,增置指挥使一员。延祐五年,罢奥鲁官。后定置诸员如上。属官:

镇抚二员。

千户所十二翼。千户十二员,副千户十二员,知事十二员,弹压十二员,百户一百九员,教官二:蒙古文教授一员,儒学教授一员。

虎贲亲军都指挥使司。管上都路元籍军人兼奥鲁事。都指挥使三员,副使二员,佥事二员,经历、知事、照磨兼承发各一员。至元十六年,立虎贲军,设官二员。旧纪:至元二十五年立,又改为武卫司。与志不合。十七年,置都指挥使二员,副使一员。又增置副使一员。元贞元年,改为虎贲亲军都指挥使司。十一年,增都指挥使六员。至大四年,省都指挥使九员。后定置诸员如上。属官:

镇抚二员。

撒的赤千户翼。正达鲁花赤一员,副达鲁花赤一员,正千户一员,副千户一员,百户二十员,弹压二员。

不花千户翼。正达鲁花赤一员,副达鲁花赤一员,正千户一员,副千户一员,百户二十二员,弹压二员。

脱脱不千户翼。正达鲁花赤一员,副达鲁花赤一员,正千户一员,副千户一员,知事一员,百户二十八员,弹压二员。

大忽都鲁千户翼。正达鲁花赤一员,副达鲁花赤一员,正千户一员,副千户一员,知事一员,百户二十四员,弹压二员。

　　杨千户翼。正达鲁花赤一员,副达鲁花赤一员,正千户一员,副千户一员,知事一员,百户二十二员,弹压二员。

　　迷里火者千户翼。正达鲁花赤一员,副达鲁花赤一员,正千户一员,副千户一员,知事一员,百户二十员,弹压二员。

　　宣忠斡罗思扈卫亲军都指挥使司。秩正三品。至顺元年置宣忠扈卫亲军都万户府,总斡罗思军士,隶枢密院。二年,改今名。

　　大都督府。秩正二品。管领左右钦察两卫、龙翊侍御东路军元帅府、东路军蒙古万户府、旧纪:至顺元年,改东路蒙古军元帅府为东路钦察军万户府。二年,改东路蒙古军万户府为东路蒙古侍卫亲军指挥使司。哈剌鲁万户府。大都督三员,正二品。同知三员,正三品。副都督三员,从三品。佥都都事二员,正四品。经历二员,从六品。都事二员,从七品。管勾一员、照磨一员。俱正八品。天历二年,始立钦察亲军都督府。秩从二品,后改大都督府。

　　右钦察卫亲军都指挥使司。秩正三品。达鲁花赤一员,正三品。都指挥使二员,正三品。副使二员,从三品。佥事二员,正四品。经历二员,从七品。知事二员、照磨二员。俱从八品。至元二十三年,依河西卫等例立钦察卫,设官十员。二十八年,增钦察卫经历一员。至治二年,分为左、右卫。天历二年,拨隶大都督府。属官:

　　镇抚二员。

　　行军千户所十八所。达鲁花赤各一员,千户三十六员,百户一百八十员,弹压十八员。

　　屯田千户所。达鲁花赤二员,千户二员,百户二十员,弹压二员。

　　左钦察卫亲军都指挥使司。都指挥使三员,副使二员,佥事二员,经历二员,知事二员,照磨一员。属官:

　　镇抚二员。

　　行军千户所十翼。千户十员,百户八十二员,弹压二员,奥鲁官四员。

守城千户所一翼。达鲁花赤一员,千户一员,百户九员。

屯田千户所一翼。达鲁花赤一员,千户一员,百户十员,弹压一员。教官:儒学教授一员。

龙翊侍卫亲军都指挥使司。都指挥使三员,副使二员,金事二员,经历一员,知事二员,照磨一员。天历元年始立,设官十四员。二年,又置爱马知事一员。属官:

镇抚二员。

行军千户所六翼。达鲁花赤一员,千户六员,副千户一员,百户四十五员,弹压五员。

屯田一翼钦察千户所。达鲁花赤一员,千户一员,百户二十二员,弹压二员。教官二:蒙古文教授一员,儒学教授一员。

哈剌鲁万户府。掌守禁门等处,应直宿卫。达鲁花赤一员,万户一员,经历、知事各一员,提控案牍一员。至元二十四年,招集哈剌鲁军人,立万户府。寻移屯襄阳,后征交趾。大德二年,置司南阳。天历二年,奏隶大都督府。属官:

镇抚一员,吏目一员。

千户所三翼。千户三员,百户九员,弹压三员。

枢密分院。至正十五年,置分院于卫辉,又添设彰德分院同知、副枢各一员,直沽分院副枢一员、都事一员。十六年,又置分院于沂州,以指挥使司隶之。十八年,以参知政事崔敬为山东等处行枢密副使,分院于漳州,兼屯田事。

行枢密院。有大征伐之事,则置之,止曰行院。为一方之事而设,则称某处行枢密院事,已则罢。

西川行枢密院。中统四年,置设官二员,管四川军民课税、交钞、打捕鹰房人匠及各投下应管公事,节制官吏诸色人等并军官迁授、征进等事。至元十年,又别置东川行枢密院,增同金枢密院事一员。十三年,省东川行枢密院入西院。十五年,西川行院亦罢。二十一年,复立四川行院于成都。二十八年,徙于嘉定。八月,复徙成都。

荆湖等路行院。至元八年,改山东东路都元帅府为山东行枢密院。十一年罢山东行院及河南行中书省,置荆湖等路行院,设官三员,又置淮西等路行院,设官四员。十一年俱罢。二十一年,复立江淮、荆湖、江西、四川行院,各设官五员。二十八年,徙岳州行院于鄂州,江淮行院于建康。其后,行院俱并归行省。

甘肃行枢密院。至大四年,置于甘州,设官四员,提调西路军马。后罢。

河南行枢密院。致和元年分置。天历元年罢。至正十九年,以河南行省平章察罕帖木儿为河南山东行枢密院知院。

岭北行枢密院。天历二年,置知院一员,同知二员,副使一员,佥院二员,同佥一员,院判二员,经历一员,都事二员,品秩同枢密院。掌北边军务,凡大小事宜,悉从裁决。至正十三年,添设断事官二员。又立镇抚司,镇抚二员;管勾所,管勾一员,兼照磨。又添设佥院二员,都事一员。

四川、湖广、江西三处行枢密院,均后至元三年置。每处知院一员,同知、佥院、院判各一员。湖广、江西二省,添同佥一员。各院经历一员,都事二员,照磨一员,客省副使一员,断事官一员。至元四年俱罢。

淮南江北等处行枢密院。至正十五年,置于扬州。

江浙等处行枢密院。至正十六年,置于杭州。知院二员,同知二员,副枢二员,佥院二员,同佥二员,院判二员,经历、知事各一员,断事官二员。

福建、江西等处行枢密院。至正二十六年置。

新元史卷五七
志第二四

百官三

御史台，从一品。掌纠察百官善恶、政治得失。至元五年，定御史台合行条划：一，弹劾中书省、枢密院、制国用使司等内外百官奸非，刷磨诸司案牍，并监察祭祀及出使之事。一，中书省、枢密院、制国用使司，凡有奏禀公事，与台官同奏。一，诉讼冤抑人等，民户经左右部，军户经枢密院，钱谷经制国用使司，如理断不当，赴中书省陈告。若省官看徇或理断不当，许台官纠弹。一，诸官司刑名违错，赋役不均及造作不如法者，委监察纠察。一，诸员如任满不行迁转，或迁转不依格者，委监察纠察。一，不奉朝命擅补注官者，委监察纠察。一，随路总管府诸官及大府监应管财物文帐，委监察，每季照刷。一，和买如不依时价，冒支官钱或克减给散不实者，委监察纠察。一，诸官侵使官物或移易借贷者，委监察纠察。一，办课程官除正额外，若有增羡不尽实到官者，委监察纠察。一，营造役工匠之处，委监察随事弹纠。一，诸衙门系囚及不合考讯之人，如实系冤枉，即行移原问官归结改正。若省元向官违错，许纠察。一，诸囚禁非理死损者，委监察随事推纠。一，诸承追取合审重刑及应照刷文案，若有透漏者，委监察纠察。一，诸鞫勘罪囚皆连职官同问，不得专委本厅及典史推问。如违，仰监察纠察。一，职官有老病不胜任者，委监察体察。一，诸官吏有廉能公正者，具姓名闻奏，污滥者亦行纠察。一，诸公事行下有枉错者，承受官司即须执申，若再申不从不报者，委监察纠察。一，应禁货物及盗贼藏匿处所，若官吏禁断不严、缉捕怠慢者，委监察随事纠察。一，阻坏钞法者，委监察纠察。一，虫蝻生发飞落，不即打捕申报，及检视部内灾伤不实，委监察纠察。一，诸贫穷孤老幼疾应养济，而官不收养，或不如法者，委监察纠察。一，户口流散、籍帐隐没、农桑不勤、仓廪减耗、黠吏豪家兼并纵暴，及贫苦不能自申者,委监察纠察。一,诸求仕及诉讼人,于官员私第谒托者,委监察纠察。一诸官府如书呈来往者,委监察纠察。一,诸官吏入茶坊酒肆者,委监察纠察。一,在都司狱司直隶本台。一,私放军人还籍及冒名相替,委监察纠察。一,军官申报俘馘不实,或将功赏增减隐漏者,委监察纠劾。一,边境但有声息,不即申报者,委监察纠劾。一,边城不完,衣甲器仗不整,委监察纠劾。一,监临官如不举劾犯法者,减罪人罪五等,台官知而不举劾,亦减罪人罪五等。一,诸违,御史台指挥及诉不以实,或咆哮陵忽者,并行断罪。一,应有合奏裹事理,仰本台就便闻奏。一,该载不尽,应合纠察事,理委监察并行纠察。

大夫二员,从一品。中丞二员,正二品。侍御史二员,从二品。治书侍御史二员,从二品。经历一员,从五品。都事二员,正七品。照磨一员,正八品。承发管勾兼狱丞,正八品。架阁库管勾兼承发一员。正九品。

至元五年,始立御史台,设官七员:大夫,从二品。中丞,从三品。侍御史,从五品,治书侍御史,从六品。典事,从七品。检法二员,从八品。狱丞一员。从九品。七年,大夫升正二品。改典事为都事。十九年,裁检法狱丞。二十一年,中丞,从三品。侍御史,正五品。治书,正六品。二十七年,侍御史升正四品。治书,正五品。增蒙古经历一员。从五品。大德十一年,大夫升从一品。中丞升正二品。侍御史,从二品。治书侍御史,正三品。皇庆元年,增中丞为三员。二年,又减一员。至治二年,增大夫一员。后定置诸员如上。统山东东西、河东山西、燕南河北、江北河南、山南江北、淮西江北、江北淮东、山北辽东十道肃政廉访司。

殿中司,殿中侍御史二员。正四品。凡大朝会,百官班序,其失仪失列,则纠罚之。在京百官到任假告事故,出三日不报者,则纠举之。大臣入内奏事,则随以入,凡不可与闻之人,则纠避之。至元五年置。正七品。大德三年升正五品。后升正四品。

察院,秩正七品。监察御史三十二员。正七品。任刺举之事。至元五年,置御史十一员,以汉人为之。八年,增六员。十九年,增十六员,始参用蒙古人。至元二十二年,参用南人二员。元贞二年,增置御史二员。

山东东西道肃政廉访司。秩正三品。廉访使二员。正三品。副使二员，正四品。佥事四员，正五品。经历一员，从七品。知事一员，正八品。照磨兼管勾一员。正九品。置司济南路。至元六年置，初为提刑按察司。十三年，以省并衙门，罢按察司。十四年复置。山北东西道、河东山西道、陕西四川道、燕南河北道并同。十六年，各道按察司增副使、佥事各一员。二十七年，增佥事二员。二十八年，改肃政廉访司。诸道并同。

河东山西道肃政廉访司。廉访使三员，副使二员，佥事四员，经历一员，知事一员，照磨兼管勾一员。置司冀宁路。至元六年，置河东陕西道。八年，分为河东山西道、陕西四川道。

燕南河北道肃政廉访司。廉访使二员，副使二员，佥事四员，经历、知事、照磨兼管勾各一员。置司真定路。至元十二年置。

江北河南道肃政廉访司，廉访使二员，副使二员，佥事四员，经历、知事、照磨兼管勾各一员。置司汴梁路。至元七年置。

山南江北道肃政廉访司。廉访使二员，副使二员，佥事四员，经历、知事、照磨兼管勾各一员。置司中兴路。至元十四年置，初隶江南行御史台。二十三年，拨隶内台。

淮西江北道肃政廉访司。廉访使二员，副使二员，佥事四员，经历、知事、照磨兼管勾各一员。置司庐州路。十四年置，初隶江南行御史台。二十三年，拨隶内台。

江北淮东道肃政廉访司。廉访使二员，副使二员，佥事四员，经历、知事、照磨兼管勾各一员。置司扬州路。至元十四年置，初隶江南行台。二十三年，拨隶内台。

山北辽东道肃政廉访司。廉访使二员，副使二员，佥事四员，经历、知事、照磨兼管勾各一员。置司大宁路。至元六年置，初为山北东西道。八年，改山北辽东道。二十年，以女真之地置海西辽东道。二十五年罢。

江南诸道行御史台。至元十四年，定行御史台合行条划：一弹劾行中书省、宣慰司及以诸官奸非，磨刷案牍，行省、宣慰司委行台监察，其余官府委提刑按察司。一，察到诸职官脏罪追问是实，若罪至停罢，咨台闻奏。一，诸官司刑名违错、赋役不均、户口流亡、擅科差发及侵欺盗用、移易错贷官钱，一切不公等事，并仰纠察。一，大兵渡江以来，不无搔动，今已抚定，宜安本业，仰各处正官每岁效课，如无成效者纠察。一，边境有声息，不即申报者，纠察。一，随处镇戌若约束不严，甲仗不整，或管军官受贿放军离役，并虚申逃亡、冒私代替及私使贩运或作佃户，一切不公，并仰纠察。一，管军官不约束军人，致令掠卖归附人口，或诱良为驱，一切搔扰百姓者纠察。一，诸色官吏，私使系官船只诸物者纠察。一，管军官申报军功不实者纠察。一，官吏权豪占据山林川泽之利，及恐喝小民、侵夺田宅诸物者纠察。一，诸官员占使军民者纠察。一，守土田火禁不严者纠察。一，管屯营田官不为用心措置者纠察。一，把军官起补逃亡军人，搔扰军户，致军前不得实用者，纠察。一，枉被囚禁及不合拷讯之人，并从初不应受理之事纠察。一，罪囚称冤，按验得实开坐事因行移原问官，即行改正。一，朝廷政令，承受官司稽缓不行，或已行而不复检举，致有弛废者纠察。一，蝗蝻生发，不即打捕申报，及报灾不实者，纠察。一，监临官知所部有犯法，不举劾者，减罪人罪五等纠弹之。官知而不举劾者，亦减罪人罪五等。一，鞠罪囚连职官同问，不得专委本厅人等推问，违者纠察。一，诸罪囚干连人不关利害，及虽正犯而罪轻者，召保听候，毋致非理死损，违者纠察。一，刑名词讼，若审听不明，及拟断不当或受财故，有出入者，纠察。一司狱司直隶本台，非官府不得私置牢狱。一，诸承追取合审重囚及应照刷文卷漏报者，纠察。一，诸诉讼人如有冤抑，经行中书省理断不当者，仰纠察。一，各处官员为治有方，即听保举，其有贪暴蠹政害民及老病不称职者，并行纠察。一，诸公事行下所属，而有枉错，若承受官司再申，不从不报者，纠察。一，提刑按察司任满，行台考按，以官政肃清、民无冤滞为称职，以苛细生事、暗于大体、所按不实为不称职，皆咨台呈省。一，上诉不实或诉讼咆哮陵忽者，并行断罪。一，凡可兴利除害及一切不便于民，必当更张者，咨台呈省闻奏。其余该载不尽，应合纠弹事，理比附己降条划斟酌就便施行。大夫一员，中丞二员，侍御史二员，治书侍御史二员，经历一员，都事二员，照磨一员，架阁库管勾一员，承发管勾兼狱丞一员，品秩同内台。

　　至元十四年，置江南行御史台于扬州。二十一年，徙杭州。二十二年二月，徙江州。五月，复徙杭州，罢，以其所属隶御史台。未几，复置于杭州。二十三年，又徙于建康。初置大夫、中丞、侍御史、治书侍御史各一员,统淮东、淮西、湖北、浙东、浙西、江东、江西、湖南八道。十五年,增江南湖北、岭南广西、福建广东三道。二十二年,以淮东、淮西、山南三道拨隶内台。二十四年,复隶行台。三十年,增海北海南一道。大德元年,定为江南诸道行御史台,监江浙、江西、湖广三省,统江东、江西、浙东、浙西、湖南、湖北、广东、广西、福建、海南十道。至正十六年,移行台于绍兴,增河南道廉访司。二十二年,权置山北道廉访司于惠州。二十三年,复置济南道廉访司。二十五年,置河东廉访司于冀宁。

察院。至元十四年,置监察御史十员。二十三年,增蒙古御史十四员。按本纪十五年,增设御史四员,廿年,增蒙古御史六员,二十三年增色目御史,员数与志不合,未详孰是。又增汉人御史四员。定置御史二十八员。

江东建康道肃政廉访司。廉访使二员,副使二员,佥事四员,经历、知事、照磨兼管勾各一员。置司宁国路。至元十四年置。

江西湖东道肃政廉访司。廉访使二员,副使二员,佥事四员,经历、知事、照磨兼管勾各一员。置司龙兴路。至元十四年置。至正二十五年,置分台于福建。

江南浙西道肃政廉访司。廉访使二员,副使二员,佥事四员,经历、知事、照磨兼管勾各一员。置司杭州路。至元十四年置。

浙东海右道肃政廉访司。廉访使二员,副使二员,佥事四员,经历、知事、照磨兼管勾各一员。置司婺州路。至元十四年置。

江南湖北道肃政廉访司。廉访使二员,副使二员,佥事四员,经历、知事、照磨兼管勾各一员。置司武昌路。至元十五年置。

岭北湖南道肃政廉访司。廉访使二员,副使二员,佥事四员,经历、知事、照磨兼管勾各一员。置司天临路。至元十四年置。

岭南广西道肃政廉访司。廉访使一员,副使二员,佥事二员,经历、知事、照磨兼管勾各一员。置司静江路。至元十五年置。

海北广东道肃政廉访司。廉访使二员,副使二员,佥事二员,经历、知事、照磨各一员。置司广州路,初为广东道。至元二十年,改海北广东道。

海北海南肃政廉访司。廉访使二员,副使二员,佥事二员,经历、知事各一员。置司雷州路。至元三十年置。

福建闽海道肃政廉访司。廉访使二员,副使二员,佥事四员,经历、知事、照磨兼管勾各一员。置司福州路。至元十五年,置福建广东道。二十年,改福建闽海道。

陕西诸道行御史台。大夫一员,御史中丞二员,侍御史二员,治书侍御史二员,经历一员,都事二员,照磨一员,架阁库管勾一员,承发司管勾兼狱丞一员。至元初,置河西诸道行御史台。二十年罢。二十七年,置云南诸路行御史台,设台官四员。二十九年,罢云南行台,徙于四川。三十年,复立云南行台。大德元年,移云南行台于京兆,为陕西诸道行台。延祐元年罢。二年复置,统汉中、陇北、四川、云南四道。至元十五年,复立提刑按察司于畏兀儿,其初置及省罢年分均不可考。

察院。监察御史二十员。

陕西汉中道肃政廉访司。廉访使二员,副使二员,佥事四员,经历、知事、照磨兼管勾名一员,置司凤翔府。至元八年,置陕西四川道。后改陕西汉中道。

河西陇北肃政廉访司。廉访使二员,副使二员,佥事四员,经历、知事、照磨兼管勾各一员。置司甘州路。初为巩昌道,后改中兴道。至元二十年,改河西陇北道。至元十一年,改西夏中兴道为陇右河西道。二十四年省。

西蜀四川道肃政廉访司。廉访使二员,副使二员,佥事四员,经历、知事、照磨兼管勾各一员。置司成都路。至元十九年置。本纪作十六年。

云南诸路道肃政廉访司。廉访使二员,副使二员,佥事四员,经历、知事、照磨各一员。置司中庆路。至元二十年置。二十四年罢。二十七年,立云南行御史台。大德元年,徙云南行台于陕西,复立云南道。至元二十年，各道按察司增判官二员。其裁罢年分未详。

大宗正府。秩从一品。札鲁忽赤四十二员，从一品。郎中二员，从五品。员外郎二员，从六品。都事二员，从七品。承发架阁库管勾一员，从八品。司狱二员。从八品。

太祖称尊号，首置断事官曰札鲁忽赤，会决庶务。凡诸王、驸马投下蒙古、色目人等应犯一切公事，及汉人轻重罪囚，每岁从驾分司上都存留住冬诸事，悉掌之。

至元二年，置十员。三年，省为八员。九年，定为从一品，银印。诏札鲁忽赤乃太祖所置，宜居百僚之右。只理蒙古公事，以诸王为府长，余悉御位下及诸王之有国封者，又有怯薛人员奉旨署事，别无颁受宣命。是年，置左右司。十四年，置十四员。十五年，置十三员。十七年，从阿合马请，立大宗正府，以前只札鲁忽赤署事，至是始定官名。二十一年，增至二十一员。二十二年，又增至三十四员。二十八年，增至四十六员。大德四年，省五员。至大四年，裁为二十八员。皇庆元年，省二员，以汉人刑名归刑部。泰定元年，复命兼理，定置四十二员，令史改为掾史。致和元年，以上都、大都所属蒙古人并怯薛、军、站、色目与汉人相犯者，归宗正府处断，其余路府州县汉人、蒙古、色目人词讼悉归有司及刑部管理。后至元元年，中书省奏："大宗正府，仁宗时减去大字。今宜遵世祖旧制，仍为大宗正府。"至正十年，增掌判二员。

大司农司。秩从一品。掌农桑、水利、学校之事。大司农四员，从一品。大司农卿二员，正二品。少卿二员，从二品。丞二员，从三品。经历一员，从五品。都事二员，从七品。架阁库管勾一员，正八品。照磨一员。正八品。至元七年，立司农司。是年，又改司农司为大司农司，添设巡行劝农使、副使各四员。按中统二年，姚枢为大司农，不始于至元七年，或旧纪误也。十二年罢，以按察司兼领劝农事。十八年，改立农政院。十九年，复罢。二十年，又改立务农司，秩从三品。掌官田邸舍人民，置达鲁花赤一员，务农使一员，同知二员。是年，又改司农寺。达鲁花赤一员，司农卿二员，司丞一员。二十三年，仍为大司农司。秩正二品。大德元年，增领大司农事一员。皇庆元年，升从一品，定置诸员如上。

籍田署。秩从六品。掌耕籍田以奉宗庙祭祀。署令一员，从六品。丞一员。从七品。至元七年立，隶大司农司。十四年，改隶太常寺。二十三年，复隶大司农司。

供膳司。秩从五品。掌供给应需货买百色生料，并桑哥籍入资产。达鲁花赤一员，从五品。《元典章》供膳库达鲁花赤，从五品。提点一员，从五品。司令一员，正六品。丞一员。正七品。至元二十二年置，隶大司农司。其属：

辅用库，秩正九品。掌规运息钱以给供需。大使一员，正九品。副使一员。

兴中州等处油户提领所。秩从九品。岁办油十万斤以供内庖。提领一员，从九品。大使一员，副使一员。至元二十九年置。蔚州面户提领所。掌办白面、葱、菜以给应办，岁计十余万斤。提领一员，副使一员。《元典章》宏州种田纳面提举，正六品。

永平屯田总管府，秩从三品。达鲁花赤一员，从三品。总管一员，从三品。同知一员，从五品。知事一员，正八品。至元二十四年，立于永平路南旧马城县，以北京采木三千人隶之。所辖昌国、济民、丰赡三署，各置署令一员，从五品。署丞二员。从七品。

分司农司。至正十三年，命中书右丞悟良合台、左丞乌古孙良桢兼大司农卿，给分司农司印。西自西山，南至保定、河间，北至檀、顺等州，东至迁民镇，凡系官地及各处屯田，悉归分司募民佃种。

行大司农司。至元二十九年，升江淮行大司农司，秩正一品。设营田司六员。秩正四品。其建置省罢年分均不可考。

大兵农司。至正十五年，置大兵农司四，曰：保定等处，河间等处，武清等处，景蓟等处。其属有兵农千户所二十四处，百户所四十八处，镇抚司各一。

大都督兵农司。至正十九年。置于西京，仍置分司十道，掌屯种之事。

翰林兼国史院。秩从一品。承旨六员，从一品。学士六员，正二品。侍读学士二员，从二品。侍讲学士二员，从二品。直学士二员，从三品。待制二员，正五品。修撰三员，从六品。应奉翰林文字五员，从七品。编修官十员。正八品。检阅四员，正八品。典籍二员，从八品。经历一员，从五品。都事一员。从七品。《元典章》：翰林院典簿、翰林国史院典簿，均从七品。

中统二年，立翰林国史院，秩正三品。以王鹗为翰林学士。《元典章》翰林学士、知制诰、监修国史，正三品；监修国史参军，正五品；监修国史长史，正六品，皆中统初立国史院之官制。至元六年，置承旨三员，学士二员，侍读学士二员，侍讲学士二员，直学士二员。八年，升从二品。十四年，增承旨一员。十六年，增侍读学士一员。十七年，增承旨二员。二十年，并集贤院为翰林国史集贤院。二十一年，增学士二员。二十二年，复分立集贤院。二十三年，增侍讲学士一员。二十六年，置官吏五员掌教习亦思替非文字。《元典章》：教习亦思替非博士，正七品。二十七年，又增承旨一员。大德九年，升正二品。改典簿为司直，置都事一员。按旧纪置都事在皇庆元年，未详孰误。至大元年，置承旨九员。四年，制定承旨五员，学士、侍读、侍讲、直学士各二员。皇庆元年，升从一品，改司直为经历，置经历、都事各一员。延祐五年，置承旨八员。后定置诸员如上。

蒙古翰林院。秩从一品。掌译写一切文字及颁降玺书，并用蒙古字，仍各以其国字副之。承旨七员，学士二员，侍读学士二员，侍讲学士二员，直学士二员，待制四员，修撰二员，应奉文字五员，经历一员，都事一员，品秩并同翰林国史院。承发架阁库管勾一员。正九品。

至元八年，始置新字学士于国史院。十二年，别立蒙古翰林院，置承旨一员，直学士一员，待制二员，修撰一员，应奉四员。十八年，增承旨一员，学士三员。二十九年，增承旨一员，侍讲学士一员。三十年，增管勾一员。大德五年，升正二品。九年，置司直一员，都事一员。皇庆元年，升从一品，设官二十又八。延祐二年，改司直为经历。后定置诸员如上。

内八府宰相。掌诸王朝觐傧价之事，遇有诏令则与蒙古翰林院官同译写而润色之。以其职贵近，似古之侍中，故宠以宰相之名。然无授受宣命，品秩则视二品云。天历元年，改为内八府宰。

集贤院。秩从一品。掌提调学校、征召贤良，凡国子监、元门道教、阴阳祭祀、占卜之事，悉隶焉。大学士五员，从一品。学士二员，正二品。侍读学士二员，从二品。侍讲学士二员，从二品。直学士二员，从三品。经历一员，从五品。都事二员，从七品。待制一员，正五品。修撰一员，从六品。兼管勾承发架阁库一员。正八品。

元初，集贤与翰林国史院同署。至元二十二年，始分两院。置大学士三员，《元典章》昭文馆大学士，从二品，亦至元时所置，其何时裁省无考。学士一员，直学士二员，典簿一员。二十四年，增置学士一员，侍读学士一员，待制一员，寻升正二品，置院使一员，正二品。大学士二员，从二品。学士三员，从二品。侍读学士一员，从三品。侍讲学士二员，从三品。直学士一员，从四品。司直一员，从五品。待制一员。正五品。二十五年，增都事一员，从七品。修撰一员。从六品。元贞元年，增院使一员。大德十一年，升从一品，置院使六员，经历二员。至大四年，省院使六员。皇庆二年，省汉经历一员。后定置诸员如上。

国子监。秩从三品。掌国之教令，以德尊望重者为之。祭酒一员，从三品。司业二员，正五品。监丞一员，正六品。专领监务典簿一员。从七品。至元二年，以许衡为集贤馆大学士、国子祭酒，教国子与蒙古四怯薛人员，选七品以上朝官子弟为国子生，随朝三品以上官得举凡民之俊秀者入学为陪堂生伴读。至元二十四年，定置诸员如上。至大元年,升正三品。延祐七年,降从三品。是年,复升为正三品。后复降从三品。

国子学。秩正七品。博士二员。正七品。掌教授生徒、考较儒人著述、教官所业文字。助教四员,正八品。分教各斋生员。至元六年置。大德八年,为分职上都,增助教二员,学正二员,学录二员,督习课业;典给一员,掌生员饮膳。至元二十四年,定置生员额二百人,先设一百二十人:蒙古五十人,诸色目、汉人五十人,伴读二十人。大德四年,增生员额三百人。延祐二年,又增置一百人,伴读二十人。

蒙古国子监。秩从三品。祭酒一员,从三品。司业二员,正五品。监丞一员。正六品。至元十四年,始置司业一员。二十九年,准汉人国学例,置祭酒、司业、监丞。延祐四年,升正三品。七年,复降为从三品。是年四月,又复正三品。皇庆二年立回回国子监。延祐七年罢。

蒙古国子学。秩正七品。掌教习诸生,于随朝百官、怯薛歹、蒙古汉人官员子弟选俊秀者入学。博士二员,正七品。助教二员,正八品。教授二员,正八品。学正、学录各二员。至元八年,置官五员。后以每岁从驾上都,教习事繁,增学正、学录各二员。三十一年,增助教一员。后定置诸员如上。

兴文署。秩从六品。署令一员。从六品。以翰林修撰兼之。署丞一员,从七品。以翰林应奉兼之。至元四年,改经籍署为宏文院。院罢,立兴文署。复罢。二十七年,复置。掌经籍板及江南学田钱谷。至治二年罢,置典簿一员,从七品。掌提调诸生饮膳。